한적의 문명과 전파 연구

汉籍的文明与传播研究

延世大學 孔子學院 中國研究院 研究叢書 002

한적의 문명과 전파 연구

汉籍的文明与传播研究

金铉哲·熊良智 主编

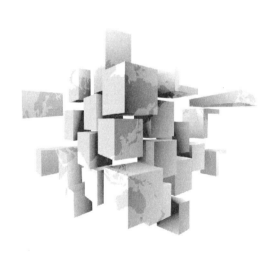

學古房

發 刊 辭

　　我从第一次到延世大学与郑甲泳校长正式签订建立孔子学院的文书，后来又多次与延世大学相关学者交流探讨，或在韩国，或在中国国内，到今天已经差不多五年了，这是四川师范大学在海外建立的第一所孔子学院。五年间，两校不仅互派教师、学生在汉语、韩语教学、教育，培养人才，从本科、硕士研究生，一直到博士后，层次不断提高，而且在文化、学术交流中，也在积极推进，作出新的尝试，适应新的发展。我们成立了韩国研究中心，延世大学建立了"中国学研究院"。与之相适应，设立在我校的教育部巴蜀文化研究中心也在延世大学"中国学研究院"设立了分支机构，加强两校的文化、学术交流。延世大学开办了"中国学论坛"，四川师范大学就与延世大学举行了《东亚汉籍的传播与研究》的国际学术交流会议。2014年、2015年连续举办了两次。一次在成都，在川师大举办，一次在韩国延世大学举办。眼前这本在韩国学古房出版的会议论文集，就是两次学术会议交流的成果。

　　古人说，"它山之石可以攻玉"。东亚，是中国文化传播交流最早的地区，汉籍不仅是中国文化的载体，也是不同国家、不同地区人们创作的汉语作品，承载了各自国家、民族的文化成果。从论文集中，我们可以看到，与会学者交流了在宗教、语言、历史、教育、文学、文化领域中共同的学术关注，深入发掘东亚汉籍传播与接受中，不同国家、不同地区、不同时代人们的文化选择、建构的内容和意义。不仅有利于我们借鉴域外汉籍研究的学术成果，开发域外汉籍的学术资源，而且有利于了解不同国家、不同文化的交流，促进国家与国家、文化与文化之间的沟通理解，也彰显了域外汉学研究的重要意义和发展前景，展示了四川师范大学与韩国延世大学教育、文化交流合作的积极成果。

　　受编者委托，值《汉籍的文明与传播研究》论文集出版之际，又适逢四川师范大学建校七十周年校庆，写上几句话，权作是书之序，也表达对未来文化、教育、学术交流的展望。

中国共产党四川师范大学党委书记

周介铭

2016年 5月 16日

발 간 사

2011년 처음 연세대학교 정갑영 총장님과 공자학원 건립 체결 이후, 한국과 중국국내에서 여러 번 연세대학교의 학자들과 연구를 교류한 지도 벌써 5년이 되어갑니다. 이는 사천사범대학이 해외에 건립한 첫 번째 공자학원이며, 5년간 두 학교는 중국어 및 한국어 교육, 그리고 인재양성을 위해 교수 및 학생, 학부과정 학생부터 대학원 석사 박사 후(포닥) 과정까지 단계별로 파견이 이루어 졌습니다. 더욱이 문화 및 학술교류를 적극적으로 추진하여 새로운 시도를 통한 새 발전을 이룩하였습니다. 그것이 바로 '한국연구센터'의 건립이며, 연세대학교에는 '중국연구원'이 설립되었습니다. 이 두 기관의 활발한 교류를 통해 저희 학교 교무처에 연세대학교 공자아카데미와 중국연구원의 산하 기관인 '파촉(巴蜀)연구소'를 설립하여 두 학교의 문화와 학술교류를 강화하였습니다. 연세대학교가 '중국학포럼'을 열게 됨에 따라 사천사범대학은 연세대학교와 협력하여 〈동아시아 고적의 전파와 연구(东亚汉籍的传播与研究)〉라는 제목으로 2014년, 2015년 2년간 연속 두 차례 국제학술대회를 개최한 바 있습니다. 그 중 한 번은 성도(成都) 사천사범대학에서, 또 한 번은 한국의 서울 연세대학교에서 개최하였습니다. 지금 제 눈앞에 있는 한국 학고방에서 출간된 총서가 두 차례 있었던 학술대회교류의 성과물입니다.

옛말에 "다른 산의 나쁜 돌이라도 옥으로 만들 수 있다.(它山之石可以攻玉。)"는 말이 있습니다. 동아시아는 중국 문화의 전파 교류가 가장 이른 시기에 이루어진

8

지역이라 할 수 있습니다. 한적(汉籍)은 중국 문화의 보고이자 서로 다른 국가, 지역 사람들이 창작한 작품이기 때문에 각 국가와 민족의 문화를 고스란히 담고 있습니다. 총서를 통해 우리는 종교, 언어, 역사, 교육, 문학, 문화 등의 영역에서 공통되는 여러 학술 분야의 교류가 활발히 이루어 졌음을 알 수 있습니다. 동아시아 한적의 심도 있는 발굴을 통한 전파와 수용의 과정에서 서로 다른 국가와 지역, 시대 사람들의 문화선택 및 구성의 내용과 의의를 알 수 있었습니다. 이는 국외적으로 한적연구의 학술성과로서 괄목할 만한 성과이며, 한적 학술자원 개발에 도움이 될 뿐만 아니라 서로 다른 국가와 문화의 교류를 이해하고 국가와 국가 간, 문화와 문화 간의 소통을 촉진하는 등 국외 중국학 연구의 중요한 의의와 발전방향을 잘 드러내고 있다고 하겠습니다. 즉 사천사범대학교와 한국 연세대학교의 교육, 문화교류 협력을 적극적 추진하여 얻은 성과라 할 수 있습니다.

편집자의 부탁을 받아, 〈한적의 문명과 전파 연구(汉籍的文明与传播研究)〉 총서 출판과 더불어 사천사범대학교도 마침 개교 70주년을 맞이하였습니다. 이에 서문에 몇 자 적음으로써 미래의 문화, 교육, 학술 교류를 전망해 보고자 합니다.

2016년 5월 16일
중국공산당 사천사범대학교 당서기
주개명

序　言

　　由延世大学孔子学院与四川师范大学联合召集的《东亚汉籍的传播与研究研讨会》第二次会议2015年5月在延世大学成功召开，参加这次研讨会的中外学者30多人，分别来自中国、韩国、日本。在热烈的学术气氛中，各国专家学者针对跟会议主旨相关的学术专题各抒己见，互相质疑，友好切磋，不仅有效地促进了各国学者在学术研究专题方面的互相认知，而且成功地实现了以文会友的目标。这次会议，不仅交流了学术，同时也交流了感情，增进了友谊。

　　作为这次学术交流会议的显著成果，我们收到了大会交流的论文21篇，形成了现在呈现在各位读者面前的这部《汉籍的文明与传播研究(下)》。

　　学术没有国界，针对古代汉籍在东亚各国的传播和研究这一主题，本集中的论文作者们从各自特定选题的角度进行了深入的观察和研究。诚然，先前也曾有不少专家在这方面也有一定程度的涉及，但是这次学术会议以一种专题讨论的形式，无论是在质的方面还是在量的方面，都将这一学术领域的研究产生了大大的推动作用。应该说，这种主题的国际讨论，在学术上开辟了一个新的领域。事实上，无论是从促进学术本身的角度还是从增进各国文化的互相交流的角度来认识问题，这种推动的积极意义都是显而易见的。所以，我们有理由说，不仅这次学术会议的成功召开值得庆贺，这部论文集的问世同样值得我们庆贺。

　　由于种种原因，历史上针对中国之外的汉文典籍的专题研究，无论是中国国内还是中国之外的学术界，总体上说都还是处在起步阶段。我们这部论文集虽然涉及到了许多学术议题，但是跟现存的学术悬疑比起来，依然存在着很大的差距。因此，我们还需要长期通力合作下去，希望在不久的将来，我们能够在这个既具有学术意义又具有更多社会意义的专题研究领域做出不愧于历史的成就。

在这部丛书问世之际，我们由衷感谢中国国家汉办/孔子学院总部在整个出版过程中的赞助和指导，同时也感谢四川师范大学熊良智教授和他的科研团队的大力支持。

延世大学孔子学院

金铉哲

目 次

1. 汉籍与朝鲜

2. 汉籍与日本

3. 汉籍与越南

4. 其他

1. 汉籍与朝鲜

韩国奎章阁六臣注本 《文选》 的传本价值

四川师范大学　熊 良 智

提要：奎章阁六臣注本 《文选》 的底本是现存唯一的最早合并李善注和五臣注的 《文选》 六臣注本, 后世的 "六家"、 "六臣"注本都是这个文本的传承系统。作为六臣注祖本, 它保留了原初注文合并的真实面貌, 可以考察后世传本的变化及其编排删省的得失, 体现合注互补的优势特点。其中的文字异同, 可以校正后世传本的脱误错讹, 拓展视野, 探讨 "秀州本"最初合并二家注时的编撰方法, 以及别本资料来源。当然奎章阁本 《文选》 也有不少失误, 有的可能是 "秀州本"编撰时造成的错误, 也有的可能则是秀州本在朝鲜时代的传播刊刻中产生的问题。

关键词：奎章阁　六臣注　《文选》　祖本　传本

　　韩国奎章阁本 《文选》 因其独一无二的文献价值得到了学术界的高度重视和充分肯定, 有的特别揭示了它所保留的序跋在 《文选》 学史上的重大意义[1), 有的全面系统的比较奎章阁本 《文选》 代表的 "秀州本"与前后时代 《文选》 传本的异同, 探究其变化条例, 寻求其中保留的 《文选》 注文本的原始面貌[2)。这些研

---

　1) 傅刚：《论韩国奎章阁本〈文选〉的文献价值》, 《文献》, 2000年第3期。
　2) 郑玉顺：《韩国奎章阁所藏〈六臣注文选〉本研究》, 南京大学博士论文, 1998年；孔令刚：《奎章阁本〈文选〉研究》, 河南大学博士论文, 2013年。

究的创造性贡献都是有目共睹的。但是，奎章阁本《文选》形成的复杂性决定了它的研究不能一概而论，最好具体问题具体分析。因为它的底本"秀州本"在汇集李善和五臣注时的宗旨和方法决定了它的编排选择和取舍，还包括它在产生过程中后来在朝鲜传播刊刻中出现的问题。特别是它作为历史上五臣注和李善注的第一次汇集，成为所有后世六臣注《文选》版本的祖本，立足这一定位，既有利于分析后世六臣注《文选》的是非得失，也更有利于我们认识《文选》六臣注祖本独特的价值与意义，这是奎章阁本《文选》研究未能充分关注的问题。

一、奎章阁本《文选》六臣注祖本的价值

奎章阁本《文选》的底本是北宋元祐二年 (1094) 成书的"秀州本"，因为是历史上最早合并李善注与五臣注的六臣注《文选》传本，代表了六臣注《文选》最初的原始面貌，它的体例和方法，显示了二注合并的优势和特点，既因李善注"援引该赡，典故分明"[3]，又有五臣注言"质访旨趣"、"述作之由"，体现了六臣注兼具文献学与文章学的独特价值。[4] 我们以卷九《北征赋》二家注文为例。奎章阁本题下作者注：

> 善曰：《流别论》曰：更始时，班彪避难凉州，发长安至安定，作《北征赋》也。翰曰：《后汉书》云：班彪字叔皮，扶风人。性沉重好古，年二十，遭王莽败。后举茂才为徐令，更始班彪避地凉州，发长安至安定，作《北征赋》。征，行也，言北行而赋之也。彪子固及女曹大家，并有文学，名高当代，父才子贤，自古莫及。[5]

---

3) 《国子监准敕节文》，奎章阁所藏六臣注本《文选》，[韩国]源泉出版社，1996年，第1462页。
4) 这并不等于说李善注中没有文章写作、体式风格的解说，也不等于说五臣注中全无文献典故的内容。

　　李善和五臣虽然都讲到班彪创作《北征赋》，李善引《流别论》，自然典故分明，五臣略为解题，又言及班彪父子文学才华，自然有益文章。其在文中注解亦可见出特征。《北征赋》："乱曰：夫子固穷，游艺文兮，乐以忘忧，惟圣贤兮。"奎章阁本注：

　　　　翰曰：乱，理也，重理一赋之意。济曰：夫子，孔子也。孔子云：君子固穷。又云：游于艺。又云：乐以忘忧。惟圣贤能之。艺，六艺。文，文章也。善曰：《论语》子曰：君子固穷。又曰：游于艺。又曰：乐以忘忧。[6]

　　李善注引《论语》，表明文献出处。五臣注也引孔子所言，未标《论语》，而在文章"乱"下，却解说了文章结构表达方法，"重理一赋之意"。又如在"君子履信，无不居兮；虽之蛮貊，何忧惧兮"。向曰："彪所以自解也。言若能常履信，而行则无处不居。虽蛮貊之乡，何所惧也。蛮貊，夷之种类也。"善曰："《周易》曰：'履行思乎顺。'《论语》曰：'言忠信，行笃敬，虽蛮貊之邦行矣。'"[7]李善注明典故文献，五臣则直接点名了作者班彪文章的表达意旨。

　　六臣合注这种优势互补的宗旨和方法，是在"秀州本"最初就确定起来的，主张："二家注无详略，文章稍不同者，皆备录无遗。其间文意重叠相同者，辄省去，留一家。"[8]备录"文意稍有不同者"，正是为了相互参照，互相补充。我们看卷二十五刘琨《答卢谌》："厄运初遘，阳爻在六。"奎章阁本注：

　　　　铣曰：遘,遇也。在六谓乾卦第六画，是爻之上九也。辞云"亢龙有悔"，喻天子运极而有穷厄之灾也。善曰：晋之遇灾也。毛苌《诗传》曰："搆，成也。"阳爻在六谓乾上九也。《周易》曰："上九，亢龙有悔"，盈不可久也。[9]

5) 奎章阁所藏六臣注本《文选》，[韩国]源泉出版社，1996年，第228页。
6) 奎章阁所藏六臣注本《文选》，[韩国]源泉出版社，1996年，第232页。
7) 奎章阁所藏六臣注本《文选》，[韩国]源泉出版社，1996年，第232页。
8) 奎章阁所藏六臣注本《文选》，[韩国]源泉出版社，1996年，第1462页。
9) 奎章阁所藏六臣注本《文选》，[韩国]源泉出版社，1996年，第601页。

两家注的主要内容几乎相同，只有关于"遘"的意义有不同，二注并存，相互参照。四部丛刊本删掉了李善注"毛苌《诗传》曰：'構，成也'"，则失去了二注并存的参照意义。又卷二十潘岳《关中诗》："微火不戒,延我宝库。"奎章阁本注：

> 良曰：宝库, 武库也。惠帝延康五年, 武库火。戒, 慎也。善曰：王隐《晋书》曰：惠帝元康五年十月, 武库灾, 焚累代之宝。[10]

此注一说"延康五年", 一说"元康五年", 而今本房玄龄《晋书》又载为惠帝永平"五年, 冬十月, 武库火, 焚累代之宝。"[11] 则武库火灾时间不同,《文选》二注并存相互参照。明州本则省略五臣注, 云："良同善注", 实际上造成误会, 完全抹煞两家注文的区别。又卷二十五陆云《为顾彦先赠妇二首》, 奎章阁本注：

> 善曰：集亦云为顾彦先。然此二篇并是妇答, 而云赠妇, 误也。
> 向曰：集云为顾彦先赠妇二首, 为妇答亦二首, 此时妇答而云赠妇, 集者误也。[12]

李善与五臣虽然同为辨析诗题之误，李善注只是根据诗中内容"并是妇答",误"云赠妇"。五臣不仅也从诗的内容为"答"进行分辨, 而且根据陆云为顾彦先先作诗的情况, 不仅有"赠"诗二首, 而且还有"答"诗二首, 指出是"集者误也", 或编撰文集造成的失误。这就对于李善注的有了补充作用, 在诗的内容分析之外, 增添了新的依据。检《陆云集》有"为顾彦先赠妇往返二首", 与张溥《汉魏六朝百三名家集》、《玉台新咏》卷三同, 证五臣注确为可信。而且五臣又有辩正李善的意思。李善注说："集亦云为顾彦先", 乃是承卷二十四陆机《为顾彦先赠妇二首》李善辨析："集云为令彦先作, 今云顾彦先, 误也。"[13] 似乎李善认为陆机、陆云二人

---

10) 奎章阁所藏六臣注本《文选》, [韩国]源泉出版社, 1996年, 第471页。
   房玄龄,《晋书》, 中华书局, 1974年, 第93页。
12) 奎章阁所藏六臣注本《文选》, [韩国]源泉出版社, 1996年, 第598页。

所作《为顾彦先赠妇二首》，应该是"集云为令彦先作"，即《文选》"今云顾彦先"
是错误的。但同样是"集云"，一为"令彦先"，一为"顾彦先"，李善也表现出了一种无
法判断的疑惑。五臣则无此疑惑。(学界有论，另考。14)) 可是明州本、四部丛刊本
陆云《为顾彦先赠妇二首》下，全部删掉了李善注文，四部丛刊本有"善同向注"
说明。尽管它们保留了"五臣"向曰。就解题内容而言，可以包括李善注文。但就涉
及有关创作问题，五臣注就不能取代。而且只有两家并存，才能看到李善注的内容，
比较出五臣注补充的价值。所以明州本、四部丛刊本的此条删、省，都失去了秀州
本的真实面貌和二注并存的意义。

然而，省、留一家也是秀州本开创的体例，对于"文意重叠相同者"的省略，并不
影响原注的内容 (虽然秀州本也没有完全做到这一点)。卷二十三阮籍《咏怀》解
题注，奎章阁本载：

> 良曰：臧荣绪《晋书》曰：阮籍，字嗣宗，陈留尉氏人也。容貌瑰杰，志气
> 宏放。蒋济辟为掾，后谢病去，为尚书郎、步兵校尉。籍属文初不苦思，率尔便成。
> 作《陈留》八十余篇，此独取十七首。咏怀者，记人情怀。籍于魏末晋文之代，
> 常虑祸患及己，故有此诗，多刺时人无故旧之情，逐势利，而观其体趣，实谓幽深。
> 非作者，不能探测之。善注同。15)

奎章阁本省略的李善注，胡刻本作："臧荣绪《晋书》曰：阮籍，字嗣宗，陈留
尉氏人也。容貌瑰杰，志气宏放。蒋济辟为掾，后谢病去，为尚书郎、迁步兵校尉，
卒。"16) 两相比较，李善注文内容几乎全部包括在五臣注中，省略并没有影响二注
的内容。留存五臣解说阮籍《咏怀》诗的写作背景、主旨、"幽深"的体趣风格，是

13) 奎章阁所藏六臣注本《文选》，[韩国]源泉出版社，1996年，第588页。
14) 参曹道衡、沈玉成著《中古文学史料丛考》《陆机为〈为顾彦先赠妇诗〉》，中华书局，2003
年，第129页。
15) 奎章阁所藏六臣注本《文选》，[韩国]源泉出版社，1996年，第541页。
16)《文选》，中华书局，1977年，第541页。

李善此注中完全没有的。这些就显示了奎章阁本保留的秀州本省、留的不同特点。可是后来的四部丛刊本这条五臣注 "良曰"变成了 "善曰", 将五臣注误为李善注, 省略注语为 "向注同", 又将五臣刘良误为吕向。这种勘误价值也是奎章阁本 ≪文选≫值得珍视的地方。

　　奎章阁本 ≪文选≫ 底本秀州本作为后世六臣注 ≪文选≫ 的祖本, 因其时代早和保留信息的原初面貌, 可以考察后世传本的变化, 认识到奎章阁本 ≪文选≫ 保存文献资料的价值。 比如卷四十七袁宏 ≪三国名臣序赞≫:"于是君臣离而名教薄,世多乱而时不治。故蘧甯以之卷舒, 柳下以之三黜。"奎章阁本注:

> 铣曰:蘧伯玉, 邦有道则仕, 无道则隐。甯武子, 邦有道则智, 无道则愚, 此则卷舒也。卷谓退, 舒谓进也。济:柳下惠为士师, 三黜而无愠色, 知其时不可也。黜, 退也。善曰:≪论语≫ 子曰:"君子哉, 蘧伯玉, 邦有道则仕, 邦无道则卷而怀之。" 又曰:"甯武子邦有道则智, 邦无道则愚。" 又曰:"柳下惠为士师, 三黜之。"[17]

又:"接舆以之行歌, 鲁连以之赴海。"奎章阁本注:

> 良曰:楚狂接舆不仕, 于时常行歌云:凤兮凤兮, 何德之衰。则知其时无明君也。田单欲与鲁连爵, 连乃游隐于海上, 盖为时之无道也。善曰:≪论语≫:楚狂接舆歌而过孔子。≪史记≫ 曰:鲁连子下聊城, 田单归而歌爵之, 鲁连逃隐于海上。[18]

　　在这里, 奎章阁本两处分句作注, 明州本、四部丛刊本、陈八郎本皆合为一处。注文中明州本分别载 "铣曰"、"济曰"、"良曰", 内容与奎章阁本相同, 省略李善注, 云:"善同铣注。"四部丛刊本合并上两处 "善曰"为一处, 省略五臣注, 云:"铣、良、

---

17) 奎章阁所藏六臣注本 ≪文选≫, [韩国]源泉出版社, 1996年, 第1162页。
18) 奎章阁所藏六臣注本 ≪文选≫, [韩国]源泉出版社, 1996年, 第1162-1163页。

济注同。"这种省略就造成与原注内容不合。明州本云"善同铣注",其实二者并不相同。善注中"柳下惠为士师,三黜之",并不是"铣曰"的文字,而与五臣刘良注相同。四部丛刊本省略五臣注,云"铣、良、济注同",但是五臣与李善注并不完全相同。既无五臣铣关于"卷舒"的解说,也无"济曰""知其时不可也",无"良曰""则知其时无明君也","盖为时之无道也"解说文意的内容。陈八郎本更是张冠李戴,将上面两处李善注文合为一处,称为"铣曰"。也就是在后世这些传本中,我们无法获得李善注或五臣注的真实准确的信息,因为他们保留的注文并不能代替省略的信息,因而是残缺不全的,或者误改注者名称,张冠李戴,造成真伪混淆。又比如卷九班彪《北征赋》:"首身分而不寤兮,犹数功而辞誉。何夫子之妄说兮,孰云地脉而生残?"奎章阁本注有"济曰"、"善曰"二家并存。明州本注:"彪言恬至死不知其过,誉,过也。"善曰:"济同善注。"检奎章阁本,"彪言恬至死不知其过,誉,过也"乃是五臣"济曰"的话,明州本无"济曰"注者名称,而说"济同善注",表述并不明确,哪些内容同善注?是省略的部分呢?还是全部?由此可见,通过奎章阁本的勘校得以发现后世传本中注文的混乱讹误,证明了奎章阁本保存原注面貌的文献价值。

以上所述,都是单一的五臣注或李善注难以获得的作用,体现了六臣注本独特价值。

二、奎章阁本《文选》注中的文字异同

前面我们利用奎章阁本《文选》注文考察其他传本的省略,有失六臣注原初面貌的现象,而奎章阁本《文选》还有一些与后世传本相关内容的不同注文,依赖着奎章阁本的保留。比如卷五《吴都赋》:"于是弭节顿辔,齐镳驻跸……虽有雄虺之九首,将抗足而跐之。"奎章阁本注:

> 刘曰：≪离骚≫ 曰抑志弭节。趣，止行也。王者出入警跸。羽族，鸟属也；毛群，兽属也。铍，两刃小刀也。铗，刀身剑锋也，有长铗短铗。体著者，着体而生也。……19)

明州本、四部丛刊本此条 "刘曰" "警跸" 下脱 "羽族，鸟属也；毛群，兽属也。铍，两刃小刀也。铗，刀身剑锋也"，胡刻本在 "警跸" 下增 "徜徉，犹翱翔，言美之将帅皆有拳勇"。则后世各本此条刘渊林注文都有不同，或省或添，皆非原貌。又比如卷五十范蔚宗 ≪宦者论≫："然而后世因之，才任稍广。其能者则勃貂管苏，有功于楚晋。" 奎章阁本注：

> 向曰：稍，渐也。言广材能者用之。勃貂名披。晋文公立，吕郤畏偪，将焚公宫而弑晋侯。楚恭王有疾，告诸大夫曰：管苏犯我以义，违我以礼，然而有德焉，吾死之后，爵之于朝。20)

这条五臣注文，明州本删掉了 "向曰" 大部分内容，只保留 "稍，渐大，言广材能而用之"。四部丛刊本则省略与明州本同，但有说明语 "余同善注"，而陈八郎本 "向曰" 也与明州本、四部丛刊本同，则此条五臣注原文面貌只在奎章阁本中保留下来。

奎章阁本有的注文还有助于纠正后世传本中的错误。比如卷二一左思 ≪咏史诗≫ 其一："铅刀贵一割，梦想骋良图。" 明州本、四部丛刊本、胡刻本："善曰：'韩君 ≪章句≫ 曰：骋，施也。'"奎章阁本作善曰："≪韩诗章句≫ 曰：骋，施也。" 汉三家诗有 "韩诗"，由燕人韩婴传，后汉有薛汉作 ≪韩诗章句≫。≪隋书·经籍志≫ 载："≪韩诗≫ 二十二卷。汉常山太傅韩婴，薛氏章句。"21) ≪后汉书·儒林传≫："薛汉，字公子，淮阳人也。世习韩诗，父子以章句著名。"22) 世人常称 ≪韩诗章句≫，≪文

---

19) 奎章阁所藏六臣注本 ≪文选≫，[韩国]源泉出版社，1996年，第139页。

20) 奎章阁所藏六臣注本 ≪文选≫，[韩国]源泉出版社，1996年，第1217页。

21) 魏征，≪隋书≫，中华书局，1973年，第915页。

22) 王先谦，≪后汉书集解≫，中华书局，1984年，第902页。

选》陆机《为顾彦先赠妇二首》:"沉欢滞不起",李善注:"薛君《韩诗章句》曰:'时风又且暴,使己思益隆。'"[23]由是知明州本、四部丛刊本、胡刻本《文选》作"韩君章句"误也。又卷七《藉田赋》:"此一役也,而二美显焉。不亦远乎,不亦重乎!"奎章阁本注:

> 向曰:一役谓藉田,二美谓粢盛丰百姓足也。善曰:一役谓藉田,二美谓能本而孝也。《左氏传》:阴饴甥曰:此一役也。秦可以霸。
> 向曰:不亦远重乎?言远重之至也。善曰:《论语》文也。[24]

明州本、陈八郎本皆与奎章阁本相同,而四部丛刊"向曰:言远重之至也"就脱"不亦远重乎"一句。

奎章阁本《文选》还有一些不同文字,虽缺乏其他材料佐证,仍可以增加我们对秀州本编撰时别本资料来源的思考。卷三十七曹植《求通亲亲表》:"诚可谓恕己治人,推恩施惠者矣。"奎章阁本注:

> 铣曰:言我愿选居宿卫,则所持政事亦不废于公朝。展,舒也。在下民情亦得展于私室,贺喜曰庆,问哀曰吊。恕己谓以己身废人,言如此可谓推恩惠于亲也。[25]

明州本、四部丛刊本、陈八郎本此条"铣曰"皆无"在下民情亦得展于"八字。有学者认为此是奎章阁本所增,但是检曹植文章有"持政不废于公朝,下情得展于私室",则奎本"铣曰"文字于本文有征。况且,注文如无"在下民情亦得展于"八字,注文下言"私室,贺喜曰庆,问哀曰吊",似难成文。难道"贺喜"、"问哀"的庆、吊之礼只是私室的礼仪?因而奎章阁本此条"铣曰"有无别本的文献依据呢?又比如卷三十

---

23)《文选》,中华书局,1977年,第348页。
24) 奎章阁所藏六臣注本《文选》,[韩国]源泉出版社,1996年,第188页。
25) 奎章阁所藏六臣注本《文选》,[韩国]源泉出版社,1996年,第895页。

三 ≪九辩≫："却骐骥而不乘兮，策驽骀而取路。" 奎章阁本注：

> 济曰：骐骥，良马，喻贤才也。良曰：喻踈贤才而亲不肖，驽骀，喻不肖也。26)

　　明州本同。可是四部丛刊本、陈八郎本五臣 "济"、"良" 二人之注却作同一 "良曰"。又 ≪九辩≫："闵奇思之不通兮，将去君而高翔。" 奎章阁本注：

> 向曰：闵，自伤也；思，谓忠信也。向曰：高翔，远去也。27)

　　明州本、四部丛刊本与奎章阁本同。陈八郎本作：

> 翰曰：闵，自伤也，谓忠信，高翔，远去也。28)

　　陈八郎本不独五臣两 "向曰" 变为一 "翰曰"，注家名字不同，"谓忠信" 前脱 "闵"，后脱 "也" 字。又 ≪九辩≫："欲寂寞而绝端兮，窃不敢忘初之厚德。" 奎章阁本注：

> 良曰：寂寞，止息貌。济曰：言我将心不思于君，不能忘君昔之厚德。29)

　　明州本同，"德" 字下有 "尔" 字，四部丛刊本注文 "良曰" 作 "济曰"，陈八郎本同，两注合为一注为 "济曰"。这些同一条注文的注家不同，究竟哪一个文本是正确的呢？还是确实各有不同的文本根据， 的确值得我们思考奎章阁底本依据的文本似另有来源。河南大学孔令刚博士研究奎章阁本 ≪文选≫，考察正文自成一家61处，既不从李善本，也不从五臣本。我们看到，卷四八班固 ≪典引≫ 有一段文字："臣

---

26) 奎章阁所藏六臣注本 ≪文选≫，[韩国]源泉出版社，1996年，第809页。
27) 奎章阁所藏六臣注本 ≪文选≫，[韩国]源泉出版社，1996年，第808页。
28) 台北，国立中央图书馆南宋绍兴三十一年建刊影印卷十七。
29) 奎章阁所藏六臣注本 ≪文选≫，[韩国]源泉出版社，1996年，第809页。

才朽不及前人，盖咏《云门》者难为音，观随和者难为珍"。奎章阁本有校语："自才不朽及前人至观随和者难为珍，善本无此一段。"30) 既如此，则五臣本有，可是读明州本此段有校语："自才不朽及前人至观随和者难为珍，五臣无此一段。"31) 那么究竟是李善本无还是五臣本无呢？检胡刻本、陈八郎本这段文字皆有，奎章阁和明州本依据什么文本作出的校语呢？是不是也可以说明秀州本采用的文本另有来源呢？

三、奎章阁本《文选》刊刻的不足

奎章阁本六臣注《文选》虽然在《文选》学中具有无可取代的重要价值，但是它本身也存在着不少失误。最明显地就是学者们已经指出的，"秀州本"在合并李善注与五臣注时就造成的混乱，包括旧注，真伪混淆。这是六臣注《文选》中较为普遍的现象。比如仅卷五十陆机《演连珠》一篇，本来有五臣注、李善注、刘孝标旧三家，可是其中的第4、6、13、14、20、22、25、28、37、40、44、48一共12首在奎章阁本、明州本、四部丛刊本存在相同的注文混乱，或因脱落注家名称，将刘孝标注混入李善注中，或由李善取代。还有的省略李善注，以"后注同"说明。如第40首，与通常省略语以"某同某注"不同，造成指代不明，明州本和奎章阁本相同无"刘曰"。四部丛刊本此注同样是脱落"刘曰"注家名称，将刘孝标注文混入李善注而称"善曰"，又将奎章阁本、明州本省略的李善注录出，而收录的五臣注有省略，也与通常的"某同某注"、或"余同某论"不同，而是具体说"坠屦忘簪同善注"。四部丛刊本注：

---

30) 奎章阁所藏六臣注本《文选》，[韩国]源泉出版社，1996年，第1186页。
31) 日本足利学校藏《宋刊明州本六臣注〈文选〉》，人民文学出版社，2008年，第2997页。

　　济曰：“此章明故旧不可忘也。服，用。遗，弃也。坠屦忘簪同善注。言人达时所用或有可遗，贫贱之交在于贵难忘。故楚王之悲，少原流恸，盖欲激厉浇俗也。32)

　　这可以看出体例用语不统一的现象。又如第44首：“臣闻理之所守，势所常夺”，奎章阁本、明州本、四部丛刊本都只保留了“向曰”、“善曰”二家之注，而无刘孝标注文。检尤刻李善注本（胡刻）也只有“善曰”一条，无法分出此条“善曰”中的刘孝标注文内容。胡克家《文选考异》：“注，善曰性命之道。何校去‘善曰’二字，是也。各本皆误”33) 如按《考异》所言“何校”，去“善曰”二字，或应为刘孝标注。我们知道，按李善注体例：“旧注是者，因而留之，并于篇首题其姓名。其有乖谬，臣乃具释。并称臣善以别之，他皆类此。”34) 这就是说，有旧注保留后，会有“善曰”解说。如此条去“善曰”，是否此为刘孝标旧注，而没有“善曰”。可是考察《演连珠》注，清除其中混淆现象，都应有三家注文保存，不可解此条独无“善曰”文字。

　　“秀州本”除了最初合并二字注文时出现的问题，在朝鲜时代的传播刊刻中也存在一些失误。一种是脱落文字。比如卷十《西征赋》：“籍含怒于鸿门……樊抗愤以扼酒，咀嚭肩以激扬。”其下善曰引《汉书》曰：

　　樊哙闻事急，乃持盾撞入。项羽目之，问为谁。张良曰：沛公参乘樊哙。项羽曰："能复饮乎？"哙曰："臣死且不辞，岂特扼酒乎！35)

　　检《汉书·樊哙传》，此段注文有删省，并不影响注文内容，但“项羽曰：能复饮乎？”前尚有“项羽曰：壮士。赐之扼酒嚭肩。哙既饮酒，拔剑切肉食。”如删省则意不完整，下“能复饮乎？”则无承接。检明州本、四部丛刊本，有《汉书》中“项羽

32)《六臣注文选》卷五十五，第32页，上海书店，1989年。

33)《文选》，中华书局，1977年，第973页。

34)《文选》，中华书局，1977年，第36页。

35) 奎章阁所藏六臣注本《文选》，[韩国]源泉出版社，1996年，第248页。

曰"这段文字, 可知奎章阁本刊落所致。又卷一 《东都赋》: "盖六籍所不能谈,前圣
靡得言焉。" 李善注中有: "六籍, 六经也", 明州本、四部丛刊本、尤刻皆有此五字,
奎章阁本脱。又卷五十八 《齐敬皇后哀策文》: "始协德於苹蘩兮,终配祇而表命。"
翰曰:

> 《诗序》 云: 《采蘋》, 大夫妻能循法度。又云 《采蘩》 夫人不能失职也。
> 言皇后始于高宗未即位时也。《汉书》 云: 天地合祭先妣配地。言皇后终如尊
> 谥而为先妣, 是表明天命也。

明州本、四部丛刊本、陈八郎本同, 奎章阁本脱 "言皇后始于高宗未即位时也。
《汉书》 云: 天地合祭先妣配地"二十三字。其他刊落注家之名的例子也不少。

奎章阁本刊刻还造成了一些错讹, 卷四八班固 《典引》: "肇命民主, 五德初
起。" 奎章阁本注:

> 蔡邕曰: 民主者, 天子也。《尚书》 曰: 成汤伐夏, 间作民主。36)

检蔡邕引 《尚书》 乃是 《多方》 篇中文字: "乃惟成汤, 克以尔多方, 简代夏作
民主。"37) 明刊本、四部丛刊本、尤刻本作:

> 蔡邕曰: 民主者, 天子也。《尚书》 曰: 成汤简代夏作民主。

则奎章阁本误 "代" 为 "伐", 误 "简" 为 "间", 则 "代夏" 与 "伐夏"意思不同, 又 "间
作民主"与成汤取代夏为天下民主不合。又比如卷十七 《文赋》: "伊兹文之为用,
……宣风声于不泯。" 奎章阁本注:

---

36) 奎章阁所藏六臣注本 《文选》, [韩国源泉出版社, 1996年, 第1187页。
37) 阮元校刻 《十三经注疏》, 中华书局, 1980年, 第228页。

善曰：《法言》曰：著古昔之昏昏，传千里之志志者，莫如书。李轨曰：昏昏，目所不见，志志，心所不了。38)

检杨雄《法言·问神》篇："著古昔之唔唔，传千里之忞忞者，莫如书。" 李轨注："唔唔，目所不见，忞忞，心所不了。"39) 明州本、四部丛刊本 "志志" 皆作 "忞忞"，奎章阁本形近致误。又比如卷五十七《宋孝武宣贵妃诔》："玄丘烟煴，瑶台降芬。" 奎章阁本注：

善曰：《列女传》曰：契母简狄者，有娀氏之长女也。当尧之时，与其妹姊浴于玄丘之水。有玄鸟衔卵，过而坠之。五色其好，简狄得含之，误而吞之，遂生契焉。40)

检《列女传》，"妹姊"作"妹娣"，"衔卵"作"衔卵"，"无色其好"中 "其" 作 "甚"，明州本、四部丛刊本同《列女传》，不误。则奎章阁本皆形近致误。

奎章阁本也还有因为刊刻衍误的注文。比如卷二十五刘琨《重赠卢谌》："惟彼太公望，昔在渭滨叟。" 奎章阁本注：

善曰：……《六韬》曰：文王卜田，史扁为卜田，于渭之阳将大得。非熊非罴，非虎非狼，非得公侯，天遗汝师。文王斋戒三日，田于渭阳，卒见吕尚坐茅以渔。41)

检《六韬》"于渭之阳将大得，非龙非彲 (螭)，非熊非罴，非得公侯"，则奎本脱"非龙非彲 (螭)"，而增"非虎非狼"四字。明州本、四部丛刊本、胡刻本皆同《六

38) 奎章阁所藏六臣注本《文选》，[韩国]源泉出版社，1996年，第406页。
39) 《诸子集成》(七)，中华书局，1954年，第14页。
40) 奎章阁所藏六臣注本《文选》，[韩国]源泉出版社，1996年，第1379页。
41) 奎章阁所藏六臣注本《文选》，[韩国]源泉出版社，1996年，第604页。

韬》, 则奎章阁本有脱衍之误。这些脱、衍、错讹, 用明州本等其他传本比勘, 核实引文原著, 可知是 "秀州本"在朝鲜传播刊刻中造成的失误。

综上所述, 韩国奎章阁所藏六臣注本 《文选》, 代表了六臣注 《文选》 祖本的基本面貌, 充分显示了第一次合并李善注与五臣注的互补优势和价值, 并可以考察 《文选》 六臣注本系统的变化与得失, 这也是用它研究 《文选》 六臣注本系统的特殊意义, 而不仅仅是它保留五臣注、李善注 《文选》 真实信息的作用。由于它形成的复杂性, 它的研究很难一概而论, 只能采取具体问题具体分析的办法, 包括它在最初汇集二家注以及它在后世传播中的不足。

中韩关系史上的道教交流

四川大学 黄勇

摘要 中韩道教交流，可以分为官方交流和民间交流两种方式。官方交流通常夹杂着明显的政治意图，民间交流则是纯粹的宗教文化互动。就现存文献记录来看，中韩道教交流以官方交流为主，民间交流为辅，但实际上民间交流也非常活跃。在两国之间的道教交流中，道教文化主要是由中国单向输入韩国，基本上没有出现从韩国回流中国的情况。道教传入韩国后虽然未能发展成制度化宗教，却对韩国文化产生了深远影响。

关键词：道教交流；官方交流；民间交流；文化影响

中韩两国之间的文化交流，至少有两千多年的历史。[1] 通过长期的文化交流活动，中国的儒、释、道三教先后传入韩国，对韩国文化产生了深远影响。目前，关于两国间儒教及佛教文化交流的研究已取得显著成果，然而，道教文化交流却仍然没有引起研究者应有的重视。在韩国历史上，道教虽然未能像佛教和儒教那样获得国教的地位，占据意识形态的中心位置，但是它对韩国文化的影响也同样不容小

---

1) 如果从箕子入朝算起，中韩文化交流当有三千余年历史。然而，箕子入朝是否为史实，学界尚有不同见解。因而，出于一种审慎的态度，本文权且保守地认为中韩文化交流至少有两千多年的历史。

觑。正如韩国学者梁银容所说，道教、佛教与儒教一直是韩国传统思想的主流，儒教和佛教是文化的表面，以信仰为主的道教则是文化的"里面"。[2] 因此，研究中韩道教交流，对更加深入地理解韩国文化以及道教文化，都有着非常重要的意义。

一、中韩道教交流的方式

中韩道教交流的历史虽然非常悠久，然而，两国文献都不太注重对道教交流活动的记录。由于可资考订的文献资料较为有限，因此，我们对中韩道教交流的考察也只能是管窥蠡测。通过有限的管蠡之见，也许不能得其全豹，但是至少应该能够窥测到中韩道教交流的大体样貌和部分特征。就现存文献记录来看，中韩两国道教交流可分为两种方式：官方层面的道教交流和民间层面的道教交流。

1. 官方层面的道教交流

根据现存中韩两国相关文献的记录，道教交流活动大多是在两国官方之间展开的，主要有以下几次：

1) 唐与高句丽的道教交流

最早记录唐与高句丽道教交流的典籍是《旧唐书》。据《旧唐书·东夷传》记载："(武德) 七年 (624)，遣前刑部尚书沈叔安往册建武为上柱国、辽东郡王、高丽王，仍将天尊像及道士往彼，为之讲《老子》，其王及道俗等观听者数千人。"[3] 此

---

2) [韩]梁银容：《福源宫建立의歷史의意義》，韩国道教思想研究会编《道教와韓國文化》，首尔：亚细亚文化社，1988年，第485页。

后，宋人徐兢也对此做过如下记录：

> 高丽地滨东海，当与道山仙岛相距不远。民非不知向慕长生久视之教，第中原前此多事征讨，无以清静无为之道化之者。唐祚之兴，尊事混元圣祖，故武德间，高丽遣使，匄请道士至彼讲五千文，开释玄微。高祖神尧奇之，悉从其请。自是之后，始崇道教。[4]

徐兢的记录只是对唐与高句丽道教交流历史的简单追溯，更详细的记录则来自《三国史记》和《三国遗事》等两部韩国典籍。据《三国史记》记载：

> (荣留王) 七年 (唐武德七年) 春二月，王遣使如唐，请班历。遣刑部尚书沈叔安，册王为上柱国、辽东郡公、高句丽国王。命道士以天尊像及道法，往为之讲《老子》。王及国人听之。……八年，王遣人入唐求学佛老教法，帝许之。[5]
>
> (宝藏王二年) 三月 (643)，苏文告王曰："三教譬如鼎足，阙一不可。今儒释并兴而道教未盛，非所谓备天下之道术者也。伏请遣使于唐，求道教以训国人。"大王深然之，奉表陈请。太宗遣道士叔达等八人，兼赐老子《道德经》。王喜，取僧寺馆之。[6]

与《三国史记》相比，《三国遗事》的记载更为详尽：

> 丽季武德、贞观间，国人争奉五斗米教。唐高祖闻之，遣道士送天尊像，来讲《道德经》，王与国人听之。……明年遣使往唐，求学佛老。唐帝许之。及宝藏王即位，亦欲并兴三教。时宠相盖苏文说王以儒释炽而黄冠未盛，特使于唐求道教。[7]

---

3) 后晋) 刘昫：《旧唐书》卷一百九十九上《东夷传》，北京：中华书局，1975年，第5321页。

4) 宋) 徐兢：《高丽图经》卷十八《道教释氏》道教条，首尔：亚细亚文化社，1972年，第93页。

5) [高丽]金富轼：《三国史记》卷二十《高句丽本纪第八》，首尔：景仁文化社，1977年，第156页。

6) [高丽]金富轼：《三国史记》卷二十一《高句丽本纪第九》，首尔：景仁文化社，1977年，第158页。

金奏曰："鼎有三足，国有三教。臣见国中，唯有儒释无道教，故国危矣。" 王
然之，奏唐请之。太宗遣叔达等道士八人。王喜，以佛寺为道馆，尊道士坐儒士之
上。道士等行镇国内有名山川。古平壤城势新月城也，道士等呪敕南河龙，加筑
为满月城，因名龙堰城。作谶曰：龙堰堵，且云千年宝藏堵。或凿破灵石 (俗云都
帝岩，亦云朝天石，盖昔圣帝骑此石朝上帝故也)。[8]

根据以上史料，唐与高句丽道教交流的大体情况是：武德七年 (624)，唐高祖
听说高句丽人信奉道教，便遣前刑部尚书沈叔安携天尊像及道士往高句丽，第二年
荣留王又派人赴唐学习道教。贞观十七年 (643)，唐太宗应高句丽权臣盖苏文之请，
派叔达等八名道士赴高句丽传教。

考察当时的历史背景可以发现，唐、丽两国开展道教交流活动的目的，其实主
要是出于政治的考量，而不是为了进行单纯的宗教文化交流。在中国陷入分裂的
南北朝时期，高句丽的国力逐渐上升，成为东北亚地区的强国，从而与中原王朝在
该地区形成了激烈的竞争关系。隋朝重新统一中国后，为了恢复对辽东地区的统
治，曾多次发动征伐高句丽的战争，然而均未能取得最终胜利。隋唐易代后，唐朝
继承了隋朝的东北亚政策，两国矛盾进一步激化。面对强大的唐朝，对高句丽来讲，
争取缓和两国矛盾方为谋求国家发展之上策。据 ≪旧唐书·东夷传≫ 记载，武德
二年、四年、七年，荣留王先后遣使朝贡，并搜括因战争沦陷于高句丽的华人，"以
礼宾送，前后至者数万"，[9] 以此缓和与唐的关系。唐高祖以高句丽人 "争奉五斗米
道" 为由遣道士赴高句丽，无疑是对其善意的回应。贞观十四年 (640)，高句丽权臣
盖苏文杀荣留王立宝臧王，其弑君逆行激起唐太宗的震怒，欲以此为借口发兵征
讨。在这种形势下，盖苏文请求向唐朝学习道教，无疑是为了讨好奉道教为国教的
唐朝，以期暂时缓解两国矛盾，为应对来自唐朝的压力赢得时间。[10] 虽然唐太宗接

7) [高丽]一然：≪三国遗事≫ 卷三 ≪兴法第三≫，东京：国书刊行会，1974年，第12页。
8) [高丽]一然：≪三国遗事≫ 卷三 ≪兴法第三≫，东京：国书刊行会，1974年，第13页。
9) 后晋 刘昫：≪旧唐书≫ 卷一百九十九上 ≪东夷传≫，北京：中华书局，1975年，第2531页。
10) 武德七年唐高祖就已派遣道士赴高句丽传教，第二年荣留王还专门派人赴唐学习道教，然而，

受长孙无忌的进谏暂未发兵, 但是唐朝道士到高句丽后, "行镇国内山川", 作谶于龙堰城, 并凿破高句丽始祖朱蒙的朝天石, 这些行为说明唐太宗遣道士赴高句丽不仅仅是为了传道, 更重要的目的是为了以道教震慑敌国。当然, 盖苏文对此也心知肚明, 所以立即 "筑长城东北西南",11) 开始积极备战。

2) 唐与新罗的道教交流

唐与新罗之间的官方道教交流活动, 有文献资料可考的仅有一次, 发生在新罗统一朝鲜半岛之后的时期, 据 ≪三国史记≫ 记载:

> (孝成王)二年春二月 (738),唐玄宗闻圣德王薨,悼惜久之,遣左赞善大夫邢璹以鸿胪少卿往吊祭……帝谓璹曰: "新罗号为君子之国, 颇知书记, 有类中国。以卿惇儒, 故持节往, 宜演经义, 使知大国儒教之盛。" ……夏四月, 唐使臣邢璹以老子 ≪道德经≫ 等文书献于王。12)

唐高宗总章元年 (668), 高句丽被唐朝和新罗联军攻灭。在新罗统一朝鲜半岛后, 唐、罗两国曾发生过小规模冲突, 但是两国关系很快步入正轨, 长期保持着友好往来。作为唐朝最崇道的帝王, 唐玄宗通过输出道教向新罗施加文化影响是合乎情理的。但是由于文献阙如, 详情已不得而知。还需注意的是, 此段记载颇为蹊跷。邢璹的使命是 "演经义, 使知大国儒教之盛", 但他献给新罗孝成王的经典却是 ≪道德经≫。其中原因可能正如李能和所说: "邢璹, 儒其名, 道其行, 如傅奕一流之人。又玄宗皇帝, 奉道之君也。……则其命邢璹往演经者, 当为老子 ≪道德经≫ 无疑。邢璹来献老子 ≪道德经≫ 等文书, 乃履行其使命也。然则所云'儒教', 应即道教之讹,

---

在时隔十九年之后的贞观十七年, 唐太宗再次派道士赴高句丽时, 高句丽却还没有道观。这也能进一步证明高句丽向唐朝请求学习道教, 其实只是一种政治策略。

11) [高丽]一然: ≪三国遗事≫ 卷三 ≪兴法第三≫, 东京: 国书刊行会, 1974年, 第13页。
12) [高丽]金富轼: ≪三国史记≫ 卷九 ≪新罗本纪第九≫, 首尔: 景仁文化社, 1977年, 第79—80页。

乃是儒臣换弄史笔, 以欺后世者也。"13)

3) 宋与高丽的道教交流

高丽 (918—1392) 是韩国历史上道教最兴盛的王朝, 它与同时期的宋朝之间的
道教交流比较频繁, 有具体事迹可考的道教交流活动主要集中于高丽睿宗时期
(1105—1122年在位)。14) 最早的相关记录出自 《高丽图经》:

> 大观庚寅, 天子眷彼遐方愿闻妙道, 因遣信使, 以羽流二人从行。遴择通达
> 教法者, 以训导之。王俣笃于信仰, 政和中始立福源观, 以奉高真道士十馀人。15)

据 《高丽图经》 之说, 宋徽宗接受高丽希望学习道教的请求, 于大观四年 (庚
寅) 派两名道士赴高丽传道, 并帮助高丽建造了福源宫。据 《高丽史》 记载, 睿宗
曾于大观二年 (1108) "遣刑部尚书金商祐、礼部侍郎韩皦如等如宋献方物"。16) 梁
银容教授认为, 向宋徽宗 "进言" 要求学习道教的正是这个使团。17) 据 《逸斋记》
记载, 在高丽宫廷掌管斋醮事务的道流人物李仲若曾航海入宋, 向黄大忠、周与龄
学习道法, 回国后仿照宋制建造了高丽的皇家道观福源宫。18)

值得注意的是, 一些宋朝道士也积极参与了丽、宋两国的道教交流活动。据陆

---

13) [韩]李能和:《朝鲜道教史》, 首尔: 普成文化社, 1977年, 第 377页。
14) 关于高丽睿宗时期宋、丽两国道教交流的情况, 拙文 《高丽道观福源宫考》、《高丽睿宗
　　与道教》 已做过较为细致的研究, 此处仅粗呈梗概, 不再做详细论述。可参阅上举两文, 分别
　　见 《世界宗教研究》 2013年第5期,《四川大学学报》 2014年第6期。
15) 宋) 徐兢:《高丽图经》 卷十八 《道教释氏》 道教条, 首尔: 亚细亚文化社, 1972年, 第93页。
16) [朝鲜]郑麟趾:《高丽史》 卷十二 《睿宗世家一》 睿宗三年七月乙亥, 平壤: 朝鲜科学院出
　　版社, 1958年, 第185页。
17) [韩]梁银容:《福源宫建立의歷史的意義》, 韩国道教思想研究会编 《道教와韓國文化》, 首
　　尔: 亚细亚文化社, 1988年, 第491页。
18) [高丽]林椿:《西河集》 卷五 《逸斋记》,《标点影印韩国文集丛刊》 第二册, 首尔: 民族文
　　化推进会, 1990年, 第256页。

游《家世旧闻》："宣和中，林灵素得幸，乃白遣道士数人，随奉使往（高丽），谓之行教。"[19] 又据徐兢记载，宣和五年（1123）赴高丽的使团中有法箓道官太虚大夫蘂珠殿校籍黄大中和碧虚郎凝神殿校籍陈应常两位道士。[20] 可见黄大中和陈应常就是受林灵素派遣赴高丽"行教"的道士。安东濬教授的研究表明，福源宫和神霄派关系密切，[21] 也就是说李仲若在宋期间曾学习过神霄派道法。黄大中受神霄派领袖林灵素派遣赴高丽传道，他无疑也是神霄派道士，据此推测，他应该就是向李仲若传授道法的黄大忠。由此可见，丽、宋两国围绕建造福源宫开展的道教文化交流活动，一直从大观二年持续到宣和五年。

根据笔者的研究，睿宗于大观二年（1108）和政和五年（1115）两次遣使入宋，都跟学习道教有关。[22] 大观二年睿宗遣使入宋之时，高丽与女真之间爆发了激烈的战争；政和五年遣使入宋之时，正值金灭辽之际，作为辽的藩属国，高丽政权亦岌岌可危。当高丽政权因为与外族发生冲突面临危机之际，睿宗积极开展与宋朝的道教交流，恐怕还有通过道教拉近两国关系，以制衡敌国的政治意图。可见，高丽开展与宋朝的道教交流活动，也有出于政治方面的考量。

4）元与高丽的道教交流

元与高丽的道教交流，有文献可考的只有一次[23]：

（忠烈王二十年十月）元懿州昊天宫道士显真大师韩志温与其徒李道实、李

---

19) 宋) 陆游：《家世旧闻》卷上，北京：中华书局，2006年，第192页。

20) 宋) 徐兢：《高丽图经》卷二十四《节仗》，首尔：亚细亚文化社，1972年，第128页。

21) [韩]安东濬：《论韩国医学与道教之关系》，《道》2013年第学研究》2005年第1期。

22) 参阅拙文《高丽道观福源宫考》，《世界宗教研究5期》。

23) 高丽忠宣王的蒙古王后蓟国大长公主宝塔实怜，因嫉妒赵妃专宠，向元朝告状，诬陷赵妃以巫术诅咒公主，使王爱赵妃不爱公主，并将赵妃全家下狱。元朝王太后派遣五名番僧、两名道士来高丽"被公主呪诅"。此次道士来高丽纯属解决王室内部纠纷，跟两国间道教交流无关。事见《高丽史》卷八十九《后妃传二》，平壤：朝鲜科学院出版社，1958年，第20—21页。

道和、尹道明来。王赐号志温圆明通道洞玄真人, 道实定智玄明讲经大师, 赐宅
一区, 乃王招之也。[24]

根据此条材料可知, 韩志温等人来高丽是应高丽忠烈王之邀。据统计, 忠烈王
在位期间共举行过十九次道教斋醮仪式, 在高丽诸王中名列第三,[25] 可见他也是一
位崇道君王。忠烈王一生曾十六次来华,[26] 对中国的情况非常熟悉。当时全真道在
中国盛极一时, 他应该会受到全真道的影响。据 《高丽史》 记载, 同年八月忠烈王
才自元返国。刚回国便招道士赴高丽, 可能是因为本国道教不能满足他的要求, 希
望引进正宗的中国道教。至于韩志温等人到高丽后如何开展道教活动, 由于文献
阙如, 也已不得而知。

5) 明与高丽的道教交流

洪武三年 (1370) 明太祖遣朝天宫道士徐师昊祭祀高丽山川,是明与高丽道教
交流中最重要的事件。据 《明实录》 记载：“洪武三年春正月庚子, 遣使往安南、
高丽、占城, 祀其山川。”[27] 可见此次祭祀高丽山川的活动并非仅仅针对高丽, 而且
也不单纯是为了传播道教。其实, 明太祖遣徐师昊祀高丽山川, 与唐太宗遣道士叔
达 “行镇高句丽国内山川”的情形非常相似, 都是为了通过道教震慑对方。

1368年元朝灭亡后, 北元势力还盘踞在漠北, 对明朝政权构成严重威胁。高丽
虽然于洪武二年 (1369) 年已向明朝奉表称臣, 但仍然与北元保持着密切联系。在
此情势之下, 明太祖遣道士入高丽必然有其政治意图。徐师昊所撰碑文曰：“迩者
高丽遣使, 奉表称臣, 朕已封其王为高丽国王, 则其境内山川既归职方。……钦惟皇

---

24) [朝鲜]郑麟趾：《高丽史》 卷三十一 《忠烈王世家四》 忠烈王二十年十月丙戌, 第843页。
25) [韩]金澈雄：《高麗中期道教의盛行과其性格》, 韩国道教思想研究会编 《道教의韓國의
    變容》, 首尔：亚细亚文化社, 1996年, 第171页。
26) 苗威：《高丽忠烈王在中国》,《东疆学刊》 2000年第2期。
27) 《明太祖实录》 卷四八,《明实录》 第二册, 台北：中央研究院历史语言研究所, 1962年, 第
    954页。

上受天明命, 丕成正统, 四海内外, 悉皆臣属."[28] "既归职方"、"悉皆臣属"等语无非是在告诫高丽要顺应王化, 其意图正如韩国学者李能和所说 "不在于传持道教, 而在于宣扬皇威".[29]

高丽方面对明朝的意图也很清楚。徐师昊到达后, 恭愍王采取回避策略, "称疾不出, 乃命百僚迎诏".[30] 也许是出于长远考虑, 恭愍王很快又改变策略, 对徐师昊热情相待。据高丽名臣李穑记载, 徐师昊完成使命后, "急于复命, 候风于礼成之港。未几, 王曰:'道士之来也, 有微恙不获与为礼, 于心歉焉.'召还劳问, 从容者久之"。[31] 徐师昊回国时, 恭愍王又上 《谢表》 于明太祖, 表达对大明皇帝 "用颁实礼, 爰及遐方"的谢意, 以及自己愿意 "慎守世封, 恭陈时祀"[32]的忠诚。徐师昊六月乙亥回国, 二十天后的七月乙未, 高丽便改行洪武年号。由此可见, 徐师昊的这次道教外交取得了一定成效。

2. 民间层面的道教交流

较之中韩两国官方之间的道教交流, 非官方的民间交流活动见诸载籍的就更加寥寥可数。最早的相关记录出自 《三国史记》:

> (真平王) 九年 (587), 秋七月, 大世、仇柒二人适海。大世, 奈勿王七世孙, 伊滄冬台之子也。资俊逸, 少有方外志。与交游僧淡水曰:"在此新罗山谷之间以终一生, 则何异池鱼笼鸟, 不知沧海之浩大, 山林之宽闲乎!吾将乘桴泛海, 以至

---

28) [朝鲜]卢思慎:《新增东国与地胜览》卷四 《开城府上》 阳陵井条, 京城:朝鲜古书刊行会, 1912年, 第212页。

29) [韩]李能和:《朝鲜道教史》, 首尔:普成文化社, 1977年, 第398页。

30) [朝鲜]郑麟趾:《高丽史》卷四十二 《恭愍王世五》 恭愍王十九年四月庚辰, 平壤:朝鲜科学院出版社, 1958年, 第633页。

31) [高丽]李穑:《牧隐文稿》卷七 《宋徐道士使还序》, 东京:早稻田大学藏本。

32) [朝鲜]郑麟趾:《高丽史》卷四十二 《恭愍王世家五》 恭愍王十九年六月乙亥, 平壤:朝鲜科学院出版社, 1958年, 第635页。

吴越, 侵寻追师访道于名山。若凡骨可换, 神仙可学, 则飘然乘风于沉寥之表, 此天下之奇游壮观也。子能从我乎？"淡水不肯。大世退而求友, 适遇仇柒者, 耿介有奇节, 遂与之游南山之寺。忽风雨落叶, 泛于庭潦。大世与仇柒言曰："吾有与君西游之志, 各取一叶为之舟, 以观其行之先后。" 俄而大世之叶在前, 大世笑曰："吾其行乎！"仇柒勃然曰："予亦男儿也, 岂独不能乎！"大世知其可与, 密言其志。仇柒曰："此吾愿也。" 遂相与为友, 自南海乘舟而去。后不知其所往。[33]

正如《三国史记》所说, 大世、仇柒 "乘舟而去, 后不知其所往", 二人赴吴越访道之详情已无从得知。吴越之地是江南道教中心, 从朝鲜半岛到吴越是中韩之间最重要的海上航道,[34] 自南朝以来吴越与朝鲜半岛之间的联系就极为密切, 因此, 大世、仇柒访道的具体情况虽然不得而知, 但是二人赴吴越访道之事应该是可信的。

记载非官方道教交流活动最著名的典籍是韩无畏的《海东传道录》。据《海东传道录》之说, 唐玄宗开元年间, 新罗人崔承祐、金可记、僧慈惠入唐游学, 经道士申元之援引, 跟随钟离将军学道。[35] 崔承祐、僧慈惠回国后把所学道法传入本国, 此后道脉代代相承。[36] 经笔者考证,《海东传道录》的说法不可凭信。[37] 朝鲜王朝学者李圭景引述《传道录》的内容与今本《传道录》略有出入, 按照李圭景的引述, 崔承祐等人入唐学道应该是唐文宗开成年间。同时, 李圭景又认为新罗人崔致远在唐朝学得 "返还之旨", 并将之传入新罗, 成为 "东方丹学之鼻祖"。[38] 然而, 其说同样不可凭信。韩无畏和李圭景之说虽然多涉傅会, 但也并不完全是空穴来

---

33) [高丽]金富轼：《三国史记》卷九《新罗本纪第四》, 首尔：景仁文化社, 1977年, 第38—39页。
34) [韩]全海宗：《中韩关系史论集》, 全善姬译, 北京：中国社会科学出版社, 1997年, 第252页。
35) 据《八域志》之说, "逢申天师于终南山寺, 得内丹秘诀"的新罗人是崔致远、崔承祐和金可纪。[朝鲜]李重焕：《八域志》, 京城：朝鲜古书刊行会, 1910年, 第33页。
36) [朝鲜]韩无畏：《海东传道录》, 首尔：普成文化社, 1998年, 第262—264页。
37) 参阅拙文《〈海东传道录〉和〈青鹤集〉所述韩国道教传道谱系考辨》,《宗教学研究》2012年第3期。
38) [朝鲜]李圭景：《五洲衍文长笺散稿》卷三十九《道教仙书道经辩证说》, 韩国古典综合数据库http://db.itkc.or.kr/itkcdb/mainIndexIframe.jsp

风。唐与新罗关系密切，当时有大量新罗留学生长期在唐朝学习。生活在道教氛围极为浓厚的唐朝，这些留学生对道教产生兴趣，学习道教并把道教传入本国，是完全有可能的。据《三国史记》记载，新罗人金岩在唐朝学习"遁甲之法"，回国后教授"六阵兵法"，并以法术祓禳蝗灾。[39] 金岩的事迹就是留学生把道教传入新罗最直接的证据。

《海东传道录》所记人物中，确定无疑和中国道教有密切联系的只有金可记。金可记的事迹最早见载于南唐沈汾的《续仙传》：

> 金可记，新罗人也，宾贡进士，性沉静好道不尚华侈，或服气炼形，自以为乐。博学强记，属文清丽，美姿容，举动言谈，迥有中华之风。俄擢第，进居终南山子午谷中，怀隐逸之趣，手植奇花异果极多。尝焚香静坐，若有思念，又诵《道德》及诸仙经不辍。后三年，思归本国，航海而去。复来，衣道服，却入终南山，务行阴德，人有所求无阻者，精勤为事，人不可谐也。大中十一年十二月，忽上表言："臣奉玉皇诏，为英文台侍郎，明年二月二十五日当上升。"时宣宗极以为异，遣中使征入内，固辞不就。又求见玉皇诏，辞以为别仙所掌，不留人间。遂赐宫女四人，香药金彩，又遣中使二人专看侍。然可记独居静室，宫女中使多不接近。每夜闻室内常有人谈笑声。中使窃窥之，但见仙官仙女各坐龙凤之上，俨然相对，复有侍卫非少，而宫女中使不敢辄惊。二月二十五日，春景妍媚，花卉烂漫，果有五云唳鹤白鹄箫笙金石羽盖琼轮幡幢满空，仙仗极众，升天而去。朝列士庶观者填隘山谷，莫不瞻礼叹异。[40]

按照《续仙传》的说法，金可记虽然曾经回国，但似乎并未在新罗传道。据洪万宗说："天下之人，虽妇人小子，无不知可记之为真仙，而我国则人不好士，书籍无传，都不知可记名字，至于华人有问，而终不能答，不亦可羞哉！"[41] 可见，金可记

---

39) [高丽]金富轼：《三国史记》卷四十三《列传第三》，首尔：景仁文化社，1977年，第366页。

40) (南唐)沈汾：《续仙传》，《道藏》第五册，文物出版社、上海书店、天津古籍出版社，1988年，第81页。

41) 朝鲜洪万宗：《海东异迹》，首尔：乙酉文化社，1982年，第226页。

的事迹并不为其本国人所知。另外，朴趾源在《热河日记》中对金可记事迹的记载，也能证明韩国人是通过《续仙传》才知道金可记的。[42]

此外，韩国古代道书《青鹤集》中也有关于中韩道教交流的记载。据《青鹤集》之说，青鹤上人魏汉祚曾师从华人杨云客学道，并派门下八位弟子入华窥察形势；"甲申之变"前夕，杨云客门人曹志玄避祸入朝鲜，与青鹤门人相交游。[43]《青鹤集》是一部内容极其驳杂的野史笔记，其内容的可靠性只在有无之间。因此，其说亦不可轻意凭信。又据《海东异迹》记载，朝鲜中宗时人郑磏曾在中国"遇道士于奉天殿，道士曰：'东国亦有道流乎？'先生绐曰：'东国有三神山，白日升天，寻常见之，何足贵乎？'道士大惊。"[44] 郑磏与中国道士的交际纯属意气之争，已经不再是正常的宗教文化交流。

二、中韩道教交流的特点

就现存文献中可资考证的道教交流史迹来看，中韩道教交流活动主要是在两国官方之间展开的。官方之间的道教交流，多数情况下都夹杂着明显的政治意图，本质上是一种由官方主导的宗教外交活动。与之相对应，民间层面的道教交流则是不代表官方意志的个人行为，是一种以信仰道教的人士为主体的自发性的宗教文化交流活动。虽然就现存文献资料来看，非官方层面的民间道教交流活动并不占主导地位，然而，这并不见得符合历史事实。毕竟，传世文献都是经过精英阶层之手得以留存，跟官方有关的信息受到重视，本是情理中的事情。

由于文献阙如，或者文献记载的模糊不清，很多道教文化因素是以何种形式，

42) [朝鲜]朴趾源：《热河日记》卷四《避暑录》，上海：上海书店，1997年，第272页。
43) [朝鲜]赵汝籍：《青鹤集》，首尔，亚细亚文化社，1976年，第150、217页。
44) [朝鲜]洪万宗：《海东异迹》，首尔，乙酉文化社，1982年，第242页。

通过何种渠道，在什么时间传入韩国，大多难以确考。比如，新罗名将金庾信的宝剑因 "虚、角二星光芒赫然下垂" 而获得神性,[45] 就和《抱朴子》中 "刀名大房，虚星主之"，"剑名失伤，角星主之"[46] 的道法如合符契。宋真宗年间 (997—1022) 中国开始以道教方式祭祀昊天上帝,[47] 肃宗七年 (1102) 高丽也有了相同的道教斋醮活动。[48] 这些道教法术和科仪是如何传入韩国的，都已无从考证。在详细记载中韩两国外交活动的各种文献中，均找不到任何证据能证明金庾信时代的新罗和肃宗时代的高丽，曾经和中国进行过官方层面的道教交流活动。这就说明此类法术和科仪更大的可能性是通过民间渠道传入韩国的。另据《玉海》记载："(淳熙) 元年五月二十九日，明州道士沈忞上《海东三国史记》五十卷，赐银币百，付密阁。"[49] 可见道士在当时两国文化交流活动中扮演着积极的角色。又据《高丽史》，丽末裰王时期因天旱受命 "行醮求雨" 的医官杨宗真，"本闽中道士",[50] 可见当时也有道士移居高丽。据车柱环教授的研究，高句丽时期五斗米道的流行，跟汉末避乱流入高句丽的移民有关。[51] 这些都足以证明，民间层面的道教交流活动其实非常活跃。在此，还需进一步指明的是，中韩道教交流并不像两国间佛教交流那样，通常都有求法或传教的明确目的，道教交流一般都是伴随着两国间其他领域的交流活动自然而然地展开的，很少会有纯粹以求道或传教为唯一目的的道教交流活动。这其实也是中韩道教交流的一个重要特点。

---

45) [高丽]金富轼：《三国史记》卷四十一《列传第一》，首尔：景仁文化社，1977年，第354页。
46) 王明：《抱朴子内篇校释》卷十五《杂应》，中华书局，1985年，第270页。
47) 丁培仁：《三清、玉皇起源考》，四川大学宗教研究所编《道教神仙信仰研究》，香港：中华道统出版社，2000年，第151页。
48) [朝鲜]徐居正：《东国通鉴》卷十八肃宗七年条，京城：朝鲜国书刊行会，1912年，第548页。
49) 宋) 王应麟《玉海》卷十六《地理·异国图书》，江苏古籍出版社、上海书店，1987年，第305页。按：值得注意的是，《海东绎史》等韩国典籍在转录此条资料时，都将沈忞的身份由道士改为进士，反映了韩国古代重儒轻道的主流观念。韩国古代典籍不注重记录道教，其实跟这种观念密切相关。
50) [朝鲜]郑麟趾：《高丽史》卷一百三十四《辛裰传》裰王五年五月乙酉，平壤：朝鲜科学院出版社，1958年，第720页。
51) [韩]车柱环：《韩国道教思想》，[韩]赵殷尚译，北京：人民文学出版社，2005年，第65页。

中韩道教交流还有一个重要的特点, 就是道教文化主要由中国单向输入韩国, 基本上没有出现从韩国回流中国的情况。其实, 这也符合文化传播的一般规律。文化由高势能文化区流向低势能文化区, 本是文化传播中的常态。在古代东亚社会, 中国文化无疑处于高势能地位。中国文化传入朝鲜半岛, 再经由朝鲜半岛传入日本列岛, 是古代东亚文化传播的总体趋势。另外, 道教传入韩国后, 并没有得到充分发展, 也未能像佛教那样发展成为一种成熟的制度化宗教。在漫长的历史时期, 除了从属于国家祭祀体系的官方道观之外, 韩国甚至没有出现过真正意义上的道教宫观, 也没有产生过有明确宗教认同意识的道教教团组织, 更没有形成自己的道教经典体系。因而, 韩国道教从根本上来讲, 还不具备足以回流中国的文化势能。

三、中韩道教交流对韩国文化的影响

在中韩道教交流中, 由于道教文化主要是从中国单向输入韩国, 因此, 中国基本上没有受到来自韩国的影响。然而, 道教交流却对韩国文化产生了极为深远的影响。道教影响韩国文化最显著的表征, 便是道教成功融入了韩国古代的官方祭祀体系。据《高丽史》记载, 高丽王朝共举行过191次道教斋醮活动。[52] 按照《高丽史·凡例》的说法, 该书只记载国王亲自主持或者是出于某种特殊原因举办的宗教活动, 可见, 高丽王朝举办道教斋醮活动的次数应该远不止191次。另外, 在斋醮活动中, 国王 "亲醮" 所占比例也非常高。以睿宗朝为例, 睿宗在位期间举办的斋醮活动有文献记载可考的共计30次, 其中 "亲醮" 20次, 占总数的67%。[53] 由此可见, 道教在高丽的国家祭祀体系中享有非常崇高的地位。进入朝鲜王朝之后, 道教虽

52) [韩]金澈雄:《高麗中期道教의盛行과其性格》, 韩国道教思想研究会编 《道教의韓國的變容》, 首尔: 亚细亚文化社, 1996年, 第171页。
53) 参阅拙文 《高丽睿宗与道教》,《四川大学学报》2014年第4期。

然受到了来自士林集团的压制，但是以昭格署为中心的宫廷道教活动也一直得以延续，直到"壬辰倭乱"之后，宫廷道教活动才最终消失。道教除了成功地融入国家祭祀体系之外，还对民间巫俗信仰也产生了重要影响。根据高丽文人李奎报的记载，当时的巫师在作法时，"丹青满壁画神像，七元九曜以标额"[54]，这就证明最晚在高丽中期，道教就已渗透进民间巫俗活动之中。朝鲜王朝甚至在道教机构星宿厅中"置国巫"，李能和认为"此制沿自丽朝，而是则巫与道有关联者也"。[55] 仙道是韩国固有的一种思想传统，在新罗和高丽时代，"仙道和中国道教的混合现象似乎并不明显"，[56] 但是，朝鲜王朝的仙道修炼则与道教发生了密切联系，其所修仙术实际上就是道教的内丹。

除了对韩国古代宗教文化产生过重要影响之外，道教还对韩国文化的其他方面也产生了广泛的影响。韩国传统医学可分为高丽时代符咒系列的巫医和朝鲜时代的儒医两个轴心，属于符咒系列的巫医，是高丽时代传入的符箓道教医学在信奉《玉枢经》的过程中发展起来的。[57]韩国古代最重要的医书《东医宝鉴》甚至宣称，在养生和疾病治疗方面，"道得其精，医得其粗"，[58] 把道教医学思想奉为圭臬。在韩国的民俗文化中，道教的影响也随处可见。据《高丽史》记载，在高丽元宗时期，道教"守庚申"的信仰，就已成为风靡一时的"国俗"。[59] 据《京都杂志》记载："闾巷新设白板门，书庚申年庚申月庚申日庚申时姜太公造。盖取金克木之义也。"[60] 元日时要张贴"寿星仙女值日神将图，谓之岁画。又金甲二将军像，长丈馀，一持斧，一持节，揭于宫门两扇曰门排。又绛袍乌帽像，揭重合门，戚里及闾巷，亦

54) [高丽]李奎报：《东国李相国集》卷二，首尔：明文堂，1982年，第23页。
55) [韩]李能和：《朝鲜巫俗考》，台北：东方文化书局，1971年，第15页。
56) [韩]徐永大：《韩国仙道的历史展开》，载金勋主编《东方文化与养生》，北京：宗教文化出版社，2014年，第45页。
57) [韩]安东濬：《论韩国医学与道教之关系》，《道学研究》2005年第1期。
58) [朝鲜]许浚：《东医宝鉴·内景篇》卷一《集例》，北京：中国中医药出版社，2013年，第1页。
59) [李朝]郑麟趾：《高丽史》卷二十六《元宗世家二》元宗六年四月庚申，平壤：朝鲜科学院出版社，1958年，第394页。
60) [朝鲜]柳得恭：《京都杂志》卷一《风俗》第宅条，京城：朝鲜古书刊行会，1910年，第349页。

得为之。画随门扇，而小门楣又粘画鬼头，俗以金甲者尉迟恭、秦叔宝，绛袍者乌帽为魏郑公。"[61] 端午节 "内医院制玉枢丹，佩之禳灾。"[62] 在六月份，"内医院以季夏土旺日，祀黄帝，制玉枢丹"。[63] 这些风俗说明，道教已渗透到了古代韩国人生活的方方面面。此外，在韩国古代的文学、艺术、绘画等各个领域，道教的影响也无处不在。由此可见，道教虽然不是以一种具有实体性特征的制度化宗教的形式流行于韩国古代社会，但它却像盐溶于水一样，渗透在韩国文化之中，对韩国文化产生了非常深远的影响，并成为韩国文化的重要组成部分。

四、结语

中韩道教交流的历史源远流长。根据现存文献的记载，两国官方之间的道教交流活动似乎占据主导地位，但实际上民间层面的道教交流活动也非常活跃。官方之间的道教交流多数情况下都夹杂着明确的政治意图，而民间社会的道教交流则是较为纯粹的宗教文化互动。总体来看，在中韩道教交流史上，道教文化主要是从中国单向输入韩国，基本上没有出现从韩国回流中国的现象。虽然道教在韩国没有发展成完善的制度化宗教，但是道教对韩国文化的各个方面均产生了极为深远的影响。

---

61) [朝鲜]柳得恭：《京都杂志》卷二《岁时》元日条，京城：朝鲜古书刊行会，1910年，第357页。
62) [朝鲜]柳得恭：《京都杂志》卷二《岁时》端午条，京城：朝鲜古书刊行会，1910年，第370页。
63) [朝鲜]金迈淳：《洌阳岁时记》六月条，台北：东方文化书局，1971年，第13页。

朝鲜刊本『玉壶氷』的文献价值

延世大学　金长焕

一、前言

'玉壶氷'意味着'用玉制造的瓶中的氷'，比喻隐者的高洁.[1] 即象徵性的表现了固守着对世俗一尘不染的高贵节操，以及享受高尚情趣的人生.

明代都穆(1458~1525)的『玉壶氷』是中国古典笔记集之一，以72条短文構成. 此内容从汉代到明初的一些典籍中，只抽出'高逸'的文章或故事放置于编录，因此不是他本人直接编写的. 都穆通过这样的编辑工作，隐含了自己向往隐居生活的志向.

『玉壶氷』至今尚未向国内外学界公开，其完整版本的所在也没有明确. 有关『玉壶氷』的著录，见于明代焦竑的『国史经籍志』和清代黄虞稷的『千顷堂书目』的「小说类」中，都云"一卷". 进入现代对于『玉壶氷』的著录和简介，见于『中国文言小说书目』(1981)和『中国文言小说总目提要』(1996)，记载上说现存的『玉壶氷』

---

[1] '玉壶氷'的名称是历代诗文中善于使用的，在"直如朱丝绳，清如玉壶氷"[鲍照「代白头吟」]，"洛阳亲友如相问，一片氷心在玉壶"[王昌龄「芙蓉楼送辛渐诗」]，"研寒金井水，檐动玉壶氷"[杜甫「赠汝阳王诗」]，"今夜酒醺罗绮暖，被君融盡玉壶氷"[白居易「醉後戲题诗」]，"素魄将临，合浦之珠乍吐，清涟同映，玉壶之氷始藏" [李澄「华月照方池赋」]等中可见，笔记集中宋文莹的『玉壶清话』「序」裡云"玉壶，隐居之潭也".

版本只有『续说郛』本. 但是『续说郛』本不是都穆原来编録的版本, 因此这是错误的记载. 根据笔者至今的考證, 现存的『玉壶冰』刻本, 在韩国藏有4种版本, 中国藏有3种版本, 日本藏有1种版本, 但都不是都穆的原刻本. 此中韩国所藏的4种都是朝鲜时代的刊行本, 被认为是都穆的原本系统. 台湾所藏的3种版本当中只有1种是原本系统, 剩下的2种被认为後人增补的增补本. 日本所藏的1种被认为与韩国朝鲜时代的刊行本相同. 特别是韩国刊行本中的其中1种被推测为现存的『玉壶冰』版本中最早的.

二、编录者都穆与『玉壶冰』简论

　　都穆(1458~1525)是明代文学家, 字玄敬, 吴县(今江苏省苏州市)人. 弘治12年(1499), 41岁时中进士, 授工部主事, 正德年间(1506~1521)官至礼部郎中, 加太仆寺少卿致仕归. 都穆7岁时能诗, 成年後不习章句之学, 博涉群书. 早年为了维持生计, 曾在凤阳教书近20年. 後因吴宽向学使推荐, 才得补秀才, 3年後即举进士. 致仕後家居约14年, 家境越来越贫穷, 但仍日事校雠古典籍, 好学不倦, 为世所重. 还与当时著名文人唐寅·沈周等交谊较深.[2]

　　都穆专心著作, 生前刊行20馀种书籍, 在『千顷堂书目』和『四库全书总目』等著录有『南濠文略』·『南濠诗略』·『西使记』·『金薤琳琅』·『铁珊瑚网』·『周易考异』·『史外类抄』·『壬午功臣爵赏录』·『寓意编』等书. 此外笔记集中包括 『玉壶冰』, 还有『都公谈纂』·『听雨纪谈』·『使西日记』·『南濠宾语』·『奚囊续要』等书,

---

2) 有关都穆的事跡未见于正史中, 在万斯同的『明史』卷387,『明史稿』卷267,『国朝献徵录』卷72,『皇明词林人物考』卷9,『明人小传』卷2,『本朝分省人物考』卷22,『续吴先贤讚』卷4,『明诗综』卷27下,『明诗纪事』「丁」卷8,『列朝诗集小传』「丙」,『静志居诗话』卷9记载等中可见.

此中『使西日记』·『南濠宾语』·『奚囊续要』已佚失, 没有流传到现在.

都穆对于编录『玉壶水』的背景和时代, 在他的「跋文」中如下辩解.

予少厌尘浊, 志樂闲旷. 三十年前, 尝为此书. 中间以亲老家贫, 窃禄於朝. 兹得请致仕, 夙愿始遂. 再披閲之, 怳如隔世, 而予亦老矣. 乃重录而藏之, 非知我者, 不以示也. 正德乙亥夏六月, 吴郡都穆玄敬父.

此中说明, 都穆由 "少厌尘浊, 志樂闲旷" 的个人趋向, 首次编録这本书. 这正是都穆为了维持生计在凤阳教书的年轻时代, 大约在1480年左右[约22岁]的事. 此後41岁时才举进士, 历任工部主事和禮部郎中, 官至太仆寺少卿, 直到辞官时大约从事15年官职. 正德乙亥年(1515), 他57岁辞职後正式刊行年轻时已编録过的『玉壶水』草稿.

『玉壶水』精选出自汉代到明初的各种典籍中那些被认为没有染上俗尘的高贵情节的文章或故事72条, 按时代顺序编録的. 从采録时代而观之, 宋代37条, 占全书的一半以上. 从采録作品而观之, 『世说新语』16条, 占得最多. 其详细的采録出处为如下:

第1条:「乐志论」(汉仲长统)--总1条.

第2条~第17条:『世说』(南朝宋劉义庆)--总16条.[3]

第18条~第19条:「绝交书」(晋嵇康)--总2条.

第20条:「蘭亭记」(晋王羲之)--总1条.

第21条:「闲游赞」(晋戴逵)--总1条.

第22条~第23条:『陶渊明集』(晋陶潜)--总2条.

第24条:『陶隐居集』(梁陶弘景)--总1条.

第25条:「与裴迪书」(唐王维)--总1条.

---

3) 此中第16条未见于今本『世说新语』中, 见于明代何良俊的『何氏语林』中. 第17条见于明代王世贞的『世说新语补』中. 都穆认为『何氏语林』和『世说新语补』都是『世说新语』的续作, 所以通称它为『"世说"』.

第26条~第27条: 韩文(唐韩愈)--总2条.

第28条~第29条: 柳文(唐柳宗元)--总2条.

第30条~第31条: 『白氏长庆集』(唐白居易)--总2条.

第32条~第36条: 『澄怀录』(宋周密)--总5条.

第37条~第41条: 『经锄堂杂志』(宋倪思)--总5条.

第42条~第43条: 『梦溪笔谈』(宋沈括)--总2条.

第44条: 『南豐集』(宋曾巩)--总1条.

第45条: 『苏沧浪集』(宋苏舜钦)--总1条.

第46条~第47条: 『东坡集』(宋苏轼)--总2条.

第48条: 『容斋随笔』(宋叶梦得)--总1条.4)

第49条~第50条: 『诚斋文脍』(宋杨万里)--总2条.

第51条~第52条: 『鹤林玉露』(宋羅大经)--总2条.

第53条~第54条: 『水心文』(宋叶适)--总2条.

第55条: 『唐子西集』(宋唐庚)--总1条.

第56条: 无采録出处--总1条.5)

第57条~第60条: 『避暑录话』(宋叶梦得)--总4条.6)

第61条: 『孙尚书尺牍』(宋孙觌)--总1条.

第62条: 『陆放翁集』(宋陆游)--总1条.

第63条~第64条: 『山家清事』(宋林洪)--总2条.

第65条: 『洞天清录集』(宋赵希鹄)--总1条.

第66条: 『谢皋羽集』(宋谢翱)--总1条.

第67条~第68条: 『癸辛杂识』(宋周密)--总2条.7)

第69条~第70条: 『辍耕录』(元陶宗仪)--总2条.

第71条: 『閒居录』(元吴丘衍)--总1条.

第72条: 『潜溪集』(明宋濂)--总1条.

---

4) 此条未见于今本『容斋随笔』中, 见于叶梦得别的笔记集『避暑录话』中.
5) 现存所有『玉壶氷』的版本中没有记载采録出处, 但在宋代黄庭坚的「四休居士诗序」中尚可找到.
6) 此中第59条未见于今本『避暑录话』中.
7) 此2条未见于今本『癸辛杂识』中, 便见于周密别的笔记集『齐东野语』中.

　　脱离世俗的混浊与繁杂, 以'高逸'的情趣和'闲旷'的生活樂趣为主的『玉壶氷』, 在刊行後直到明末崇尚'高雅'的当时社会风气中, 一直受到一些向往隐居生活的'山人墨客'们的欢迎. 诸文人不断作增补『玉壶氷』的工作, 编錄一系列续作, 其详细作品为如下:

　　1)『氷月』: 明万曆庚寅年(1590), 黄松林俊吴编錄的笔记集, 今在臺湾国家图书馆内所藏. 林俊吴的事跡未详. 根据「序文」8), 林俊吴平时喜读『玉壶氷』, 他觉得『玉壶氷』中收錄的宋代文章有些繁杂, 删定一部分, 与自己另编的『秋潭月』合编作了, 名为『氷月』. 林俊吴另编的书『秋潭月』不知是何书, 但想到它与『玉壶氷』合编, 可以推断和『玉壶氷』十分相似.

　　2)『广玉壶氷』: 明代张邦侗所编錄的. 张邦侗字孺愿, 宁波(今属浙江省)人.『千顷堂书目』「小说类」中著录为 “张邦侗『广玉壶氷』一卷”, 原书已佚失, 亦未见佚文.『四库全书总目提要』「子部·杂纂类存目·杂纂中」〈增定玉壶氷〉条中云: “宁波张孺愿稍删补之, 题曰『广玉壶氷』”. 据此可知『广玉壶氷』是对『玉壶氷』的部分故事进行删减增补的续作.

　　3)『增定玉壶氷』和『补玉壶氷』: 明代闵元衢所编錄的. 闵元衢的具体事跡史传未载, 但据『四库全书总目提要』中的一些记载,9) 可知其字康侯, 自号欧馀生, 乌程(今浙江省绍兴县)人, 著述了『增定玉壶氷』『欧馀漫录』和『羅江东外纪』等书.『千顷堂书目』「小说类」中著录为 “闵元衢『增定玉壶氷』二卷, 又补一卷”,『四库全书总目提要』「子部·杂家类存目·杂纂中」中著录为 “『增定玉壶氷』二卷, 明闵元衢编”. 其书已佚失, 亦未见佚文. 只是通过『四库全书总目提要』的如下提要文, 能推断其大体的面貌.

---

8)『氷月』「引」: “余好览『玉壶氷』, 至宋语, 稍病其频, 辄为删定, 兼缀『秋潭月』, 编总命之曰『氷月』. 嘻! 清福造物所靳, 隐操达士所难. 待余作松菊主人, 乃不愧斯帙尔. 万曆庚寅端午莆中黄松林俊吴识.

9) 见于『四库全书总目提要』「子部·杂家类存目·杂说中」〈欧馀漫录〉条.

　　初, 都穆采古来高逸之事, 题曰『玉壶冰』. 宁波张孺愿稍删补之, 题曰『广玉壶冰』. 元衢以为未盡, 复增定此编, 分「纪事」·「纪言」为二卷. 仍列穆之原书, 於所加则注'增'字以别之. 山人墨客, 莫盛於明之末年, 刺取清言, 以夸高致, 亦一时风尚如是也. 据『浙江通志』, 此二卷外, 尚有『补玉壶冰』一卷, 亦元衢所著. 此本不载, 殆偶佚欤?

　　如上所示, 『玉壶冰』是在向往隐士的明末社会风气中, 受到许多文人们的喜爱, 并且对其进行了增补和续作, 因而在当时文坛上引起一定的影响.

三、『玉壶冰』版本

1. 明清时代刊本

1) 明天启间孙如兰校本: 全本, 1卷1册, 9行18字. 明天启年间(1621~1627)中孙如兰校刊本, 今在臺湾国家图书馆内所藏. 卷首有都穆的「玉壶冰引」, 本文卷端题"吴郡都穆玄敬纂, 梁宋孙如兰子馨校", 各条的末段有双行小注. 断定是都穆原书系统版本.

2) 明刊九行本: 零本, 1卷. 只有各条第一行为18字, 从第二行开始都为17字. 刊行年和 刊行者未详, 宋代吕祖谦的『卧游录』明刊本中被添成附录. 今在臺湾国家图书馆内所藏. 原来推断有「跋文」, 但是还没有剩下. 正文卷端题 "明吴郡都穆编", 每条都记录采録出处. 收録总49条, 但是只剩下至全本第58条的 "王荆公晚居锺山谢公墩, 自山距州城适相半, 谓之半山. 畜一驴, 每食罢, 必旦至锺山, 纵步"这一部分, 以後的部分都是别的书中一些内容为合编,[10] 此是並无关『玉壶冰』. 剩馀的部

---

10)　明代弘治庚申年(1500)蔡清所编『密筬』的後部分被错误编録, 可能是後代人整理时失误的.

分也与全本做比较缺少9条, 无增补条. 因此推断它是对原书的一部分内容进行增减的续作之一.

3)『续说郛』[11]本: 节本, 1卷, 9行20字.『续说郛』卷27中收錄. 卷端题 "吴郡都穆", 没有「序文」或「跋文」, 每条末並没有记錄采錄出处. 收錄总37条, 此中与全本重复的有14条, 其馀23条未见于全本.[12] 因此推断它也是对原书的一部分内容进行增减的续作之一. 中国学者袁行霈·侯忠义和宁稼雨认为现存『玉壶水』版本只有『续说部』本,[13] 这应该作修正.

2. 朝鲜时代刊本

1) 庚辰年务安县刊本(九行十八字本): 木版本, 全本, 1卷1册, 刊行者未详. 朝鲜时代全罗道务安县刊行的坊刻本, 今在高丽大晚松文库和首尔大学奎章阁内所藏. 本文卷端只有书名, 没有有关编者的题记, 卷末有都穆的「跋文」. 並且每条末都以双行小注记錄采錄出处.

此版本是朝鲜刊本中只有 "庚辰十月日务安县刊"的刊记.『晚松文库汉籍目录』中断定此 "庚辰"年为宣祖13年(1580), 遗憾的是此版本中依然找不到可以證明它的具体根据. 可是若据成浑(1535~1598)在庚辰年夏季写作「玉壶水跋」[14]的话, 断定

---

11) 『续说郛』46卷是明代陶珽所编辑的笔记总集. 此书抄撮明人说部527种, 以续元代陶宗仪『说郛』. 今有清顺治3年(1646)兩浙督学周南李际期宛委山堂刊本, 清顺治4年(1647)陶珽原刊本. 1988年上海古籍出版社据宛委山堂本影印, 笔者也参考了此版本.
12) 具体内容请参照本稿「[附]朝鲜庚辰年务安县刊本『玉壶水』点校」的校勘文.
13) 袁行霈·侯忠义所撰的『中国文言小说书目』(北京: 北京大学出版社, 1981), 题为 "玉壶水一卷, 存", 只提到 "续说郛本", 宁稼雨所撰的『中国文言小说总目提要』(济南: 齐鲁书社, 1996)记述成 "今惟见『续说郛』本".
14) 成浑,『牛溪先生集』卷6「杂著·玉壶水跋(庚辰夏)」: "此书编取爱闲之言, 欲以玩乐而忘世. 所谓玉壶水者, 取冰壶莹彻之义也. 虽然, 渊明之闲不在於山水鱼鸟, 而在於高情远识. 不有高情远识, 而要以外物为闲, 非真闲者也. 必也有其识足以达观物理, 有其守可以安土顺天, 然後虽箪瓢陋巷, 皆可以不求人知, 不改其乐也. 不独山阴道上秀水青山为可娱. 辑是书者, 似乎

"庚辰"为宣祖13年(1580)也妥当. 笔者以为成浑的「玉壶氷跋」就是为此版本撰的跋文. 此版本虽然像明天启间孙如兰校本那样以9行18字構成, 但是据笔者校勘的结果, 竟然有40餘字相互不符.[15] 因此推断此版本不是以明天启间孙如兰校本为底本, 却是以今已佚失的都穆原刊本为底本的可能性更高. 这是现存『玉壶氷』版本中最早的版本, 是自都穆原书刊行後65年以後的事情.

　　此外还有无刊记的九行十八字本, 今在首尔大学奎章阁和涧松文库内所藏, 断定它为与庚辰年务安县刊本同样的版本.

　　2) 九行十七字本: 木版本, 全本, 1卷1册, 刊行年·刊行者未详. 其他体例与庚辰年务安县刊本相同. 推断此是朝鲜刊本中流传最广泛的. 今在韩国国立中央图书馆·韩国学中央研究院·首尔大学奎章阁·延世大图书馆·庆北大图书馆等所藏. 另一方面根据沈璃俊的调查研究, 日本内阁文库和蓬左文库也藏有『玉壶氷』全本,[16] 分析一下複印添加的『玉壶氷』首页的结果, 推断它与朝鲜刊九行十七字本相同.

　　3) 十行十八字本: 木版本, 全本, 1卷1册, 刊行年·刊行者未详. 其他体例与庚辰年务安县刊本相同. 保存状态非常好. 今在延世大图书馆内所藏.

　　4) 十行二十字本: 木版本, 全本, 1卷1册, 刊行年·刊行者未详. 其他体例与庚辰年务安县刊本相同. 今为朴在渊个人所藏.

　　(5) 笔写本: 全本, 1卷1册, 笔写年·笔写者未详. 卷首有「玉壶氷目录」, 此是别的版本都没有的, 这正是记载了从「乐志论」到『潜溪集』的采录出处. 其他体例与

　　　好奇务外, 而不探其本. 故书此于左方, 欲使观者有以专其内, 而毋求於闲云."
15)　具体内容请参照本稿「[附]朝鲜庚辰年务安县刊本『玉壶氷』点校」的校勘文.
16)　沈璃俊, 『日本访书志: 海外所在韩国古版本调查研究』(城南: 韩国精神文化研究院, 1988), 190~191页和509~510页. 沈璃俊在介绍日本内阁文库和蓬左文库所藏的『玉壶氷』与首页複印时, 各云: "玉壶氷. 1卷. 都穆(明)编. 木版本. 中宗10(1515)年刊. 1册. 内阁文库藏", "玉壶氷. 全. 都穆(明)撰. 木版本後刷. 中宗10(1515)年刊. 1册. 蓬左文库藏". 可是将都穆「跋文」的"正德乙亥"(1515)称为"中宗10(1515)年刊", 有引起误会的倾向. 因为"正德乙亥"是都穆原书在中国刊行的年份, 而不是在朝鲜刊行的年份. 此外据韩国国会图书馆的『古书目录』, 可知日本成簀文库和东洋文库也藏『玉壶氷』版本, 可惜的笔者尚未确认此两种版本.

庚辰年务安县刊本相同. 笔者认为此写本是以庚辰年务安县刊本为底本, 並参考了其他版本. 今在韩国国立中央图书馆内所藏.

四、『玉壶氷』与『闲情录』

　　许筠(1569~1618)曾在『惺所覆瓿藁』和『闲情录』中对『玉壶氷』传入韩国过程有具体记述.[17] 朝鲜宣祖39年(1606)丙午年, 许筠作为远接使柳根的从事官, 结识了明朝信使朱之蕃, 在与朱之蕃交往中获赠『世说删补』·『诗隽』·『古尺牍』以及『太平广记』·『玉壶氷』·『卧游录』等书籍. 由此我们可以确定『玉壶氷』传入韩国不会晚于1606年, 也就是都穆原著1515年刊行的91年之後.

　　许筠在光海君2年(1610)庚戌年被任命为千秋使, 但他却以身体不适为由辞谢. 为此臺官奏折使许筠获罪. 许筠获罪在家为了排遣时日, 他翻出朱之蕃留给他的『世说删补』·『玉壶氷』·『卧游录』等三本书, 根据「隐遁」·「闲适」·「退休」·「清事」等四门类重新做了编录, 并赋予『闲情录』之名. 不久光海君自悔草率定罪, 重新起用许筠, 於光海君6年(1610)甲寅年和第二年派许筠分别以千秋使和冬至兼陈奏副使身份两次出使明朝. 通过这两次许筠从中国带回了『学海』·『林居漫录』等4000餘册书籍. 光海君9年(1617)丁巳年, 有奇俊格告发许筠犯有谋反, 为此许筠接受朝廷审查, 其间为了寻求慰籍, 许筠增补了过去编录的手稿为16门类, 并作附录, 完成

---

17) 『惺所覆瓿藁』卷18「丙午纪行」: "帝遣翰林修撰朱之蕃·刑科都给事中梁有年奉诏而来. 余时罢辽山在京邸, 远接使劉公根启请带行, 丙午正月初六日授义兴卫大护军. ……上使曰: '否否. 此子生中国, 亦当久在承明之庐·金马之门. 非获罪则何以翱翔即署外郡也?' 因出『世说删补』·『诗隽』·『古人牍』等书以给. ……副使给蓝花纱一端·『太平广记』一部."/『闲情录』「凡例」: "巾行中适披得数帙, 乃朱兰嵎[朱之蕃]太史所赠「栖逸传」·『玉壶氷』·『卧游录』三种." 虽然『惺所覆瓿藁』中没有提到『玉壶氷』, 但根据『闲情录』的记载可以推知, 许筠从朱之蕃处获得『世说删补』等书籍时, 也带有『玉壶氷』.

了最终本的『閒情录』.18)

　　『閒情录』中『玉壶氷』的故事共收录了53条, 其中表明是出自『玉壶氷』的有
18条, 出自其他书籍的故事有35条.

五、结束语

　　现在我们虽然看不到对『玉壶氷』最初传入韩国时间的准确记载, 但是若考虑
到庚辰年务安县刊本是1580年刊行的话, 可以认为在1580年之前很久, 『玉壶氷』就
已经传入韩国, 并广为流传了. 因为有重多读者的需求, 韩国刊行有各种版本, 甚至
有手抄本, 人们对『玉壶氷』的喜爱也可由此得到佐證. 另外如前所述, 中国目前
『玉壶氷』仅存全本一种一册, 而韩国现藏朝鲜刊本『玉壶氷』四种十一册, 这作为
全本和善本具有很高的历史文献价值. 本文通过点校朝鲜刊本中的朝鲜庚辰年务
安县刊本『玉壶氷』, 并予之发表, 更期待着学界揭开研究『玉壶氷』的新篇章.

---

18) 辛承云,「閒情录解题」,『閒情录』(『国译惺所覆瓿藁Ⅳ』, 民族文化推进会, 1981), 2~3页. 具体
记载如下.『閒情录』「序」: "近以疾移告杜门, 偶閱劉何[劉义庆·何良俊]「栖逸传」·吕伯恭
[呂祖谦]『卧游录』·都玄敬[都穆]『玉壶氷』, 其寓情萧散, 犁然有当於心. 遂合四家所剟, 间附
以所睹记, 彙为一书. 又取古人诗赋杂文, 咏及於閒逸者, 为後集, 为编凡十, 题曰'閒情录', 自
以澄省焉." /『閒情录』「凡例」: "余在庚戌夏, 抱疴谢事, 杜门撝客, 无以消长日. 巾行中适披
得数帙, 乃朱兰嵎[朱之蕃]太史所赠「栖逸传」·『玉壶氷』·『卧游录』三种. 反覆披览, 仍取三
书, 为四门类彙, 名曰'閒情录'. 一曰'隐逸', 二曰'閒适', 三曰'退休', 四曰'清事'. 手自缮写, 置案
头, 同志友见之, 咸以为佳. 余尝恨家之史籍所载甚简畧, 切欲添出遗事, 勒为全书, 为计久矣,
佺偬未暇. 甲寅(1614)·乙卯(1615)两年, 因事再赴帝都, 斥家货购得书籍几四千馀卷. 就其中
事涉閒情者, 以浮帖帖其提头处, 以需杀青. 逮判刑部, 公务浩穰, 未敢下手禾卒选. 今年春罹
谤席藁, 战悸之中, 无以破穷愁. 遂取诸书, 考浮帖写出, 更分为十六门, 而为卷亦十六. 噫!『
閒情录』到此, 庶为完备, 而仆之归思, 益著於是矣."

[附] 朝鲜庚辰年务安县刊本『玉壶氷』点校

此点校, 係以朝鲜庚辰年务安县刊本为底本, 而校以朝鲜刊九行十七字本、十行十八字本、十行二十字本, 以及明天启间孙如兰校本、明刊九行本、『续说郛』本.

玉壶氷

1. 踌躇畦苑, 游戏平林. 濯清水, 追凉风, 钓游鲤, 弋高鸿. 风於舞雩之下, 咏归高堂之上. 安神闺房, 思老氏之玄虚, 呼吸精和, 求至人之彷彿. 与达者数子, 論道讲书, 俯仰二仪, 错综人物. 弹「南风」之雅操, 发「清商」之妙曲. 逍遥一世之上, 睥睨天地之间. 不受当时之责, 永保性命之期. 如是则可以陵霄汉, 出宇宙之外矣. [「樂志论」]

   * 此文出自汉仲长统「樂志论」.『续说郛』本无此条.

2. 简文入华林园, 顾谓左右曰: "会心处不必在远. 翳然林水, 便自有濠濮间想也. 不觉鸟兽禽鱼, 自来亲人. [『世说』]

   * 此文出自劉宋劉义庆『世说新语』「言语」篇. 明刊九行本、『续说郛』本並无此条.

3. 庾太尉在武昌, 秋夜气佳景清, 佐吏殷浩、王胡之之徒登南楼理咏. 音调始道, 俄而庾公率左右十许人步来, 诸贤欲起避之. 公徐云: "老子於此兴复不浅. 因便据胡床, 与诸人咏谑. [『世说』]

   * 此文出自劉宋劉义庆『世说新语』「容止」篇. 明刊九行本、『续说郛』本並无此条.

4. 许掾¹⁾好游山水, 而体便登陟. 时人云: "许非徒有胜情, 实有济胜之具. [『世说』]

   * 此文出自劉宋劉义庆『世说新语』「棲逸」篇.
   1) 掾:『续说郛』本误作 "椽".

5. 王子敬云: "从山阴道上行, 山川自相映发, 使人应接不暇. 若秋冬之际, 尤难为怀. [『世说』]

> * 此文出自劉宋劉义庆『世说新语』「言语」篇. 明刊九行本 · 『续说郛』本並无此条.

6. 王子敬自会稽经吴, 闻顾辟疆有名园. 先不识主人, 径往其家. 值顾方集宾[1)]友酣燕, 王游历既毕, 指麾好恶, 傍若无人. [『世说』]

> * 此文出自劉宋劉义庆『世说新语』「简傲」篇.
> 1) 宾: 朝鲜刊十行十八字本作 "朋".

7. 阮步兵啸, 闻数百步. 苏门山中, 忽有隐者. 阮[1)]往观, 见其人拥膝巖侧. 问之, 仡然不应. 阮因对之长啸. 良久, 乃笑曰: "可更作. 阮[3)]复啸. 还半岭许, 闻上口酋然有声, 如数部鼓吹. 顾看, 乃向人啸也. [『世说』]

> * 此文出自劉宋劉义庆『世说新语』「棲逸」篇. 明刊九行本无此条.
> 1) 阮: 『续说郛』本作 "既".

8. 王子猷尝暂寄人空宅住, 便命种竹. 或问: "暂住何烦尔?" 王啸咏良久, 直指竹曰: "何可一日无此君!" [『世说』]

> * 此文出自劉宋劉义庆『世说新语』「任诞」篇. 『续说郛』无此条.

9. 王子猷尝行过吴中, 见一士大夫家, 极有好竹. 主已知子猷当往, 乃洒扫施设, 在听事坐相待. 王肩舆径造竹下, 讽啸良久. 主已失望, 犹冀还当通. 遂直欲出门, 主人大不堪, 便令左右闭门不听出. 王更以此赏主人, 乃留坐, 盡欢而去. [『世说』]

> * 此文出自劉宋劉义庆『世说新语』「简傲」篇. 『续说郛』本无此条.

10. 王子猷居山阴, 夜大雪. 眠觉, 开室, 命酌酒, 四望皎然. 因起彷徨, 咏左思「招隐诗」, 忽忆戴安道. 时戴在剡, 即便夜乘[1)]小船就之. 经宿方至, 造门不前而返. 人问其故, 王曰: "吾本乘兴而行, 兴盡[2)]而返, 何必见戴!" [『世说』]

> * 此文出自劉宋劉义庆『世说新语』「任诞」篇. 明刊九行本无此条.
> 1) 夜乘: 明天启间孙如兰校本作 "乘夜".
> 2) 兴盡: 『续说郛』本作 "盡兴".

11. 张季鹰辟齐王东曹掾[1], 在洛, 见秋风起, 因思吴中菰菜羹、鲈鱼脍, 曰: "人生贵适意尔, 何能羁宦数千里以要名爵!" 遂命驾[2]便归. [『世说』]

   * 此文出自劉宋劉义庆『世说新语』「识鉴」篇.
   1) 掾: 『续说郛』本误作 "椽".
   2) 驾: 朝鲜刊十行十八字本误作 "可".

12. 张季鹰纵任不拘, 时人号为 "江东步兵". 或谓之曰: "卿乃可纵适一时, 不为身後名耶?" 答曰: "使我有身後名, 不如即时一盃酒!" [『世说』]

   * 此文出自劉宋劉义庆『世说新语』「任诞」篇. 『续说郛』本无此条.

13. 王孝伯言: "名士不必须奇才, 但使常得无事, 痛饮酒, 熟读『离骚』, 便可称名士. [『世说』]

   * 此文出自劉宋劉义庆『世说新语』「任诞」篇. 『续说郛』本无此条.

14. 孙子荆年少时欲隐, 语王武子当 "枕石漱流", 误曰 "漱石枕流". 王曰: "流可枕, 石可漱乎?" 孙曰: "所以枕流, 欲洗其耳. 所以漱石, 欲砺其齿. [『世说』]

   * 此文出自劉宋劉义庆『世说新语』「排调」篇. 『续说郛』本无此条.

15. 顾长康从会稽还, 人问山川之美. 顾云: "千巖竞秀, 万壑争流. 草木蒙笼其上, 若云兴[1]霞蔚." [『世说』]

   * 此文出自劉宋劉义庆『世说新语』「言语」篇. 『续说郛』本无此条.
   1) 云兴: 朝鲜刊十行二十字本作 "兴云".

16. 袁粲领丹阳尹, 独步园林, 诗酒自适. 家居负郭, 每杖策逍[1]遥, 当其意得, 悠然忘返. 郡南一家, 颇有竹石. 粲率尔步往, 不通主人, 直造竹所, 啸咏自得. [『世说』]

   * 此文未见於今本『世说新语』·『世说新语补』, 便见於明何良俊『语林』「任诞」篇. 『续说郛』本无此条.
   1) 逍: 朝鲜刊十行二十字本作 "消".

17. 谢譓不妄交接, 门无杂宾. 有时独醉曰: "入吾室者, 但有清风. 对吾饮者, 惟有皓月. [『世说』]

   * 此文未见於『世说新语』, 便见於明王世贞『世说新语补』「简傲」篇.

18. 但愿守陋巷, 教养子孙, 时与亲旧叙阔, 陈说平生, 浊酒一盃, 弹琴一曲, 志愿毕矣. [「绝交书」]

   * 此文出自晋嵇康「与山巨源绝交书」(全文载於『文选』卷四十三). 『续说郛』本无此条.

19. 闻道士遗言, 饵朮黄精, 令人久寿, 意甚信之. 游山泽, 观鱼鸟, 心甚樂之. 一行作吏, 此事俱废. 安能舍其所樂, 而从其所惧哉! [「绝交书」]

   * 此文出自晋嵇康「与山巨源绝交书」(全文载於『文选』卷四十三). 『续说郛』本无此条.

20. 夫人之相与, 俯仰一世, 或取诸怀抱, 悟[1]言一室之内, 或因寄所托, 放浪形骸之外. 虽趣舍万殊, 静躁不同, 当其欣於所遇, 暂得於己, 快[2]然自足, 不知老之将至. 及其所之既倦[3], 情随事迁, 感慨係之矣. [「蘭亭记」]

   * 此文出自晋王羲之「蘭亭集序」. 『续说郛』本无此条.
   1) 悟: 明刊九行本作"晤". 「蘭亭集序」一本(宋祝穆『方舆胜览』所载)亦作"晤".
   2) 快: 诸本並作"快". 「蘭亭集序」亦作"快".
   3) 倦: 诸本並作"倦". 「蘭亭集序」亦作"倦".

21. 荫映巖流之际, 偃息琴书之侧, 寄心松竹, 取樂鱼鸟, 则澹泊之愿, 於是毕矣. [戴安道[1]「闲游赞」]

   * 此文出自晋戴逵「闲游赞」(全文载於『艺文類聚』卷三十六). 『续说郛』本无此条.
   1) 戴安道: 明刊九行本无此三字.

22. 少学琴书, 偶爱闲静, 开卷有得, 便欣然忘食. 见树木交荫, 时鸟变声, 亦复欢然有喜. 常言五六月, 北窓下卧, 遇凉风暂至, 自谓是羲皇上人. [『陶[1]渊明集』]

   * 此文出自晋陶潜『陶渊明集』卷七「与子俨等疏」. 『续说郛』本无此条.
   1) 陶: 明刊九行本无此字.

23. 性耆酒, 家贫不能常得. 亲旧知其如此, 或置酒招之. 造饮辄醉, 既醉[1]而退, 曾不吝情去留. 环堵萧然, 不蔽风日. 短褐穿结, 箪瓢屡空, 晏如也. [『陶渊明集』]

* 此文出自晋陶潜『陶渊明集』卷六「五柳先生传」. 明刊九行本无此条.
1) 既醉: 明天启间孙如兰校本无此二字.

24. 高峰入云, 清流见底. 两岸石壁, 五色交辉. 青林翠竹, 四时具[1]备. 晓雾将歇, 猿鸟乱鸣. 夕日欲颓, 沉鳞竞跃. 实欲界之仙都, 自康乐以来, 未有能与其奇者. [『陶[2]隐居集』]

* 此文出自梁陶弘景「答谢中书书」(载於『艺文類聚』卷三十七). 『续说郛』本无此条.
1) 具: 明刊九行本作 "俱". 「答谢中书书」亦作 "俱".
2) 陶: 明刊九行本无此字.

25. 夜登华子冈, 辋水沦涟, 与月上下. 寒山远火, 明灭林外. 深巷寒犬, 吠声如豹. 村墟野[1]春, 复与疎锺相间. 此时独坐, 童仆静默, 每思曩昔, 儁手赋诗. 当待春仲, 卉木蔓发, 轻儵[2]出水, 白鸥矫翼, 露湿青皋, 麦雉[5]朝雊, 傥能从我游乎? [王摩诘「与裴迪书」]

* 此文出自唐王维「山中与裴迪秀才书」. 『续说郛』本无此条.
1) 野: 诸本并作 "夜". 「山中与裴迪秀才书」亦作 "夜".
2) 儵: 朝鲜刊九行十七字本·朝鲜刊十行十八字本·朝鲜刊十行二十字本·明刊九行本并误作 "儵".

26. 穷居而闲处, 升高而望远, 坐茂树以终日, 濯清泉以自洁. 采於山美可茹, 钓於水鲜可食. 起居无时, 惟适之安. 与其有誉於前, 孰若无毁於其後. 与其有乐於身, 孰若无忧於其心. [韩文]

* 此文出自唐韩愈「送李愿归盘谷序」. 『续说郛』本无此条.

27. 穷居荒凉, 草树茂密. 出无驴马, 因与人绝. 一室之内, 有以自娱. [韩文]

* 此文出自唐韩愈「与卫中行书」. 『续说郛』本无此条.

28. 上高山, 入深林, 穷迴溪. 幽泉怪石, 无远不到. 到则披草而坐, 倾壶而醉, 醉则

更相枕以卧. 意有所极, 梦亦同趣. [柳文]

* 此文出自唐柳宗元「始得西山宴游记」.『续说郛』本无此条.

29. 把锄[1]荷锸, 决溪泉, 为圃以给茹其 阝巢, 则浚沟池, 艺树木, 行歌坐钓, 望青天白云, 以此为适, 亦足老死无戚戚者. [柳文]

* 此文出自唐柳宗元「与杨诲之第二书」.『续说郛』本无此条.
1) 锄: 诸本并无此字.

30. 洛城内外六七十里间, 凡观寺丘墅, 有泉石花竹者, 靡不游. 人家有美酒鸣琴者, 靡不过. 有图书歌舞者, 靡不观. 自居守洛川, 泊布衣家以宴游召者, 亦时时往. 每良辰美景, 或雪朝月夕, 好事者相过, 必为之先拂酒罍, 次开(诗)[1]箧, 诗酒既酣, 乃自援琴操宫声, 弄「秋思」一遍. [『白氏长庆集』]

* 此文出自唐白居易「醉吟先生传」.
1) 诗: 底本及诸本并无此字, 据『续说郛』本补.

31. 堂中设木榻四, 素屏二, 素[1]漆琴一张, 儒・道・佛书各数卷. 樂天既来为主, 仰观山, 俯听泉, 旁睨竹树云石. 自辰及酉, 应接不暇. 俄而物诱气随, 外适内和. 一宿体宁, 再宿心恬, 三宿後, 颓然嗒[2]然, 不知其然而然. [『白氏长庆集』]

* 此文出自唐白居易「庐山草堂记」.『续说郛』本无此条.
1) 素: 必是衍字, 当删.「庐山草堂记」亦无此字.
2) 嗒: 朝鲜刊十行十八字本作 "答".

32. 江南李建勋尝蓄一玉磬尺馀, 以沉香节按柄扣之, 声极清越. 客有谈及猥俗之语者, 则急起击玉数声曰: "聊代清耳. 一竹轩榜曰 "四友". 以琴为嶧阳友, 磬为泗滨友,『南华经』为心友, 湘竹榻为梦友. [『澄怀录』]

* 此文出自宋周密『澄怀录』.

33. 长松怪石去墟落不下一二十里, 鸟径缘厓涉水於草莽间数四[1], 左右两三家相望, 雞犬之声相闻. 竹篱草舍, 燕[2]处其间, 兰菊艺之临水, 时[3]种梅桃. 霜月春风日, 自有馀思, 儿童婢仆皆布衣短褐, 以给薪水, 酿村酒而饮之. 案有杂书、庄周、『太玄』、『楚辞』、『黄庭』、『阴符』、『楞严』、『圆觉』数十卷而已. 杖藜[4)]蹑屐, 往来穷谷大川, 听流水, 看激湍, 鉴澄潭, 步危桥, 坐茂树, 探幽壑, 升高峰, 顾不乐而死乎! [『澄怀录』]

* 此文出自宋周密『澄怀录』. 『续说郛』本无此条.
1) 四: 明天启间孙如兰校本作 "田".
2) 燕: 明刊九行本作 "芜".
3) 时: 明刊九行本作 "莳".
4) 藜: 朝鲜刊九行十七字、朝鲜刊十行二十字、明刊九行本并作 "黎".

34. 每遇胜日有好怀, 袖手哦古人诗, 足矣. 青山秀水到眼, 即可舒啸. 何必居篱落下, 然後为己物? [『澄怀录』]

* 此文出自宋周密『澄怀录』. 『续说郛』本无此条.

35. 张牧之隐于竹溪, 不喜与世接. 客来, 蔽竹窥之, 或韵人佳士, 则呼船载之, 或自刺舟与语. 俗子十反不一见, 怒骂相踵不顾也. [『澄怀录』]

* 此文出自宋周密『澄怀录』.

36. 每登高丘, 步邃谷, 延留燕, 坐见悬崖瀑流、寿木垂萝, 闷邃岑寂之处, 终日忘返. [『澄怀录』]

* 此文出自宋周密『澄怀录』. 『续说郛』本无此条.

37. 读义理书, 学法帖字, 澄心静坐, 益友清谈, 小酌半醺, 浇花种竹, 听琴[1)]鹤, 焚香煮茶, 泛舟观山, 寓意棊奕, 虽有他樂, 吾不易矣. [『经锄堂杂志』]

* 此文出自宋倪思『经锄堂杂志』. 『续说郛』本无此条.
1) 瓴: 诸本并作 "玩".

38. 閒居胜於居官, 其事不一, 其最便者, 尤於暑月见之. 自早烧香食罢, 便可岸巾祝袒巾君靫, 从事藤床竹几, 展[1)]转北窗, 清风时至, 反[2)]患太凉, 挟策就枕, 困来熟睡. 晚凉浴罢, 杖[3)]屦逍遥, 临池观月, 登高乘风, 采莲剥茨, 剖瓜雪藕, 白醪三杯, 取醉而适. 其为樂殆未可以一二数也. [『经锄堂杂志』]

* 此文出自宋倪思『经锄堂杂志』.『续说郛』本无此条.
1) 展: 朝鲜刊十行十八字本作 "徙".
2) 反: 明天启间孙如兰校本作 "及".
3) 杖: 明天启间孙如兰校本作 "仗".

39. 李太白诗: "清风明月不用一钱买". 东坡「赤壁赋」云: "唯江上之清风, 与山间之明月, 耳得之而为[1]声, 目遇之而成色, 取之无禁, 用之不竭. 是造化[2]者之无盡藏也. 东坡之意, 盖[3]自太白诗句中来. 夫风月不用钱买而取之无禁, 太白、东坡之言信矣. 然而陵知清风明月之可樂者, 世无几人. 清风明月, 一岁之间, 亦无几日. 就使人知此樂, 或为俗务牵夺, 或为病苦防[4]障, 虽欲享之, 有不能者. 然则居閒无事, 遇此清风明月, 既不用钱买, 又取之无禁, 而不知以为樂, 是自生障碍也. [『经锄堂杂志』]

* 此文出自宋倪思『经锄堂杂志』.『续说郛』本无此条.
1) 为: 诸本並作 "成".
2) 化: 朝鲜刊十行二十字本作 "物".
3) 盖: 朝鲜刊十行二十字本作 "盡".
4) 防: 诸本並作 "妨".

40. 目所不见, 彼自华靡, 於我何干? 耳所不闻, 彼自喧轰, 於我何与? 是以修道者, 入山唯恐不深, 入林唯恐不密也[1]. [『经锄堂杂志』]

* 此文出自宋倪思『经锄堂杂志』.『续说郛』本无此条.
1) 也: 朝鲜刊十行十八字本无此字.

41. 尝登高山, 下视城市, 殆如[1]蚁垤, 不知其间几许人. 从高望之, 真[2]可一笑. 山之高于城市, 能几何? 已自如此, 况真仙在太空中, 下视尘世, 又何翅蚁垤乎? [『经锄堂杂志』]

* 此文出自宋倪思『经锄堂杂志』.『续说郛』本无此条.
1) 如: 明天启间孙如兰校本误作 "知".
2) 真: 明天启间孙如兰校本误作 "其".

42. 林逋隐居杭州孤山, 常畜两鹤, 纵之则飞入云霄, 盘旋久之, 复入笼中. 逋常游
西湖诸寺, 有客至逋所居, 则一童子出应门, 延[1]客坐, 为开笼纵鹤. 良久, 逋必
棹小船而归, 盖常以鹤飞为验也. 逋高逸倨傲, 多所学, 唯不能棋. 常谓人曰:
"逋世间事无所碍, 唯不能担粪与著棋. [『梦溪笔谈』]

* 此文出自宋沈括『梦溪笔谈』卷十「人事二」.
1) 延: 朝鲜刊十行十八字本作 "迎".

43. 阳翟县有杜生者, 不知其名, 邑人但谓之杜五郎. 所居去县三十馀里, 唯有屋两
间, 其前空地丈馀. 杜生不出篱门, 凡三十年矣. 黎阳尉孙某曾往访之, 问其不
出门之因. 其人指门前一桑曰: "十五年前, 亦曾此下纳凉. 但无用於时, 偶不出
耳. 问其所以为生, 曰: "日唯与人择日, 及卖一[1]药, 以具饘粥[2]. 後子能耕, 自此
食足. 择日卖药[3], 一切不为. 又问: "常日何所[4]为?" 曰: "端坐耳[5]." 问: "颇观书
否?" 曰: "二十年前, 亦曾观『净名经』. 当时极爱其议論[6], 今已忘之, 并书亦不
知所在久矣[7]. 气韵闲旷, 言词精简, 有道之士也. 盛寒但布袍草履, 室中枵然一
榻而已. 于时方有军事, 夜半未卧, 疲甚. 孙遂及此, 不觉洒然. [『梦溪笔谈』]

* 此文出自宋沈括『梦溪笔谈』卷九「人事一」. 『续说郛』本无此条.
1) 一: 明刊九行本无此字.
2) 以具饘粥: 明刊九行本无此四字.
3) 择日卖药: 明刊九行本无此四字.
4) 所: 明刊九行本无此字.
5) 耳: 明刊九行本无此字.
6) 当时极爱其议論: 明刊九行本无此七字.
7) 久矣: 明天启间孙如兰校本脱 "久"字. 明刊九行本无此二字.

44. 宅有桑麻, 田有秔稌, 而渚有蒲莲. 弋于高以追凫鹇之高下, 缗于深而遂[1]鳣鲔
之潜泳. 吾所以衣食其力, 而无愧[2]於心也. 息有乔木之繁阴, 藉有豊草之幽香.
登山而凌云, 览天地之奇变, 弄泉而乘月, 遗氛埃之溷浊. 此吾处其怠倦, 而樂
於自遂也. [『南豊集』]

* 此文出自宋曾巩「归老桥记」. 『续说郛』本无此条.

1) 遂: 朝鲜刊十行十八字本·朝鲜刊十行二十字本·明刊九行本並作 "逐". 「归老桥记」亦作 "逐".

2) 愧: 诸本並作 "媿". 「归老桥记」正作 "愧".

45. 耳目清旷, 不设机关以待人, 心安閒而体舒放. 三商而眠, 高春而起, 静院明窗之下, 羅列图史琴尊, 以自娱. 有兴则泛小舟出盘閽, 吟啸览古于江山之间. 渚茶野酿, 足以消忧, 莼稻鱼蟹, 足以适口. 又多高僧隐君子, 佛庐胜绝. 家有园林, 珍花奇石, 曲池高臺, 鱼鸟留连, 不觉日暮. [『苏沧[1]浪集』]

  * 此文出自宋苏舜钦「答韩持国书」. 『续说郛』本无此条.
  1) 沧: 朝鲜刊十行二十字本误作 "苍".

46. 岁行盡矣, 风雨凄然, 纸窗竹屋, 灯[1]火青荧, 时於此, 有少趣. [『东坡集』]

  * 此文出自宋苏轼「与毛维瞻」. 『续说郛』本无此条.
  1) 灯: 朝鲜刊九行十七字本·朝鲜刊十行二十字本並作 "镫". 「与毛维瞻」正作 "灯".

47. 江山风月, 本无常主, 闲者便是主人. [『东坡集』]

  * 此文出自宋苏轼『东坡志林』卷四「亭堂·临皋闲题」. 『续说郛』本无此条.

48. 崔唐臣, 闽人. 与苏子容·吕晋叔同学相好. 二公登第, 崔忼[1]然罢举. 其後二公入三馆, 乘马偕出, 徇汴岸, 见一士舣舟坐窗下, 盖崔也. 亟就谒之, 问其别後况味, 曰: "初倒箧中有钱百千, 以其半买此舟, 来往江湖间. 其半市杂货, 时取赢[2]以自给. 虽云汎[3]梗飘蓬, 差愈於应举觅[4]官时也. 二公邀与归, 不可, 但扣官居坊曲所在. 明日, 自局中还, 各睹崔留刺, 再访舟次, 则已行矣. 归翫刺字, 其末有细书一绝句云: "集仙[5]仙客问生涯, 买得渔舟度岁华. 案有『黄庭』尊有酒, 少风波处便为家. [『容斋随笔』]

  * 此文未见於今本『容斋随笔』, 便见於宋叶梦得『避暑录话』卷下. 『续说郛』本无此条.
  1) 忼: 朝鲜刊九行十七字本·朝鲜刊十行十八字本·明天启间孙如兰校本並作 "抚".
  2) 赢: 朝鲜刊九行十七字本·朝鲜刊十行二十字本·明天启间孙如兰校本·明刊九行本並作 "赢".
  3) 汎: 朝鲜刊九行十八字本作 "泛".
  4) 觅: 明刊九行本作 "见".
  5) 仙: 明天启间孙如兰校本作 "贤".

49. 每鸟啼花落, 欣然有会於予[1]心. 遣小奴, 挈罂[2]樽, 酤白酒, 醯一梨[3]花瓷盏. 急取诗卷, 快读一过以咽之, 萧然不知在尘埃间也. [『诚斋文脍』]

　　* 此文出自宋杨万里『诚斋文脍』.
　　1) 予: 明天启间孙如兰校本无此字.
　　2) 罂: 朝鲜刊十行二十字本作 "廖".
　　3) 梨: 『续说郛』本之外, 诸本并作 "黎".

50. 因葺旧庐, 疏渠引泉, 周以花木, 日哦其间, 故人过逢, 瀹茗奕棊, 杯酒淋浪, 其樂殆非尘中有也. [『诚斋文脍』]

　　* 此文出自宋杨万里『诚斋文脍』. 『续说郛』本无此条.

51. 唐子西云: "山静似太古, 日长如小[1]年. 余家深山之中, 每春夏之交, 苍藓盈堦, 落花满迳[2], 门无剥啄, 松影参差, 禽声上下. 午睡初足, 旋汲山泉, 拾松枝, 煮苦茗啜之. 随意读『周易』、『国风』、『左氏传』、『離骚』、『太史公书』及陶杜诗、韩苏文数篇. 从容步山迳, 抚松竹, 与麛犊共偃息于长[3]林豐草间. 坐弄流泉, 漱齿濯足. 既归竹窗下, 则山妻稚子作笋蕨, 供麦饭, 欣然一饱. 弄笔窗间, 随大小作数十字, 展所藏法帖、墨蹟、畫[4]卷纵观之. 兴到则吟小诗, 或草『玉露』一两段. 再烹苦茗一杯, 出步溪上, 邂逅园翁溪友, 问[5]桑麻, 说秔稻, 量晴校雨, 探节数时, 相与剧谈一[6]饷. 归而倚杖柴门之下, 则夕阳在山, 紫绿[7]万状, 变幻顷刻, 悦[8]可人目. 牛背笛声, 两两来[9]归, 而月印前溪矣. 味子西此句, 可谓妙绝. 人能真知此妙, 则东坡所谓 "无事此静坐, 一日如两日. 若活七十[10]年, 便是百四十", 所得不已多乎! [『鹤林玉露』]

　　* 此文出自宋羅大经『鹤林玉露』卷四. 『续说郛』本无此条.
　　1) 小: 朝鲜刊十行十八字本作 "少".
　　2) 迳: 诸本并作 "径", 下同.
　　3) 长: 明天启间孙如兰校本作 "茂".
　　4) 畫: 明天启间孙如兰校本作 "诸".
　　5) 问: 明天启间孙如兰校本作 "话".
　　6) 一: 明天启间孙如兰校本作 "半".
　　7) 紫绿: 明天启间孙如兰校本作 "千态".

8) 悦: 明天启间孙如兰校本・明刊九行本並作 "恍". 『鹤林玉露』亦作 "恍".

9) 来: 明天启间孙如兰校本作 "相".

10) 七十: 朝鲜刊九行十七字本吴作 "十七".

52. 自昔士之闲居野处, 必有同道同志之士, 相与往还, 故有以自樂. 陶渊明诗云: "昔欲居南村, 非为卜其宅. 闻多素心人, 樂与数晨夕. 又云: "隣曲时來往, 抗言谈在昔. 奇文共欣赏, 疑义相与析. 则南村之隣, 岂庸庸之士哉? 杜少陵在锦里, 亦与南村朱山人往还, 其诗云: "锦里先生乌角巾, 园收芋栗未全贫. 惯看宾客儿童喜, 得食阶除鸟雀驯. 秋水才添四五尺, 野航恰受兩三人. 白沙翠竹江村暮, 相送柴门月色新. 又云: "相近竹参差, 相过人不知. 幽花欹满迳¹⁾, 野水细通池. 归客村非远, 残尊席更移. 看君多道气, 从此数追随. 所谓朱山人者, 固亦²⁾非常流矣. 李太白「寻鲁城北范居士误落苍耳中」诗云: "忽忆范野人, 閒园养幽姿. 又云: "还倾四五酌, 自咏『猛虎词』. 近作十日欢, 远为千岁期. 风流自簸荡, 谑浪偏相宜. 范野人者, 固亦可人之流也. [『鹤林玉露』]

* 此文出自宋羅大经『鹤林玉露』卷七. 『续说郛』本无此条.

1) 迳: 朝鲜刊十行十八字本误作 "经". 其外诸本並作 "径".

2) 亦: 明天启间孙如兰校本无此字.

53. 上下山水, 穿幽透深, 弃日留夜, 拾其胜会, 向人铺说, 无异好声美色. [『水心文』]

* 此文出自宋叶适『水心文集』. 『续说郛』本无此条.

54. 松竹迷道, 庭花合围. 著山人衣, 曳杖¹⁾挟书行吟, 宾送日月於林蓓中. 凡故畴新畎, 廪仮进退²⁾, 抱膝长啸³⁾, 婚嫁有无, 皆落莫⁴⁾恍惚, 若梦中事. 惟闻名胜士, 欣然邀至, 共食淡面, 为语儒佛, 二氏所以離合, 见性命真处, 如水中盐味, 非无非有. [『水心文』]

* 此文出自宋叶适『水心文集』. 『续说郛』本无此条.

1) 曳杖: 明刊九行本无此二字.

2) 廪仮进退: 明刊九行本无此四字.

3) 抱膝长啸: 明刊九行本将此句移入於上文 "曳杖挟书行吟"与 "宾送日月於林蓓中"之间

4) 皆落莫: 明刊九行本无此三字.

55. 有轩数间, 直堂屋之後, 人事[1]之所不及, 宾客从游之所不至. 往往独游[2]於此, 解衣盘礴, 箕踞胡床之上, 含毫赋诗, 曝背阅书, 以释其忽忽[3]不平之气. [『唐子西集』]

* 此文出自宋唐庚「箕踞轩记」.
1) 人事: 明天启间孙如兰校本作 "竞争".
2) 游: 明天启间孙如兰校本作 "憩".
3) 忽忽: 朝鲜刊九行十七字本作 "忽忽", 朝鲜刊十行十八字本作 "忽忽".「箕踞轩记」正作 "忽忽".

56. 孙昉号四休居士, 山谷问其说, 四休笑曰: "麤羹淡饭, 饱即休. 补破遮寒, 暖即休. 三平二满, 过即休. 不贪不妬, 老即休. 山谷曰: "此安樂法也. 夫少欲者不伐之家也, 知足者极樂之国也[1]. 四休家有三亩园, 花木郁郁. 客来, 煮茗传酒, 谈人间可喜事, 或茗寒酒冷, 宾主皆忘.

* 诸本並原脱采录出处. 此文便出自宋黄庭坚「四休居士诗序」.『续说郛』本无此条.
1) 夫少欲者不伐之家也, 知足者极樂之国也: 明刊九行本无此二句.

57. 予家旧藏书三万馀卷, 其间往往多予手自抄, 览之如隔世事. 因日取所喜观者数十卷, 命门生等从旁读之, 不觉至日昃. 旧得酿法, 盛夏三日辄成, 色如潼澧[1], 不减玉友. 每晚凉, 即饮三杯, 亦复盎然. 读书避暑, 固是一佳事, 况有此酿! 忽记欧文忠[2]诗有 "一生勤苦书千卷, 万事消磨酒十分" 之句, 慨然有当其心. [『避暑录话』]

* 此文出自宋叶梦得『避暑录话』卷上.『续说郛』本无此条.
1) 潼澧: 明刊九行本作 "湩醴".『避暑录话』(『四库全书』本)亦作 "湩醴".
2) 忠: 明天启间孙如兰校本无此字.

58. 王荆公晚居锺山谢公墩, 自山距州城适相半, 谓之半山. 畜一驴, 每食罢, 必旦[1]至锺山, 纵步山间, 倦则即定林而睡, 往往至日昃乃归. 有不及终往, 亦必跨驴, 中道而还, 未尝已也. 苏子瞻在黄州及岭表, 每旦起, 不招客相与语, 则必出而访客[2]. 所与游者, 亦不盡择, 谈谐放荡, 不复为畛畦. 有不能谈者, 则强之使说鬼. 或辞无有, 则曰姑妄言之. 於是闻者无不绝倒, 皆盡欢而後去. [『避暑录话』]

* 此文出自宋叶梦得『避暑录话』卷上.『续说郛』本无此条.

1) 旦: 明刊九行本作 "日". 『避暑录话』(『四库全书』本)作 "日一".
2) 客: 明天启间孙如兰校本无此字.

59. 韩持国许昌私第凉堂深七丈, 每盛夏, 犹以为不可居. 常颖士适自郊居来. 因问: "郊居凉乎?" 曰: "凉. 持国诘其故. 曰: "野人无修檐大厦, 旦起不畏车马尘埃之役. 胸中无他念, 露形挟扇, 投足木床. 视木阴东摇则从东, 西摇则从西耳. 语未竟, 持国亟止之曰: "汝勿言! 吾心亦凉矣¹⁾. [『避暑录话』]

* 此文未见於今本『避暑录话』.『续说郛』本无此条.
1) 矣: 朝鲜刊十行十八字本无此字.

60. 谢康乐云: "良辰美景, 赏心乐事. 四者难并. 韩魏公在北门, 作四并堂. 公功名富贵, 无一不满所欲, 故无时不可乐. 予游行四方, 当其少时, 盖未知四者为难得也. 在许昌, 见故老言: 韩持国为守, 每入春, 常日设十客之具於西湖. 旦¹⁾以郡事委僚吏, 即造湖上. 有士大夫过, 即邀之, 入满九客而止, 辄与乐饮终日. 曾存之尝以问公曰: "无乃有不得已者乎?" 公曰: "汝少年, 安知此? 吾老矣, 未知复有几春. 若待可与饮者, 而後从吾之为乐, 无几而春亦不吾待也. [『避暑录话』]

* 此文出自宋叶梦得『避暑录话』卷上.『续说郛』本无此条.
1) 旦: 朝鲜刊十行十八字本作 "朝".

61. 新第落成, 市声不入耳, 俗轨不至门. 客至命坐, 青山当户¹⁾, 流水在左. 辄谈世事, 便当以大白浮之. [『孙尚书尺牍』]

* 此文出自宋孙觌『内简尺牍』「与胡枢密」.『续说郛』本无此条.
1) 户: 明天启间孙如兰校本作 "右".

62. 朱希真居嘉禾, 尝与朋侪诣之, 闻笛声自烟波间起, 问行者, 曰: "此先生吹笛声也. 顷之, 棹小舟而至, 则与俱归其家. 室中悬琴¹⁾筑阮咸之类, 皆希真平日所留意者. 檐间育珍禽, 皆目所未睹. 室中篮缶贮果实脯醢, 客至, 挑取以奉客. 其诗曰: "青罗包髻²⁾白行缠, 不是凡人不是仙. 家在洛阳城裏住, 卧吹铜笛过伊川. 可想其风致也. [『陆放翁集』]

* 此文出自宋陆游『陆放翁集』.『续说郛』本无此条.
1) 琹: 朝鲜刊九行十七字本·朝鲜刊十行二十字本·明天启间孙如兰校本並作"琹"."琹"与"琴"同.
2) 礜: 朝鲜刊九行十七字本·朝鲜刊十行二十字本·明天启间孙如兰校本並作"礜"."礜"与"礜"同.

63. 择故山滨水地, 环篱植荆棘, 间栽以竹, 馀丈植芙蓉三百六十, 八¹⁾芙蓉二丈环以梅, 入梅馀三丈重篱. 外植芋栗果实, 内重植梅. 结屋, 前茅後瓦. 入阁, 名"尊经", 藏古今书. 左塾训子, 右道院迎宾. 进舍三: 寝一, 读书一, 治药一. 後舍二: 一储酒谷列农具·山具, 一安仆役庖²⁾湢, 称是童一, 婢一, 园丁二. 前鹤屋养鹤只, 後犬一二足, 驴四蹄, 牛四角. 客至, 具蔬食酒核, 暇则读书课农圃事, 毋苦吟以安天年. [『山家清事』]

* 此文出自宋林洪『山家清事』「种梅养鹤图记」.
1) 八: 当改作"入". 朝鲜刊十行十八字本亦误作"八". 朝鲜刊九行十七字本·朝鲜刊十行二十字本·明天启间孙如兰校本並作"入".『山家清事』(『历代笔记小说集成』所收明嘉靖壬午长洲顾氏家塾梓行本)亦作"入".
2) 庖: 朝鲜刊十行二十字本误作"疱".

64. 山林交与市朝异. 礼贵简, 言贵直, 所尚贵清. 善必相荐, 过必相规. 疾病必相救药, 书尺必直言事. 称呼以号及表字, 不以官. 讲问必实, 言所知所闻事, 毋及时政. 饮馔随所具, 会次坐贵贱序齿¹⁾. 饮随量, 诗随意. 坐起自如, 不许逃席. 乏使令, 则躬执役. 请必如期, 无速客例. 有干实告, 及归不必谢. 凡涉忠孝友爱事, 当尽心, 毋慢嫉. 前辈须接引⁵⁾後学, 以共追古风. [『山家清事』]

* 此文出自宋林洪『山家清事』「山林交盟」.『续说郛』本无此条.
1) 会次坐贵贱序齿:『山家清事』(『历代笔记小说集成』所收明嘉靖壬午长洲顾氏家塾梓行本)作"会次坐序齿, 不以贵贱", 文义妥当.

65. 人生世间, 如白驹之过隙, 而风雨忧愁, 辄居三之二. 其间得闲者, 十才一耳. 况知之而能享者, 又百之一二. 千¹⁾百一之中, 又多以声色为乐, 殊不知吾辈自有乐地. 悦目初不在色, 盈耳初不在声. 明窗净几焚香, 其中佳客玉立相映. 时取古人妙²⁾迹, 以观鸟篆蜗书. 奇峰远水, 摩挲钟鼎, 亲见商周. 端砚涌巌泉, 焦桐鸣玉佩. 不知身居人世, 所谓受用清福, 孰有踰此者乎! [『洞天清录集』]

* 此文出自宋赵希鹄『洞天清录集』「序」. 『续说郛』本无此条.
1) 千: 当改作 "于". 朝鲜刊十行十八字本・朝鲜刊十行二十字本并作 "于", 明天启间孙如兰校
 本作 "於". 『洞天清录集』(『说郛』本)亦作 "于".
2) 妙: 明天启间孙如兰校本作 "墨".

66. 天地间, 云岚木石, 崇丘绝壑, 足以发奇潜老¹⁾, 多人跡所不到. 故畸人静者, 得
 与世相忘而自樂, 其樂恒专己而不让. 至贬衣离累, 垢衣蓬首, 独甘心焉. [『谢
 皋羽²⁾集』]

* 此文出自宋谢翱『谢皋羽集』. 『续说郛』本无此条.
1) 老: 明天启间孙如兰校本作 "秀".
2) 羽: 明天启间孙如兰校本作 "翁".

67. "饱食缓行初睡觉, 一瓯新茗侍儿煎. 脱巾斜倚绳床坐, 风送水声来耳边. 装晋
 公诗也. "细书妨老读, 长簟惬昏眠. 取簟且一息, 抛书还少年. 半山翁诗也. "相
 对蒲团睡味长, 主人与客两相忘. 须臾客去主人觉¹⁾, 一半西窗无夕阳. 陆放翁
 诗也. "读书已觉眉稜重, 就枕方欣骨节和. 睡去不知天早晚, 西窗残日已无多.
 吴僧有规诗也. "老读文书兴易阑, 须知养病不如閒. 竹床瓦枕虚堂上²⁾, 卧看
 江南雨後³⁾山. 吕荣阳诗也. "纸屏瓦枕竹方床, 手倦抛书午梦长. 睡起莞然成
 一笑, 数声渔笛在沧浪. 蔡持正诗也. 余习懒⁴⁾成癖, 每遇暑昼, 必须偃息. 客有
 嘲孝先者, 辄哦此以自解. 然每苦枕热, 展转数四. 後见前辈言: 荆公嗜睡, 夏
 月常用方枕. 或问: "何意?" 公云: "睡久气蒸枕热, 则转一方冷处. 此非真知睡
 味, 未易语此也. [『癸辛杂识』]

* 此文未见於今本『癸辛杂识』, 便见於宋周密『齐东野语』卷十八「昼寝」. 『续说郛』本无此条.
1) 觉: 朝鲜刊十行十八字本・朝鲜刊十行二十字本・明天启间孙如兰校本并作 "睡".
2) 上: 明天启间孙如兰校本作 "坐".
3) 後: 朝鲜刊九行十七字本・朝鲜刊十行二十字本・明天启间孙如兰校本并作 "后".
4) 懒: 明天启间孙如兰校本作 "嬾". 『齐东野语』(涵芬楼刊『宋元人说部书』所收夏敬观校本)
 亦作 "嬾".

68. "花竹幽窗午梦长, 此中与世暂相忘. 华山处士如容见, 不觅仙方觅睡方. 然则睡亦有方耶? 希夷之说, 不过谓举世此[1]为息魂离神不动耳.『遗教经』乃有 "烦恼毒蛇, 睡在汝心. 毒蛇既出, 乃可安眠" 之语. 近世西山蔡季通有「睡诀」云: "睡侧而屈, 觉直而伸, 早晚以时. 先睡心, 後睡眼. 晦翁以为此古今未发之妙. [『癸辛杂识』]

* 此文未见於今本『癸辛杂识』, 便见於宋周密『齐东野语』卷十六「睡」.『续说郛』本无此条.
1) 此: 明天启间孙如兰校本无此字.

69. 赵孟坚, 字子固, 宋诸王孙. 尝得五字不损本「蘭亭」於雪川, 喜甚, 乘夜回嘉兴, 棹至昇山, 大风覆舟. 子固立浅水中, 手持「蘭亭」, 示人曰: "帖在此, 餘不足介意. 因题八字於卷尾云: "性命可轻, 至宝是宝. [『辍耕录』]

* 此文出自元陶宗仪『辍耕录』(或作『南村辍耕录』)卷九「落水蘭亭」.『续说郛』本无此条.

70. 吕徽之家仙居万山中, 耕渔以自给. 一日, 儹楮币, 诣富家, 易谷种, 值大雪. 闻东阁中有人分韵作雪诗, 一人得 "滕" 字, 苦吟弗就, 徽之不觉失笑. 阁中诸公闻之, 询其见笑之由. 徽之不得已, 乃曰: "我意举滕王蛱蝶事耳. 众始歎伏, 邀徽之入坐, 以 "藤滕" 二[1]字, 请足成之. 即援笔书曰: "天上九龙施法水, 人间二鼠啮枯藤. 鸳鸯声乱功收蔡, 胡蝶飞来妙过滕. 复请粘 "昙" 字韵诗, 徽之又随笔书云: "万里关河冻欲含, 浑如天地尚函三. 桥边驴子诗何郡, 帐底羔儿酒正酣. 竹委长身寒郭索, 松埋短髮老瞿昙. 不如乘此擒元济, 一洗江南草木惭. 书讫, 径出. 问其姓字, 不答. 惠之谷, 怒曰: "我岂受非义之物? 必易之!" 刺船而去. 遣人尾其後, 路其僻远, 识其所而返. 雪晴, 往访之, 唯草屋一间. 忽米桶中有人, 乃徽之妻也. 因天寒故坐其中, 试问: "徽之何在?" 答曰: "方捕鱼溪上. 至彼果见之. 隔溪谓曰: "诸公先至舍, 我得鱼, 当换酒饮诸公也. 少顷, 儹鱼与酒至, 盡欢而散. 回至中涂, 宿逆旅, 主人(问所从来)[2], 语以故, 主人喜曰: "是固某平日所愿见者. 翌旦, 客别, 主人蹑其踪, 则徽之已迁居矣. [『辍耕录』]

* 此文出自元陶宗仪『辍耕录』(或作『南村辍耕录』)卷八「隐逸」.『续说郛』本无此条.

1) 二: 明天启间孙如兰校本误作 "王".
2) 问所从来: 底本原无此四字, 文义不顺, 故据『辍耕录』(武进陶氏影元刻本)补之.

71. 书室中修行法. 心闲手懒, 则观法帖以其可逐字放置也. 手闲心懒, 则治迁事
以其可作可止也. 心手俱闲, 则写字作诗文以其可以兼济也. 心手俱懒, 则坐睡
以其不强役於神也. 心不甚定, 宜看诗及杂短故事以其易於见, 意不滞於久也.
心闲无事, 宜看长篇文字, 或经注, 或史传, 或古人文集, 此又甚宜於风雨之际
及寒夜也. 又曰: 手冗心闲, 则思. 心冗手闲, 则卧. 心手俱闲, 则著作书字. 心手
俱冗, 则思早毕其事以宁吾神. [『闲居录』]
  * 此文出自元吾丘衍(或作吾衍)『闲居录』.『续说郛』本无此条.

72. 越人王冕当天大雪, 赤脚上潜岳峰, 四顾大呼曰: "遍天地皆白玉合成, 使人心
胆澄彻, 便欲仙去!" [『潜溪集』]
  * 此文出自明宋濂「王冕传」.『续说郛』本无此条.

73. 予少厌尘浊, 志樂闲旷. 三十年前, 尝为此书. 中间以亲老家贫, 窃禄於朝. 兹
得请致仕, 夙愿始遂. 再披阅之, 悦[1]如隔世, 而予亦老矣. 乃重录而藏[2]之, 非知
我者, 不以示也. 正德乙亥夏六月, 吴郡都穆玄敬父[3].
  1) 悦: 朝鲜刊九行十七字本 · 朝鲜刊十行十八字本 · 朝鲜刊十行二十字本 · 明天启间孙如兰
     校本皆作 "恍".
  2) 藏: 明天启间孙如兰校本作 "刻".
  3) 父: 明天启间孙如兰校本作 "甫". "甫"与 "父"通.

玉壶冰终　　　　　　　　　　　　　　　　　　辰十月日务安县刊

〈版本〉

都　穆,『玉壶冰』(朝鲜庚辰年务安县刊本-朝鲜刊九行十八字本), 高丽大晚松
　　　文库所藏.

都　穆,『玉壶冰』(朝鲜刊九行十七字本), 韩国国立中央图书馆所藏.

都　穆,『玉壶冰』(朝鲜刊九行十七字本), 韩国学中央研究院所藏.

都　穆,『玉壶冰』(朝鲜刊十行十八字本), 延世大图书馆所藏.

都　穆,『玉壶水』(朝鲜刊十行二十字本), 个人所藏.

都　穆,『玉壶水』(朝鲜笔写本), 韩国国立中央图书馆所藏.

都　穆,『玉壶水』(明天启间孙如兰校本), 臺湾国家图书馆所藏.

都　穆,『玉壶水』(明刊九行本), 臺湾国家图书馆所藏.

都　穆,『玉壶水』(『续说郛』本), 上海: 上海古籍出版社影印, 1988.

论韩国古代汉文传记体小说

四川师范大学 汪燕岗

论文提要：韩国古代传记体小说可分为人物传记体和假传体两类。人物传记体小说大都题为某"传"，它脱胎于史传文学，却冲破了史传之实录原则，开始运用虚构和想象的表现手法，篇幅较短，文辞较质朴。假传体小说不是给人物立传，而是用纪传体的方法来描写非人类的事物。韩国假传体小说出现于高丽时期，朝鲜王朝出现了特殊的一类假传体小说，即"心性类假传体小说"，它们是儒家程朱理学的形象图解。这时期有些假传体小说篇幅加长，成为了中篇小说，如郑泰齐《天君演义》等。

韩国汉文小说是古代韩国人用汉字创作的小说，由于朝鲜半岛历史上长期使用汉字，因此留下了数量庞大的汉文小说。韩国汉文小说几乎都是用文言写的，因此大概可以分为文言短篇、文言中篇及文言长篇三大类，传记体小说属于文言短篇小说中的一个类型，又可分为人物传记体和假传体两个亚类。

一、人物传记体小说

人物传记体小说，作品大都题为某某"传"，脱胎于史传文学，但却冲破了史传之实录原则，开始运用虚构和想象的表现手法，体现出作者强烈的主体意识，一般篇幅较短，文辞也比较质朴。崔致远(857-？)所著的《新罗殊异传》中的《宝开》、《脱解》、《圆光法师传》、《善德王》和《迎乌细乌》为杂传体性质的作品，可称为韩国最早的人物传记体小说，因原书已佚，这些作品保存在后世的《太平通载》、《三国遗事》、《三国史节要》等书中，有些改动。

此后，高丽时期的金富轼(1075-1151)编撰有《三国史记》，尽管这是一部正史，但一些篇幅如《温达传》、《都弥传》，颇富传奇色彩，和传记平铺直叙、通达信实的手法迥异其趣，开始运用一些小说的手法来描写人物，卷四十八《都弥传》：

都弥，百济人也。虽编户小民，而颇知义理，其妻美丽，亦有节行，为时人所称。盖娄王闻之，召都弥与语曰："凡妇人之德，虽以贞洁为先，若在幽昏无人之处，诱之以巧言，则能不动心者鲜矣乎。"对曰："人之情不可测也，而若臣之妻者，虽死无贰者也。"王欲试之，留都弥以事，使一近臣，假王衣服马从，夜抵其家，使人先报王来，谓其妇曰："我久闻尔好，与都弥博，得之。来日，入尔为宫人，自此后，而身吾所有也。"遂将乱之，妇曰："国王无妄语，吾敢不顺？请大王先入室，吾更衣乃进。"退而杂饰一婢子荐之。王后知见欺，大怒，诬都弥以罪，矐其两眸子，使人牵出之，置小舮泛之河上。遂引其妇，强欲淫之，妇曰："今良人已失，单独一身，不能自持，况为王御，岂敢相违。今以月经，浑身污秽，请俟他日，熏浴而后来。"王信而许之，妇便逃至江口，不能渡，呼天恸哭，忽见孤舟随波而至，乘至泉城岛，遇其夫未死，掘草根以吃。遂与同舟，至高句丽蒜山之下，丽人哀之，丐以衣食，遂苟活，终于羁旅。

都弥是一介平民，为平民百姓立传在《史记》中已有之，但该篇显然不是取法《史记》，而是模仿志怪笔法，虽曰"都弥传"，其实仅写一事，而且笔墨主要放在都弥之妻身上，和《搜神记》中的"韩凭夫妻"很相似，只是首尾交待了传主的姓名、籍贯以及结局等内容，还可见出人物传记的痕迹。

与中国一样，韩国的传记体文学也很发达，历代的文人都模仿史书的人物传记而写了不少作品，其中不少以虚构为主，称得上传记体小说，比较有名的作家有许筠、李钰、金鑢、朴趾源等。

许筠(1569-1618)，字端甫，号蛟山、惺所、惺翁、白月山人等，是李朝中期著名文人，因谋逆罪被处死，流传下来的著作有《惺所覆瓿稿》二十七卷等。该书卷八收有他所作的五篇传记，即《严处士传》、《荪谷山人传》、《张山人传》、《南宫先生传》和《蒋生传》，一般认为前两篇是真正的人物传记，而后三篇是虚构性的传记体小说，如《张山人传》写张汉雄一生潜心学道，能降虎活物，壬辰之乱，尸解而去，而又复活，往金刚山，不知所终。《蒋生传》写蒋生以乞食为生，后以飞檐走壁之术为侍婢找回丢失之玉钗，后也尸解而去，前往理想国。《南宫先生传》中的南宫斗或许确有其人，与许筠同时代的李睟光在其著作《芝峰类说》卷十八亦论及过他，但仅有寥寥数句，十分简略，许筠则增添了许多细节，特别是南宫斗跟随雉裳山长老学道的过程，曲折离奇，颇有小说意味。

李钰(1760-1812)，字其相，号文无子、梅史、梅庵、梅花外史、絅棉子，花石子、桃花流水馆主人等。他虽是宣祖王之父德兴大君李岧的九世孙，但却是一个连"君"的称号也没有取得的没落贵族，多次应举皆名落孙山，生平怀才不遇，以布衣终生。著有《文无子文钞》、《梅花外史》、《花石子文钞》、《重兴游击》、《桃花流水馆小藁》、《絅棉小赋》、《石湖别稿》、《梅史添言》、《凤城文余》等，作品皆原原本本被其挚友金鑢收入《薄庭丛书》了。他写的人物传记很多，其中带有小说意味的人物传记体主要有《捕虎妻传》、《浮穆汉传》、《申兵使传》、《成进士传》、《李泓传》、《峡孝妇传》、《崔生员传》、《蒋奉事传》、《柳光亿传》、《张福先传》等十多篇。李钰小说多描写下层百姓和没落两班的生活，如《李泓传》记江湖骗子，《柳光亿传》写一落魄的以鬻文为生的文人，《捕虎妻传》写烧炭人之妻独自杀死一饿虎。其故事还常常充满奇异色彩，如《浮穆汉传》记有非凡本领的火头陀，《申兵使传》为鬼魂立传等。值得注意的是李钰还有一篇《沈生传》，该篇写士族子弟沈生与一少女的爱情悲剧，但故事委婉、情致缠绵，应该算作传奇体小说。

朴趾源(1737-1805)，字仲美，号燕岩，原籍潘南，出身于汉城一两班贵族家庭，年轻时对科举考试不感兴趣，潜心于经世要务、天文地理等方面的学习，1786年进入仕途，曾任一些小官，并不受重用。其作品长期以抄本流传，1916年，流亡中国上海的朝鲜诗人金泽荣将他的部分著作编为3卷本《燕岩集》出版，1931年朝鲜出版了收入他全部著作的《燕岩集》6卷。朴趾源著有《马驵传》、《秽德先生传》、《广文者传》、《虞裳传》、《闵翁传》、《两班传》和《金神仙传》传记体小说，这些作品大都短小精悍，长的不过二千字，短的仅仅数百字，既没有曲折的故事，又没有生动的情节，但作者议论深刻、见解过人，在思想上已达到了韩国小说的最高峰。

二、假传体小说

假传体小说是用纪传体的方法来描写非人类的事物，和史书人物传记一样，一般先介绍传主的籍贯、名号、出身，然后是生平事迹，篇末还有对传主的评价，常用"史臣曰"这种口吻。假传体这种文学形式源于中国文学，韩愈的《毛颖传》、苏轼的《黄甘陆吉传》、秦观的《清河先生传》、张耒的《竹夫人传》等都是假传。韩国的假传体小说出现于高丽朝后期，主要是"武臣之乱"后。高丽朝前期崇尚文治，社会风气也是重文轻武，引起了武臣的不满。毅宗二十四年(1170)，郑仲夫、李义方、李高等武官发动兵变，把朝廷文官斩尽杀绝并把国王流放到巨济岛，从此政权落入武臣之手，政局也变得相当混乱。文人大都隐居山林江湖，吟风弄月，靠文学创作抒遣情怀。这一时期的假传体小说主要有林椿的《麴醇传》、《孔方传》，李奎报的《麴先生传》、《清江使者玄夫传》，释慧谌的《竹尊者传》、《冰道者传》，李允甫的《无肠公子传》，释息影庵的《丁侍者传》，李谷的《竹夫人传》，李詹的《楮生传》等。[1]

林椿是韩国最早写作假传体小说的作家之一，字耆之、号西河，主要生活在仁宗(1123-1146)和毅宗(1147-1170)初期。他在当时颇有文名，但应举却屡屡落榜，于是寄情山水，和李仁老、吴世才等人成立了"竹林高会"，被称为"海左七贤"。他的遗稿被好友李仁老收集整理，编为《西河先生集》。林椿的假传体小说采用的是纪

---

1) 这些假传体小说收入林明德《韩国汉文小说全集》卷六"拟人、讽刺类"。

传体形式，受韩愈《毛颖传》影响极深，不仅结构相同，即模仿史书中的人物传记形式，而在叙述上也都是将谐隐手法引入叙事之中，从而使文章带有戏拟的特征。[2] 以《毛颖传》为例，当我们把作为人物的毛颖传记当作毛笔的传记来看时，其中的谐趣才可以品味。兔子被称为"明视"，出自《礼记·曲礼下》，但毛颖的祖先为什么是兔子呢？是因为古人用兔毫来制作毛笔，因此作者展开奇妙联想，接着又用关于兔子的典故传说来加强这种暗示。古人用十二种动物来配十二地支，其中卯为兔，所以说明视封于卯地；而卯的方位在东方，东方又是四时之春的位置，春天化育万物，故说"佐禹治东方土，养万物有功"。"死为十二神"指唐代把十二地支化为十二神，其形象是人的身子，鼠、牛、虎、兔的头，有人把十二神殉葬在墓里，以保护死者。《麴醇传》也是如此，如云麴醇的祖先是牟，牟就是麦子，醇是用麦子酿造的，故有是说。而"佐后稷粒阵蒸民有功"又出自《诗经·思文》："思文后稷，克配彼天。立我烝民，莫匪尔极。贻我来牟，帝命率育，无此疆尔界。陈常于时夏。"这是歌颂周的始祖后稷，作者特别指出麦的功劳。双关体物性隐语在文中也运用得很普遍。《麴醇传》写麴醇："醇器度弘深，汪汪若万顷陂水，澄之不清，扰之不浊，其风味倾于一时……自公卿大夫、神仙方士，至于厮儿牧竖、夷狄外国之人，饮其香名者皆羡慕之。每有盛集，醇不至，咸愀然曰：'无麴处士不乐。'"，"公府辟为青州从事，以扂上非所部，改调为平原督邮"，"醇得用事，其交贤、接宾、养老、赐醑、祀神祇、祭宗庙、醇优主之。上尝夜宴，唯醇与宫人得侍，虽近臣不得预。"这里都是隐指酒的种种功效和作用，青州从事、平原督邮分别指美酒和浊酒，语出《世说新语·术解》。

假传体小说的最大特点就是一笔而写二物，同时传达两种内涵，而深层次的、隐蔽的那层涵义才是作者最想表达的。因此，假传体小说除了作者游戏笔墨之外，还常常被用来影射、讥讽时弊，成为托物言志的极好工具。如《麴醇传》写麴醇谄事陈后主，致使后主"沉酗废政"，虽然他被"礼法之士疾之如仇"，但却受到皇上的袒护；又聚敛贪财，厚颜无耻地公开承认自己有"钱癖"，正直之人对他十分鄙薄，

---

2) 有研究者把《毛颖传》称之为"叙事型谐隐"作品，即把"谐辞、隐语包含于故事情节中的一个较为复杂的类型"。见李鹏飞《唐代非写实小说之类型研究》，第46页，北京大学出版社，2004。

但皇上却爱之益深。文章实际上是巧妙地影射了当时沉湎酒色、不思进取的昏君毅宗和那些不但不积极进谏，反而巧言令色、阿谀奉承的奸佞大臣。《孔方传》为"钱"立传，表现出对钱的看法，即认为货币是有害的："与民争锱铢之利，低昂物价，贱谷而重货，使民弃本逐末，妨于农要。"因此对主张取消货币，如文末评论所云："若元帝纳贡禹之言，一旦尽诛，则可以灭后患也。"此外，还通过对钱的拟人化描写，影射了那些利欲熏心、结党营私的贪官污吏，揭露了他们的罪行。

朝鲜王朝时期（1392-1910）假传小说也不少，如丁寿岗《抱节君传》，成侃《慵夫传》，宋世琳《朱将军传》，崔演《曲秀才传》，金宇颙《天君传》，尹光启《杵君传》，赵赞韩《大夫松传》、《汤婆传》，成汝学《灌夫人传》，高厚用《汤婆传》，张维《冰壶先生传》，金得臣《欢伯将军传》、《清风将军传》，崔孝骞《山君传》，金寿恒《花王传》，林象德《淡婆姑传》，金爽行《陈玄传》，赵龟命《乌圆子传》，南有容《屈承传》，赵载道《陈玄传》，李德懋《管虚子传》，释应允《砚滴传》，李颐淳《花王传》，崔南复《钝马传》，柳本学《乌圆传》（猫），李钰《南灵传》等，一直到朝鲜王朝末期，这类作品都不绝如缕。但这时期的假传体小说出现了一些新变化。

结构形式上，篇幅加长，突破了一人一传的标准传记体格式。有的采用本纪体形式，如林悌的《花史》、郑琦和的《天君本纪》、黄中允的《四代纪》等；有的尽管是传记体，还分章立回，成为传记章回体小说，如郑泰齐《天君演义》。

林悌(1549-1587)，字子顺，号白湖、谦斋等，是李朝宣祖年间的文臣、诗人和小说家。原籍罗州，是节度使林晋之子。28岁中进士，此后历任兴阳县监、西道兵马使、北道兵马使、礼曹正郎、知制教等官，后因不满朝廷党争，愤而辞职，游历名山古迹，以诗酒自娱。林悌才华出众，作品丰富，流传下来的有诗文集《白湖集》、《浮碧楼觞咏集》等，其汉文小说有《元生梦游录》、《鼠狱说》、《花史》和《愁城志》。

《花史》写的是花王国四个王朝兴衰的历史，是借花及相关形象来反映人间的政治。花王国的第一个王朝是"陶"王朝，国王是"陶烈王"，他娶贤妻、任用贤相，政治十分清明。陶烈王死后，其弟即位，号英王，建立了"东陶"王朝，英王不听忠谏，迁都东原，又重色轻德，任人唯亲，致使武夫掌权，国家大乱，在位五年时被将军杨絮派遣的将领石尤所杀。石尤拥立姚黄为君主,国号"夏",姚黄封石尤为风伯,娶其少女为妃,起初他也想有所作为,但朝廷分为红、白、黄三党,党争不断,不久人民起来造反,姚黄在后苑散步时被野鹿所咬,妃子又进毒药,遂崩殂。此后,水中君在钱塘即位,建立南唐,号唐明王。明王听信道士之言,设立水陆道场,每天与朝臣说经,致使朝政荒废。后来又听方士之言,饮药求长生,喝白露而得病,只留下"荷荷"两字遗言,即突然死去。

这篇作品有很巧妙的艺术构思,它继承了假传体小说的优秀传统,表面上是笔笔写人,其实处处隐喻着某种花卉的特征,但它是由四个国王的"本纪"构成,每个本纪既相互关联,又独成体系,表面上是一段荒谬的花国历史,其实处处影射着本国的真实政治。

陶烈王和东陶英王都是梅花,小说写陶烈王时云:"陶烈王,姓梅,名华,字先春,罗浮人也。其先有佐商者,为高宗调鼎羹,以功封于陶。中世为楚大夫屈原所摈,避居阖卢城,子孙因家焉。数世,至古公楂,娶武陵桃氏女,生三子,王其长也。……"作者用了许多梅花的典故来写梅华的出身来历,又写他任用乌筠为相,秦封、柏直为将,分别指竹子、松树和柏树,他们都是品性高洁的象征,如写乌筠云:"筠字此君,楚湘州人,清虚寡欲,直节自守,号为圆通居士。"写秦封云:"偃蹇长身,苍鬐若戟,有栋梁折冲之才。"陶烈王是明君形象,而东陶英王则是一位荒淫国王,他宠信的丞相李玉衡指李花、杨贵人指杨柳、大臣杨絮指柳絮,都是没有操守之象征,作者把这一段花国历史写成了中国的唐朝历史, 正如作者借史臣所评:"英王之世,与昔唐玄宗之时酷似也。玉衡之奸,似林甫。杨絮之横,似国忠。密人之乱,似吐蕃。石尤之事,似禄山。梅妃废,而杨妃宠,且先明后暗之政,似开元天宝之乱,何其似甚也。"作者这里玩了个小小的花招,其实更深层的隐喻并没有说出来,但熟悉韩国历史的人不难看出,东陶英王即指高丽毅宗,这个奢侈享乐的国王在位时发生了著名的"武臣之乱",不仅周围的官员被斩杀殆尽,自己也被流放到巨济岛,政权从此落入武臣之手,政局十分混乱。

若说上面所述还是"怀古",那么写夏文王和南唐明王则是"感今"。夏文王姚黄指牡丹,书中写他"幼有异质,及长,颜如渥丹,风采动人……尝游罗浮山,见一梅树当迳,拔剑斫之。后至其所,有美人淡妆素服,哭于道傍曰:'吾子白帝子,今赤帝子斩之。'因忽不见,黄心独喜自负"。很巧妙地用了《史记》中汉高祖斩白蛇的记载,说明姚黄注定要称王,可惜这个夏王朝也命不长,其败亡之由很大程度上因为党争:"一家之内有中立不偏者,谓之三色,其或各分于红白之外者,又谓黄党,朝廷之色目纷然,英王不能禁。"因此史臣感叹道:"红白党比之弊,无异于唐之牛李,宋之川洛。……又曰唐文宗常曰:'去河北贼易,去朝廷朋党难。'读史至此,未尝不掩卷叹也。谓之党祸酷于逆乱,则可;谓之破党难于制贼,岂其可也?"作者林悌于此感慨很深,他所处的李朝宣祖时代,东西两党斗争十分激烈,他亦因之辞职,这里的言外之意不难明白。

花王国的最后一个国王是南唐明王,他"姓白,名莲,字芙蓉",起初还有所作为,最终因笃信道士,死于饮药。学士文藻曾劝诫他不要信佛,其云:"彼佛者,果何人哉?违理邪说,惑世诬民,帝王之道,守经常而已,何必以祇园为福田,贝叶为真经哉?人生如树花,落茵席者为贵,落粪溷者为贱,此乃自然之理,因果说岂可信听乎?"这显然是李朝前期儒生们反对佛教之言论,而南唐明王无疑影射信佛之世祖、燕山君之流。作者的批判口气十分尖锐,可现实态度却很消沉,文末总论云:"凡人有一艺之能、一分之才者,必欲夸矜一世,流传百代,施为于争功,代录于简编,而花则不然。故知其天性之美者,犹人中之君子,是以宋濂溪先生,庭前草不除,与自家意思一般。君子欲与之一般,则其性之全且正可知耳。且彼区区于言语文章之末,孜孜于功业事物之间者,亦安得全其性,而复其正耶!"作者敬佩宋代大儒周敦颐,认为人只有放弃汲汲追求名利与功业之心,才能全其天性,如花之美者。因此可知该篇大概是林悌辞官前后所作,充满了对官场黑暗的绝望之情。

高丽时期的假传体小说是把器物拟人化,朝鲜王朝时期还出现了很特殊的一类,即给人心(又称天君)立传,可称为"心性类假传体小说"或"天君小说",林悌(1549-1587)的《愁城志》就是最早的一篇,对后世小说有很大的影响,此后金宇颙(1540-1603)的《天君传》、黄中允(1577-1648)的《天君纪》、林泳(1649-1696)的《义胜记》、李钰(1760-1812)的《南灵传》、郑琦和(1786-1840)的《心史》(又名《天君本纪》)、柳致球(1783-1854) 的《天君实录》、郭钟锡(1854-1919) 的《天君颂》等, 无不沿着这条路走下去, 形成了独特的 "天君系列小说"。正如有研究者认为的那样: "天君作品尽管各有特点, 但其核心内容都是把人心拟人化地塑造为天君这样一个人物, 把人的感觉器官接触外界事物而生出种种欲念成为反派角色, 展开的是人欲与天理之间的种种争斗。 这些作品几乎一无例外都是哲理小说, 是儒家程朱理学的形象图解。"3)

《愁城志》是一篇很特别的小说, 写天君即位之初, 仁、义、礼、智、喜、怒、哀、乐诸大臣都忠于职守, 国泰民安。可是秋八月, 天君听了哀公的奏疏后就闷闷不乐起来。一天, 有二人忽渡海而来, 乞求尺寸之地筑城容身。天君答应了他们的请求, 于是众多冤死之魂、古代忠义之士纷至而来, 不到一天城就修好了, 被命名为 "愁城"。愁城有四座城门: 忠义门、壮烈门、无辜门、别离门, 天君一一前去观望, 之后更加愁不自胜, 郁郁终岁。翌年春, 大臣主人翁建议天君不能久处愁城, 于是在他的荐举下, 天君拜奇人魏襄去为三州大都督驱愁大将军, 终于攻克愁城。天君再登灵台遥望, 只见云雾散尽, 一片欢乐之声。

天君即是指 "人心",《荀子·天论》云: "心居中虚, 以治五官, 夫是之谓天君。"但作者别出心裁地把它作拟人化处理, 方寸之间, 幻化成天地世界, 人的意识便成了天君所治理的王国, 想象十分奇特。如书中写天君愁闷之时, 便 "命驾意马, 周流八极, 欲效周穆王故事, 被主人翁叩马苦谏, 而驻于半亩塘边。有禹县人来报曰: '今日胸海波动, 泰华山移来海中, 望见山中, 隐隐有人, 无虑千万, 此等变怪, 甚是非常。'" 其中 "意马" 即指心猿意马, 天君心情愁闷, 精神不能专一, 便想着要周游八荒, 但被主人翁劝阻, "主人翁" 当为 "主一翁" 之误, "主一" 即是专一、专精之意。该翁曾经劝过天君, 请求他要身心集中, 不要离思散逸, 他说: "今君自谓已治平矣, 而殊不知寸萌之千寻, 滥觞之滔天。且根本未固, 而遨游于翰墨之场, 文史之城, 日夜所亲近者, 陶泓、毛颖辈四人而已。又概想古今英雄, 使其幢幢来往于肺腑之间, 如此等辈作乱不离也。愿君上勉从丹衷, 御以和平, 则可谓视于无形, 听于无声, 庶

---

3) 金健人《韩国天君系列小说与中国程朱理学》,《外国文学评论》 2003年第3期。

免颠倒之思余之刺矣，无任恳侧（恻）之至。"主人（一）翁的话，其实是程朱理学对人的要求，但天君却没有办法做到。"鬲"即"膈"，指人的隔膜，而所谓"胸海"则形容思想感情的波澜，天君尽管停留于半亩塘边(心边)，仍然愁闷不已，这才引出"愁城"之修建。后面写魏襄攻破愁城，把它变为欢乐之地——即以酒消愁之意，显然受到高丽时期李奎报《麴先生传》之影响，但作者借用愁城中冤魂人物之描写来影射朝鲜王朝的政治历史，具有很强的现实针对性。

天君系列小说形式多样，《愁城志》不用史书传记形式，开门见山即叙述故事："天君即位之初，乃降衷元年也。曰仁、曰义、曰礼、曰智，各充其端，率职惟勤。"

有的也用传记式，如郑泰齐《天君演义》，开篇曰："天君姓朱名明，字明之，鬲县人也。其先与人皇氏并生，而鸿荒朴略，在书契以前不可考。"与假传类似，但不少篇幅漫长，如该篇即分为31回，每回用一首七言诗句作为标题，全文2万余字，称得上是中篇小说了。

还有用本纪形式的，如郑琦和《心史》，该篇先交待天君的出生来历，然后分年叙述天君在位所发生的大事，如中和元年："尊腔子为太上皇，居执中堂，定日三省之礼，鸡鸣而起，必问其起居动静之节，自是日以为常。"然后二年、三年，一直到中和三十年，每年大事后有"史氏"的评论，末尾还有"太史公曰"。

无论是动物拟人小说、植物拟人小说，还是心性拟人小说(天君小说)，以及前面提到的假传体小说，都可以称为"寓言"。韩国文学史上寓言很发达，留下了形态各异的许多作品，但有些篇幅短小，属于散文体的寓言，有些则属于民间传说。寓言这种形式到了文人手中，寓意更加深刻，情节更加曲折，故事更加漫长，已具备小说的品格，可以称得上寓言小说。4)

---

4) 韩国文学史上，对寓言、寓言小说概念的看法不尽相同，但不少学者把寓言小说归入小说的一个门类。参见陈蒲清、（韩）权锡焕《韩国古代寓言史》，第28-29页，岳麓书社，2004。中国的寓言同样发达，但中国小说史上，一般不把寓言小说单独列入一个门类，不过也有例外，如陈大康《明代小说史》第六章第三节"寓言小说与传奇"，就论述了《桑寄生传》、《香奁四友传》、《中山狼传》、《东游记异》等几篇。参见该书第207-212页，上海文艺出版社，2000。

李肇源 《燕薊风烟》 述略

四川师范大学　王红霞

　　《燕薊风烟》，一卷，朝鲜李肇源撰，朝鲜抄本，一册，十行二十字，白口，四周双边，今藏中国国家图书馆 (索书号：4409)，后有翁同龢跋。韩国林中基教授所编《燕行录全集》(东国大学校出版社，2001年10月) 未收录此书，卷六十一收录了李肇源的 《黄粱吟》(其中只有258-355、406-428页的内容属于燕行内容。) 关于该书的具体情况迄今没有学者作较为详尽地说明，今仅有韩国顺天乡大学的朴现圭教授在 《中国国家图书馆善本特藏室所藏的韩国学古书籍的现况和分析》(该文发表于 《国学研究》 第二辑，韩国国学振兴院2003年6月出版。) 一文中有简单的介绍，故笔者就所见略作说明。

一、关于作者及该书情况

　　李肇源的生平今见李鐘愚 《李肇源行状》 和申锡禧 《谥状》(均收录在 《玉壶集》 卷十四，《玉壶集》 今藏韩国国立中央图书馆)。李肇源 (1758-1832)，字景混，号玉壶。正祖十六年 (1792) 式年文科试中状元，曾任大司谏、吏曹参议等职。

纯祖三十二年 (1832) 因企图谋反，被处以极刑。今存《玉壶集》、《燕蓟风烟》(今藏中国国家图书馆)、《菊壶笔话》(今藏中国国家图书馆，索书号：2999) 等。

李肇源曾两次赴燕。第一次在嘉庆二十一年、纯祖十六年丙子 (1816年)，为冬至兼谢恩行正史，当年十月二十四日辞行，丁丑三月二十八日復命；第二次在道光元年、纯祖二十一年辛巳 (1821)，为进贺兼谢恩行正史，当年正月初七辞行，六月初二日復命。

《燕蓟风烟》卷尾有翁同龢手书题跋两条，录如下：

> 此朝鲜使臣李肇源诗，写寄周菊胜学博者也。周君，名达，松江人，道光中叶秉铎吾乡，跌宕自熹。曾见其《九峰三泖图》，黄公安涛题诗云："君道九峰抛未得，我抛三十六峰来"。自今回溯盖六十年事矣。此册朱少徵以赠一笏，暇日展观回记。时光绪壬寅立夏日，松禅老人。(后有白文方印"松禅老人")
>
> 朝鲜来使，每选博雅多能之士，前乎此者金正喜、李薖船，后乎此为馀所晋接者中君，忘其名，金德容皆表表者也。其诗笔较此为胜，甲午以后朝贡绝矣。随国之张夜郎之大，能无叹哉！

据翁同龢第一条跋可知，该书是李肇源第二次赴燕时写给好朋友周达的。周达，生卒年不详，其生平事蹟文献记载极少。据李肇源《菊壶笔话》可知，周达字吉人，号菊人，松江府华亭县人。周敦颐的第二十八世孙。嘉庆十五年 (1810) 举人，之后游学京城，曾游于翁方纲 (翁方纲《復初斋文集》卷十三有《送周菊人南归序》) 和陈用光 (陈用光《太乙舟诗集》卷十二有《门生周菊人以所得山谷残碑见赠拓而装池之题一絶句》可证) 门下。与当时诗坛大家多有交往，孙塬湘《天真阁集》卷三十二有《周菊人学博 (达) 斋中并头兰》。王庆勋《诒安堂诗稿》二集卷六有《晤周菊人广文达》、《湖上柬周菊人广文》。龚鼎孳《定山堂诗集》卷三十一有《春日送周菊人都谏内擢假归》。张维屏《花甲闲谈》卷七《高丽李怡云属周菊人孝廉索屏诗，并手书小简，寄声盖欲屏知有其人也。因赋一律用誌神交》。据翁同龢跋知，周达曾任职于江苏常熟，翁同龢曾见其黄涛题诗的《九峰三洌图≫。≪燕蓟风烟≫ 和 ≪菊壶笔谈≫ 都应当是李肇源回国后, 托之后的燕使带给周达的, 之后又不知何故传到了朱少徵手裡, 朱少徵又将其赠送给了翁同龢。

≪燕蓟风烟≫ 共收录202首诗歌, 其中五言绝句16首, 五言律诗56首, 七言绝句67首, 七言律诗38首, 五言歌行22首, 七言歌行2首, 四言诗1首。从数字来看, 李肇源擅长绝句和律诗。

该书当还是属于 ≪燕行录≫, ≪燕行录≫ 指的是明清时期, 来华的朝鲜使团有关人员将其在华时期的所见所闻或用汉文、或用谚文记录下来的文字。这类文字涉及了当时中国的政治、经济、文化、社会风俗, 对于中国的时政、着名人物、藩属外交、边境贸易、商人市集、士人科举、以及婚丧风俗的记录尤为详细。≪燕行录≫ 体裁多样, 有日记、诗歌、杂录、记事等, 其作者包括朝鲜派往中国的正、副使、书状官, 以及使节团中一般的随员, 着名的学者有朴趾源、李德懋、洪大容、柳得恭、李肇源以及翁同龢跋中所提到的金正喜、李藕舩、金德容等人。

翁同龢第二条跋中提到的二个人, 考证如下:

金正喜(1786-1856), 字元春, 号秋史、阮堂、礼堂。朝鲜李朝金石学家、诗人。1809年科举及第。同年随其任冬至副使的父亲金敬鲁到北京, 期间与翁方纲、阮元相交甚密, 翁方纲对其评价甚高。回国后, 曾任成均馆大司成、兵曹参判等职。1840年, 因党争被流放至济州岛等地多年。其书法苍劲有力, 被称为 "秋史体"。着有诗文集 ≪覃研斋诗稿≫、≪阮堂集≫ 以及金石学着作 ≪礼堂金石过眼录≫。

丁仁 ≪八千卷楼书目≫ 卷八记载有 ≪东篱偶谈≫ 四卷, 卷十九记载有 ≪东古文存≫ 一卷。徐世昌 ≪晚晴簃诗匯≫ 卷二百亦有介绍:"字元春, 号秋史、又号阮堂, 朝鲜人。诗话秋史冠年随使入都, 从覃溪芸臺诸公游, 有海东通儒之目。在国中官至侍郎, 以抗直屡起屡踬, 工分隶, 画木石兰竹旁及篆刻。"

李藕舩, 字尚迪。曾投于金正喜门下, 是金正喜最杰出的门生。博学多才, 随贡使入燕十二次。在京期间, 交往的多是巨卿通儒。潘衍桐 ≪两浙輶轩续録≫ 卷三十四 ≪朝鲜李藕舩 (惠吉) 从朝使至书联, 道师弟意答之≫ 首句 "阮堂才子擅春风"后註释说:"金秋史高弟子"。叶名澧 ≪敦夙好斋诗全集≫ 续编卷十 ≪己未人日衍圣公邸第同人舫集李满船从事分韵得日字》 首句 "我交海邻翁"註释说："君取唐王子安诗语，别号海邻居士。"

二、从《燕蓟风烟》看李肇源与中国文人的交往

《燕蓟风烟》共提及16位中国诗人，分别是叶云素、胡默轩、周菊人、保太青、樊志华、李纶斋、李静山、叶东卿、张郿峰、杜笋谷、庆春圃、萨湘林、释三明、姚琴舟、陈萼林、和雅敬。下面一一考证李肇源与上述诸人之交往细节，以此再现他使燕期间的诗酒生活。

1. 叶云素(继雯)
《燕蓟风烟》中有4首是写给叶云素的，分别是《叶云素 (继雯) 以集句诗一篇寄赠，即赋四言四句以谢》、《云素斋有井，子午二时甚清冽，馀皆浊涩，诚异甃也。赋一律以呈》、《别云素》、《忆远人.叶云素 (继雯)》。
叶继雯 (1755-1824)，字桐封，号云素，湖北汉阳人。清藏书家。乾隆五十五年 (1790) 进士，累擢刑部郎中、左迁员外郎等职。朝廷进奉文字，大多出其手，由此为大臣阿桂所赏识，大学士王杰、刘墉皆倚重之。所作之诗，纵横跌宕，其集选、集杜、集苏诸作，尤极才人能事。博学嗜古，收藏有数万卷古籍。有藏书印曰 "叶印继雯"。着有《弦林馆诗集》、《读礼杂记》、《朱子外纪》等。
二人当相识于叶云素任左迁员外郎时期， 其时叶云素居于北京的湖广会馆。二人常常聚在一起诗文酬唱，叶云素曾送李肇源一小壶，李其为喜欢，在诗中说 "云丛叶老人，遗我一晶壶。" (见《愁坐漫赋》之三)
2. 胡默轩(九思)
《燕蓟风烟》中有3首是写给胡默轩的，分别是《次胡默轩 (九思) 寄示韵》、

≪叠次默轩≫、≪忆远人．胡默轩 (九思)≫。

胡九思 (1777——？), 字默轩, 吴县 (江苏苏州) 人。善画山水, 其画作收录于 ≪瓯钵罗室书画过目考≫。二人之交往情形已难做详尽地考证。但从李肇源回国后还有诗文寄给胡默轩这点来看, 二人之情谊当是较为深厚的, 李肇源在 ≪寄赠海淀胡默轩九思≫(见 ≪玉壶草≫ 卷七) 中感叹说:"梦魂长绕淀之浔, 为有高朋嚮想深。……再到燕南相见晚, 西山凝睇夕阳沉"。

3. 周菊人(达)

≪燕薊风烟≫ 中有10首是写给周达的, 分别是 ≪用联句韵示云間周菊人 (达)≫、≪菊人示看山读书楼诗帖, 多有海内名士题咏, 要余一诗, 遂忘拙书于帖末≫、≪叠次≫、≪菊人见余书篆隶, 赋示一绝, 遂次之≫、≪别菊人≫、≪菊人有送别潞河之言, 余到通州, 菊人典衣雇车而至, 意何勤也。又袖赠别诗, 遂次韵申别≫(组诗, 共4首)、≪忆远人．周菊人 (达)≫。

周达生平, 前已考证, 此不赘言。李肇源在燕期间, 与周菊人交往甚密, 二人均视对方为知己, 故才有李肇源回国后, 托人带 ≪燕薊风烟≫ 和 ≪菊壶笔话≫ 给周菊人。关于二人交往的具体情形, ≪菊壶笔话≫ 有详尽的记录, 韩国顺天乡大学中文科的朴现圭教授在 ≪朝鲜正使李肇源与清松江周达的真正友谊与笔谈录〈菊壶笔话〉≫ 一文中一一梳理了二人在燕期间的十四次笔谈。(该文刊载于 ≪域外汉籍研究集刊≫ 第四辑177-193页 中华书局2008年5月出版)。

李肇源回国之时, 与周达难分难捨, 贫穷的周达典衣雇车一直送到通州, 并以诗相赠。回国后, 李肇源写了多首诗歌追忆他与周达之深情厚谊, 今 ≪玉壶草≫ 卷八共收录了11首, 分别是 ≪寄云间周菊人≫(二首)、≪周菊人以八绝赠别澹园漫次寄意≫(共八首)、≪寄周菊人≫。在 ≪寄云间周菊人≫ 一诗中表达了对好友的深切思念之情:"江湖樽酒三年别, 京国莺花一梦春。谁识林芝山下屋, 寒林啼鸟暗伤神。"(之一) 虽二人远隔天涯, 但彼此依旧惺惺相惜, 多年以后也难掩对对方的怀念:"殊方托契知何限? 三世交游古亦无"。

4. 保太青

《燕蓟风烟》中有1首是写给保太青的, 题为 《次别保太青 (大章)》。

保太清, 即保大章。其生平事蹟不详, 仅清丁绍仪 《国朝词综补》 卷十六介绍说: "保大章, 字印卿, 江苏通州人, 贡生。" 保、李二人如何相识? 又是如何交往的? 今已无文献记载。

5. 樊志华(景卿)

《燕蓟风烟》中有5首是写给樊志华的, 分别是 《次别樊志华 (景卿)》(四首)、《忆远人.樊志华 (景卿)》。

樊志华, 生平事蹟不详。据 《玉壶笔话》 所记, 李肇源与周达的第十一次在朝鲜馆见面时, 樊志华亦在座, 李、樊二人相识, 当是由周达引荐。

6. 李纶斋(恩元)

《燕蓟风烟》中有1首是写给李纶斋的, 题为 《忆远人.李纶斋 (恩元)》。

李恩元, 字纶斋, 自号延寿老人。河北遵化人, 工诗及书、画。

7. 李静山(敦安)

《燕蓟风烟》中有5首是写给李静山的, 分别是 《次蜀人李静山 (敦安) 赠别韵》(四首)、《李静山来访店舍, 赠一律以别》、《忆远人.李静山 (敦安)》。

李静山, 生平事蹟不详。与李肇源当相识于北京, 二人诗酒唱和, 往来频繁, 《玉壶集》 卷三的 《李敦安, 号静山, 蜀人也。次赠以别》 一诗可证。李肇源在 《次蜀人李静山 (敦安) 赠别韵》(之二) 一诗中也说: "千年一别塞云天, 诗酒难忘半夜缘。士有一言相契合, 尘箱归阙静山篇。"

8. 叶东卿(志诜)

《燕蓟风烟》中有1首是写给叶东卿的, 题为 《忆远人. 叶东卿 (志诜)》。

叶志诜 (1779-1863)，字东卿，晚号遂翁、淡翁。湖北汉阳人。清学者、藏书家。善书法。叶继雯之子，嘉庆九年 (1804) 入翰林院，官国子监典簿，升兵部武选司郎中，后辞官归。学问渊博，游于翁方纲、刘墉门下，长于金石文字之学，能辨其源流，剖析毫芒。收藏金石、书画、古今图书甚富。藏书楼有 "简学斋"、"平安馆"、"怡怡草堂"、"兰话堂"、"二垒轩"、"二百兰亭斋"等。编撰有 《平安馆书目》、《识字录》、《金山鼎考》、《寿年录》、《上第录》、《稽古录》、《神农本草传》、《平安馆诗文集》、《简学斋文集》 等。

因其父与李肇源友善，故叶志诜与周达、李肇源亦有交游。

9. 张郦峰(师渠)

《燕蓟风烟》 中有1首是写给张郦峰的，题为 《忆远人.张郦峰 (师渠)》。

张郦峰，生平事蹟不详。李肇源 《愁坐漫赋》(之一) 中说："丰润张郦峰，好个老成人。" 据此可知，张郦峰是河北丰润县人，曾任丰润地方官。(光绪) 《丰润县誌》卷四记载说："张师渠，道光年任。" 李肇源使燕时，曾途径丰润，有诗 《丰润城》 为证，期间曾前去拜访张郦峰，张、李二人当相识于其时，且张郦峰应年长李肇源，故李肇源在诗中说："停车丰润署，张老已言归。" 之后，二人似乎没再见面，对此，李肇源较为感伤，在 《忆远人.杜筠谷 (怀瑛)》 一诗中说："郦峰不复逢，筠谷又难作。"

10. 杜筠谷(怀瑛)

《燕蓟风烟》 中有1首是写给杜筠谷的，题为 《忆远人.杜筠谷 (怀瑛)》。

杜怀瑛，进士出生，嘉庆二十二年至道光二年任丰润知县。李、杜二人亦当相识于丰润，二人虽只是短暂相聚，但却结下了深厚的友谊，李肇源在诗中说："郦峰不復逢，筠谷又难作。中夜起徘徊，店月自寒色"，对杜怀瑛的想念之情溢于言表。

11. 庆春圃(兴)

《燕蓟风烟》 中有1首是写给杜筠谷的，题为 《忆远人.庆春圃 (兴)》。

庆春圃, 生平事蹟不详。据 ≪玉壶笔话≫ 知其为文士, 李肇源与周达第十次和第十一次见面时, 庆春圃均在场, 李、庆二人不但有诗文酬唱, 且相约李肇源回国后继续书信往来: "一年一度札, 留约报平安"。

12. 萨湘林(迎阿)
≪燕蓟风烟≫ 中有1首是写给萨湘林 (迎阿) 的, 题为 ≪忆远人.萨湘林 (迎阿)≫。
萨迎阿 (？—1857), 钮祜禄氏, 字湘林, 满洲镶黄旗人, 清朝将领。嘉庆十三年举人, 道光年间, 任职于京城, 故萨、李二人当相识于京城。

13. 释三明
≪燕蓟风烟≫ 中有1首是写给释三明的, 题为 ≪忆远人.释三明≫。
释三明, 生平事蹟不详。据诗可知其为其为春城 (今云南昆明) 人, 与李肇源曾短暂相聚。

14. 姚琴舟(景枢)
≪燕蓟风烟≫ 中有1首是写给姚琴舟的, 题为 ≪忆远人.姚琴舟 (景枢)≫。
姚琴舟, 生平事蹟不详。(道光) ≪钜野县志≫ 卷十一载: "姚景枢, 直隶卢龙县知县。" 据诗可知李、姚二人相识于北京, 曾同游西山和北海。

15. 陈荢林(华)
≪燕蓟风烟≫ 中有1首是写给陈荢林的, 题为 ≪忆远人.陈荢林 (华)≫。
陈荢林, 生平事蹟不详。李肇源回国之时, 陈荢林到通州送别, 从诗句来看, 二人情谊颇深: "相思万里梦, 迢递潞河边"。

16. 和雅敬
≪燕蓟风烟≫ 中有1首是写给和雅敬的, 题为 ≪忆远人.和雅敬≫。

和雅敬，生平事蹟不详。据诗可知其为少苏民族，李、和二人曾短暂相遇，却一见如故，和更是以随身佩戴的宝刀赠予李肇源："其意颇殷勤，宝刀脱相赠"。

从以上梳理可见出，李肇源在燕期间，交际范围广泛，其中有公卿、文人、亦有方外之士。

三、《燕蓟风烟》 与 《玉壶集》 之关係

李肇源回国后，编有 《玉壶集》[1)，今藏韩国国立中央图书馆，其中亦收录了 《燕蓟风烟》 的一些诗作，但并未全收，且有些诗作的诗题做了修订，今列表统计如下：

《燕蓟风烟》	《玉壶集》
《济桥别席》	收入卷三，题为：《济桥言别》
《临津》	收入卷三，题同
《松京感吟》	收入卷七，题同
《葱秀》	收入卷三，题同
《箕城》	收入卷三，题同
《肃宁途中》	收入卷七，题同
《百祥楼》	未收
《送歌姬还箕城戏赠二绝》(二首)	收入卷三，题为：《安州送人》(三首)
《博津》	收入卷七，题同
《赠李士宾 (观夏)》	收入卷三，题同
《士宾赠麟儿诗语，多属我口次之》	收入卷三，题为：《士宾有诗语，多属我，遂走以赠》

---

1) 现藏于韩国国立中央图书馆。共有14卷6册。卷一到卷十录诗1823首诗，卷十一到卷十二录文126篇，卷十四是附录。

《东林》	收入卷三，题同
《龙湾馆》	收入卷七，题同
《统军亭》	收入卷三，题同
《渡鸭江》(之一)	收入卷三，题为：《渡江》(三首)
《渡鸭江》(之二)	收入卷七，题同
《九连道中》	收入卷三，题为：《九连城》
《露宿夜次副使》	收入卷三，题为：《露宿夜次朴眉皓 (绮寿)》
《又次》	收入卷三，题为：《又次书状》
《安市城》	收入卷三，题同
《副使谈梦，戏以一诗嘲之》	收入卷三，题为：《副使李心一《志渊) 谈梦，戏以一律嘲之》
《鸦鹘关》	收入卷三，题同。
《辽阳》	收入卷三，题同
《白塔》	收入卷三，题同
《辽野》(二首)	收入卷三，题同
《望医巫闾山》	收入卷三，题同
《白旗堡次少行人》	未收
《辽路二十韵》	收入卷七，题为：《辽程》
《关外杂咏》(二十五首)	收入卷三，题同，但有四十首
《北镇庙》	收入卷七，题同
《松山堡》	未收
《塔山示少行人》	收入卷三，题同
《宁远州》	未收
《沙河道中》	收入卷三，题同
《次蜀人李静山 (敦安) 赠别韵》(四首)	收入卷四，题为：《追次蜀人李敦安四绝以寄》(四首)
《山海关》	收入卷三，题为：《澄海楼》(之二)
《澄海楼》	收入卷三，题同 (二首)
《红花店夜行》	收入卷三，题同
《永平府》	收入卷三，题同
《榛子店》	收入卷三，题同。缺 "题记"

《丰润城》	收入卷三，题为：《登丰润城》
《玉田》	收入卷三，题同
《蓟门烟树》(五首)	收入卷三，题同
《邦均店》	未收
《燕郊堡夜雨次少行人》	收入卷七，题为：《邦均店次少行人》
《白河途中》	收入卷七，题为：《白河》
《燕京》	收入卷三，题同
《玉竦桥》	收入卷三，题同
《偶吟示少行人》	未收
《太学》	收入卷三，题同
《文丞相庙》	收入卷三，题同
《卢沟》	收入卷三，题同
《琉璃厂》	收入卷三，题同
《叶云素 (继雯) 以集句诗一篇寄赠，即赋四言四句以谢》	未收
《云素宅有井子，午二时甚清冽，馀皆浊涩，诚异甓也。赋一律以呈》	收入卷三，题为：《叶志诜，号东卿，湖北人也。所寓平安馆有井子，午二时清冽，馀皆浊涩，诚异甓也。叶要一诗，逐书赠》
《次胡默轩 (九思) 寄示韵》	收入卷七，题为：《次燕人胡九思见寄。
《用联句韵示云閒周菊人 (达)》	收入卷七，题为：《次赠云间周菊人 (达)》
《菊人示看山读书楼诗帖，多有海内名士题咏，要余一诗，遂忘拙书于帖末》	收入卷七，题为：《菊人以看山读书楼诗帖示之，要余题一诗，遂书长篇以赠》
《陶然亭》	收入卷七，题同
《南海子》	未收
《岳王庙》(二首)	收入卷三，题同。共三首
《叠次默轩》	收入卷七，题为：《叠次燕人胡九思》
《次别保太青 (大章)》	收入卷七，题为：《次别苏州保太青 (大章)》
《次别樊志华 (景卿)》(四首)	收入卷七，题为：《次别丹徒樊志华景卿》
《归期因事忽退愁苑有赋》	未收
《别云素》	收入卷七，题为：《赠别云素叶御史继雯》
《菊人见余书篆隶，赋示一绝，遂次之》	收入卷七，题为：《余书篆隶诸体，菊人见而有诗，遂次其韵》

《叠次》	收入卷七，题为：《叠次菊人》
《别菊人》	收入卷七，题为：《赠别周菊人》
《回程》	收入卷三，题同
《通州》	收入卷三，题同
《潞河》	收入卷三，题同
《菊人有送别潞河之言，余到通州，菊人典衣雇车而至，意何勤也。又袖赠别诗，遂次韵申别》(四首)	收入卷七，题为：《通州次菊人赠别四绝》(四首)
《盘山》	收入卷三，题同
《苏州》	收入卷三，题同
《渔阳》	收入卷三，题为：《渔阳遇风》
《归路十韵》	未收
《夷齐庙》	收入卷三，题同
《滦河》	收入卷三，题同
《二月初十滦河石上示少行人督和》	收入卷三，题为：《二月初十滦河石上示书状督和》
《射虎石》	收入卷三，题同
《羊河道中》	收入卷三，题同
《文笔峰》	收入卷三，题同
《出关》	收入卷三，题同
《小松岭》	收入卷三，题同
《东关驿》	收入卷三，题同
《宁远州滞雨》	收入卷三，题同
《愁坐漫赋》(四首)	收入卷三，题为：《雨中愁坐口号》(十首)
《连山驿》	收入卷三，题同
《大凌河》	收入卷三，题同
《石店遇雪》(二首)	收入卷三，题为：《石山遇雪》(三首)
《闾阳》	收入卷三，题同
《桃花洞因风雨不得历观，怅然有赋》	收入卷三，题为：《桃花洞，胜地也，风雨不得历入，怅然有赋》
《广宁》	收入卷三，题同
《士宾得"柳丝初拂雨纤纤"之句，推敲车上，车倾见坠，赠短律以慰之》	收入卷三，题为：《士宾得"柳丝初拂雨纤纤"之句，苦吟车上，车倾见坠，诗以慰之》

《次士宾堨韵》	收入卷三，题同
《登新店后小阜洞见辽野四无涯际》	收入卷三，题为：《登新店后小阜辽野四豁无际》
《白旗堡》	收入卷三，题同
《野中逢雷雨》	未收
《新民屯》	收入卷三，题同
《孤家庄晓发》(五首)	收入卷三，题同
《浑阳途中》	收入卷三，题同
《浑河》(二首)	收入卷三，题同
《太子河》	收入卷三，题同
《山腰铺》	收入卷三，题同
《旧辽东路上》	收入卷三，题同
《记见》(三首)	未收
《迎水店》	收入卷三，题同
《王宝臺》	收入卷三，题同
《次少行人》	未收
《狼子山》	收入卷三，题同
《阻雨遣闷》	收入卷三，题同
《鸡鸣寺》	收入卷七，题同
《小石岭》	收入卷三，题同
《甜水》	收入卷三，题同
《会宁岭》	收入卷三，题同
《岭路》(二首)	收入卷三，题为：《岭路漫吟》(一首)
《通远堡》	收入卷三，题同
《八渡河歌》(八首)	收入卷三，题同
《黄家庄》	收入卷七，题同
《松站得家书喜甚，示两使求和》	收入卷三，题为：《乾浦得家书喜甚，示两使》
《象儿生男喜，次少行人见贺韵》	收入卷三，题为：《象儿生男喜，次眉皓贺诗》
《乾子浦》	未收
《凤城》	未收
《栅门》	收入卷三，题为：《留栅遣愁》

≪忆远人≫	未收
≪留栅遣闷≫(二首)	收入卷三，题为：≪漫赋≫
≪观鱼≫	收入卷三，题同
≪野望≫	收入卷三，题同
≪自川边涉麓散闷≫(四首)	收入卷三，题同
≪川上≫	收入卷三，题为：≪川上晚坐≫
≪出栅露宿温坪，次副行人≫	收入卷三，题为：≪出栅露宿温坪，次副使≫
≪九连野次少憩≫	收入卷三，题为：≪九连野中少憩≫
≪爱河≫	收入卷三，题同
≪湾城≫	收入卷三，题同
≪听流堂≫	收入卷三，题同
≪练光亭≫	收入卷三，题同
≪还家戏书≫	收入卷三，题同
≪李静山来访店舍，赠一律以别≫	未收

由上面的列表可知，李肇源回国后，将 ≪燕蓟风烟≫ 中的大部份诗歌稍作修改后收入 ≪玉壶集≫ 的卷叁和卷七，仅有19首诗歌未收录，可见他本人对 ≪燕蓟风烟≫ 是极为看重的。

近几年来，中、韩、日叁国的学者都较为关注燕行录的资料收集、整理和研究，但很多燕行录资料的保存较为分散，这就给研究带来一定的难度和不便，希望我对 ≪燕蓟风烟≫ 的介绍能给燕行录的研究者们提供一些有用的文献资料。

洌云文库所藏汉语教科书的目录及文献调查

延世大学 金铉哲·金雅瑛

一、引言

本文旨在针对洌云文库所藏的汉语教科书进行目录整理和文献[1]调查, 进而探索至今未被学術界广泛认识的汉语教科书的研究价值。 洌云文库中收藏着洌云张志映先生捐赠给延世大学图书馆的旧藏书。 本文把其中的汉语教科书作为调查对象。[2] 20世纪10年代到20世纪50年代, 洌云张志映从事过语文教师、 新闻工作者、民族运动家等多方面工作, 作为汉语教育研究学者, 他也做出了一些成绩, 例如亲自编写过中韩词典、汉语会话书等。洌云文库中收藏着多数由韩国、日本出版的汉语教科书, 据笔者调查, 其种类达90多种, 包括汉语会话书、语法书、音韵书、词典等。这就给我们提供了一个很好的可以比较当时两国教科书的平台。因此, 本文将针对这些汉语教科书, 从目录学角度出发, 编制一整套目录, 并对其进行分类, 为今后进一步的研究奠定一个坚实的基础。

---

1) 不是从版本学的角度考察刊本的大小、 广角、 版心等, 而是从目录学的角度把资料按类型进行分类, 针对其体系、内容或构成加以简略的说明。

2) 在这里特别感谢延世大学图书馆国学资料室的金永元老师把珍贵的『故张志映教授捐赠图书目录』提供给我们。

二、冽云张志映的学问与汉语

现今，我们所熟知的冽云张志映是一位独立运动家、国语学者。他从师于周时经先生，攻读国学，作为国语研究大师，他用民族独立运动精神武装自己，顽强的客服了日据时代"朝鲜语学会事件"，像灯火一般守候着我们的国语，尤其在吏读研究领域方面他建立了独一无二的权威性。据笔者调查，作为汉学家的张志映，在汉语教育和教科书编写方面也留下了不俗的研究成果，然而，却很少被人提及。因此，在本章节中我们将重点探讨张志映在汉语教育和研究方面所取得的成就。

1. 张志映的汉语教育与研究

冽云张志映(1887~1976)出生于一个医生家庭，是家中次子，从5岁开始学习汉文。这种特殊的经历使得他在汉学方面造诣颇深，这也可以通过他的随记来证实。

> 我出生于一个非常固执而又十分崇尚汉学之家庭，儒学思想和汉学就是我所接受的家庭教育的全部。这也与我的思维想法和性格很吻合，正因为如此，我从小就被别人说太过固执。(《冽云随记：我走过来的路》)

就这样，张志映在汉学的道路上一直勇往直前。1903年，他进入官立汉城外国语学校的汉语专业，于1906年毕业。之后的两年，他在母校担任副教官一职。在此期间，他不仅打好了汉学基础，同时又练就了一口非常流利的汉语。

张志映的汉学知识是非常渊博的，这可以从下面两个广为流传的轶事中得知。1931年，我们的同胞在万宝山事件当时受困于满洲，于是张志映就去找当时的中国领事张维城，托付他把一份长电报转达给张学良。

另外，延世大学校内食堂于1955年11月正式完工，取名为"听磬馆"，这个名字就出自张志映之手。取名为"听磬"是因为食堂建筑酷似雅乐器之一"磬"的形状。"磬"

出现于《礼记》和《诗经》中，《礼记·乐记第十九》中的"君子听磬，则死封疆六臣"，意思是君子听磬声就会思念死守封疆的大臣，《诗经·商颂·那》》中的"既和且平，依我磬声"，意思是曲调和谐音清平，磬声节乐有起伏。据传闻，"听磬馆"这一名字可能是源于这一层含义。[3] 由此可见，张志映丰富的汉语学习经历和渊博的汉学知识，使得他在汉语教育与研究方面留下了辉煌的成就。

那么，他又是从何时开始学习国学的呢？参加忠正公闵泳焕的遗体告别仪式，可以说是他人生道路上的一个重大转折点。从那以后，他坚定独立自主之信念，开始寻找能够在这一方面教导他的先生，直到1908年，他遇到了周时经先生。从那以后，他师从周时经先生，攻读国语学，通过3年的学习和磨练，他打下了坚实的基础。同时，平时他对数学也颇感兴趣，于是就进入位于仓洞的精力舍专科院校开始攻读数学。日据时代，他教过国语、数学和汉语，而解放以后在延禧大学（现延世大学）等院校教授过古典文学、乡歌、杜诗谚解、吏读、训民正音和国语变迁史等各种科目。他在接受儒家思想教育熏陶的同时，保留并传授传统学问，又作为近代教育领域的先驱者不断向新的学问发起挑战，他的这种对于知识的热情和追求，一直被世人称颂。

1910年到1914年，张志映相继担任过培训中心讲师、平安北道五山中学教师、尚洞青年学院教师、儆新中学教师等职位，主要教国语和数学。[4] 1926年，他以见习记者的身份就职于朝鲜日报社校对部门。1926年到1931年，他在朝鲜日报社历任地方部长、文化部长、编辑等职。从他的随记和文章中，我们几乎没有发现关于1910年到1920年间他从事汉语研究或教育方面的内容。直至进入20世纪30年代，我们才可以找出他在汉语教育和研究方面做出的一些成绩，作为开头工作他选择了中国文学作品的翻译。他就职于朝鲜日报社的1930年到1931年间，刊登了《红楼梦》的韩译本，但是由于1931年他离开朝鲜日报而未能完成翻译，因而韩译本的连载也就此停止。此后，1932年原本计划在中央日报继续连载但也未能实现。[5] 虽然他没有

---

3) 参考文孝根(1997:123)。

4) 参考张志映(1978:2-6)，金敏洙(1997：11)。

完成《红楼梦》的翻译，但是这也从另一个侧面体现出他渊博的汉语知识和对中国文学的重视。

1931年他就职于养正中学，又回到了最初的教师工作岗位。他执教的时期正处日据时代，是日本为实施殖民地教育推进朝鲜教育令的时代。从1911年到1945年，日本帝国为了扼杀朝鲜民族教育，共实施并改正了4次朝鲜教育令。看其内容可知当时对朝鲜语的管制格外森严，到了发布第3次朝鲜教育令时，把朝鲜语从必修课变更为选修课，1941年甚至废除了朝鲜语课。[6] 同时，这一时期又是中日战争时期，因日本帝国需要了解中国，从而要求朝鲜人也学习汉语。基于这种学习汉语的需求，1938年实施了汉语教育政策。为支持此项工作，日本帝国开始强调学习汉语的重要性以及殖民地统治与语言之间关系的重要性。因此，朝鲜总督府教务科在"日支亲善"的名目下，决定从1938年4月份开始在前朝鲜官立中学教授汉语。1938年4月6日，总督府发表的汉语教育政策中写道：官公专业院校、师范院校、中学（主要是失业学校）应把汉语设定为必修课，商业院校每周须上4课时，农业院校每周须上3课时。

在这种环境下，张志映也在当时任教的养正中学同时教授朝鲜语和汉语。张志映的弟子前延世大学副校长郑重铉博士回忆起张志映，说："张先生为人非常慈爱，同时又具有他人不可触及的高尚人格，是一位彻彻底底的爱国主义者，学生一向都很尊敬他。"，我们又从郑博士那里得知，他教朝鲜语教到1937年，从1938年起，在日本帝国的压制下朝鲜语课被强制取消，从此开始教授汉语。张志映教的是汉语会话课，教学对象为1-3年级的学生，每周上3个小时。据说当时，凡是听过张老师汉语课的学生个个都精通汉语。[7]

对于日本帝国的汉语教育政策，《朝光》最先做出了反应，1938年4月号上登载了如下广告：

---

5) 参考崔溶澈·卢仙娥(2011:272)。

6) 参考李时容(2001:3-6)。

7) 参考文孝根(1997:119-120)。

六个月速成支那语课程
该界权威，张志映执笔
5月号开始刊登于本杂志

上述广告大致的内容是六个月速成支那语课程，由业界权威人士张志映执笔，从5月号开始刊登于《朝光》杂志。由此可以看出，张志映在汉语教育界中的地位。事实上，并未从5月号开始刊登，而是从6月号开始刊登了6个月。[8]

此外，张志映还在京城广播电台讲汉语课。他编写的《满洲语讲座》，就是用于京城广播电台的广播教材。播放期间为1933年10月10日到12月30日，每周二、四、六的下午6点25到7点。

1942年"朝鲜语学会"事件发生，30人被关进监狱遭受酷刑和审讯，当时张志映也被受审。此后，被咸兴监狱囚禁了3年。解放以后，大韩民国政府成立，他参与各级学校教科书的编撰，为新民主教育发光添热。这个时期他还与金用贤合编了一本叫《中国语》的高中汉语教科书。然而，他并不喜欢这种生活就很快辞去了这份工作。之后，他被聘为延禧大学（现延世大学）国语系教授，他在这里工作了10年。退休以后，为培养下一代，他继续站在讲台上，一直工作到76岁。[9]

2. 张志映编写的汉语教科书

洌云张志映编写的汉语教科书中，目前被学術界广泛认识的仅有《中国语会话全书》和《中国语》这2种。但据笔者调查，除此以外，延世大学图书馆洌云文库中还收藏着5种汉语教科书。下面我们看一下洌云文库所藏书籍中由他来编写的汉语教科书目录。

---

8) 参考李今仙（2011:35）。

9) 参考张志映（1978:43）。

	书名	发行/抄写年度	发行社	形态	类型
1	汉语字彙	1917		抄本	中韩词典
2	中语字典·下卷	不详		抄本	中韩词典
3	中华官话自修·卷2	不详		抄本	汉语会话书
4	满州语讲座	1933	朝鲜放送协会	油印本	汉语会话书
5	中国语会话全书	1939	群书堂书店	早期活字本	汉语会话书
6	(高等) 中国语教本·卷二	不详	正音社	油印本	汉语会话书
7	中国语·第三卷	1957	正音社	早期活字本	汉语会话书

如上表所示，张志映共编写了7种汉语教科书，其中除了会话书以外还包括词典类。迄今为止，与同时期的其他作者相比，张志映编写的教科书种类是最多的。

汉语会话书中《中华官话自修·卷2》由张志映亲自抄写，具体抄写时期不详，但可通过汉语标记和翻译文中的韩语标记推测出它的抄写时期。迄今为止，在所出版的汉语教科书中它是第一本用于广播讲座的汉语教科书。《(高等) 中国语教本》和《中国语》则用作高中教科书，由此可见，张志映在当时汉语教育界中的地位以及汉语教育内容的现状。

词典类跟现在的中韩词典相似。通过当时编撰的词典，我们可以看出朝鲜时代词汇集资料以及20世纪初中韩词典的面貌。

上述汉语教科书，至今还未有人对其进行过研究，因此，在下面章节中我们将考察这些资料的大致特征。

三、冽云文库所藏汉语教科书目录及文献特征

张志映收藏了不少关与汉语教育和研究方面的资料，目前这些资料都捐赠给了延世大学图书馆，由冽云文库收藏。冽云文库所藏的汉语教科书大部分都是在

韩国和日本出版或抄写的资料, 其种类达90多种, 包括汉语会话书、词典类、语法、音韵书等。下面将对洌云文库所藏的汉语教科书进行分类, 制作目录, 并加以简要的说明。

1. 汉语会话类

洌云文库所藏的汉语教科书中会话书所占比率最大, 共65种。其中在韩国出版或抄写的资料有12种, 日本资料有52种。会话书的基本书志信息整理如下：

	书名	作者	发行年度	发行社
1	中华正音	金元明	不详	抄本
2*10)	中华官话自修·卷2	张志映	不详	抄本
3	速修汉语自通	宋宪奭	1916	京城：汉城书馆
4	(修正独习) 汉语指南	柳廷烈	1917	京城：惟一书馆
5*	(自习完璧)支那语集成	宋宪奭	1921	京城：德兴书林
6*	满州语讲座	张志映	1933	京城：朝鲜放送协会
7	中国语会话全书	张志映	1939	京城：群书堂书店
8	中国语·第1辑	金敬琢	1940	聚英庵
9	(新编)中国语教本·卷1	尹永春	1948	京城：同和出版社
10	(新编)中国语教本·2卷	尹永春	1949	京城：同和出版社
11	(高等) 中国语教本·卷二	张志映·金用贤	不详	正音社
12*	中国语·第三卷	张志映·金用贤	1957	正音社
13	官话指南	吴启太·郑永邦	1881	东京：文求堂书店
14*	官话类编	狄考文	1898	上海：美华书馆
15	华言问答	金国璞	1903	金国璞
16*	(北京官话) 清国风俗会话篇	冯世杰·野村幸太郎	1906	东京：青木嵩山堂
17	改订官话指南	郑永邦·吴启太	1910	东京：文永堂书局
18	北京官话谈论新编	金国璞	1910	东京：文永堂书店

19	支那语教科书	冈本正文	1913	东京：文求堂
20*	官话急就篇详译	大桥末彦	1922	东京：文求堂
21	华语教科书	文求堂编辑局	1924	东京：文求堂
22	华语教科书译本	石山福治	1924	东京：文求堂
23	(高等)支那时文教本	井上翠	1926	东京：文求堂
24*	华语捷径	张廷彦	1927	东京：文求堂
25	现代支那语讲座	不详	1931	东京：太平洋书房
26*	语学讲座 支那语讲座	清水元助	1932	东京：日本放送出版协会
27	支那语会话教科书	吉野美弥雄	1933	京都：平野书店
28	最新支那语教科书：会话篇	宫越健太郎·杉武夫	1934	东京：外语学院出版部
29	最新支那语教科书 会话篇：教授用备考	宫越健太郎	1935	东京：外语学院出版部
30	最新支那语教科书：惯用语句应用篇	宫越健太郎	1935	东京：外语学院出版部
31*	华语教本	包翰华·宫岛吉敏	1935	东京：奎光书院
32	华语教本译本	宫岛吉敏	1936	东京：奎光书院
33	支那语丛话	渡会贞辅	1937	东京：外语学院出版部
34*	最新华语中级编	冈田博	1938	京都：平野书店
35*	最新会话华语初阶	冈田博	1938	熊本：熊本县支那语学校
36	最新华语初步	冈田博	1938	东京：平野书店
37*	最新华语中级编	冈田博	1938	京都：平野书店
38	支那语教本：高级编	铃木择郎	1938	东京：东亚同文书院支那研究部
39	(初等) 支那语教科书	宫原民平·土屋明治	1938	东京：东京开成馆
40	(初等) 支那语教科书教授必備	宫原民平·土屋明治	1938	东京：东京开成馆
41*	支那语教科书：基础·会话文の作り方	帝国书院编辑部	1938	东京：帝国书院
42*	新法支那语教本. 第一卷	神谷衡平·有马健之助	1938	东京：文求堂
43*	最新会话华语初阶	金邦彦	1939	熊本：熊本县支那语学校
44*	(标准)支那语会话 初级篇	松枝茂夫	1939	东京：右文书院
45	标准支那语会话教科书	藤木敦实·麻喜正吾	1939	东京：光生馆

46	支那语基准会话·上卷	宫越健太郎·杉武夫	1940	东京：大阪屋号书店
47	支那语基准会话·下卷	宫越健太郎·杉武夫	1939	东京：外语学院出版部
48	标准支那语教本：初级编	铃木择郎	1939	东京：东亚同文书院支那研究部
49*	支那语教科书：基础·会话文の作り方	神谷衡平·岩井武男	1939	东京：帝国书院
50	支那语新教科书	土屋明治·鲍启彰	1939	东京：弘道馆
51	日常华语会话	宫岛吉敏·包翰华	1939	东京：东京开成馆
52	华语教程	吉野美弥雄	1939	京都：平野书店
53	最新华语教本	包象寅·包翰华	1939	东京：东京开成馆
54	支那语基准会话：教授用备考书·上	宫越健太郎·杉武夫	1940	东京：外语学院出版部
55	模范支那语教程	奥平定世	1940	东京：开隆堂
56*	标准支那语会话教科书：御教授用 参考书	藤木敦实·麻喜正吾	1940	东京：光生馆
57	新编中等支那语教本 教授必儶	宫原民平	1940	东京：东京开成馆
58	现地儶行支那语军用会话	杉武夫	1940	东京：外语学院
59*	警务支那语会话	樱庭巖	1940	东京：大阪屋号书店
60	中等支那语教本	宫原民平	1940	东京：东京开成观
61*	支那语基准会话：教授用备考书	宫越健太郎·杉武夫	1940	东京：文求堂
62	简易支那语会话教本	岩井武男·近藤子周	1941	东京：萤雪书院
63*	(普通) 支那语讲义	石山福治	不详	正则支那语学会
64*	模范 满支官话教程：教授用备考书	宫越健太郎·杉武夫	不详	东京：外语学院出版部

---

10) *은 필자가 도서관 자료 조사 시 찾았으나 기증도서 목록에는 누락된 책을 표시한 것이다.

上述表中(1~12)是韩国出版的资料, (13~63)是日本出版的资料。汉语会话书种类繁多, 本文将主要考察韩国资料。

①《中华正音》: 抄写本, 共1册, 50张。这本书中有"以后不敢记录。官话写主金元明谨"的记录, 可以看出此书的作者为金元明。抄写时期不详, 但可根据此书的内容推定, 本书的编写时期应该在1858年-民国初期。这本书共有10章, 仅有汉语原文, 收录了各种主题对话与教育方面的内容。 由鲜文大学中韩翻译文献研究所出版的朴在渊·金雅映编译 (2013) 中收录了此书的原文及译文。

②《中华官话自修·卷二》: 抄写本, 共1册, 75张。这本书的作者和抄写人都是张志映, 编写时期不详。看其书名, 应该还有卷一, 但尚未发现。共有25章, 每个章节没有单独的标题。主要采取2-3人对话的形式, 收录内容包括人事、学业、交通、职业、税收、买卖、贸易、看病等各种主题。

③《速修汉语自通》: 旧活字本, 共1册, 142页。作者宋宪奭是当今专业翻译家之一, 原为中央学林的语文教师。从1974年到1924年, 他曾在朝鲜总督府作过书记员。他编写的汉语书中, 除了此书以外还有《汉语独学》(1911)、 《支那语集成》(1921) 和《中国语自通》(1933) 等。其他书籍类还有《日语文典》(1909)、《朝鲜语自通》(1928) 和《独逸语自通》(1927)。这本书是为自学汉语的学习者编写的, 在序言中作者提示, 建议一百天完成这本书的所有学习内容。整体框架由《支那音读法》、《四声平仄》、《第一编用法部》、《第二编会话部》、《第三编问答部》以及《附录名词》六大部分组成。《支那音读法》主要对发音和注音方式进行说明,《四声平仄》举例给出每个发音和声调的相应汉字。《第一编用法部》共有27课, 给出数词、时间词、部分介词、代词、助词和数量词等的用例, 并附加了简要的说明。《第二编会话部》共有30课, 主要内容为打招呼、衣食住、天气、家庭成员、邮政、交通、学习等与日常生活密切相关的主题。但不是每课的内容都符合课文的主题。有几个课文的内容跟课文主题并不相符, 是根据课文第一行内容而取的题目。30个课文中, 仅收录名词的课文有5个, 其中在《第二十三课神佛相关名词》中收录了在其他教材中罕见的词汇。《第三编问答部》也有30课, 以问答的形式给出符合各主题的内容, 每7

课结束以后, 提供一些名词供学习者学习, 在《第三十课》中则选定各课的核心句子让学习者复习。《附录名词》共有10课, 介绍了与各主题相关的名词。朴在渊·金雅瑛(2011)中收录了此书的影印本。

④《(修正独习) 汉语指南》: 旧活字本, 共1册, 317页, 柳廷烈编写。第一版出版于1913年 (大正2年)。书名上方的"修正独习"4字为此书的副标题。在他的著作中, 除了此书以外还有《官话速成篇》, 修缏室以及首尔市立大学都有此书的收藏版。这本书没有结构上的分类, 若按页码的顺序进行分类, 大致可分为3部分。1-59页为第一部分, 收录了数字、季节、天文、地理等28个项目的相关词汇。60-182页为第二部分, 共50章, 各章的前面给出重点词汇, 并用汉语解释词义或给出实际应用举例。183-317页为第三部分, 共69课, 特点是每课都有一个主题, 主要收录了与各主题相关的说明、简短的寓言或有教育意义的小故事。朴在渊·金雅瑛(2009)中收录了此书的影印本。

⑤《(自习完璧) 支那语集成》: 旧活字本, 共1册, 371页, 宋宪奭编写。出版于1921年 (大正十年)。第一版由德兴书林和林家出版社出版, 第二版于1939年由衡光书林出版。此书为自学用教材, 共分为6大部分：第一编为语音部分, 详细说明了声调和发音；第二编为词汇部分, 给出各方面的词汇, 并通过介绍词性和举例来帮助学习者更好的理解该词汇的语法功能；第三编为散话部分, 按照不同的关键词给出相应短文形式的对话；第4编为问答部分, 以问答的形式收录了会话内容；第5编为动词用语一斑, 介绍主要动词, 并给出各个动词的具体用例供读者参考；第6编为谈论部分, 给出主题情景会话。朴在渊·金雅瑛(2009)中收录了此书的影印本。

⑥《满洲语讲座》: 油印本, 1册, 50页, 张志映编写。用作京城广播电台的广播教材, 封面上写着"广播文本(第二广播)"。书的内页写着播放期间, 从1933年的10月10日播放到同一年的12月30日。具体播放时间为每周二、四、六的下午6点25到7点。首先, 这本书详细说明了发音、声调和重读；其次, 收录了以句型和主要表达形式为主的问答形式的对话。每个单元第一部分是生词介绍, 书中对每一个单词均用朝鲜文字、注音符号和威氏拼音来标记发音, 而课文仅用朝鲜文字来标记发音。

　　⑦《中国语会话全书》：张志映编写，1939年由群书堂书店出版。共492页，书的最后另附了一个《注音字母表》。这本书收录了当时中国的普通话即官话，为了使初学者能够迅速掌握汉语这门语言，课文内容主要包括称呼、交际、天气、疾病、人品、买卖、上学、访问等与日常生活密切相关的主题。大体分为上中下三部分。上编共52章，收录了词汇和简短的句子；中编共25章，收录了问答形式的对话；下编则针对300多个较难词汇，按朝鲜文字标记的发音顺序排列，补充说明具体用例，以便读者能够灵活使用这些词汇。附录以"陪伴字一般"为题，给出各种量词和与其搭配的名词。

　　⑧《中国语·第一辑》：金敬琢编写，1940年由聚英庵出版部出版。此书前面载有"皇国臣民誓词"和"满洲语国歌"，带有强烈的日据时代色彩。本书的内容大致分为《时文研究》、《语学栏》、《文艺栏》三大板块，收录了其他教材中罕见的独特内容。《时文研究》中收录了孙文诞辰纪念日汪复发表声名、小事记、请帖等。《语学栏》中收录了汉语及汉语句子结构的简要说明、重刊老乞大解释、千字文、中国经书等内容，每项内容大概占1-2张的篇幅。《文艺栏》中收录了诗之女神、夜行、沈清传、北京歌謠、北京留学日记等内容。这本书很全面地介绍了各种汉语句子类型。

　　⑨《(新编) 中国语教本》：由国学大学教授 (现右石大学) 兼东国大学讲师尹永春[11] 编写，共3册，由首尔同和出版社出版。其中第一版出版于1948年，共88页。书的封面有"4291 (1949年) 9月15号文教部审定完毕"的字样。此书共53课，开头部分通过图片详细说明了注音符号的发音口型，然后说明了用四声旁点标注声调的方法。这本书的结构特点在于通过练习各种句型来掌握汉语的句子结构。先介绍动词谓语句、"麼"字疑问句、正反疑问句、"了"的用法、特指疑问句、有字句、"的(得)"字状态补语、"是……的 "等各种句型，然后再介绍主题会话。这与一般会话书不同，一般会话书都是以与日常生活相关的会话开头，比如说打招呼之类的。每课

---

11) 尹东柱的叔父，歌手尹亨柱的父亲。诗人、评论家、英语语言学家、汉语语言学家，20世纪30年代末现代文坛的代表性人物，具有深厚的文化功底。 尤其在中国现代文学的理解和研究方面具有独到的见解。(参考金哲(2003))

的上方给出生词, 并用声调和注音符号标记, 下方给出应用课文内容的写作练习题。

⑩《(新编) 中国语教本 · 2卷》: 是 《(新编) 中国语教本》的第2卷, 仍由尹永春编写。共88页, 46课。与第一卷相比, 题材显得更为丰富, 比如包括说明体的文章、诗、剧本、故事等等。

⑪《(高等) 中国语教本 · 卷二》, 由张志映、金用贤共同编写, 油印本, 共1册。出版时期不详, 但鉴于高中汉语教材中1册和3册的出版时期为1957年, 可以推断这本书也可能是在1957年出版的。 书的序文中写道: 该书用以高中2年级汉语教材, 收录的是北京官话。此外, 发音和声调遵循由中华民国教育部国语统一准备委员会编制的《国语常用字汇》, 注音方式则选用了注音符号和威氏拼音。这本教材共60课, 是按1年30个星期, 1个星期2个小时、共60个小时的教学进度来设计的。课文内容主要包括了初次见面、学校、旅行、历史、季节、健康、访问、介绍、打电话、散步、学习等与日常生活密切相关的主题。每课首先给出问答形式的课文, 然后在其下方另标记了发音和声调。此外, 还专设了语法说明、词汇替换练习、作文等板块, 根据不同的课文内容来选定必要的补充板块, 有利于学习者的强化练习。

⑫《中国语 · 第三卷》, 由张志映、金用贤共同编写, 用作高中3年级汉语教材, 1957年由正音社出版。 书的顶端有"4291 (公元1958年) 5月31号文教部审定完毕"的字样。作者在凡例中写道: 这本书用作高中3年级的汉语教材, 选用的是高级会话和常用白话文, 鉴于毕业年级一般要缩短上课时数, 所以本书只有40课。每课的上端收录了课文内容, 针对需要补充说明的个别课文, 还专设了"练习"和语法"单元。课文下方给出了生词中出现的汉字, 并给汉字标记了注音符号和声调。课文主要有2种形式: 一种是按照不同主题设计的叙述体形式, 另一种是对话体形式。

2. 汉语阅读 · 写作类

关于汉语阅读和写作类书籍, 洌云文库共收藏了8种。

	书名	作者	发行年度	發行社
1	现代华语读本：正编	李仲刚	1932	大运：大阪屋号书店
2*	最新支那语教科书·作文篇	宫越健太郎·杉武夫	1933	东京：外语学院出版部
3	支那语作文：初级编	矢野藤助	1933	东京：尚文堂
4*	最新支那语教科书 作文篇：教授用备考	宫越健太郎	1933	东京：文求堂
5	最新支那语教科书：读本篇	宫越健太郎·内之宫金城	1936	东京：外语学院出版部
6	兴亚支那语读本	武田宁信	1939	东京：三省堂
7	支那语读本 A	吉野美弥雄	1940	东京：博多成象堂
8	支那语读本·卷1	仓石武四郎	1942	东京：弘文堂书房

发行时期为1930年以后，均在日本出版。下面主要考察其中的可阅览资料。

②《最新支那语教科书·作文篇》：第一版出版于1933年，由外语学院出版部出版，洌云文库中收藏的是1934年出版的第4版。共50课，122页。通过例句介绍主要动词、疑问代词、反问句、正反疑问句、介词、副词、连词、惯用语的用法。每课先介绍重点写作词汇和句型，之后的内容则由"例题"、"用语"、"练习"三部分组成。"例题"部分把带有核心词语的日语句子换成汉语句子，"用语"部分给出练习题中出现的生词，"练习"部分主要做用汉语作文代替日语作文的练习。

3. 汉语语法 · 音韵类

关于汉语语法和音韵类书籍，洌云文库共收藏了6种，均在日本出版。

	书名	作者	发行年度	发行社
1	支那语法规/支那语分解讲义/北京官话声音异同辩	冈本正文·宫嶋吉敏·佐藤留雄	不详	正则支那语学会
2	支那语动字用法	张廷彦	1905	东京：文求堂
3*	支那语助辞用法	青柳笃恒	1907	东京：文求堂
4*	支那语发音五时间	松浦圭三	1932	东京：大学书林
5	支那语教科书：发音篇	藤木敦实·麻喜正吾	1935	东京：外语学院出版部
6	华语发音全表	宫越健太郎	1935	东京：外语学院出版部

下面主要考察其中的可阅览资料。

③《支那语助词用法》：由日本筑波大学和早稻田大学讲师青柳笃恒编写，第一版出版于1902年，由文求堂出版，洌云文库中收藏的是1912年出版的第6版。书名中的助词不是指词类中的助词，它指的是副词、形容词、连词、介词等。此书大致分为一编"单字眼（单音节词）"和二编"复字眼（多音节词）"两部分，每个字都有具体用例和应用题。

④《支那语发音五时间》，1932年由大学书林出版，洌云文库中收藏的是第2版，由松浦圭三编写。此书共分为5大部分，"第一时间"说明汉语音韵的概念；"第二时间"详细介绍声母；"第三时间"主要介绍韵母；"第四时间"作发音练习；"第五时间"说明重读和四声变化。

4. 汉语词典类

洌云文库收藏了中韩词典、汉语字典、中日词典等11种词典类书籍。其中，2种由张志映编写，抄写本形式，剩下的均在日本出版。

	书名	作者	发行年度	发行社
1*	中语字典·下卷	张志映	不详	抄本
2*	汉语字彙	张志瑛	1917	抄本
3	支那官话字典	西岛良尔·牧相爱	1905	东京：青木嵩山堂
4	(北京正音) 支那新字典	岩村成允	1905	东京：博文馆
5	汉语词彙	久保得二	1906	东京：育成会
6*	日华语学辞林	井上翠	1906	东京：东亚公司
7	新支那大辞典	石山福治	1913	东京：文求堂书店
8	日支大辞彙	石山福治	1933	东京：文求堂
9*	支那语辞典	井上翠	1934	东京：文求堂
10	(井上) ポケット支那语辞典	井上翠	1941	东京：文求堂
11	支那语新辞典	竹田复	1941	东京：博文馆

下面主要考察其中的可閱览资料。

①《中语字典·下卷》，张志映编写，抄写本，编写时期不详。看其书名，应该还有上卷，但尚未发现。下卷共445页，始于玄部。该字典针对部首和部首内汉字，按照笔畫顺序分类并附有详细的解释。这种体系虽然与其他汉字字典类似，但不同的是它给每个汉字的发音都用注音符号、威氏拼音和声调来标注，字义也是用汉语口语来解释的。如同书名，就是一本解释汉字的"汉语字典"。

②《(袖珍)汉语字汇》，张志映编写的汉字解析集，抄写本。虽然标题上写的是"袖珍"二字，但其实尺寸比较大(长宽各为26×18.8㎝)，其用意大概是想突出这是一本简略型词典。自序里面写道：很多人想学习汉语，但因目前还没有解析汉字的字典，所以选取3500多个日常生活中常用的汉字，给出字义的解释，来帮助那些要学习汉语的人。字书的末尾有"丁巳五月十二日"的标记，估计这本字书的编写时期应该是丁巳年1917年。为便于查找，字典前一部分附有"音索表"和"部首索表"。其中"音索表"用"가, ㄱ上, 개, 간, 강, 거..."等韩语字母来标记汉语的发音，这是一种可以用汉语实际发音来查找汉字的方法，采用这种方式的原因在于此书是在制定注音

符号以前编写而成的。每个正体字上面都有"上平、下平、上、去"的声调标记和简略的韩语解释。

⑥《日华语学辞林》：出版于1906年，是由井上翠编写的词典，共616页。索引表有两种，一种是按照罗马字母顺序排列的发音表，另一种是按部首的笔畫顺序排列的表格。词汇按照罗马字的发音顺序排列，用四声旁点标记出正体字的声调。收录的词汇主要包括正体字以及以正体字开头的词汇、俗语、短语等。

⑩《(井上) ポケット支那语辞典》：1941年由井上翠编写的袖珍词典。与现在的词典结构相同，收录了正体字和以正体字开头的词汇。发音则采用罗马拼音和以数字1、2、3、4表示的声调来进行标记。

5. 其他

其他类型的教科书共有3种，均在日本出版。

	书名	作者	发行年度	发行社
1*	现代支那语学	後藤朝太郎	1908	东京：博文馆
2*	最新支那语教科书：时文编	宫越建太郎·清水元助	1934	东京：外语学院出版部
3	最新支那语教科书：风俗篇	宫越健太郎，井上义澄	1935	东京：外语学院出版部

下面主要考察其中的可閱览资料。

①《现代支那语学》：1908年由博物馆出版，共286页。此书是一种汉语语言学概论，大致分为序论、正文、结论三大部分。序论共有5章，介绍汉语的基本概念、中国民族与汉语、汉语的特点、文字、古代汉语和现代汉语等内容。正文共有10章，介绍普通话和北京官话、北京官话音韵、语法、方言等内容。结论部分强调现代汉语的发展、汉语历史研究的必要性。

四、结语

    本文简略考察了延世大学图书馆洌云文库中所藏汉语教科书的收藏现况，再把这些资料细分为汉语会话、阅读·写作，语法·音韵、词典等几大类，从类型编目的角度考察了它们的书目特征。

    目前，汉语教科书的研究仍局限于对个别或部分资料的介绍和分析。本文则把考察重点放在资料分析的前期工作即基础资料的调查与发掘方面，搜集个人文库资料，对其进行编目和体系化整理。通过此次调查，我们发现了7种张志映编写的汉语教科书，这些书都是至今未被学术界广泛认识的资料，调查了所有同时期的韩国乃至日本的资料，从中发现，这些资料里面有汉语会话书、阅读·写作，语法·音韵类、词典等各种类型的汉语教科书。此番基础调查将会对今后的分析研究起着重要的作用。希望本研究能够带动个人文库资料调查的积极性，我们期待今后的学者能够发掘更多的资料，并做好这些资料的编目工作。

参考文献

延世大学校 中央图书馆(2006)，『故 张志映教授 寄赠图书 目录』.

朴在渊·金雅瑛(2009)，『汉语会话书』，首尔: 学古房.

_____·_____(2011)，『汉语会话书续编』，首尔: 学古房.

_____·_____(2013)，『中华正音』，牙山: 鲜文大学校 中韩翻译文献研究所.

_____·_____(2013)，「关朝新发见的汉语会话书『中华正音』研究」，『韩中言语文化研究』第33辑，韩国中国言语文化研究会.

金敏洙(1997)，「张志映 先生의 生涯와 学问」，『10月의 文化人物』，国立国语研究院，5-19.

金哲(2003)，「尹永春与中国现代文学」，『韩中人文学研究』第10辑，中韩人文科学研究会, 193-213.

文孝根(1997),「나의 스승 洌云 先生의 教育 活动」,『10月의 文化人物』, 国立国语研究院, 109-126.

朴钟国(1996),「洌云 张志映 스승의 삶과 学问」,『世宗学研究』, 世宗大王记念事业会, 49-86.

李今仙(2011),『日帝末期 外国语로서의 中国语의 发见과 植民地 朝鲜의 言语的 再配置』, 延世大学校 大学院 博士学位论文.

李时容(2001),「日帝强占期 朝鲜总督府의 教育政策에 关한 考察」,『教育论丛』18辑, 仁川教育大学校, 1-21.

张志映(1978),「洌云 手记: 내가 걸어온 길」,『나라사랑』8-1·2, 洌云 张志映 特辑号, 21-43.

＿＿＿＿＿(1978),「洌云 张 志映 先生 해적이」,『人文科学』, 延世大学校 人文学研究院, 2-6.

全圭泰(1978),「洌云의 学问과 人间」,『나라사랑』8-1·2, 洌云 张志映 特辑号, 64-70.

崔溶澈·卢仙娥(2011),「张志映의『红楼梦』翻译文 研究」,『中国语文论丛』, 中国语文研究会, 265-300.

论《海东辞赋》的编撰

四川师范大学 赵俊波

内容摘要：本文探讨了《海东辞赋》的编撰时间、编撰目的、文体选择、作家和作品选择等方面的问题。笔者以为，该书是显宗五年 (1664) 夏天应舅家申氏诸表弟之请而编的，兼具科举用书和广义上的辞赋学习用书两个目的。受《楚辞后语》的影响，本书在文体的选择方面较为宽泛。入选作家中有不少与申氏家族关系密切，这与其服务对象为申氏子弟有关；而入选作品中有大量名篇佳作，反映了编者较高的文学鉴赏能力。

《海东辞赋》是朝鲜时期的一部赋选本，一共收录作家二十七人，辞赋作品五十八篇，所收作家均按出生年代排序，首列李奎报，而以申最殿后，从高丽一直到朝鲜中后期，时代跨度很长。编者金锡胄 (1634—1684) 生活于朝鲜显宗、肃宗时期，是著名的政治家、文学家，今存《息庵遗稿》，含"遗稿"二十三卷、"遗稿补遗"一卷、"别稿"两卷。

此书在学术史、文学史上均有重要地位。李家源先生以为，在仁祖至英祖之间的这一段时期中，"若言及此学 (指赋学) 之业绩，则当为金锡胄所编选之《海东辞赋》。"[1] 今人如韩国学者金震卿等也曾探讨过此书在文学和文献方面的价值[2]，足见其编选质量之高。

但由于资料缺乏等原因, 目前对此书编撰情况的讨论等尚不充分。因此, 本文拟从金锡胄 ≪海东辞赋序≫ 一文入手 (序文见金锡胄 ≪息庵遗稿≫ 卷八), 查阅史书、文集等方面的记载, 结合金锡胄本人的生平经历、文学思想等, 对这一问题作初步的探讨。

一、≪海东辞赋≫ 的编撰时间

据序文所言, 此书是 "前夏解职居闲" 时, "为诸从辈所要" 而编写的。那么, 具体是哪一年? "诸从辈" 又是何人?。

根据 ≪朝鲜王朝实录≫ 的记载, 可知金锡胄入仕之后, 曾四次居闲在家, 分别是:

显宗4年 (1663) 11月26日——显宗5年 (1664) 10月23日, 因上书劝谏而被罢修撰之职; 显宗8年 (1667) 4月——显宗10年 (1669) 7月1日, 丁母忧; 显宗12年 (1671) 3月9日——显宗14年 (1673) 5月12日, 丁父忧; 肃宗9年 (1683) 8月18日辞官, 10月3日还朝, 还朝后仅有爵位 "清城府院君", 次年 (1684) 9月3日, 才重任兵曹判书[3]。

金万基所写的 ≪右议政清城府院君金公墓志铭并序≫ 和 ≪奋忠效义炳几谐谟保社功臣以政府右议政兼兵曹判书清城府院君金公谥状≫ 非常详细地记载了金锡胄的仕宦经历, 其中所提到的居家赋闲, 也正是这四次。可知金锡胄居闲时间, 确如以上所说。

此外, 一些旋免旋任的次数很多, 因为免职与重新起用之间的时间往往只有一两个月, 所以不能算作真正意义上的罢官。

---

1) 李家源著, 赵季、刘畅译 ≪韩国汉文学史≫ 第十一章 ≪浪漫主义≫, 凤凰出版社, 2012年, 第358页

2) 김진경 ≪『해동사부(海東辭賦)』의 수록(收錄) 작품(作品) 양상(樣相)과 편찬(編纂)의 지향성(志向性)≫, 한국한자한문교육학회 ≪한자한문교육≫ 18권0호 (2007), 第1~22页

3) 参见 ≪朝鲜王朝实录≫

1. 不可能编于后三次罢官期间

这四次之中，首先可以排除第四次。因为此次免职是在1683年的8月，并非夏天，而次年秋金锡胄即亡，所以也不可能编于1684年的夏天。否则，由于序文中有"余于前夏解职居闲"之言，那么该序文之作，就要重起作者于九泉之下了。

剩下的三次之中，第二和第三次丁忧期间也不大可能。丁忧期间，不应从事有关诗、乐的活动。这种习俗的理论渊源来自于《礼记》、《论语》、《朱子语类》等典籍中的相关记载。所谓诗，包括诗、铭等各种韵文文体，赋也不例外。这种规矩延续数千年之久，影响了整个古代文学创作，如欧阳修、苏轼等人皆如此[4]。当然，也有作家在居丧期间手痒赋诗，但这毕竟不能作为常态。

儒家经典和朱熹的理学在韩国影响非常大，朱熹《楚辞后语》就直接影响到《海东辞赋》的编撰 (参见下文)，所以此时的编者不会有编撰赋集的意愿。同时，编者出身名门 (其五世祖金湜为大司成，金锡胄言及家世，常提及金湜，以此为荣；其祖金堉曾为领议政，其父金佐明曾为兵曹判书，其曾外祖申钦也曾为议政)，身世显赫，如果违制，何以自立于士林？所以，不管从内心的意愿还是从外在的限制来看，在居丧期间，金锡胄都不会编撰赋集。

而且，如果真是在丁忧期间所编，那么通常会有"丁忧居闲"的明确表述，至少会在文中提及丁忧之事，而非笼统的如序文中所说的"解职居闲"。

2. 应编于第一次罢官期间的显宗五年夏

排除了后三次，那么就剩下第一次了。第一次居闲期间，只有显宗五年 (1664) 经历了夏天，是书最有可能编于此时。

到底是不是这样呢？金锡胄《祭内弟纪明文》给我们提供了一个证据。据此

---

4) 参见黄强《中国古代诗歌史上的千年约定——"居丧不赋诗"习俗探析》，《文学遗产》，2015年第一期

文所述，从弟申进华于1663年拜其为师，随其习作辞赋⁵⁾。而且，当时跟随金锡胄学习的可能还包括申家诸多子弟。序中说此书为"诸从辈"所邀而编成，所谓"诸从辈"，正指舅家的这些从弟们。那么，编撰时间在1664年，也就可以理解了——原来这是出于教学需要。

金锡胄为什么要教授申家诸子弟呢？这和他与舅父申最的密切关系、申家诸舅父的早逝有关。

金锡胄与舅家尤其是四舅申最感情甚深。金锡胄曾拜申最为师，习文作赋⁶⁾，受其影响最大，也最敬爱⁷⁾，然而，舅父一家多有短寿者。《祭春沼先生文》中就说："吾舅氏五人，其季先殁，伯罹匪辜，叔又飘泊于溟海千里之涯，饱毒雾以劘骨，卒身命之不支。"其五舅先亡，伯舅申冕于孝宗2年（1651）被杖毙，四舅申最于1658年病故。同辈之中，申最之子、和金锡胄情感最深的表弟申仪华也于1662年病故。

申最在罢官期间曾从事教授工作。申最死后，受其影响，在罢官期间，金锡胄也以授徒为荣⁸⁾。其诗文明确提到的从学者就有表弟申进华等人。而鉴于与舅父一家的亲密关系，在舅父们相继离世后，教导表弟们也应当成了金锡胄自觉的义不容辞的责任。

作为学生之一的申进华，其父即金锡胄的三舅申昪。1663年，申昪尚在世，申进

---

5) 金锡胄《祭内弟纪明文》："而汝之治词赋、受文字于吾者为七年。"《申弟进华墓志铭》："纪明于余外从弟也，尝问学于余。""申生纪明，名进华……生于仁祖乙酉，死于庚戌闰二月初六日。"所谓"庚戌"，在1670年。上推7年，即1663年。

6) 如金锡胄《题史记拔萃》曾言随申最学习《史记》。

7) 金锡胄《祭春沼先生文》自称"门人、甥侄"，又说："我视先生，如视先妣；先生视我，亦譬已子。导我迪我，义笃恩挚。犹母之慈，亦师之谊……小子受恩于先生之谓何，而能不怆恨而曾欷。警我之惰者，其师之严；鞠我之蒙者，其母之慈。江阁之秋，策我以鸿雁之篇；云楼之冬，赋我以白雪之词。"所以在后者死后，金锡胄曾为其写墓志铭，并前后两次写祭文，多年之后再过其墓时，又写下《谒春沼先生墓文》。字里行间，难掩哀伤；又为其文集作序，高度评价申最的文学才华，并刊刻印行之。

8) 申最以教授为荣，当时多有从学者，如金锡胄《沈生伯衡传》就提到："申公讳最……时罢官居闲，喜教授。伯衡既至其门，遂与林川赵显期、清风金锡胄、平山申仪华诸人相切劘为文辞甚骦。"金锡胄最为敬重这位舅父。

华已开始追随金锡胄学习辞赋，申进华之弟申光华此时18岁，正是求学之年，估计和其兄一样，也在金锡胄门下。此时，金锡胄至少有三位舅父已经亡故，所以，应当还有不少失去父亲的表弟也拜金锡胄为师学习，这正符合序言中"为诸从辈所要"而编撰此书的叙述。

金锡胄此时年仅三十一岁，有没有任教的能力呢？从其本人经历看，少时学赋，已得到申最的称赞[9]，也被堂兄弟们所喜爱[10]，其后的显宗3年 (1662) 年，以《天地设位而易行于其中赋》参加增广殿试而被录取。所以其本人在赋学方面的才能的确堪为人师。

由以上几点来看，1663年冬天，金锡胄被罢职。因与舅家特别是四舅申最关系亲密，又受申最授徒的影响，在舅家许多表弟失去父亲的情况下，金锡胄开始教授申家"诸从辈"。于是，在次年即1664年的夏天，编者出于教学的需要而编成此书。序文中所说的"前夏解职居闲"、"为诸从辈所要"，正指此事。

二、编撰目的

《海东辞赋》的编撰目的有二：一是为科举考试服务，二是超越科举之外，为大家提供一个学习辞赋的范本。

1. 为科举考试服务

以下材料说明了这一点。

---

9) 金锡胄《内弟权知承文院副正字申君墓志铭》："至壬辰首夏，余春粮东出，谒先生于白云楼上，因进余所为词赋数篇以求教。先生谓曰：'此间亦有文通彩笔手。'"可见申最曾高度评价金锡胄等二人之赋。

10) 金锡胄《祭从弟可亿文》："且汝之生也，常有喜于吾文。"金可亿亡故于1657年，年18岁。

其一, 本书中有好几篇是科举之作, 但金锡胄本人却并太喜欢科举以及骈俪之文。

经与各自文集相对比, 可以发现, 此类作品一共有五篇, 分别是：金麟厚 ≪七夕赋≫[11]、李安讷 ≪东门柳赋≫[12]、李安讷 ≪凤凰翔于千仞赋≫[13]、赵希逸 ≪龙门赏雪赋≫[14]、张维 ≪雪赋≫[15], 占到全书的9%。考虑到当时高丽、朝鲜辞赋作品的总量已非常大, 而此书又仅仅选入五十八篇, 所以每一篇的入选都是非常慎重的。因此, 对编者来说, 9% 的比例已经不算小了。

但另一方面, 金锡胄却比较轻视科举和科举之文。金锡胄有浓厚的重道轻文的思想。他告诫友人, 学习科举诗赋, 目的在于功名；但功名到手, 就应得鱼忘筌, 转而学道：

> 作赋比雕虫, 壮夫所不为。雄也逼屈骚, 悔之言若兹。况不及雄者, 小技真可嗤。邦家取进士, 较艺以赋诗。词场夸觜距, 磨砺各见奇。唯先利其器, 努力宜孜孜。然当决科止, 岂必淫文词。结筌在求鱼, 得鱼筌可遗……人生穹壤间, 最贵在伦彝。苟使道已高, 不妨身逾卑。卓立能砥行, 尤宜逊厥辞。直内敬为要, 主一慎莫差……媺哉紫阳箴, 允矣圣门规。岂譬徒事末, 劳劳镂肝脾。[16]

科举之作多骈俪, 而骈俪之作却容易走上重视文采而削弱论道的歧途, 所以他在告诫同宗后辈时, 又说："徒文或类徘。于道乃为细。未若先理义。不期丽而丽。"[17] 又批评董份之作 "然辞或伤于骈偶"[18]。

---

11) 参见下文。又, 当时流传金麟厚赴举时, 闻 "秋风飒而夕起, 玉宇廓而峥嵘" 之赋, 于是 "以此取科"。此赋正是 ≪七夕赋≫。见洪翰周 ≪智水拈笔≫ 卷五 "妖狐怪鬼" 条,≪韩国诗话全编校注≫ 第8331页
12) 李安讷 ≪东岳先生文集≫ 卷二十五本赋题下注："万历戊子秋进士初试魁。" 韩国历代文集丛书本
13) 李安讷 ≪东岳先生文集≫ 卷二十五本赋题下注："弘文馆月课代人作。" 韩国历代文集丛书本
14) 赵希逸 ≪竹阴先生集≫ 卷一本赋题下注："辛丑年监试会试夺魁。" 韩国文集丛刊本。
15) 张维 ≪溪谷集≫ 卷一本赋题下注："课作。"
16) 金锡胄 ≪送韩同年肯世之南原觐外氏≫
17) 金锡胄 ≪赠同宗金子文、子昂兄弟≫

既然认为科举文体无益于道, 徒文类俳, 但为什么《海东辞赋》中又选了好几篇科举作品呢？原因很简单, 本书编撰目的之一, 就是为科举服务的。

这也从另一个方面证明了第一部分中的观点, 即：本文是出于教学和求学目的而编的, 当时金锡胄在担任从弟们的老师。

其二, 后人也视此书为科举而编。《东国通志·艺文志》将此书归为"表赋"类, 和"俪文程选"、"东人科体表赋诗论十二篇"、"八角律赋定式"等科举用书编在一起, 其叙论说：

> 东国学士大夫朝贺事大, 皆用表笺, 而于科试, 兼取诗、表、古赋以广其□乃□以。后来之程式纤微, 粗谚轻儇而决裂, 始无以复古矣！李晬光曰："诗赋有入题、铺叙、回题等式, 尤与文章家体样全别, 故虽得决科, 遂为不文之人。岂非愈下之末失哉！"今录其数家之选, 冀异日之或反于古者。[19]

可见, 此类书为科举用书, 为广大准备参加科举考试的学子提供范文。

2. 超越科举目的, 为辞赋阅读和创作提供选本

《海东辞赋》并非专为科举而作, 实际上, 它向士人也提供了一个辞赋阅读与创作的选本, 具有更普遍的意义或更广泛的目的。

这从其序言可以看出来。序言泛论辞赋, 而不局限于科举。首先充满自豪感, 以为海东辞赋源远流长：佯狂麦秀之作, 实在怀沙哀郢之前；传至后世, 其流浸远, 名家名作众多。

因此, 编者"遍阅古今诸家辞赋", 试图在这众多的作品中, 选择佳制, 编选出一

18) 金锡胄《谢李择之借示董学士份泌园全集书》

19)《东国通志·艺文志》, 张伯伟编《朝鲜时代书目》据太学社本影印, 中华书局, 2004年, 第2748页

本能反映海东辞赋水平的选本来，展示海东文教的兴盛，即序言末所说的："以见夫左海文明之区，数千里之远，数百代之下，尚亦有宗依屈宋、踵蹑班扬，非楚而楚，有足观者云尔。"这就超越了科举目的了。

假使此书专为科举而编，那么，一方面，所选必然多为科举文体。而如上文所说，科举之作其实只有五篇。另一方面，假如所选多为科举文体，那么此书又何以能反映出海东辞赋的创作水平？如上文所指出的，时人包括金锡胄本人就不是很喜欢此类文体，甚至如上引李晬光所说的，即使科举高中，也成了"不文之人"。所以，编选者必然不会为此"不文"之选本。

三、文体选择

《海东辞赋》一共五十八篇，从题称上看，赋四十四篇，辞或骚五篇（含《续招》），哀辞四篇（《哀秋夕辞》、《哀朴仲说辞》、《哀黄秋浦辞》、《哀鹰文》），吊文、祭文两篇（《吊义帝文》、《祭东淮申公文》），七体一篇（《梦喻》），杂文两篇（《逐魑魅文》、《谴魃文》）。值得注意的是，本书视辞为赋，选入辞或骚类，同时选入哀辞、吊文、祭文、杂文，文体界定较为宽泛。以今人的眼光看，对"赋"体的界定稍嫌过宽。尤其是选入吊祭类作品，即便站在古人的角度，这种看法也不多见[20]。

古人对文体的认识经历了一个从笼统到细致的阶段，对赋体的看法也是这样。汉人辞赋不分，魏晋骚别于赋，唐宋以后，赋分古律，明代《文体明辨》等更明确划分古俳律文等体。至于吊文、哀辞、祭文等，在后世尤不与赋混同。

从文集的编撰看，《文选》已分赋、辞、骚为三，刘禹锡编《柳河东集》有

---

20) 如赵缵韩《哀鹰文》，其《玄洲集》将此作编入"祭文"中；申钦《哀黄秋浦辞》，其《象村集》将其归入"哀辞"类；李敏求《祭东淮申公文》，其《东州先生文集》归入"祭文"类。以上诸作，均被《海东辞赋》视为辞赋而收入。

"古赋"与"骚"类, 欧阳修之子欧阳棐所编的《欧阳文忠公文集》分"古赋"与"辞"为二,《元文类》中赋、骚 (辞) 异类。以上几种书, 在当时的朝鲜都是非常流行的, 编者也必然读过。今存许多韩国古代别集中, "辞"与"赋"分合没有定准, 其中有一些别集是将二者分列的。

至于吊文、祭文、哀辞、杂文等, 在中、韩古代文集的编纂中更不与赋杂糅。如《文选》分列赋、设论、吊文等,《唐文粹》分列古赋、文 (含吊文、祭文及哀辞等),《宋文鉴》分列赋、哀辞、祭文、答问等,《元文类》将赋、骚 (辞)、祭文、哀辞、杂文分列。明人的《文章辩体》、《文体明辨》也都有"吊文"、"哀辞"、"祭文"、"七"类。

可见, 在后世文体细别的趋势下, 金锡胄这种做法显得有些反其道而行之了。那么, 为什么会这样呢？笔者以为, 这实际上是受了朱熹《楚辞后语》的影响。

朱熹《楚辞后语》以晁补之的《续楚辞》、《变离骚》为基础, 选入作品五十二篇。其中除了辞之外, 还包括赋、诗、歌、吊、操、杂文等。金锡胄书中的文体, 也多见于朱书：二书均同时选入辞、赋；金书中有吊祭文, 朱书中则有柳宗元《吊苌弘文》、《吊乐毅文》；金书中有杂文两篇, 朱书中也有柳宗元《乞巧文》、《憎王孙文》等。此外, 朱、金之书均同时选入辞、赋。从具体的作品看, 朱书中有《归去来兮辞》, 金书中也有《和归去来兮辞》。在当时不少人将"归去来"系列的拟作视为辞的时候, 金锡胄仍将其视为赋。

从金锡胄本人的作品看, 他对《楚辞后语》是相当熟稔的。其《沈生伯衡传》中惋惜沈伯衡早夭, 将其比为《楚辞后语》中收录的邢居实："昔者邢居实以二十七死, 沈生则以二十一死, 其年之短于居实又六岁, 而其文之所就已如此, 则其才与居实或过焉而无不及。"最明显的是本书之序中以荆轲易水歌为海东辞赋的源头之一, 并论述其风格说："至于庆卿易水之曲, 又是朱夫子所称之为'悲壮激烈, 非楚而楚'者也。"视《易水歌》为辞赋, 与《楚辞后语》相同；所引朱熹之言, 正见于《楚辞后语》[21]。可见金锡胄在编撰本书时, 头脑中先有朱熹《楚辞后语》的影子在。

朝鲜科举考试，以《楚辞后语》为重要参考范本22)。金锡胄本人长于科举试赋，所以很自然地有这种看法。这也从侧面证明了本文第二部分的观点，即本书的编撰目的之一，是提供一本科举用书。

四、作家和作品选择

1. 作家选择

书中所选作品，多属申氏及与申家关系密切的人，这也从侧面证明了以上的推断。

本书作家按时代先后顺序排列。以申钦为界分为前后两个时期。之前的作家，皆卒于申钦出生前，申钦无由得见，所以本文不必讨论。

申钦之后的作家共十二位（包括申钦在内），除慎天翊与申钦祖孙没有过多来往外，其它十一位作家皆与申家关系密切，或互相唱和，或为对方写祭文、挽词，或为对方文集作序，其中李敏求和申翊圣还是儿女亲家23)，此类人占到全书后半部分总人数的92%。若以作品数量而言，后半部分作品共三十六篇，此类人的作品达到三十四篇，占到95%。

更为明显的是，书中不仅选入了李敏求祭祀其外祖父申翊圣的《祭东淮申

---

21) 朱熹《楚辞后语·易水歌第三》，上海古籍出版社，1979年，第221页

22) 参看张佳《朝鲜时代拟赋研究》上编第二章第二节"《楚辞后语》与拟赋对象的选择"，第38—45页，南京大学2014年博士论文。

23) 许筠、申钦为同事，交往密切，且后者曾为前者文集作序，见许《己酉西行记》："十四日，玄翁来访，出所作鄙集序以示，奖诩太过，愧不克当。"李春英文集由申钦作序，李安讷、郑弘溟文集，由申翊圣作序；李安讷、赵希逸、张维、郑弘溟、李敏求、赵缵韩均为申钦写挽词或祭文；郑弘溟、张维还为申钦集作序；郑弘溟、李敏求、赵缵韩等与申翊圣之间多有往来唱和之作；李敏求、申翊圣通家交好，李为后者写祭文，为其文集作序，又为其子申最写墓碣铭，两人还为儿女亲家，见申翊圣《亡室贞淑翁主行状》。以上材料见诸各人文集，此处不一一列举。

公文≫, 而且还选了其外曾祖父申钦和舅父申最各自三篇作品, 占后期作品数量的17%, 占全书总数量的10%。虽然举贤不避亲, 但此举也可谓毫不避嫌。

那么, 作品选择为什么会有这种过于明显的倾向呢, 难道就不担心众口哓哓吗？唯一的解释是, 此书原本专为申氏子弟而编, 所以也无伤大雅。这也进一步证明了第一部分的观点, 即：本书是1664年为教导申氏子弟而编撰的。

所选诸人之中, 值得注意的是许筠。此书在 ≪思旧赋≫ 等五篇作品之下, 均系以 "亡名氏" 之称。经仔细检阅, 可以发现, 这五篇作品的作者是许筠。原来, 许以谋反罪名处死, 所以书中不便出现其名。多年之后的肃宗二十六年 (1700), 广州尹朴泰淳曾因刊行的 ≪国朝诗删≫ 中杂入一篇许筠之作, 即被儒生上疏抨击, 要求 "火其板、毁其书", 虽未施行, 但朴被罢职[24]。两相对比, 可见 ≪海东辞赋≫ 一书的编撰态度之客观、严谨。编者不以人废言, 只注重作品的优劣；而且相当大胆, 收入了许筠的五篇作品, 其数量之多, 仅次于张维 (七篇), 和李敏求同等。

2. 作品选择

虽然此书的编选不乏私意, 但仍然难掩光芒。书中选录了一些文学水平较高的作品, 表现在以下几个方面。

首先, ≪海东辞赋≫ 中有七篇作品同时见于 ≪东文选≫：李奎报 ≪梦悲赋≫、≪祖江赋≫ 与 ≪春望赋≫, 李穑 ≪闵志辞≫、≪观鱼台赋≫ 与 ≪础赋≫, 李崇仁 ≪哀秋夕辞≫。≪东文选≫ 奉成宗之命编撰, 带有官方性质。编者徐居正文才出众, 明使祁顺就曾称赞说："先生在中朝, 亦当居四五人内矣。"[25] 所以其书编选水平很高, "采择之精非前人之所及"[26]。≪海东辞赋≫ 作为私人编选之作, 其中七篇作品与 ≪东文选≫ 吻合, 可谓英雄所见略同。

≪肃宗实录≫, 肃宗26年2月26日

25) 金安老 ≪龙泉谈寂记≫, ≪大东野乘≫ 第二册卷十三, 朝鲜古书刊行会, 明治42年 (1909), 第276页

26) ≪国朝人物志≫ 卷一, 见赵季辑校 ≪足本皇华集≫ 附一, 凤凰出版, 2013年, 第1807页

其次, 某些作品, 在当时或后世有不少和意甚至次韵之作。如李奎报 《春望赋》, 有任相元次韵之作 ; 李穑 《观鱼台赋》, 有徐居正、金宗直、文敬仝、金兑一、李鼀、南国柱等人的次韵之作 ; 金馹孙 《秋怀赋》, 有周世鹏、南国柱的次韵之作 ; 金馹孙 《感旧游赋送李仲雍》, 有金堉的次韵之作 ; 李崇仁 《哀秋夕辞》, 有严昕的次韵之作 ; 申钦的 《归田赋》, 有申最的次韵之作。和其意甚至次其韵, 正说明这些作品的巨大感召力。

再次, 某些作品得到时人或后人的高度评价。如南孝温 《玄琴赋》, 申钦以为 : "南秋江 《玄琴赋》 足为国朝词赋之冠……余读之未尝不潸然。"27) 闵齐仁 《白马江赋》 "一时脍炙"28), 得到 "满堂缙绅齐声嗟赏", "大播东方"29)。金麟厚 《七夕赋》 被试官李荇称赏, "以为人与辞俱如玉", 其赋连同其它二赋 "至今为东人传诵"30), "脍炙人口"31)。郑弘溟 《瑞石山赋》, 张维赞其 "闳奇踔厉, 气焰可畏"32)。姜希孟 《养蕉赋》, 许筠曾称其 "极好"33)。张维 《次姜天使吊箕子赋》, 尹鑴称这是自己续作的直接动机 : "幽居无事, 偶阅溪谷稿, 得其中 《吊箕子赋》 者, 即步姜编修皇华韵者也。予读之有感, 遂为之续次焉。"34) 金宗直 《吊义帝文》, 成涉高度评价此作, 称 : "其格似柳州, 我东无其匹。若以 《后语》 论之, 则不下于 《吊苌弘文》, 黄太史之 《毁璧》 当让一头。"35)

总之, 《海东辞赋》 大量选入了佳作名篇, 质量较高, 所以在后世也影响颇大36)。鉴于其在赋学史上的重要地位, 此书仍有待学界的进一步的研究。

---

27) 申钦 《晴窗软谈》 卷下, 见其 《象村稿》 卷五十, 韩国文集丛刊本

28) 闵鼎重 《老峰集》 卷八 《五代祖考崇政大夫……总管府君行状》, 韩国文集丛刊本

29) 洪重寅 《东国诗话汇成》 第十二卷, 蔡美花、赵季主编 《韩国诗话全编校注》, 人民文学出版社, 2012年, 第3158页

30) 洪重寅 《东国诗话汇成》 第十三卷, 《韩国诗话全编校注》 第3184页

31) 佚名 《东国诗话》 卷上, 《韩国诗话全编校注》 第10112页

32) 张维 《题瑞石山赋后》, 见其 《溪谷集》 卷三

33) 许筠 《惺叟诗话》, 《惺所覆瓿藁》 卷二十五, 韩国文集丛刊本

34) 尹鑴 《白湖先生文集》 卷一, 韩国文集丛刊本

35) 成涉 《笔苑散语》, 《韩国诗话全编校注》 第3649页

36) 参见金起东 《海东辞赋解题》, 太学社, 1992年

《海东金石零记》 的着者攷

顺天乡大学 朴现圭

一、序论

　　海东金石文，通常是指与韩国有关的金石文。中国学者们很久以前就开始收集海东金石文，并且以壬辰倭乱为契机来韩半岛的多数明军人士与相关人物大幅度的提高了对于海东金石文的重视。到了清嘉庆·道光年间，随着重视考證学的学风和朝鲜学者们频繁地的学術交流，对于海东金石文的重视得到了暴发性的升高。当时的清朝学界兴起了收集远在海外地区金石文的热潮。特别是对于文化歷史价值较高的海东金石文的关心度较高。因此在清朝编纂的各种海东金石文都是在这个时期出现的。[1]

　　2006年果川市从日本藤冢明直赠收到父亲藤冢邻在韩国与中国等地收集的各种文献，其中有考察海东金石文的 《海东金石零记》。当时的媒体报道高度评价了 《海东金石零记》 是 "捐赠在韩国的翁方纲的孤本书"，又是 "清代大学者翁

---

[1] 清嘉庆·道光年编撰的海东金石文集是翁方纲的 《海东金石文字记》，翁树崐的 《碑目琐记》，劉喜海的 《海东金石苑》，韩韵海的 《海东金石存考》，李璋煜的 《东国金石文》，葉志诜的 《高丽碑全文》，方履钱万善花室的 《海东金石文字》 等。

方纲亲笔记下的孤本书。[2] 最近果川文化院在广泛普及 ≪海东金石零记≫, 推出了原本拍摄成彩色照片的册子。[3] 2013年 ≪海东金石零记≫ 的原本被移馆到果川秋史博物馆。

对于查看从10多年前的清朝学者编纂的海东金石文发表过各种论文的笔者来说, 查看 ≪海东金石零记≫ 已是长久的课题了。通过这次影印本可以详细的观察到其内容。关于 ≪海东金石零记≫ 中海东金石文部分的作者, 发现了不同于迄今为止获悉的内容。因此, 在本论文中正式的查看 ≪海东金石零记≫ 中海东金石文部分的作者问题, 流通过程, 制册过程, 以及内容的特徵等事项。只是, ≪海东金石零记≫ 中 ≪长吉歌词选抄≫ 与海东金石文完全不同。所以在本论文的范畴中除外。

二、≪海东金石零记≫ 的版本事项

≪海东金石零记≫, 现藏于果川秋史博物馆, 1册, 大小为 29.0 × 19.0cm。总57页。有界线, 每半页11行, 楷书体部分的字数是20字, 草书体部分的字数不定。楷书体部分是选出唐代李贺诗篇的 ≪长吉歌词选抄≫, 行草书部分主要是有关海东金石文的札记。

书套题是 "海东金石零记"。书籤题是 "海东金石零记", 右侧有何诒岂的 "翁覃谿先生遗椠, 道州何氏珍藏"的墨记。本文第一页有 "海东金石零记之二册"的书名和用大字写的 "长吉歌词/选抄四十七首", 用小字写的札记。第二页是 "翁覃溪先生手录书目杂稿各种", 第三页附加了 "此为覃溪仲子男树崐侍砚"附笺纸。附笺纸的旁边有「东洲/草堂」(朱方印)的印章。东洲草堂, 是何绍基的藏书楼。册子的尾页

2) ≪捐赠韩国的世界唯一本翁方纲的册子≫, ≪联合新闻≫ 2006年2月2日 ; ≪未公开的秋史亲笔书信等20余件漂过玄海滩≫, ≪民族≫ ; 2006年2月2日。
3) ≪海东金石零记≫, 果川文化院, 果川, 2010.12。

有何积煌(诒岂)写的跋文。封皮, 内标题, 诗选集的首页, 跋文等多处有「道州/何氏」(白方印),「道州/何氏/收藏」(白方印),「道州/何氏/诒岂」(白方印)等, 都是何氏仮门的墨记和印章。

在何诒岂的跋文中, 可以得知何氏家门所藏 《海东金石零记》 的来历。积煌(何诒岂)跋文 :

> 右翁覃谿学士 《海东金石零记》 一册, 先曾祖东洲老人得於北京, 尚有《海东金石记》 四册, 均係未成书之稿, 为友人仮去不还, 是册独存, 书此聊志滥交之痛。(果川文化院影印本 ; 以下一致)

曾祖父东洲老人指的是何绍基。何绍基, 字子贞, 号东洲, 晚号蝯叟, 湖南道州人。道光16年(1836)为进士, 所任的官职有翰林院编修, 福建乡试正考官, 四川学政等。博览群书, 于经、史、子学皆有著述, 著有 《道味斋经说》,《说文段注驳正》,《东洲草堂诗钞》 等。尤精小学。行书和草书尤著名于世, 構筑了独自的书法世界, 在韩半岛流传了他的书法。

翁方纲是清代大学者, 他的石墨书楼收藏了大量书籍、金石、卷轴、碑版等。这裏包括了曾经找过石墨书楼的朝鲜使臣们送给的不少海东金石文。可是石墨书楼的命运, 并不长久。1811年(嘉庆16年)翁树培, 1815年(嘉庆20年)翁树崐, 1818年(嘉庆23年)翁方纲, 先後离开了人世, 石墨书楼只留下了孤孤单单的5岁孙子翁引达。後来没过多久琉璃厂书籍商人们接近翁氏遗属, 一点一点的骗取了石墨书楼的藏书。[4] 翁方纲的弟子、翁树崐的亲友葉志诜, 当成了翁引达的义父。因葉志诜于1829年(道光9年)和1830年(道光10年)接连父母丧亡, 离开北京, 翁引达身边就没有监护人。在这期间, 由于翁引达的放荡的生活和坏朋友的诱惑欠下了庞大的债

---

4) 《缘督庐日记抄》 卷5己丑(1829)5月7日中蒋攸銛(砺堂)书信 :「覃谿师上元前, 尚寄手示, 不意竟归道山, 以文望寿考而论, 原无遗憾, 惟门祚零丁, 仅遗五龄幼孙, 殊堪怆恻。----再吾师一生心血, 全在书籍·金石, 所藏卷轴·碑板不少, 而生平著作, 已刻及未刊皆有。闻此时琉璃厂店户, 业经句串零售, 殊可浩歎。」(续修四库全书本, 册576, 页471)

务, 而且被琉璃厂书籍商的计谋, 把石墨书楼的藏书全部转手卖掉了。办完丧事後回北京的叶志诜, 在写给朝鲜金正喜的信中, 吐诉了仅在十年的时间裏石墨书楼所藏品消失得无影无踪, 感到悲痛。5) 石墨书楼瓦解时,《海东金石零记》·《海东文献》 的稿本和别的藏书一起转让给了琉璃厂书商。

中国国家图书馆收藏了翁树崐的稿本 《海东文献》。下面所述, 刘位坦在道光初期得到了翁树崐的稿本 《海东文献》, 也许何绍基也是这个时期收集了自己喜欢的金石类的书籍《海东金石零记》 和 《海东金石记》。《海东金石零记》 和《海东金石记》 作为何氏家门的家宝, 一直传到曾孙何诒岂。之後, 何诒岂借给朋友 《海东金石记》 後, 遇到了未返还的事故。

何诒岂所述的 《海东金石记》, 可能是 《海东金石文字记》。民国藏书家、版本学者傅增湘, 阅览叶启勳家裏所藏的 《海东金石记》 在 《藏园羣书经眼录》 留下了简单的题识。根据傅增湘的题识所说,《海东金石记》 全五册, 是翁方纲的手稿本, 曾在1934年4月在叶启勳的藏书裏阅览过。6) 民国的藏书家、书志学者叶启勳,也在 《续修四库全书总目提要》 裏留下了关于傅增湘册子的题识。根据叶启勳的题识所说,《海东金石文字记》 4卷和 《琐记》 1卷, 是翁方纲考證海东金石的未完稿本。7)

叶启勳, 字定侯, 号更生, 湖南长沙人。父亲叶德炯出于小学、经学, 伯父叶德辉是清末著名的版本学者。叶启勳年轻时, 就以尖锐的眼力收集了很多珍贵的古书, 就拥有了东洲草堂(何绍基)旧藏本流出的十分之三四, 他的拾经楼裏收藏了10

---

5) 藤冢邻著, 藤冢明直编,《清朝文化东传の研究;嘉庆·道光学坛と李朝の金阮堂》, 国书刊行会, 东京, 1975.4;朴熙永译,《秋史金正喜又一个脸面》, 学術研究院, 首尔, 1994.4, 页240~241。

6) 傅增湘 《藏园羣书经眼录》 卷6 《史部四·金石类》:「海东金石记」 五册, 翁覃溪方纲手稿本。(叶定侯藏书, 甲戌四月阅)」 (中华书局本, 494页)。定侯是叶启勳的字。

7) 参照 《续修四库全书总目提要(稿本)》 中 《海东金石文字记》 四卷 《琐记》 一卷解题。(齐鲁书社本, 册4, 页433) 据 《续修四库全书总目提要(稿本)》 中 《提要撰者表》 所说,《海东金石文字记》 的解题者, 是叶启勳负责。

多册的古书。葉启勳购买东洲草堂藏书时，是否有 ≪海东金石文字记≫，还不清楚。何诒岂把 ≪海东金石文字记≫ 借给了友人可还没返还，所以只能收藏 ≪海东金石零记≫。此外 ≪海东金石文字记≫ 的附录 ≪瑣记≫ 是指 ≪海东金石零记≫ 的，还是翁树崐留下的又一个札记本，这也是不大明确。至今也不知道葉启勳所藏的 ≪海东金石文字记≫ 之处。

日本藤冢邻，号素轩，堂号望汉庐，当过京城帝国大学和大东文化研究院教授。藤冢邻是公认的读书狂， 他在韩半岛和中国北京等地收集了很多朝鲜·清朝的两国文士们的文献，特别是收集分析了贯通清朝学术精髓的有关金正喜的资料，目前还当使用了基础资料。1945年在东京大东文化学院大教室裏的藏书，战乱中消失了很多，幸运的是东京私邸裏也保管了多量的藏书。2006年儿子藤冢明直，把私邸裏保管的藤冢邻的藏书524种，2,750多件捐赠给了果川市。捐赠本裏有 ≪海东金石零记≫。

三、≪海东金石零记≫ 与 ≪海东文献≫·≪星原笔记≫ 的关系

中国国家图书馆善本特藏室裏收藏了翁树崐的 ≪海东文献≫， 索书号是SB5136本。这个册子的前面有1850年(道光30年)2月劉位坦的序文。劉位坦的序文曰：

> 此册为苏斋嗣君树崐星源先生札记，皆东国金石书籍，若欲有所著作，而未竟也者。道光初，得之故纸中，历卅年，巾箱贮之未失。比是诸城劉燕庭方伯所辑 ≪朝鲜金石志≫，视此收罗较多，而引證书则若不逮。因知星源当年用力之勤，益不忍令就湮泯，亟装为册存之。(中国国家图书馆藏本)

　　这个册子原来是翁树崐关于海东金石文和书籍札记的一堆稿纸。道光初, 刘位坦收集这稿纸, 放进箱子裹保管了30多年, 後来担心流失, 于是装订成册子的形状。册子的中间有 "翁树/崐印"(白方印)的印章。≪海东文献≫ 的册名, 不是翁树崐亲自定的, 而是後来装订成册子之後被他人定的。朝鲜宪宗年间徐有榘编撰的 ≪东国金石≫, 是 ≪林园十六志·怡云志≫ 卷5 ≪艺翫鉴赏≫ 附录。这书裹有10处引用翁树崐的 ≪碑目琐记≫ 的。在 ≪碑目琐记≫ 裹引用的10种海东金石文中 ≪真鑑国师碑≫、≪麟角寺碑≫、≪神行禅师碑≫ 等9种, 和 ≪海东文献≫ 记述的一致。因此, ≪海东文献≫ 的稿纸是翁树崐後来要编撰海东金石文集(推出为完结本 ≪碑目琐记≫)而做基础工作的札记本。

　　≪海东文献≫ 中用楷书整齐的记述的原文部分, 是1813年(嘉庆18年)12月末到1814年(嘉庆19年)4月之间写成的, 用行草书写的追记部分是1815年(嘉庆20年)2月陆续草写成的。≪海东文献≫ 主要记载了海东金石和书籍, 但是因把原来散在的札记稿纸装订成的, 也有很多前後内容不相接的部分。≪海东文献≫, 共有41页。按照内容分类如下。[ ]是以行草书写的部分。

(1) 刘位坦序文：1页

(2) [主要记录了高丽人的简历和文献记录]：2页

(3) 海东金石文30种原文[包括有关海东金石文的资料]：8页

(4) 洌上笔石刻本：2页

(5) 古梅园墨谱所载有关於碑文考订者[包括有关日本的资料]：2页

(6) 海东刻文[包括 ≪世善堂藏书目录≫ 引用目录]：2页

(7) 海东金石文10种原文[包括有关海东金石文的资料]：2页

(8) 海东楼亭[包括 ≪陕州东海碑≫ 解题]：1页

(9) [有关海东资料和书信]：1页

(10) 海东金石文4种[包括 ≪普贤寺碑≫ 考證]：3页

(11) 东国书籍有资考订者[主要包括高丽人的简历]：8页

(12) [主要叙述有关海东资料] : 9页

　　《续修四库全书总目提要》, 是清乾隆年间编撰的 《四库全书总目提要》 以後的大型解题书籍。这个册子是从1920年~40年代日本从清朝收到的庚子赔款基金创造的东方文化事业总委员会的主导下中国学者们大举参加编撰的。这时编撰的稿本, 现所藏于中国科学院图书馆。

　　《续修四库全书总目提要》 收录了有关清翁树崐的 《星原笔记》 解题内容。星原, 是翁树崐的字。《星原笔记》 是全1卷, 稿本。《星原笔记》 的解题工作者是有民国初著名的版本学者孙海波。根据孙海波的解题, 《星原笔记》 收录了清钱谦益的 《牧斋初学集》 中 《东山集》 裏抄录的1首诗, 《洌上笔石刻本》 14页, 是清朱彝尊的 《明诗综》 裏抄录的25首诗, 清孙承泽的 《春明梦馀录》 裏抄录的2页, 明张之象的 《唐诗类苑》 裏抄录的14首诗, 朝鲜申纬给翁树崐的一封书信(《成听松碑》)等。8)

　　《星原笔记》 的内容, 如 《海东金石零记》 的体裁, 收录了抄录前人作品或考察海东金石文的。比如 《洌上笔石刻本》 是有关 《海东文献》 的内容, 申纬捐赠的 《成听松碑》 是与 《海东金石零记》 相接的内容。因此 《星原笔记》 也可能是用翁树崐留下的札记稿纸的一部分。遗憾的是, 并未阐明孙海波所看的原本所藏处, 目前各种书目中也找不到该书的信息。

---

8) 《续修四库全书总目提要(稿本)》 中 《星原笔记》 孙海波解题:「《星原笔记》 一卷, 清大兴翁树崐撰。翁树崐, 字星原, 覃溪先生次子。是编为其手稿, 首录 《牧斋初学集·东山集》 一首, 次 《洌上笔石刻本》 十四叶, 次朱彝尊 《明诗综》 二十五首, 次录古香斋 《春明梦馀录》 二叶, 次录 《唐诗类苑诗》 十四首, 次申纬致树崐甬一通。此外, 笔记多则, 皆随手迻录。」(齐鲁书社本, 册12, 页79)

四、《海东金石零记》 的著者问题

《海东金石零记》 的内容大体分为两类。一类是提取唐李贺的诗编解题抄录的 《长吉歌词选抄》，另一类是以行草体为主的考察海东金石文的部分。这裏只摘取後者海东金石文的部分探讨 《海东金石零记》 的作者问题。

有关 《海东金石零记》 的作者，只看册子的封面题和本文的结尾部分何诒昆的记录，可以说是翁方纲的写作。册子的封面有 "翁覃谿先生遗槀，道州何氏珍藏" 的题识，本文的结尾部分有 "右翁覃谿学士 《海东金石零记》 一册" 的何氏跋文。覃谿，是翁方纲的号。在这裏明确的表明了 《海东金石零记》 是翁方纲留下的手稿本。另外，册子封皮後面所题的 《翁覃溪先生手录书目杂稿各种》，也引导 《海东金石零记》 的著者是翁方纲。

但是，根据 《海东金石零记》 第6页的附笺纸记录来看，能够感觉到著者问题往複杂的方向发展。附笺纸有 "此为覃溪仲子男树崐侍砚。[9] 这个句子的主体是谁确实很模糊，可至少有制作 《海东金石零记》 时翁树崐部分参与的意思。《海东金石零记》 的札记裏记载了星原、红豆山人考察金石文的记录。星原，是翁树崐的字，红豆山人，是翁树崐的号。

我们还发现果川文化院影印本 《海东金石零记》 裏混乱的作者记录。《海东金石零记》 的序文上写的是该册子是翁方纲的亲笔本，可该书末尾的新式刊记又表明了翁方纲·翁树崐两位著作。另外该书的开头说是翁方纲著者的，又是翁方纲和翁树崐两个人，混乱不一致。[10]

先从而得出的结论是，《海东金石零记》 和中国国家图书馆藏本 《海东文献》，都是翁树崐留下的札记本。这样的事实不必多说是对照两个册子的笔迹，就

---

9) 翁方纲和夫人韩氏，妾 刘氏之间有7儿6女，儿子都在翁方纲生前过世。其中翁树培和翁树崐活到翁方纲 晚年所以人们以为老四翁树培是长子，老六翁树崐是支子。

10) 参考。果川文化院出版 《海东金石零记》 崔锺秀发刊社及出版事项，李忠九 《海东金石零记解题》(页8)

能确定的事项。两个册子使用的行草书体和内容记述的方式一致。《海东文献》的作者是翁树崐。因此，《海东金石零记》的作也应该是翁树崐。

只在前面提到的證据就能确定《海东金石零记》的作者是翁树崐的事实。在这裏以防提出翁树崐把父亲翁方纲的话用笔移载的疑惑，下面说明了《海东金石零记》札记记录是指翁树崐的理由。

第一，《海东金石零记》裏所出现的各种称呼，都是由翁树崐的观点出现的。该书的第62页指出，申紫霞(申纬)从月山大君(李婷)那裏拿了笔记後，"家夫"在笔记上附加了题辞後交还了。[11] 这裏的'家夫'，指的是翁树崐的父亲翁方纲。申纬以册封使书状官的身份去北京见翁方纲父子的时候是1812年(纯祖12年)。 这时翁方纲的父亲翁大德(字希舜)早已过世了，所以申纬不可能得到翁大德的题词。 翁大德1748年(乾隆13年)离世。[12] 又该书的第73页提出'家君'所藏了晓岚(纪昀)先生制作的《诗品》印章。[13] 这裏的'家君'，也是翁方纲。

在该书的第72页上，金正喜写给陈务滋(植夫)的书信是通过表兄'葉友'传递的。[14] 又第81页提到了金正喜给的建初尺和原尺相比稍微有差异，去年和'葉友'一起複制了原尺。[15] 这裏的'葉友'指的是葉志诜。葉志诜，是翁方纲的弟子，也是翁树崐的好友，後来成了翁引达的义父。建初尺是後汉章帝时的铜尺，曾在江都闵议行所藏，後来转交给曲阜孔尚任。翁方纲早在曲阜孔氏家裏借来原尺，用紫檀木从新制作了複制品。 葉志诜又借了阮元从孔府孔氏家裏借来的原尺，用日本铜制作了

11) 《海东金石零记》第62页 《月山君碑》：「尝见申紫霞儶来月山大君笔蹟一册，笔在赵·董之间，家夫为题识而归之。此册未留苏斋，亦大恨事。」

12) 参考沈津 《翁方纲年谱》乾隆13年条(中央研究院本，页10~11)

13) 《海东金石零记》第73页：「故藏诗品印，实晓岚先生所制，盡数归於家君。原印内实缺数枚，弟藏尚有初印全本[亦缺六枚]，惟兄无以出之，此便寄上。」

14) 《海东金石零记》第72页：「兄惠寄之书，当即交葉友转寄与植夫处，俟有回书，明春再为附寄。葉友与植夫为中表。」

15) 《海东金石零记》第81页：「惠寄建初尺，心感之至，然较原尺，实约二分，可惜可惜。葉氏所铸，实与曲阜所藏，分寸不差，且半尺之式，实汉制如此，非有意省工也。前年所铸，弟与葉友，日夜督工精制，铢黍不错，尚留一则式。专此寄上，兄以此讨定古碑，可以问津斯籲耳。」

三枚複制品。一枚给自己留下, 另外两枚给了翁方纲和阮元。葉志诜複制建初尺时曾得到过翁树崐的很大帮助。翁树崐把原尺拓本和紫檀木複制品的拓本给了金正喜。金正喜制作了模仿此複制品的制品, 只是和原尺的大小有稍微的差异。[16]

在该书的第84页上, 金正喜在书信的结尾称自己是'庚弟正喜', 第86页的书信结尾也称自己是'庚弟'。另外在第72页上, 翁树崐也在书信的结尾称自己是'庚弟红豆山人'。红豆山人, 是翁树崐的号。庚弟, 指的是同岁的弟弟。金正喜和翁树崐都是1786年(正祖10年; 乾隆51年)出生的。1810年(纯祖10年)正月29日, 翁树崐第一次见到了来石墨书楼的金正喜, 並做了学術交流。因两人都喜欢金石文感到无比的高兴, 并且心投意合, 尤其两人都是丙辰年同龄, 觉得有深深的因缘, 从那以後就称兄道弟了。他们给对方写信时称自己是'庚弟', 称对方是'庚兄', 并且加深了两人的友谊。比如1812年(嘉庆17年)正月24日翁树崐送给金正喜的'红豆山庄'门匾上, 盖了自己是'庚弟翁树崐', 金正喜是'秋史庚兄'的落款。[17]

第二, 《海东金石零记》 收录了一些金正喜的书信。这些金正喜的书信的收件人都是翁树崐。比如有翁树崐和金正喜为了考察 《麟角寺碑》 相互交换书信的过程。[18] 《海东金石零记》 第48页记录了金正喜考察 《麟角寺碑》 内容的书信。金正喜的书信中有'兄所云缺前十二页者, 弟未知何谓也'的部分。[19] 这裏的'兄'指的是翁树崐。对于金正喜提出的问题翁树崐在1815年(嘉庆20)正月19日写给金正喜的书信中有所答复。再来说, 以前寄给的 《碑目》 中少前12页的意思是从约轩(洪显周)那裏收到的旧藏本。[20] 从而就能知道第48页收录的金正喜书信的收件人是翁树崐的事实。

---

16) 藤冢邻, 同前书, 页220~222。
17) 藤冢邻, 同前书, 页120~121, 178~179。
18) 《麟角寺碑》 就是 《普觉国师碑》。1295年(忠烈王21年)高丽普觉国师, 为了歌颂一然的行踪和德行立的碑。麟角寺位于庆北军威郡古老面华北里612号。麟角寺境内有破裂的石碑, 是国宝418号。全碑名是闵渍, 沙门是竹虚集字了王羲之的字体, 後面的碑阴记石文人山立起的。
19) 《海东金石零记》 第48页 《麟角寺碑》 中秋史书信: 「兄所云缺前十二页者, 弟未知何谓也。」
20) 翁树崐的嘉庆乙亥年正月19日书信[金正喜]: 「即前寄上 《碑目》 中, 所谓缺前十二页者, 乃约轩所赠旧装本。」(藤冢邻, 同前书, 页181)

总而言之《海东金石零记》中海东金石文部分的著者，不是翁方纲，而是翁树崐。

那麼，《海东金石零记》是通过什麼样的过程让人误解作者是翁方纲呢？详细分析这个册子编撰的前後过程，可能是起自该书附笺纸裏的记录因素。附笺纸记录 "此为覃溪仲子男树崐侍砚"中'侍砚'两个字，带有贵人在身旁做补助作用的意思。只看'侍砚'两个字翁树崐是补助，他的父亲翁方纲是册子的主体。

在附笺纸裏有何绍基藏书楼的'东洲/草堂'印章。附笺纸的记录人是不是何绍基在北京入手之前还不明确，至少可以预测附笺纸的记录人是以《海东金石零记》的作者为翁方纲。或许是这样何绍基的曾孙何诒岂在《海东金石零记》的表题、题记、跋文，都确證是翁方纲的手稿本。何诒岂的记录让後代收藏家们误解作者是翁方纲。

下面分析一下《海东金石零记》的原貌。《海东金石零记》中金石部分看起来是前後相连的一篇册子，实际上内容杂乱而且是个不完整的册子。《海东金石零记》为什麼如此的不完整呢？答案在于和《海东金石零记》有密切关系的《海东文献》的装订过程。

根据前面刘位坦《海东文献》的序文，第一次买《海东文献》时并不是一本完整的册子，而是一堆单页的稿纸，之後在箱子保管了30年，担心被湮灭，于是装订成册子的形态。《海东金石零记》中海东金石部分的各个版面，相互分离，前後的内容和顺序不相接的地方很多，甚至文章没结束，可却找不到接下来的後面。比如第54页的结尾是'恭愍末'，以文章的命脉应该有与此相接的下一步内容，可并不能找到。因此，《海东金石零记》中海东金石部分，像《海东文献》是翁树崐所写稿纸的一部分，也有可能是後来装订成一本册子的。

装订《海东金石零记》的人，可能是北京的书商。把稿纸装订册子，会提高价值可以卖高价。所以我想应该是书籍商们把10多页的原稿本《李长吉歌诗》和海东金石部分的原稿团一起装订之後内封皮写 "海东金石零记之二册"。这裏的'二册'两个字可分析为好多种意思，一般是《海东金石零记》分成2本的意思。如此推测装订当时除了果川市藏本《海东金石零记》1本以外还有另1本《海东金石零记》。

五、《海东金石零记》的内容特徵

《海东金石零记解题》有整理《海东金石零记》内容的图表。[21] 只看这个图表，就能知道《海东金石零记》内容确是随毛笔写的札记本。在下面记述一下其内容的一些特徵。

第一，《海东金石零记》 是以後作海东金石文集的整理基础资料的札记本。该书第40页有《鍪藏寺碑》的题记说跋文在《琐记》的一册。[22] 当时翁树崐有除了《海东金石零记》以外，另做的《碑目琐记》。这个事实在翁树崐1814年(嘉庆19年)写给朝鲜友人的书信中可以确认。就是，当年正月19日写给金正喜书信，正月21日写给李光文的书信，正月29日写给沈象奎的书信，10月25日写给洪显周的书信中，都有为了补充海东金石资料做了《碑目》而寄的内容。[23] 这裏的《碑目》，推测是《碑目琐记》的略本。

後来翁树崐为了编撰海东金石文集分了几个工作。像《海东文献》和《海东金石零记》的情况，是进行通过朝鲜友人和中国文献整理海东金石的基础工作；又像《碑目》的情况，是通过求得朝鲜友人收集海东金石资料的工作。基础资料大概整理以後，移载编撰草稿本。翁树崐将来要做的海东金石文集，或许是与翁方纲的《海东金石文字记》相似的。据傅增湘所述的《海东金石记》题记，有翁树崐考察海东金石的文句。[24] 可惜的是翁树崐1815年(嘉庆20年)8月29日过世了，海东

21)《海东金石零记解题》，同前书，页11~13。

22)《海东金石零记》第40页《鍪藏寺碑》头注：「跋在《琐记》之一册。」

23) 藤冢邻，同前书，页182~203。

24) 朴现圭，《清朝学者编撰海东金石集的种类和所藏现况》，同前书，页253~275。

金石集再没能继续完成。如果翁树崐多活几年，会出现与清朝刘喜海的 ≪海东金石苑≫ 相提并论的海东金石文集。

　　第二，翁树崐专心编撰 ≪海东金石零记≫ 的时期大概，是1814年(嘉庆19年)~1815年(嘉庆20年)。因为 ≪海东金石零记≫ 显出了用黑笔和红笔轮流记述的札记本的特徵。该书的制作时机虽然说两年左右，可是通过该书裏的内容和总结，就知道在多集中在特定时期记述的。整理该书中标明的制作时期，如下：

　　　　第 35页，≪印刷各种书目≫：乙亥五月。
　　　　第 76页，≪清虚堂大师碑铭≫：甲戌孟冬洪显周捐赠，乙亥正月十一月翁树
　　　　　　　　崐考證。
　　　　第 78页，≪成昕松碑≫：乙亥正月四日申伟捐赠。
　　　　第 88页，≪清平山文殊院记≫：乙亥人日金正喜捐赠。
　　　　第 90页，≪祭清平山真乐公文≫：乙亥正月金汉泰(自怡堂)捐赠。
　　　　第 92页，≪兴法寺碑≫：乙亥寅日金汉泰捐赠。
　　　　第 96页，≪大鑑国师碑≫：乙亥正月金汉泰捐赠，乙亥寅日金正喜捐赠。
　　　　第 98页，≪神行禅师碑≫：乙亥寅日金正喜捐赠。
　　　　第104页，≪圣德大王神锺之铭≫：乙亥五月二十二日。

　　甲戌年是1814年(嘉庆19年)，乙亥年是1815年(嘉庆20年)。该书第48页 ≪麟角寺≫ 札记推测是金正喜在1814年(纯祖14年)写给翁树崐书信中选出的。前面所提到的对于翁树崐写给金正喜的答信是1815年(嘉庆15年)正月十八日的。 另外对于第64页反衬记述的残缺本 ≪高丽史≫ 的补充内容和翁树崐1814年(嘉庆19年)正月托付李光文的内容一致。[25] 所以 ≪海东金石零记≫ 看出是1814年(嘉庆19年)~1815年(嘉庆20年)集中编撰。这个推测时期和编撰 ≪海东文献≫ 的推测时期相符合。≪海东文献≫ 中的原文部分是1813年(嘉庆18年)十二月末到1814年(嘉庆19年)四月之间编成的，追记部分是1815年(嘉庆20年)二月为止接着编编撰。

─────────────

25)　藤冢邻，同前书，页182~183。

第三，《海东金石零记》收录的海东金石文主要是羅丽时代(包括三国时代)的，但偶尔也有朝鲜时代的。按朝代分别如下：

朝代	金石文
新罗	《鍪藏寺碑》，《奉德寺钟铭》(《圣德大王神锺之铭》)，《断俗寺西碑》，《新罗金太师庾臣碑》，《双溪寺碑额》，《劉仁愿碑》，《百济塔碑》，《神行禅师碑》
高丽	《灵通寺碑》，《兴国寺塔铭》，《麟角寺碑》，《埋香碑》，《桑村先生旌孝碑》，《僧伽窟石佛後石扇背铭字》，《云门寺圆应国师碑》，《文殊院记》，《祭清平山真樂公之文》，《兴法寺碑》，《大鑑国师碑》
朝鲜	《月山君碑》，《陟州东海碑》，《杨蓬莱题枫岳万瀑洞八大字》，《清虚堂大师碑铭》，《成听松碑》

《海东文献》的海东金石文是羅丽时代的金石文的比例稍微高一点，但也有一部分包括《李舜臣孙凤祥双碑》，《洌上笔石刻本》等朝鲜时代的金石文。其中《洌上笔石刻本》是朝鲜郎善君李俣收集24位海东名笔家笔墨的拓本，後来由李书九所藏。[26] 清代後期编撰的海东金石文集的范围大体分为两种。一种是像劉喜海的《海东金石苑》记载三国时代到高丽时代的海东金石文的情况，另一种情况是像葉志诜的《高丽碑全文》、胡琨的《海东撩古志》记载三国时代到朝鲜仁祖初期的海东金石文的情况。翁树崑的《海东金石零记》是属于後者。

第四，在《海东金石零记》可以看出翁树崑对待海东金石文的态度和努力。翁树崑和以使臣的身份来北京的很多朝鲜文士们交流学術。翁树崑能够和很多朝鲜文士相见，是有父亲翁方纲的学问位置的背景。当时被中国金石文收集和考證迷住的翁树崑，接触朝鲜文士们带来的海东金石文集感到无比兴奋，接着就有了编撰金石文集的目标，便通过朝鲜文士们加快了收集资料的步伐。

在《海东金石零记》可以看出翁树崑是怎麼喜欢金石文的。在该书的第62页

---

26) 《海东文献》开始把《洌上笔石刻本》的所藏人记述是李韶九，後来改为李书九。《洌上笔石刻本》记载的海东书圣名单和国立中央图书馆所藏的《观兰亭石刻帖》一致，因此可以推测《洌上笔石刻本》是 郎善君李俣做的。

版天中, 对于海东金石文的拓本即使是数百、数千个乃至数亿个从没有厌倦的, 是出至于自己天生的人品, 数百次的高呼与东国的人缘, 揭露了珍惜和遇上海东金石的感情。27) 又在同一页的本文中, 坦白了对于申伟带来的月山大军的笔迹, 自己只喜欢金石拓本, 不喜欢墨宝。28) 又对于第73页的印章没有太大的关心, 十多年来只喜欢金石文。29) 因此, 翁树崐把纪昀做的 《诗品》 的印章和家宝 《军司马印》 和 《关内侯印》 欣然赠送给了金正喜。

　　翁树崐为了珍惜金石拓本, 要提出装订海东金石文或制作金石拓本时的注意事项。该书的第66页 《刘仁愿碑》 中, 翁树崐介绍自己是精通装订的专家。便说自己所藏旧拓本的装订时所用胶的浓度过大, 必须要比稀粥还稀。30) 又在同一页中, 拓本时要使用颜色白而纹理整齐的朝鲜薄纸(韩纸), 中国薄纸容易撕破, 字体会受到损伤。31) 纤维质硬又坚实的朝鲜纸(韩纸), 自古以来就受到了中国书法家们便利于写字的好评, 就像翁树崐所说的是不易撕破, 适合使用拓本纸。又在第81页中, 《文殊院记》 拓本的墨用磨过多, 不如 《鍪藏寺碑》 和 《麟角寺碑》 使用的墨适当。32) 在第40页中, 又一次提到了 《鍪藏寺碑》 的拓本很顺利要求多发五张左右。顺便问到使用中国的墨, 是否也能得到同样的光彩效果。33)

　　第五, 《海东金石零记》 记述了给朝鲜友人的海东金石文目录。翁树崐给朝

---

27) 《海东金石零记》 第62页头注：「弟於东国碑拓, 虽百千百亿, 而毫无厌弃者, 此殆性之所迫, 却因百号东缘。」

28) 《海东金石零记》 第62页本文：「而弟所专嗜者, 实在金石拓, 不敢贪嗜一墨宝, 恐为达观者齿冷也。」

29) 《海东金石零记》 第73页：「弟於古印, 初无专嗜, 且都不得嗜。弟专嗜碑刻, 盡举十餘年。」

30) 《海东金石零记》 第66页：「又旧拓本二纸, 托一层者, 惜用面太浓□易柱。夫装潢之法, 别无他长, 惟用面时, 以水淡之又淡, 至淡於稀粥, 而後用之, 此无上妙法也。弟平日精此技。」

31) 《海东金石零记》 第66页：「此後拓碑, 或用极薄之东纸亦可, 然须求其白色而丝净, 中国之薄纸虽甚好, 恐易破损, 每致伤字可惜耳。」

32) 《海东金石零记》 第81页：「《文殊院记》 确是旧拓, 惜用墨之太重耳。不如今拓之 《鍪藏》·《麟角》 用墨得之。」

33) 《海东金石零记》 第40页 《鍪藏寺碑》：「惟此种拓法甚好。此或用中国之墨, 乃得光如是耶? 乞用拓拓五纸为祷。」

鲜文士们收集对象目录《碑目》积极的寻找海东金石文的拓本, 朝鲜友人被翁树崐的努力受到感动经过多方面的路子寄给了拓本。《海东金石零记》记述的朝鲜有人寄来的拓本目录如下：洪显周把《清虚堂大师碑铭》, 申伟把初拓本《成听松碑》, 金韩泰把《祭清平山真樂公文》、《兴法寺碑》、《大鑑国师碑》, 金正喜把《云门寺圆应国师碑》、《清平山文殊院记》、《大鑑国师碑》、《神行禅师碑》、《麟角寺碑》、《僧伽窟石佛後石扇背铭字》等寄给了翁树崐。

其中金正喜寄来的拓本数量最多, 而且质量也很优秀。这样的事实通过翁树崐的话裏也能确认的到。《海东金石零记》第60页裏, 指出金正喜寄来的和别人寄来的完全不一样。[34] 当然这只是对于金正喜寄来的拓本表示感谢的客气话, 和他人的比较的就能够知道金正喜寄来的拓本很出色。

第六, 通过《海东金石零记》的记录, 金正喜实际上负责了研究海东金石文的基础工作。在该书的第64~65页裏, 专心研究金石文的翁树崐说自己所藏的金石文都是细碎的, 便高度评价了留在韩半岛寻找适当金石文的金正喜会出色的进行这件事。[35] 调查海外的文物时, 很难克服地区的极限, 是如今学者们常常碰到的难题。何况翁树崐活动当时, 是个人身分, 没有朝廷的许可, 不能渡过鸭绿江来韩半岛, 所以如果翁树崐没有朝鲜友人的帮助, 自己收集海东金石文肯定会碰到难关。

又在该书的第64~65页裏, 翁树崐称赞金正喜考證金石文非常明确, 而且没有一点差错, 比自己都好百倍。[36] 站在翁树崐的立场, 金正喜是再适合不过的人物了。对于海东金石文研究有独自见解的金正喜, 具有完成翁树崐所要求一切的高水准的知识和能力。

翁树崐要求金正喜的内容, 不只是单纯的寻找海东金石文的拓本, 而是涉及到了记述方式, 矫正石文, 考證人物等高水平的要求。在该书的第64~65页上, 详细的

---

34) 《海东金石零记》第60页 《云门寺圆应国师碑》：「秋史以拓本星原, 视他人之区区投赠者万万不同, 亦何敢圄圄经过□我良友之情觊耶?」

35) 《海东金石零记》第64~65页：「弟所存东方金石, 皆是断荡残编, 尚欲细心研究精於万里之外, 何况藉潭斋大弟子世居其土, 目睹其蹟者。」

36) 《海东金石零记》第64~65页：「其考定之明确, 必无一毫差谬者, 将百倍於星原也。」

说明了海东金石文的记述方式。翁树崐也给金正喜详细的说明了海东金石文的记述方式。遵守《兩汉金石记》的体制畫出金石的模样, 金石的大小, 建立年度, 撰书人等事项。37)

　　该书的第43页上, 翁树崐向金正喜请求了《奉德寺钟铭》释文和精拓本。之前金正喜给翁树崐《奉德寺钟铭》的拓本和考察内容的跋文。金正喜寄来的拓本质量不大好, 很难正确的考察, 于是向金正喜再次请求寄来三至五张拓本和释文。38)

　　该书的第67页上, 翁树崐托付金正喜检验《平百济塔碑》的释文。翁树崐把《平百济塔碑》发给金正喜释文时, 说金正喜重新考察完毕以後才能作释文的标准。39) 翁树崐发给金正喜的《平百济塔碑》释文, 目前藏在高丽大学华山文库(华山B11/B13)。这个释文是乙亥年(1815)正月19日作的。40)

　　翁树崐考證海东金石文时, 可以说是全靠金正喜的。所以翁树崐对于金正喜考證海东金石文的工作赋予了高度的价值和意义。该书的第63~64页上, 指出这个工作不是一个人的光荣, 实际上给整个世界打开了文明的瑞气, 将来对于开创东方文艺有重大的责任, 所以不能有一点的怠慢, 应该继续努力。41) 该书的第67页上, 指出海东金石命运的曙光只有我们两个人才能分享。42) 这裏的只有翁树崐和金正喜两个人分享考證海东金石文的乐趣和光荣的, 这句话暗示了编撰海东金石文是两个人经过共同作业的事实。

---

37) 《海东金石零记》第64~65页:「兄依《兩汉金石记》体例, 每遇一碑, 即为之作图, 高下横阔尺寸及建立年月·撰书人, 逐碑详考, 寀无挂漏。」

38) 《海东金石零记》第42页《奉德寺钟铭》:「秋史原跋云 ---- 更乞用白色纸精拓三五分惠寄, 尤感, 更录释文见惠, 尤感。」又注:「以上秋史, 耆此是□, 无字□不用墨也。拓傍有字处用墨。」

39) 《海东金石零记》第67页《劉仁愿碑释文》:「並《百济塔碑》新文追兼呈, 监定更求详审後, 仍录定本惠寄, 必俟兄跋到, 方为拓南」

40) 朴现圭, 《清翁树崐海东金石资料的札记》, 同前书, 页319~332。

41) 《海东金石零记》第64~65页:「其考定之明确, 必无一毫差谬处, 将百倍於星原也。---- 此非一人之荣, 实薄海内外交文明之瑞, 将来阐揩东方艺文之责, 秋史首倡之, 任大责重。惟兄速加力办理, 毋稍迟缓, 时哉勿失。」

42) 《海东金石零记》第67页《劉仁愿碑释文》:「金石性命之光, 惟我两人共之, 私有一毫巁心者, 不可同语也。」

第七，《海东金石零记》记载了在国内很难找到的资料。该书的第56页《僧伽窟石佛後石扇背铭字》，记载了1024年(高丽显宗15年)智光、光儒等人造成石佛的内容。就是"契丹太平四年甲子岁秋月莫开七叶功毕，栋梁释智光，副栋梁释成英[一作益]，磨琢者释光儒、释慧聪，铁匠法铁"。《僧伽窟石佛後石扇背铭字》，指的是在僧伽寺供奉的石造僧伽大师像的光背後面刻下的明文。僧伽寺，在北韩山飞峰的半山腰，现行政地址是首尔锺路区旧基洞山1番地。佛像的高度是76cm，光背的高度是130cm。是国宝第1000号。首尔市的文化遗产记述的明文和《海东金石零记》相比，有很多缺陷的字，而且一部分的字不一致。[43] 调查僧伽寺明文的金正喜，说洞太黑很难拓本，这一点朝鲜学者们是早已提过的。[44] 根据初拓本《僧伽窟石佛後石扇背铭字》，可以改正後代拓本裏没有的字。

《海东金石零记》处处都有金正喜写的跋文和考證的内容。该书的第38页《新罗太宗武烈陵碑篆》，第40页《鍪藏寺碑》，第42~43页《奉德寺钟铭》，第46页《兴国寺塔铭》，第48页《麟角寺碑》，第52页《新罗金太师庾信碑》，第82~83的附言，第84页书信，第86页书信等，都有金正喜留下的跋文或书信。这些文章是在金正喜的《阮堂全集》或其他文献上找不到的。

六、结论

国内外学界对于海东金石文的研究加快步伐的今日，出现《海东金石零记》一书，是一个令人振奋的事情。《海东金石零记》是嘉庆·道光年间清朝学者编撰

---

43) 《僧伽寺石造僧伽大师像》：「太平四年甲子岁秋月，莫开□□□栋梁，释智光，副栋梁释成彦，磨琢者释光儒，释慧□□□□□丘。」(首尔市文化遗产，http://sca.seoul.go.kr)
44) 《海东金石零记》第56页《僧伽窟石佛後石扇背铭字》头注：「扬州僧伽石窟後石扇背後刻，窟深黑极难拓，前後海东金石家无说及此者。秋史。」

的海东金石文的起点，並且告诉大家清朝文士和朝鲜学者们的友情和编撰海东金石文时所留下的汗水。

《海东金石零记》的海东金石部分，不是目前所知道的翁方纲亲笔本，而是儿子翁树崐留下的札记本。《海东金石零记》书信裏的话者是指翁树崐，笔迹和记述方式和中国图书馆所藏翁树崐的《海东文献》一致。《海东金石零记》原来是翁树崐为了编撰海东金石文收集的有关资料和札记考察内容的稿纸。制作期间是1814年(嘉庆19年)~1815年(嘉庆20年)之间。翁树崐和翁方纲逐次过世以後，石墨书楼就解散了。这时翁树崐的札记稿纸被琉璃厂书商拿走，并被後来所藏家各自装订，成现在的《海东金石零记》、《海东文献》、《星原笔记》。

一生钻心研究金石文的翁树崐，通过以使臣的身份来北京的朝鲜学者，积极地收集了韩半岛的金石文资料。翁树崐寄给朝鲜友人收集目录《碑目》，又详细的提到了拓本时墨和纸长，装订的细节。朝鲜友人中，金正喜的作用最突出。就像翁树崐的自述一样，金石的命运和光荣唯有翁树崐和金正喜两人分享的，可以说是海东金石文的考證工作，实际上就是两个人完成的。《海东金石零记》的处处都有金正喜留下的书信的记录。这些记录不但在有关金正喜的国内文献中脱落，而且金正喜研究金石也是一个很好的资料。经过金正喜初拓的拓本做成的《僧伽窟石佛後石扇背铭字》释文，是後代可以对照弥补泄漏字体的价值非常高的资料。[燁爀之樂室]

关于新发现的朝鲜本 《古列女传》

鲜文大学 朴在渊·金瑛·李在弘

一、导言

关于朝鲜时代 《列女传》 的翻译, 中宗38年(1543)进行的翻译刊行往往最先被提到。这是依据鱼叔权 《稗官杂记》 中记载的 《列女传》 内容。但迄今为止由于其真本未曾出世, 因而无法展开进一步的考究。

但是, 在2013年第23届华峯古书拍卖会上, 出现了朝鲜木版本 《古列女传》 一册(第四卷), 由此可知道其书的存在。拍卖后此书由文友书林金荣福先生竞购, 现藏于国立韩古尔博物馆。

收藏者金荣福先生[1]向笔者提供了此书进行研究。 在调查相关资料的过程中, 从1940年李秉岐(1891-1968)[2]所写的 《朝鲜语文学名著解题》 中找到关于 《列女传》 木版本一册的记录[3], 并确认了此书此前乃为翰南书林[4]旧藏本。同时, 通过

---

1) 此书由金荣福先生提供, 在此表示由衷的谢意。
2) 李秉岐为藏书家和古书专家。当时其经常进出之处其一便为翰南书林。李民熙, 《白斗鏞与翰南书林研究》, 亦乐, 2013, 第34页。
3) "八八. 古烈女传 中宗命撰, 翰南书林藏, 卷四(一册), 木版本, 中宗三十八年刊。圖本中顧愷

W.E.Skillend的 ≪古代小说≫ 中的 "262.列女传(Yollyochon)题解"[5]也可知道刘昌惇先生的 ≪古语辞典≫(东国文化社, 1955) 中作为引用文献提到过翰南书林所藏的≪列女传≫。直至上世纪50年代中期, 此书尚为翰南书林收藏。

二、≪列女传≫ 的传入与翻译

1. ≪列女传≫ 的传入

有关 ≪列女传≫ 的最早记录见于 ≪朝鲜王朝实录≫。

钦賜曆日書籍事. 永樂二年≪大統曆≫一百本、≪古今烈女傳≫ 一百一十部。[6]

遣參知議政府事呂稱如京師。謝改正宗系, 放還拘留人, 賜 ≪列女傳≫ 也。[7]

進賀使李至、趙希閔, 齎帝賜 ≪列女傳≫、藥材、禮部咨文, 回自京師。咨文曰: "……(中略)…… 來的使臣告說, 先蒙頒賜 ≪列女傳≫分散不周, 再與五百部。" 欽此, 藥材、≪列女傳≫, 交付差來使臣李至等。麝香二斤、朱砂六斤、沈香五斤、蘇合油一十兩、龍腦一斤、白花蛇三十條、≪古今列女傳≫ 五百部。[8]

之之画当时被名画李上佐修改绘制。存在四声点的正音译。" 李秉岐,〈朝鲜语文学名著解题〉,≪文章≫, 1940, 第222页。书名为 "古烈女传", "烈" 为 "列" 的误记。

4) 翰南书林为曾于20世纪10年代前后至20世纪60年代存在的书店。 其主人白斗镛(1872-1935)的父亲白禧培(1837-1911)以画山水画著名的宫廷画员。 家族成员中画员与翻译官较多。 对汉学有着相当丰厚的知识, 世代热衷于收集古书画, 家境殷实。白斗镛家藏书超过万卷。详参李民熙,≪白斗镛与翰南书林研究≫, 亦乐, 2013, 第13-37页。

5) W.E. Skillend ≪古代小说≫, 伦敦大学, 1968, 第262页。

6) 朝鲜王朝实录≫ 太宗卷7, 太宗4年(1404)3月27日(戊辰)。

7) 朝鲜王朝实录≫ 太宗卷7, 太宗4年(1404)4月9日(己卯)。

8) 朝鲜王朝实录≫ 太宗卷8, 太宗4年(1404)11月1日(己亥)。

由此可知, 永乐2年(1404)已有过两次赐书。关于此书虽有 《古今烈女传》、
《列女传》 及 《古今列女传》 等多个书名, 但皆指 《古今列女传》[9]。《古今列女
传》 为明永乐元年(1403)解晋受谕旨, 收合刘向的 《古列女传》 与元明代史书中
出现的女性列传所完成, 在一经刊印颁行后就传入了朝鲜。

《列女传》 在朝鲜时代颇受朝廷重视。世宗继位后相比之前更加强化儒教政
策, 以 《列女传》、《孝行录》、《三钢行实图》 等作为治国鉴本。因此, 宫廷妃嫔
皆将 《列女传》 作为习读教材之一。《朝鲜王朝实录》(世宗卷75、18年丙辰11月)
曰 :

> 初廢金氏而立奉氏也, 欲其知古訓而戒飭, 自今以後, 庶無此等之事, 使女師
> 授 《烈女傳》。奉氏學之數日, 乃投冊於庭曰 : '我豈學此而後生活乎? 遂不肯受
> 業。授 <u>《烈女傳》</u>, 予之教也, 而敢如此無禮, 豈合子婦之道乎?[10]

上文中值得关注的是, 世宗意识到到王室女性的角色和地位, 为了方便确立有
学识女性的道德观, 曾让世子嫔阅读 《列女传》。从世宗对女性教育的态度, 便可
知朝鲜王朝对女教的重视。同时, 女教的侧重点在女德培养, 这种要求对于士大夫
家女性也是同样。

> 至《內訓》、<u>《列女傳》</u>、《小學》等書, 皆嘗涉覽, 識其大義, 故立心制行。[11]

> 夫人全義李氏, 部將海之女, 無嗣。後夫人眞寶李氏, 學生潔之女, 參判堣之

---

9) 金台俊在 《朝鲜小说史》 中, 引用了 《大明会典》 与 《青壮馆全书》 记录, 指出太宗4年
   《列女传》 传入, 但并未准确地言及为何版列女传。此后, 朴晟義指出为 《古今列女传》, 但
   却缺乏具体证据。最终, 禹快济提到 《朝鲜王朝实录》 太宗4年3月与11月的记录, 并进一步
   明确了即为 《古今列女传》。详参金台俊, 《增补朝鲜小说史》, 韩吉社, 1990, 第66页/朴晟
   義, 《韩国古代小说论与史》, 一新社, 1973, 第72页 /禹快济, 《韩国家庭小说研究》, 高大民
   族文化研究所, 1988, 第90-91页。
10) 朝鲜王朝实录》, 世宗 卷75 世宗18年(1436)11月7日(戊戌)。
11) 宜人李氏墓碣铭》, 墓碣銘幷序○陰記表附, 《简易文集》 卷之二, 第249页。

曾孫, 退溪先生之從孫, 柔仁淑哲。好讀《内訓》、《列女傳》等書, 通知義理,
事舅姑配君子, 無違禮。[12]

　　初娶贈淑夫人高靈申氏, 領議政叔舟之後, 司憲府大司憲浞之女。夫人端美
雍愍, 平居喜讀《小學》、《列女傳》等書, 甚有婦道。丁酉倭亂, 遇賊, 抗節死
之, 得年二十有五。[13]

以上内容皆为1500-1600年代初期的记录。 第一段引文是崔岦(1539-1612)所写
的朝鲜中期文臣沈键(1519-1550)夫人广陵李氏墓碑文。　　第二段引文是宋浚吉
(1606-1672)所写的郑经世(1563-1633)行状, 行状中提及有夫人真宝李氏的事迹。第
三段引文是尹鑴(1617-1680)为外祖父金德民(1570-1651)所写的墓志铭, 提到关于外
祖母申氏的事迹。广陵李氏生于1518年, 卒于1584年；真宝李氏生于1566年, 卒于
1635年；高灵申氏生 于1573年, 卒于1597年。根据生卒年代可知, 她们都是在1500
年代阅读了《列女传》。通过上述内容可知, 这些女性皆精通《列女传》大意, 遵
守妇道。虽然无法确认她们所读的为谚解本(韩文谚解)还是中文本, 但考虑到1543
年校书馆曾开刊过谚解本, 阅读谚解本的可能性更大。

2. 《列女传》的翻译

关于《列女传》的韩文翻译,《朝鲜王朝实录》有如下的记录:

　　弘文館啓曰: "…(中略)…乞於群書内, 最切日用者, 如《小學》、如《列女
傳》、如《女誠》·《女則》之類, 譯以諺字, 仍令印頒中外, 俾上自宮掖, 以及朝
廷卿士之家, 下達于委巷小民, 無不周知, 而講習之, 使一國之家皆正, 則乖氣熄、
天和應, 而人人有親上、死長之用矣。然又有本焉, 其教之之則, 實在聖上躬行心

---

12) 行狀(愚伏鄭先生行狀)〉,《同春堂先生文集》卷之十九。
13) 外祖金知中枢府事金公墓志铭並序》墓志铭,《白湖先生文集》卷之十八, 第299页。

得之餘。伏惟聖上, 潛心焉。" 傳于政院曰: "弘文館所啓之意至當, 其令該曹, 磨鍊
施行。"14)

中宗12年(1517), 弘文馆为摆脱道德伦理意识危机, 奏启提出将 《小学》、《列女
传》、《女诫》、《女则》 等译成谚文(韩文), 并得到允许。按上文可知, 翻译
《列女传》 的动机, 本于厚伦善俗。朝鲜王朝为确立女性道德规范而选择了谚解
书的普及, 希望上自宫廷妃嫔, 下至平民百姓都能接受 《列女传》 这种启蒙读物
的教育, 显然重点在于对女性品德规范的宣扬。有关 《列女传》 刊印的内容在20
余年后的1543年才得以提及。

大提學成世昌啓曰: "東魯王氏《農書》今見之, 農桑之要, 備載其中, 雖與
我國之事似異, 然亦無可法之事。但今開刊 《烈女傳》, 工役不小, 事畢後開刊何
如?" 傳曰: "知道。"15)

上文为中宗38年11月的记载。此处使用了 "开刊"这个用语, "开刊"意为书籍首
次刊行。至于翻译本 《列女传》 有刊印本则为1543年, 也是朝鲜最早刊行 《列女
传》 的记录。

针对1543年开刊的 《列女传》 翻译情况及译本形式, 鱼叔权16)的 《稗官杂
记》 第四卷中有较详细的记载。

嘉靖癸卯, 中廟出劉向《列女傳》, 令禮曹飜以諺文。禮曹啓請申珽、柳沆飜
譯, 柳耳孫寫字。舊本本顧愷之畫, 而歲久刻訛, 殊失筆格, 令李上佐略倣古圖而
更畫之。既成, 誤依舊本, 書於每卷之首曰'漢劉向編撰, 晉顧愷之圖', 正猶班固至

---

14) 朝鲜王朝实录》, 中宗 卷28 中宗12年(1517)6月27日(辛未)。
15) 《朝鲜王朝实录》, 中宗 卷101 中宗38年(1543)11月6日(丙午)。
16) 鱼叔权(?-?) : 朝鲜中期学者。号也足堂, 曳尾, 左议政鱼世谦(1430-1500)之庶孙。因为庶孽出
　　生, 未能做上高官。官至吏文学官与监校官。曾与信使到访过中国。擅长写作, 学识渊博, 留下
　　了多部著作。著有 《攷事撮要》 与 《稗官杂记》 等。

今血食之文。使此書傳於後世, 則孰知其爲李上佐之畫乎?17)

鱼叔权于中宗35年(1540)担任校书馆监校官一职。 校书馆是朝鲜时代官方印刷出版机关, 监校官负责书籍印出过程中的校正。 虽然无法获知鱼叔权是否亲自参与了《古列女传》的刊印工作, 但从他提及译者、笔写者以及作图者并具体说明当时情况这一点, 可以推断他是对此项工作具体了解的人物。据《朝鲜王朝实录》记载, 翻译官为申斑。18) 柳沆也因是与鱼叔权类似的庶孽出身, 未能做上高官, 只担任了吏文学官。

嘉靖癸未中廟謁聖取士。有鄭蕃爲壯元, 徐大諫厚甫, 以系出寒微, 爭之不蒙恩謝。南止亭惜其才, 別置官曰, 吏文習讀, 鄭蕃、柳沆、魚叔權, 咸與其選。試之日, 魚夢見蛇蟠馬背。及其次第也, 柳爲魁魚次之。柳生於巳年, 魚則午也, 而柳居魚之上, 是夢讖也。19)

洪相又謂余曰: "吾常慕孝靖, 作何狀乃能如此。頃於孼四寸學官柳沆家, 聞有小影, 因得奉來, 觀其容像, 德氣充溢, 眞愉色婉容內外如一也。"20)

正是由于同时代以相似身份在同一处担任官职, 鱼叔权在《稗官杂记》中详细地记载了《列女传》的翻译出版情况。

虽然无法确认是否在校书馆刊印, 但谚解本《列女传》在民间也得到流传和普及。

天性至孝, 警悟超倫, 友兄弟尤篤, 好施與. 涉文史, 自少喜讀諺解《小學》、

---

17) 《稗官雜記》卷四。
18) "申斑, 乃譯官也. 以眞珠爲龍, 明珠爲顏, 獻干皇后, 必得高價云云。"《朝鲜王朝实录》, 中宗 卷80 中宗30年(1535)7月20日(己卯)。
19) 松溪漫録》下, 韩国古典综合DB(http://db.itkc.or.kr)
20) 李济臣撰, 《淸江先生鮻鯖瑣語》, 韩国古典综合DB(http://db.itkc.or.kr)

≪列女傳≫。諸兄弟讀書, 必旁聽而問難。一聞其說, 終身不忘, 故博通古今, 過於男子, 參判公鍾愛之。[21]

公初娶海平尹氏, 其考郡守塼, 祖左參贊順之, 卽滓溟公也。性行柔嘉, 事尊章克盡敬禮, 待姊姒咸得歡心。如≪列女傳≫、≪小學≫、≪家禮≫等書, 飜以諺字, 恒自閱覽。[22]

朝鲜刊刻 ≪列女传≫ 的记载可见于 ≪攷事撮要≫。≪攷事撮要≫ 是朝鲜前期在全国主要地区刊行的版刻目录。明宗9年(1554)由鱼叔权刊行后, 经历了足足十二次的续撰与改修。[23] ≪攷事撮要≫ 在 "全罗道光州条" 记录了该地刊行有 ≪列女传≫。这便是在壬辰抗倭战争前, 木版本 ≪列女传≫ 已刊行的例子。

朝鲜时代的出版惯例为最先在校书馆刊行, 再颁赐至地方监营[24]。之后, 地方监营将其作为底本进行翻印, 此时刻板的册板留下, 以便于需要时印刷出版[25]。朝鲜本 ≪古列女传≫ 也经历了同样的书籍出版过程。很有可能的是, 校书馆先少量刊行并将原刊本送至光州监营进行出版, 以满足该书的需要。

三、朝鲜本 ≪古列女传≫

1. 朝鲜本 ≪古列女传≫ 的版式

朝鲜本 ≪古列女传≫ 今残存一册(第四卷), 封面书名为 "烈女传"。此书的大小

---

21) 〈姑宜人清風金氏墓表〉, ≪潛谷先生遺稿≫ 卷之十二, 第233页。
22) 〈李公聖碩墓碣銘幷序〉, ≪寒水齋集≫ 卷28 第37页。
23) 详参金致雨, ≪攷事撮要册板目录和其收录刊本研究≫, 亚细亚文化社, 第200页。
24) 监营是朝鲜八道监司办公的官衙, 郡县也是地方官厅单位。
25) 玉泳晟, 〈三纲行实图版本的刊行与流通〉, ≪朝鲜时代书籍文化史≫, humanistbooks, 第57页。

为31.5×20.5cm, 半郭为25×17cm, 四边双栏, 楮纸, 有界, 上下
大黑口, 上下内向黑鱼尾。在朝鲜前期, 黑口与内向黑鱼尾
经常成双出现26), 鱼尾亦为朝鲜前期无花纹的黑鱼尾。花
纹鱼尾在中宗以后开始出现27)。

〈古列女传目录〉

　　第四卷有贞顺传小序与目录及正文。　目录的版心题
"列女传目录"。目录的第一叶第一行题 "古列女传目录", 第
二行题 "漢護左都水使者光祿大夫劉向編撰", 第三行题 "晉
大司馬參軍顧凱之圖畫"。次为贞顺传小序, 前中文后译文
(韩文)。译文比中文原文低一格。小序后, 十五个列传目录,
每行有两个列传目录。

　　正文的版心题 "古列女传卷四"。格式为插图——中文原文——译文。前插图后正
文, 图片占据半叶。因缺失第6叶A面(卫宣夫人)与第16叶A面(息君夫人)的插图, 共存
13幅。中文原文每半叶13行, 行22字, 各传后有颂。译文每半叶13行, 行23字, 译文比
中文原文低一格。译文里有双行小注。在字的左侧点 "旁点"来标注声调。声调从16
世纪中叶开始逐渐消失, 16世纪后期的文献中已经开始不标注旁点了, 到16世纪末
声调已经消失。翻译忠实于原文, 按照原文的内容逐句翻译, 没有对原文进行改动。

　　目录2叶, 正文85叶, 共有87叶, 其中第34叶A面被撕毁。有些字的笔画被磨损或
消失, 由此可推断, 不是初印本。

　　关于作图者, 值得注意的是 ≪稗官杂记≫ 中所载 ≪列女传≫ 画图者。≪稗官
杂记≫ 云:

　　　　舊本本顧愷之畫, 而歲久刻訛, 殊失筆格, 令李上佐略做古圖而更畫之。既
　　　　成, 誤依舊本, 書於每卷之首曰'漢劉向編撰, 晉顧愷之圖'。

26) 白斗铉, ≪韩文文献学≫, 太学社, 2015, 第58页。
27) 千惠凤, ≪韩国书志学≫, 民音社, 1997, 第556页。

按上文可知, 朝鲜本 ≪列女传≫ 的插图是朝鲜宫廷画员李上佐之作。受中宗之命, 着手

翻译和编撰 ≪列女传≫。实际上李上佐模仿顾恺之图而更画, 却依照旧本 ≪列女传≫ 题 "晉顧愷之圖"。这与此 ≪古列女传≫ 目录中记载的 "漢護左都水使者光禄大夫劉向编, 晉大司馬参軍顧凱之圖畫" 一致。因此, 可以看出此书可视为 ≪稗官杂记≫ 所指的 ≪列女传≫。

2. 目录与正文文字

迄今为止所看到的刘向 ≪列女传≫ 是经过宋人改编过的八卷本, 其中前七卷为刘向所作, 分七类叙述了不同女性的事迹, 即母仪、贤明、仁智、贞顺、节义、辩通、孽嬖等, 每类包含十五个人物传记, 另在每传记末尾附有四言八句 "颂"。第八卷为 ≪续列女传≫, 共二十传, 通常被看作刘向后人的手笔。与前七类传纪相比, ≪续列女传≫ 最大的不同是每篇传纪后无颂, 并且传纪按人物时间排序而非类别。

宋代书籍出版业日益昌盛, ≪列女传≫ 在宋代多次雕版印行。宋人序跋[28], 对了解历代版本异同和演变有着重要的参考价值。宋代仁宗之前, 通行的版本只有一种, 即包含有曹大家注的十五卷本。之后到南宋嘉定年间, 至少出现了五种版本, 皆为经过宋人改编的八卷本, 即苏颂改编本、王回改编本、蔡骥据以改编的底本、蔡骥改编本、建安余氏本[29]。

现存最早图文版 ≪列女传≫ 是南宋建安余氏勤有堂本, 该版本最早著录于明代 ≪近古堂书目≫。"宋版 ≪古列女传≫, 顾恺之图", 该宋本署名为 "汉护左都水使者光禄大夫刘向撰", "晋大司马参军顾恺之图画"。

---

28) 宋人序跋保存至今的有王回、曾巩、蔡骥等三人跋。

29) 一直以来, 建安余氏勤有堂本 ≪列女传≫ 被历代收藏家论为宋代版本, 现代学者们也接受了这一观点。但近期依据各种研究结果, 出现了该本为元代刻板的意见。详参刘赛, ≪刘向列女传及其文本考轮≫, 复旦大学 博士论文, 2010, 第60-61页。

　　根据清代各家著录, 建安余氏本 ≪列女传≫ 在清代犹流传, 惜今已失传。现在只能从清人阮福摹刻的宋版 ≪列女传≫(即文选楼丛书本, 或称为小琅嬛仙馆本) 及顾氏摹刻的宋版 ≪列女传≫(即小读书堆本)中一窥其貌。

　　文选楼丛书本, 清道光年间, 扬州阮氏影余氏刊本。封叶题 "顾虎头画列女传, 南宋余氏本, 扬州阮氏影重刊"。原有藏书印 "宋本"、"琅嬛仙馆"等。目录首行题 "新编古列女传目录", 次行小字题 "汉护左都水使者光禄大夫刘向撰", "晋大司马参军顾恺之图画"。正文则为上图下文。卷八末有 "建安余氏模刊"长条形牌记, 最后为阮福跋文。

　　小读书堆本, 清嘉庆元年, 元和顾氏重刻宋刊本。封内题 "宋本重雕古列女传", "小读书堆藏版"。顾之逵 ≪重刻古列女传跋≫ 曰 : "余氏本, 世亦不多, 有予購得之, 愛重梓焉。…… 余氏本, 上方有圖, 首題 "虎頭將軍畫, 然據王回序, 則呂繢叔等所見圖, 乃止母儀、賢明二傳, 后并無從更得。今此圖蓋余氏所補繪耳, 無容贅為摹刻也。" 由此可知, 顾之逵认为宋版 ≪列女传≫ 插图为余氏书补绘, 并非顾恺之真笔, 因此在重刻此书时省去了插图。后附有顾之逵跋。并载顾广圻 ≪列女传攷证≫ 一卷及梁玉绳 ≪列女传补勘≫ 一卷。

　　如上所述, 朝鲜本也题 "晉大司馬參軍顧凱之圖畫", 这与建安余氏本一致。由此通过朝鲜本、文选楼丛书堆本三者的比较, 阐述朝鲜本的特点。

　　第一, 第四卷目录的位置不同。文选楼丛书本与小读书堆本, 皆置于首卷王回序、曾巩目录序之后。即全八卷的目录置于首卷。而朝鲜本则置于第四卷第一叶, 即各卷目录分置于每卷首页。

	朝鲜本《古列女传》	文選樓丛书本《新刊古列女传》	小读书堆本《古列女传》
1	召南申女	召南申女	召南申女
2	宋恭伯姬	宋恭伯姬	宋恭伯姬
3	衛宣夫人	衛宣夫人	衛宣夫人
4	蔡人之妻	蔡人之妻	蔡人之妻
5	黎莊夫人	黎莊夫人	黎莊夫人
6	齊孝孟姬	齊孝孟姬	齊孝孟姬
7	息君夫人	息君夫人	息君夫人
8	齊杞梁妻	齊杞梁妻	齊杞梁妻
9	**楚昭貞姜**	**楚平伯嬴**	**楚平伯嬴**
10	**楚平伯嬴**	**楚昭貞姜**	**楚昭貞姜**
11	楚白貞姬	楚白貞姬	楚白貞姬
12	**魯寡陶嬰**	**衛宗二順**	**衛宗二順**
13	**衛宗二順**	**魯寡陶嬰**	**魯寡陶嬰**
14	梁寡高行	梁寡高行	梁寡高行
15	陳寡孝婦	陳寡孝婦	陳寡孝婦

第二, 朝鲜本的目录文字与文选楼丛书及小读书堆本较为一致, 但有些篇目的顺序不同。目录情况, 制表如下。

由上表可知, 目录的顺序存在差异。朝鲜本的第9篇与第10篇, 在文选楼丛书本与小读书堆本则为第10篇与第9篇；朝鲜本的第12篇与第13篇, 在文选楼丛书本与小读书堆本则为第13篇与第12篇。

第三, 插图方式不同。朝鲜本每篇正文前有一幅插图, 占据半叶, 每幅独立构成一图。而文选楼丛书本则分为上下两端, 上图下文, 大致每篇两图, 每图均为双幅连页式(即相邻两幅联合构成一图)[30]。此外, 朝鲜本每篇名题于插图右侧上方[31], 而文选楼丛书本则在正文之前标注篇目。

---

30) 有的正文太长, 与文字相配的图片下空间已满, 而文未结束, 下半叶则仅为文字, 取消插图。
31) 此方式与《三纲行实图》插画相同。

〈朝鲜本 ≪古列女传≫ 卷四第1叶〉　　〈文选楼丛书本 ≪新刊古列女传≫ 卷四第1叶〉

第四, 正文文字, 朝鲜本 ≪古列女传≫ 与文选楼丛书及小读书堆本略有出入。
为便于比对, 制表如下:

	朝鲜本 ≪古列女传≫	文選樓丛书本 ≪新刊古列女传≫	小读书堆本 ≪古列女传≫
小序	**順**正	**勤**正	**勤**正
召南申女	夫家訟之**於**理	夫家訟之**爲**理	夫家訟之**於**理
	後世稱**誦**	後世稱**通**	後世稱**誦**
宋恭伯姬	伯姬**嘗**遇夜失火	伯姬**常**遇夜失火	伯姬**嘗**遇夜失火
	保傅不**俱**	保傅不**來**	保傅不**俱**
衛宣夫人	**迺**作詩曰	**乃**作詩曰	**乃**作詩曰
蔡人之妻	持心不**傾**	持心不**顧**	持心不**顧**
	蔡人美之	**後**人美之	**後**人美之
黎莊夫人	行節**反**乖	行節**及**乖	行節**反**乖
齊孝孟姬	**視**之衿繙/ **視**之衿礐	**佘**之衿繙/ **佘**之衿礐	**佘**之衿繙/ **佘**之衿礐
	華孟**氏**從	華孟**姬**從	華孟**姬**從
	姬**墜**車碎	姬**墮**車碎	姬**墮**車碎
	二者失禮多矣	**三**者失禮多矣	**三**者失禮多矣
	則自**經**矣	則自**縊**矣	則自**經**矣
	義節甚公	**執**節甚公	**執**節甚公

息君夫人	楚虏**息**君	楚虏**惠**君	楚虏**息**君
齊杞梁妻	内無所**倚**	内**无**所**依**	内無所**依**
	其妻**收**喪	其妻**取**喪	其妻**收**喪
楚昭貞姜	還**去**取符	還**而**取符	還**而**取符
楚平伯嬴	伯**擧**	伯**莒**	伯**莒**
	男女之**失**	男女之**喪**	男女之**喪**
楚白貞姬	白璧一雙以**聘**焉/ **聘**以金璧	白璧一**双**以**娉**焉/ **娉**以金璧	白璧一雙以**娉**焉/ **娉**以金璧
魯寡陶嬰	斯**人**	斯**女**	斯**女**
衛宗二順	婢**妾**	婢**子**	婢**子**
	無**懈**倦	无**怠**倦	無**怠**倦
	少貴	**小**貴	**小**貴
	王婦悲	**主婦慙讓**	**主婦慙讓**
陳寡孝婦	無**他**兄弟	无**它**兄弟	無**它**兄弟
	備養吾不還	**借**吾不還	**備**吾不還

从上表可知, 部分字与文选楼丛书本一致, 部分字与小读书堆本一致。小读书堆本比文选楼丛书本相同的文字多一些。 与此同时, 还存在与文选楼丛书本及小读书堆本不同的字。例如, 小序的 "勤正"在朝鲜本中作为 "顺正", 正文中的 "孟姬"、"伯莒"、"婢子"、"执节其公"、"還而取符"在朝鲜本作为 "孟氏"、"婢妾"、"伯擧"、"義節其公"、"還去取符"。

值得注意的是 ≪衛宗二順≫ 颂的 "王婦悲"三句。文选楼丛书本及小读书堆本中为 "主婦慙讓"四句, 而朝鲜本则为 "王婦悲"。

根据朝鲜本的目录、插图、正文等几个方面, 笔者推测朝鲜本是以宋本为底本, 参照有关文献, 并加以译文而出版的校勘本。由于存在汉文与韩文两种语言, 因而进行了重新编排校订出版。

3. 插图

朝鲜本的每篇传记正文前配有一幅插图。原本为十五幅，由于〈卫宣夫人〉与〈息君夫人〉两幅残缺，因而共剩下十三幅。插图乃李上佐之作。他模仿收录了顾恺之图的宋本(旧本)≪列女传≫绘画。李上佐是宫廷画员，极其擅长肖像画和山水画[32]。与文选楼丛书本的图像相比较如下。

〈文选楼丛书本与朝鲜本之'齊杞梁妻'〉

在朝鲜本中，几件事件按顺序描绘成一幅图片。将整体分割为五个场面，视线从下端展开至上端，场面以云和山分割。

此插图与世宗16年(1434)刊行的 ≪三纲行实图≫ 插图极其相似，但篇目略有差异。≪三纲行实图≫ 作为 ≪殖妻哭夫齐≫。篇目置于插图右侧上端的这一点相同。虽然插图的笔法和描写存在差异，但可理解结构相当类似。因此，可推断李上佐参照 ≪三纲行实图≫ 进行了图片描绘。

---

32) 他受到马夏派画风影响，马夏派是将重点置于近景，将景物向一侧角落倾斜的一角构图法，是由南宋马远和夏≪之绘画风格形成的画法。详参李成美，≪韩国绘画用语集≫，Dahal传媒，2003，第362页。李亮载，〈李上佐的画员家系四代考整〉，≪韩国古美术≫ 1996年8月号，1996。

〈晚松文库 ≪三纲行实图≫〉   朝鲜本〈召南申女〉插图   朝鲜本〈黎莊夫人〉插图

朝鲜本〈齊孝孟姬〉插图   朝鲜本〈楚平伯嬴〉插图   朝鲜本〈陳寡孝婦〉插图

四、结论

　　≪列女传≫ 为前汉刘向(B.C.79~8)于汉成帝时期(B.C.52-B.C.7)编撰的女性传记。≪列女传≫ 的编撰有着鲜明的指导思想, 即从儒教的立场出发, 以对女子的教训为重点, 目的在于维护封建礼制, 巩固王权。可以说 ≪列女传≫ 阐述了妇女的生活准则。

　　由于 ≪列女传≫ 的内容思想与朝鲜时代的统治观一致, 朝鲜王朝选定了 ≪列女传≫ 作为教化书之一。中宗38年(1543)刊行了配有谚解文和插图的 ≪列女传≫。朝鲜本 ≪古列女传≫ 虽仅有一册(第四卷)残存, 但仍为颇具学术价值的版本。它的存在有益于 ≪列女传≫ 版本插图、出版印刷、翻译特点及文化交流史的研究。

略论《芝峰类说》对杨慎诗学的接受

四川师范大学 庄逸云

内容提要：李睟光的《芝峰类说》是李朝中期的一部重要论著，其中与诗话相关的部分大量引用了明代诗人杨慎的观点，呈现出向杨慎诗学借鉴的鲜明印迹。《芝峰类说》对杨慎诗学的接受情况复杂而微妙：它接受了杨慎尊唐抑宋的观念，但在抑宋的问题上，远比杨慎绝对和彻底；在李杜优劣论的问题上，《芝峰类说》保留了杨慎认为李杜各有千秋的观点，而有意识地忽略了杨慎对于杜诗的批评；对杨慎论诗重视才与学这一点，《芝峰类说》则完全认同。

关键词：《芝峰类说》；杨慎；尊唐抑宋；李杜优劣；才学

李睟光（1563—1628），字润卿，号芝峰，全州人，是李朝中期的文学家，曾三度出使明朝。其《芝峰类说》二十卷是一部百科全书式的著作，所涉内容甚广。其中与诗话相关的是卷八、卷九、卷十、卷十一、卷十二、卷十三、卷十四，分别对诗、诗法、诗评、乐府、古诗、唐五代宋元明诗、东诗等领域进行探讨，提出了许多有重要价值的见解。《芝峰类说》论诗广征博引，所征引文献遍及经史子集，历先秦至明各个朝代。作为三度出使明朝、对明代文学颇为熟悉的文学家，李睟光在《芝峰类说》中征引明代文献尤多，其中又以杨慎与王世贞两家为最，都分别多达47条左右，远远超过对其他文人论著的引用。在征引杨慎、王世贞等人的观点的基础上，李睟光往往略作阐发，或认同强调，或表达异议，由此形成自己的诗学观念，从中可以明显看出他对杨、王二家诗学的接受轨迹。《芝峰类说》受王世贞诗学的影响甚为明确和外显，对此已有学者探究。[1] 杨慎在明代中叶的文坛 "空所依傍"，于 "李、何诸子外，拔戟自成一队"[2]，其诗学观与明代前后七子皆有很大的不同，《芝峰类说》对杨慎诗学的接受不同于对王世贞的普遍吸纳，而是呈现出较为复杂和微妙的状况，十分耐人寻味，本论文拟就此问题略作探讨。

一、 尊唐抑宋

唐宋诗之争可追溯至南宋张戒的 《岁寒堂诗话》 及严羽的 《沧浪诗话》，二诗话皆以唐诗为学习的楷模，所谓以盛唐为法，说江西诗病，尤其是 《沧浪诗话》对明代诗坛的影响如 "达摩西来，独辟禅宗"。有明一代，整体上皆尊崇唐诗而贬抑宋诗。前七子的代表人物李梦阳、何景明更是标举 "文必秦汉，诗必盛唐"。李梦阳云："文必秦汉，诗必盛唐，非是者弗道。" 何景明提出："文自西京，诗自中唐而下，一切吐弃"、"秦无经，汉无骚，唐无赋，宋无诗"。杨慎在明代中叶的文坛虽然于 "李、何诸子外，拔戟自成一队"，但他仍大致不离明代诗坛崇唐贬宋的传统。杨慎评价唐诗 "绝妙今古，一字千金"，又云 "唐人诗主情，去三百篇近；宋人诗主理，去三百篇却远矣。匪惟作诗也，其解诗亦然。"[3] 在杨慎看来，诗歌应主情，宋诗主理，艺术魅力自然远不及唐诗。杨慎还将宋诗与庾信的诗作相比，认为庾信的诗歌 "绮而有质，艳而有骨，清而不薄，新而不尖，所谓为老成也"，"宋人诗则强作老成态度，而绮艳、

---

1) 杜慧月 《论朝鲜李睟光〈芝峰类说〉对王世贞诗学的接受》，《河南理工大学学报》 2013年第1期。

2) 沈德潜著、王宏林注 《说诗晬语笺注》，人民文学出版社，2013年。

3) 杨慎著、王仲镛笺证 《升庵诗话笺证》，上海古籍出版社，1987年，第111页。

清新，概未之有"[4]，个中传达出对宋诗明显的贬抑态度。李晬光对包括杨慎在内的明代诗人尊唐抑宋的观念是完全接受的。在《芝峰杂著·诗说》中，他谈到诗歌的发展轨迹："夫诗自魏晋以降，陵夷至徐庾而靡丽极矣。及始唐稍稍振复，以至盛唐诸人出而诗道大成，蔑以加焉。逮晚唐，则又变而杂体并兴，词气萎弱，间或剽窃陈言，令人易厌，然比之于宋，体格亦自别矣。"[5] 在他看来，诗道之大成是在盛唐，至于宋诗，甚至不及晚唐诗。在《芝峰类说》中，李晬光屡屡言及唐宋诗之辨，如他引用李梦阳的话曰："李梦阳云：'诗至唐，古调亡矣。然有唐调可歌咏，高者犹足被管弦。宋人主理不主调，于是唐调亦亡。黄、陈诗法杜甫，号大家。其调艰涩，不见香色流动，如入神庙，坐土木骸，即冠服与人等，谓之人可乎？'又曰：'宋人主理作理语，于是薄风云月露，一切剗去不为。又作诗话教人，人不复知诗矣。'此言似当深省。"[6] 在尊唐抑宋的大前提下，就唐代诸阶段的诗歌而言，杨慎又以盛唐诗为最佳，初唐及中晚唐皆不及，对此李晬光是深以为然的。杨慎在比较盛唐张子容与中唐李嘉祐的诗后，称"二诗语极相似，然盛唐、中唐分焉"，又评议喻凫《得子侄书》中的两句诗"雁天霞脚雨，渔夜苇条风"，"上句绝妙，下句大不称，所以为晚唐也"。对此，李晬光认为"此言是"[7]，表示认同杨慎的看法。

尽管在整体上认为宋诗不及唐诗，但杨慎对待宋诗的具体态度实际上颇为平和公允。杨慎抑宋而不绌宋，曾多次强调不可谓宋人无诗。《升庵诗话》记载了一则趣闻：杨慎针对友人谓"宋人书不必收，宋人诗不必观"的偏见，以四首宋诗叩问友人，"此何人诗？"友人答曰"唐诗"。杨慎笑称，"此乃吾子所不观宋人之诗也。"[8] 杨慎显然对友人"宋人诗不必观"的看法大不以为然，认为宋诗亦多佳作。相对于杨慎

4) 杨慎著、王仲镛笺证《升庵诗话笺证》，上海古籍出版社，1987年，第88页。

5) 李晬光《芝峰杂著》，蔡美花、赵季主编《韩国诗话全编校注》（二），人民文学出版社，2012年，第1349页。

6) 李晬光《芝峰类说》卷九，蔡美花、赵季主编《韩国诗话全编校注》（二），人民文学出版社，2012年，第1044页。

7) 李晬光《芝峰类说》卷九，《韩国诗话全编校注》（二），第1075页。

8) 杨慎著、王仲镛笺证《升庵诗话笺证》，上海古籍出版社，1987年，第433、434页。

对宋诗或显或隐的称赏，李睟光对宋诗的贬抑态度则要明确和彻底很多。《芝峰类说》卷十二引用了杨慎对两首宋诗"有唐调"的评价：

> 朱文公诗："孤灯耿寒焰，照此一窗幽。卧听檐前雨，浪浪殊未休。"张南轩诗："坡头望西山，秋意已如许。云影渡江来，霏霏半空雨。"又："散策下舸亭，水清鱼可数。却上采菱舟，乘风过南浦。"杨慎以此为有唐调云。[9]

事实上，杨慎原文近四百字，共论及王安石、孔文仲、崔鶠、寇准、郭功甫、苏辙、朱熹、张栻八位诗人的作品，而不止于朱熹、张栻；且原文开篇即云"宋诗信不及唐，然其中岂无可匹敌者"，篇末再云诸诗"有王维辋川遗意，谁谓宋无诗乎？"[10]相比之下，李睟光的引用不仅掐头去尾、节略甚多、轻描淡写，且对杨慎的核心观点毫无阐发和揄扬，不难揣测，他对杨慎的观点是很有保留的。实际上，《芝峰类说》凡是提及宋诗处，几乎一律是贬抑和否定，并无杨慎的公允平和。如卷十一比较了欧阳修与唐代刘驾的诗作，称"欧诗固好，而视刘作似劣，可知唐宋之辨矣"[11]，具体的诗作固然有优劣之别，但仅从两首诗的高下就上纲上线至"唐宋之辨"，就不能不说作者是有成见在先了。《芝峰类说》对苏轼也颇多疵议。如卷九评价苏诗"梦回闻剥啄，谁乎赵陈子"，"时人以为句法甚新，余则以为句法甚俗"[12]；评价苏诗"公独未知其趣耳，臣今时复一中之"，"古今以为奇对，然此为四六偶对则好矣，用之于诗则句法似俗而天机亦浅，唐人则必不如是作句矣。"[13]又评价王安石之诗："王诗在宋，最精巧有意味"，然"语非不工，气格犹在晚唐下[14]。至于江西诗派中的黄庭坚、陈师道诸人之诗，更被李睟光嘲讽为"点金成铁"。《芝峰类说》对宋诗的彻底贬抑立场，主要源于作者李睟光对其国内诗坛师法宋诗的不满。《芝峰类说》

---

9) 李睟光《芝峰类说》卷十二，《韩国诗话全编校注》(二)，第1253、1254页。
10) 杨慎著、王仲镛笺证《升庵诗话笺证》，上海古籍出版社，1987年，第147、148页。
11) 李睟光《芝峰类说》卷十二，《韩国诗话全编校注》(二)，第1188页。
12) 李睟光《芝峰类说》卷九，《韩国诗话全编校注》(二)，第1090页。
13) 同上，第1092页。
14) 同上，第1089页。

卷九云："我东诗人多尚苏、黄，二百年间皆袭一套。至近世崔庆昌、白光勋始学唐，务为清苦之词，号为崔白，一时颇效之，殆变向来之习。然其所尚者晚唐耳，不能进于盛唐，岂才有所局耶？"[15) 李晬光又云："本朝诗人不脱宋、元者无几。如李胄、俞好仁、申从濩、申光汉号近唐，而似无深造之功。朴淳、崔庆昌、白光勋、李纯仁、李达皆学唐，其所为诗有可称诵者，但止于绝句或五言律，而七言律以上则不能佳，又不能进于盛唐。是其才学渊源本小而然，不知者以为学唐之咎，可笑。今世亦岂无一二用力于斯，而优入始盛唐之域者乎？具眼者能卞之。" [16) 很明显，李朝诗人原本宗宋，作诗"不脱宋、元者无几"，或"多尚苏、黄，二百年间皆袭一套"。尽管部分诗人号称学唐，"又不能进于盛唐"，对此李晬光是不满的，他受明代前后七子的影响，遂以始盛唐诗相号召，以期扭转国内诗坛的风气。鉴于此，他对宋诗的贬抑自然不遗余力。

杨慎虽然认为宋诗"信不及唐"，在始盛中晚唐诸时期中，又尤为推崇盛唐；不过，杨慎似乎并不以盛唐诗为诗歌的最高典则，而是尊崇《诗经》，以之为"后世诗人之祖"[17)，其比较唐宋诗之优劣，亦以《诗经》为准则，认为唐诗主情，去《三百篇》近，宋诗主理，去《三百篇》却远。杨慎又特别强调汉魏六朝诗的重要性，称六朝诗作"其体裁实景云、垂拱之先驱，天宝、开元之滥觞；又云"汉代之音可以则，魏代之音可以诵，江左之音可以观"，"有唐诸子效法于斯，取材于斯。昧者顾或尊唐而卑六代，是以枝笑干，从潘非渊也，而可乎哉？"[18)确如王仲镛先生指出："升庵沉浸汉魏六朝，以为五言古诗，盛于八代；唐人近体，源溯齐梁。"[19) 杨慎的这些观点与明代中叶前后七子倡导的"诗必盛唐"的主张，有较大的不同。李晬光受王世贞的影响要远大于杨慎，他是"诗必盛唐"的信奉者；不过，他同时提出："余于《五经》外，好庄子、司马子长，诗好建安以至始唐盛唐，而中晚以下则

---

15) 李晬光《芝峰类说》卷九，《韩国诗话全编校注》（二），第1051页。

16) 李晬光《芝峰类说》卷九，《韩国诗话全编校注》（二），第1106页。

17) 杨慎著、王仲镛笺证《升庵诗话笺证》，上海古籍出版社，1987年，第113页。

18) 杨慎《选诗拾遗序》，《升庵全集》卷二。

19) 杨慎著、王仲镛笺证《升庵诗话笺证》，上海古籍出版社，1987年，第131页。

唯取其警句而已。"20) 此语将建安以至初唐盛唐的诗歌相提并论，体现出对汉魏六朝诗在某种程度上的认可。

二、李杜优劣论

李白、杜甫优劣之争作为一段文坛公案，最早由中唐元稹所引发。杨慎亦卷入这一公案，在论著中对李杜优劣的话题有所阐发。杨慎似乎认为二人是有优劣之别的，《升庵诗话》卷七"巫峡江陵"条说得很明白：

> 盛弘之《荆州记》巫峡江水之迅云："朝发白帝，暮到江陵，其间千二百里，虽乘奔御风，不以疾也。"杜子美诗："朝发白帝暮江陵，顷来目击信有徵。"李太白："朝辞白帝彩云间，千里江陵一日还。两岸猿声啼不尽，扁舟已过万重山。"虽同用盛弘之语，而优劣自别，今人谓李杜不可以优劣论，此语亦太愦愦。白帝至江陵，春水盛时，行舟朝发夕至，云飞鸟逝，不是过也。太白述之为韵语，惊风雨而泣鬼神矣。太白娶江陵许氏，以江陵为还，盖室家所在。

这段话引用李白、杜甫的两首诗为例加以分析，得出的结论是李白优胜于杜甫，而"今人谓李杜不可以优劣论，此语亦太愦愦"。事实上，《升庵诗话》批评杜甫及杜诗的地方还不少。如卷八"称许有乃祖之风"条对杜甫的"高自称许"不以为然，认为其以稷与契自喻"则过矣"。卷八"子美赠花卿"条贬抑杜甫的绝句，"杜子美诗，诸体皆绝妙，独绝句本无所解"。卷三"羊肠熊耳"条将杜甫诗与庾信诗作比，指出"杜觉偏枯矣"。杨慎对宋人以"诗史"称誉杜甫亦提出批评："宋人以杜子美能以韵语纪时事，谓之'诗史'。鄙哉！宋人之见，不足以论诗也。夫六经各有体：《易》以道阴阳，《书》以道政事，《诗》以道性情，《春秋》以道名分。后世之所谓史

---

20) 李晔光《芝峰类说》卷九，《韩国诗话全编校注》(二)，第1050页。

者，左记言，右记事，古之《尚书》、《春秋》也。若《诗》者，其体其旨，与
《易》、《书》、《春秋》判然矣。《三百篇》皆约情合性而归之道德也，然未尝
有道德字也，未尝有道德性情句也。……杜诗之含蓄蕴藉者，盖亦多矣宋人不能学
之。至于直陈时事，类于讪訐，乃其下乘末脚，而宋人拾以为己宝，又撰出'诗史'二
字，以误后人。"[21] 这段话表述了杨慎很重要的一个诗学观念，即六经各有其体其
旨，不可泯然丧失文体界限，诗当然亦不可以兼史。至于杜诗中被誉为"诗史"的那
一部分作品，在杨慎看来，不过是"直陈时事，类于讪訐，乃其下乘末脚"。总之，杨慎
疵议杜甫的地方不少，似乎持扬李抑杜的立场。实则不然！杨慎虽对杜诗有所批
评，但推崇之处更多，兹不赘举。《升庵诗话》中谈及李白处24条，谈及杜甫处则
多达41条，据此可以看出杨慎对杜甫的高度兴趣。杨慎终其一生，其诗歌创作虽转
益多师，但学习、效法杜甫的时候甚多，流放云南三十余年间，更是常在诗歌中以
杜甫自况自喻。《升庵诗话》中批评杜诗，更多地是源于对当时诗坛一味拟杜风
气的不满。明代中叶，"至何、李二子一出，变而学杜，壮乎伟矣。然正变云扰，而剽
袭雷同，比兴渐微，而风骚稍远"[22]，杨慎指摘杜诗，不过是"借此对当时李梦阳诸人
之崇杜太过者，少下针砭"[23]，而并不是真正要在李、杜二家中分出优劣高下。事实
上，杨慎多将李、杜并举，认为二人各有千秋，如《升庵诗话》卷七"评李杜"条
曰："余谓太白诗，仙翁剑客之语；少陵诗，雅士骚人之词。比之文，太白则《史记》，
少陵则《汉书》。"

李晬光的《芝峰类说》也对李杜优劣论这个话题有浓厚的兴趣。《芝峰类
说》卷十四回顾了李杜优劣论的缘起及杜诗的沉浮际遇："《杜诗集序》云：'子
美在当时名亚李白，又少白十余岁，而生平知者亦鲜。至元和间，天下争诵元白，于
子美覆加诋訾。及韩子有光焰万丈，何用谤伤之语，元微之文又极称非李所及，于
是子美之名烨烨与纬耀流辉，而业辞艺者宗之。'"李晬光本人在这个问题上的立场

21）杨慎著、王仲镛笺证《升庵诗话笺证》，上海古籍出版社，1987年，第125、126页。
22）同上，第128页。
23）王仲镛先生语，见《升庵诗话笺证》，第230页。

倒是较为公允平和，即认为李杜各有千秋，既互有所长，也互有所短，整体而言不可以优劣论。《芝峰类说》卷九引用王世贞的观点云："王弇州曰：'十首以前，少陵较难入；百首以后，青莲较易厌。'此则与杜而抑李也。又曰：'太白不成语者少，老杜不成语者多。'此则与李而抑杜也。又曰：'太白之七言律、子美之七言绝皆变体，不足多法。'此则两抑之。然弇州于李、杜扬之者固多矣，今不尽录。"[24] 这段话明确地表露出，在李晬光看来，李杜各有长短，不必强分高下。因持有这样的立场，所以李晬光在吸纳杨慎的相关评述时，呈现出颇为审慎的态度。《芝峰类说》卷九引用杨慎的话云："杨慎曰：'太白诗，仙翁剑客之语；少陵诗，雅士骚人之词。比之文，太白则《史记》，少陵则《汉书》也。'此言可谓善论矣。"[25] 杨慎这一段将李杜并举、谓二人各有千秋的话为李晬光完全征引，且誉之为"善论"。关于"诗史"之说，李晬光亦有所谈及："古人谓李白为仙才，李贺为鬼才，又谓李白为诗圣、杜子美为诗史。胡宗愈言：'杜子美凡出处去就、悲欢忧乐一见于诗，读之可以知其世，故谓之诗史。'余谓诗而为史，亦诗之变也。"[26] 杨慎对宋人称誉杜诗为"诗史"不以为然，其相关评价李晬光不会没有看到，但他只是状似客观地指出，"诗而为史，亦诗之变"，至于这种"诗变"究竟好还是不好，他并未评判，也即在这个问题上，他并未全盘采纳杨慎的看法。此外，杨慎对杜诗的某些具体品鉴，李晬光也不尽认同。如杨慎将杜甫《送人迎养》中的两句诗"青青竹笋迎船出，白白江鱼入馔来"与韦应物《送人省觐》一诗中的"沃野收红稻，长江钓白鱼"作比，认为杜不如韦，而李晬光则表示，"韦诗中的红稻、白鱼皆是泛说，则恐不如杜之用事衬切矣"[27]。总之，在李杜优劣论这个问题上，李晬光对杨慎认为李杜各有千秋的观点是采纳的，但杨慎所谈杜诗之不足，李晬光则持以十分审慎甚至否定的态度，他似乎并未窥见杨慎批评杜诗的真正用意。

---

24) 李晬光《芝峰类说》卷九，《韩国诗话全编校注》(二)，第1070页。
25) 同上，第1046页。
26) 李晬光《芝峰类说》卷九，《韩国诗话全编校注》(二)，第1074页。
27) 同上，第1068页。

三、诗之盛衰，系于才与学

　　《升庵诗话》卷四"胡唐论诗"条，杨慎著录了友人及门生胡廷禄的观点"诗之盛衰，系于人之才与学"，且以之为的论。才气、才华或才情之于诗人的重要性，自然不言而喻，杨慎评诗，已多处渗透其对才情的看重；而学养或学识之于诗人的重要性，杨慎则在《升庵诗话》中专门讨论，反复致意。卷四"晚唐两诗派"条批评晚唐贾岛、姚合等苦吟诗人"今不读书，而徒事苦吟，撚断肋骨，亦何益哉"。卷四"宋人论诗"条提出作诗需讲究出处："自圣人以下，必须则古昔，称先王矣。若以无出处之语，皆可为诗，则凡道听途说、街谈巷语、酗徒之骂座、里媪之詈鸡，皆诗也，亦何必读书哉？此论既立，而村学究从而演之曰：寻常言语口头话，便是诗家绝妙辞。噫，《三百篇》中，如《国风》之微婉，二《雅》之委蛇，三《颂》之简奥，岂寻常语口头话哉？……此即古诗述前言援引典故之实也，岂可谓无出处哉？必以无出处之言为诗，是杜子美所谓伪体也。"既然要以有出处之言为诗，则诗人非多读书、多储备学养不可。杨慎本人博学多闻，论诗重考辨笺证，也是重学识之体现。

　　李睟光论诗亦看重才学。其《诗说赞》云："先论才气，次观韵格。"王世贞提出的"才生思，思生调，调生格"，将才置于诗歌创作中的第一位，李睟光是深表认同的。他述及其国内诗坛学唐诗之局限，认为原因在于那些诗人"才学渊源本小"。在此背景下，李睟光对杨慎看重才学、强调考据笺释的理念是完全接受的。李睟光本人论诗，也如杨慎，重视考证、强调出处，他在论诗时多次借用参考杨慎的考辨成果，就充分说明了这一点。如《芝峰类说》卷九谓王维诗"阴阴夏木啭黄鹂"中的"夏木"即柳树；乐府诗"有信数寄书，无信心相忆"中的"信"应解作"使"，而非书札；梁人诗"长安夜刺闺"之"刺闺"乃夜有急报，投刺于宫门的意思；王维诗"隐囊纱帽坐弹棊"之"隐囊"乃六朝人所作靠垫，等等，李睟光皆是全盘照搬了杨慎的考辨成果。《芝峰类说》中也有一些条目是在杨慎考释的基础上略作补充。如卷十谈李白诗的条目："李白诗：'日就东山赊月色，醉歌一夜送泉明。'按：泉明，即渊明，唐人避高祖讳，改渊为泉。韩翃诗'闻道泉明居止近，篮与相访会淹留'，亦此也。"[28] 此条中，对"泉明"的考释完全借用了杨慎的成果，其后引用韩翃诗，则是李睟光本人的补充。当然，≪芝峰类说≫ 中也有对杨慎的考释表示异议的地方。无论是照搬、补充，还是驳斥，都可以看出李睟光对杨慎诗学的吸纳。

总体而言，以王世贞为代表的前后七子的诗学观对李睟光的核心诗学体系的形成，有很重要的影响；在此背景下，其 ≪芝峰类说≫ 在接受明中叶另一位大家杨慎的诗学时，呈现出十分复杂而微妙的状态。≪芝峰类说≫ 接受了杨慎尊唐抑宋的观念，但在抑宋的问题上，远比杨慎绝对和彻底；在李杜优劣论的问题上，≪芝峰类说≫ 保留了杨慎认为李杜各有千秋的观点，而有意识地忽略了杨慎对于杜诗的批评；对杨慎论诗重视才学这一点，≪芝峰类说≫ 则是完全认同的。≪芝峰类说≫ 虽然在以明代诗话为主的历朝诗话的启示和影响下成书，但从对杨慎诗学的接受上，可以看出作者李睟光在接受中的主观能动性和个性，各种诗学观念被他以为我所用的姿态有机地融合在了一起。

---

28) 李睟光 ≪芝峰类说≫ 卷十，≪韩国诗话全编校注≫(二)，第1150页。

建构主义视角下的韩国古代汉语教材 《老乞大》特点分析 及其对国际汉语教材编写的启示

延世大学 金椿姬

一、引言

　　《老乞大》 是韩半岛古代高丽时期和朝鲜时期人们学习汉语使用的教科书。成书于1346年前后。《老乞大》 在汉语教育史上流传四百多年, 其间不断被重新修订、注释。作为汉语教材, 它带给今天的汉语国际教育以无穷启示。

　　本文首先总结几点 《老乞大》 的编写特点, 然后从建构主义教学理论上做分析, 最后指出 《老乞大》 对今天国际汉语教材编写的启示。

二、古代汉语教材 《老乞大》 的特点

1. 内容的情境性与真实性

　　《老乞大》[1] 共106小节, 每一节有一个主题, 106节合在一起是一个完整的故

事。内容包括了七大部分2)：打招呼、留宿就餐、行商路途事项、买卖物品和价格、牙人参与的商业活动、人生态度、回城准备。篇幅最大的是行商途中的情景；其次是住宿就餐、买卖物品了解价格、牙人参与的商业活动。故事从来自高丽国的两个商人，在途中遇到了来自中国辽城的中国商人开始，最后以高丽商人成功完成贸易活动，告别还乡结束。

　　建构主义学习理论主张应该使用产生于真实背景中的知识启发学习者思维。也就是说，作为学习资料的教材所承载的知识应该与实际相符合的，具体到汉语第二语言教材，那就是情境性与真实性。据考证，《老乞大》之前，人们学习汉语是通过汉语原著作，比如《论语》《诗经》《周易》等。而《老乞大》则是由作者编写的，编写者通过会话形式展开故事内容，从而设定许多不同的情境。《老乞大》是一本创设汉语言情境，模拟真实语境的教材。

　　关于住店的话题，《老乞大》设定几种不同场景，事件每次发生的情节都有所不同。有时商人们受到店主殷勤接待 (第13-34节)，店主不但给商人备下可口饭菜，也给马匹备好饲料；有时遇到态度不那么友善的店主 (第38-45节)，商人们只好恳求、忍让，最终得以住宿；还有时店主不但开店，还充当中介人 (第51-54节)，给商人们介绍贸易渠道的。关于就餐，《老乞大》中也有不同情景事件出现，有商人们自己做饭吃、店主招待吃饭、在饭馆就餐等不同情境下的会话。《老乞大》相同的话题设定不同的场景，显示作者对语境真实性的追求。

2.《老乞大》语言的真实性

　　《老乞大》语言使用现实生活中真实的语言，表现在两个方面，一方面在作为教材使用的四百多年里，为了保证是实际使用的语言，《老乞大》不断被修订；第

---

1) 정광 역주 해서《原本老乞大》，韩国：김영사,2004년.
2) 参照《原本老乞大》对当下汉语教材编纂的借鉴。

二一方面是，教材中大量使用了生活中的谚语、俗语。

《老乞大》作为汉语会话教材，所使用语言反映了当时汉语口语实际。迄今发现的最早版本《原本老乞大》编于1365年前后。此后400多年使用时间里，《原本老乞大》多次被修订注解再版。据考证，先后出现过《删改老乞大》(1483年)、《老乞大新释》(1761年)、《重刊老乞大》(1795年)，以及《翻译老乞大》《老乞大谚解》《新释老乞大谚解》《重刊老乞大谚解》等。这种与时俱进，不断修订，保证了教材所使用语言的真实性。

汉语书面语与口语是相脱节的。《老乞大》时代在韩国私塾里学习的汉语是书面语。而商人们去中国做生意，需要学习的是日常口语，是现实生活中使用的语言。口语言是会随着岁月流逝而有明显变化的，语音、词汇、句法等都会有所改变。《老乞大》不但是一本口语教材，而且随时代变化而得到不断的修订完善。

其次，《老乞大》会话中大量使用了生活中的谚语、俗语。这反映了教材语言的生动性，同时生动的语言也包含着汉语言思维方式。老百姓生活口语里含有大量的俗语、谚语，这是客观事实。教材没有因为考虑到是外国人学习而简化语言，避开复杂的语言表达，而是使用自然而真实的生活口语，学习者可以通过这种真实的语言学习，了解汉语言文化思维方式。比如"马不得夜草不肥，人不得横财不富(第24节)""常防贼心，莫偷他物(第25节)""一客不犯二主(第41节)"等等。这样的对话富有丰富的中国文化内涵，并十分容易获得学习者的理解。

3. 《老乞大》以学习者可接受的方式提供中国文化内容

《老乞大》的在汉语言文化输出方面，充分体现了以学生为中心的原则。这可以从三个方面看出：一是，教材内容的选取角度；二是，将文化元素融入会话内容；三是，通过本土文化与汉语言文化的对比，呈现汉语文化。

首先，教材是会话体，而对话内容是以学生为中心选取的。一般讲，教材取材内容以及展开反映着编写者的立场。比如中国学校的教科书选取的课文，反映出编写者的价值观；日本学校使用的教科书，也反映出编写者的价值取向。对外汉语教材长期以来，一直以来是以汉语言文化视角为标准来编写的。比如《新实用汉语课本》《博雅汉语》《汉语口语速成》等，都是以汉语言人的视角来编排教材的内容,展示中国文化的。比如教材中的购物、在银行等场景的活动，一般都是买卖公平，砍价有趣，营业员也都热情周到。

而《老乞大》以学习者的角度呈现汉语言文化内容。《老乞大》故事的主人公是高丽(朝鲜)商人，内容是主人公在中国旅途经商的见闻。从衣食住行到商务活动，都是以朝鲜商人的视角展开的。例如第5节：

汉：你的师傅是什么人？

高：是汉儿人有.

汉：多少年纪?

高：三十五岁也.

汉：耐繁教那不耐繁教?

高：俺师傅性而温克,好生耐繁教。

汉：恁那众学生, 内中多少汉儿人？多少高丽人？

高：汉儿, 高丽中半。

汉：里头也有玩的麽？

高：可知有顽的。每日学长将那顽的学生师傅行呈著, 那般打了呵, 则是不怕。汉儿小厮哏顽, 高丽小厮每较争些箇。

这节对话是通过从高丽商人视角介绍当时高丽汉语教学情况。汉语老师35岁，很有耐心。学生中高丽学生和汉人学生各占一半, 汉人学生十分顽皮, 而高丽学生十分用功。再比如第65节：

高：只是一件, 烂钞不要, 与俺好钞。

客：那般者。烂钞也没。俺的都是好钞。

高：既是好呵。咱先捡了钞, 写契。

客：那般者, 布袋里钞将来, 都捡了。

　　高：著牙人先捡了。

　　牙：你卖主自捡。

　　高：里头无一张儿歹的，这钞虽是捡了，假伪俺不识，你时了记印者，已后
　　　　使不得时，俺则问牙人换。

　　牙：那般者，使著印儿也，不拣几时管换。

　　这是一段高丽商人达成交易后，收钱的对话情景。话题内容展开由高丽商人
掌控，其中的信息包含：一是中国钞票会有损坏的，收钱成交前应该先检查一下，
然后再写收据，二是由于真假钞票难辨，请中介人做担保，并有盖印的担保契约。
并不是说有负面内容才是从学习者的话语视角。但是从学习者角度来说明汉语言
地区发生的事件，对学习者来讲，在学习语言交际技能的同时，也对商业文化知识
有所认识。

　　《老乞大》这种从学生视角展开对话的编写，体现出教材是以学习者为中心
编写的。

　　其次，《老乞大》对中国文化输出不是生硬的专题式宣传介绍，而是通过语言
学习文化，学习文化的载体语言中，了解中国人的思维。比如前面在介绍语言的真
实性时已作过的说明，学生通过学习《老乞大》对话中的俗话、谚语，或者会话的
内容以及内容的背景了解中国文化。以学生为中心编写汉语教材，展示文化的方
式应该是这样"随风潜入夜，润物细无声"的方式，而不是生硬的宣传推广方式。

　　第三，《老乞大》通过对比方式，帮助学生理解汉语言文化。教材内容中含有
大量本土文化与汉语言文化对比的交流，并且这种对比不是从汉语文化角度看高
丽（朝鲜）文化，而是从学习者角度阐释两种文化的异同。例如第27节介绍高丽井。
汉人让高丽人去打水，高丽人说他不会打水，打不上水来，汉人教给高丽商人怎样
打水。高丽商人向汉人介绍高丽水井跟汉儿地的不同，而且是女人打水等。如果没
有对高丽生活的了解，是写不出这样的对话内容的，也不会提出有对汉地井的认识
评价。

《老乞大》类似的对比式会话章节很多, 通过对比高丽 (朝鲜) 商人向中国商人介绍韩半岛文化的对话, 比如学堂、家族关系、饮食习惯、货物等等。这种通过对比介绍自己民族的文化, 是汉语学习者需要掌握的汉语交际技能。 它也说明了文化交流是双向的。

4. 教材为互动学习与自上而下的学习提供可能

《老乞大》 体例上看有两点值得我们关注。一个是会话体形式 ; 再一个是会话内容不是设定情景的简化形式、个别部分, 而是真实的任务。这为课堂教学的互动活动, 以及教室里自上而下的教学活动提供了可能。

《老乞大》 采取会话体形式, 有计划地安排教学内容和组织语言材料3)。这种编写十分有利于课堂上学生之间, 或学生与老师之间的互动学习。 学生可以在模拟真实场景的活动中获得交际知识。 比如在课堂上设定情境, 让学习者充当一定角色, 调动学生参与学习活动, 在运用中培养汉语交际能力。《老乞大》 为这样的教学方法提供了条件。不仅如此, 《老乞大》 还按照学习需要, 将每一主题会话有计划地做切分, 使其可以满足一次学习需要的内容量。

《老乞大》 被认为是初级口语教材4)。但是编写者并没因为学生是初级水平, 而简化任务形式。比如从语音或者汉词、短语等开始, 从 "你好、再见、谢谢、对不起"等简单的词语开始, 而是从真实的交际任务开始第一课学习。比如第1节 :

> 汉 : 大哥, 从那里来 ?
> 高 : 我从高丽王京来。
> 汉 : 如今那里去 ?
> 高 : 俺往大都去。

---

3) 参见程相文。
4) 参见郑光、程相文等论述。

汉：恁几时离了王京？

高：俺这月初一离了王京。

汉：既恁这月初一离了王京，到今半箇月，才到的这里？

高：俺有一箇伙伴落后了来，俺沿路上慢慢的行著等候来。为那上，迟了来。

汉：那伙伴，如今上来那不曾？

高：这箇伙伴便是。夜来才到。

汉：恁这箇月尽头到的大都那到不得？

高：知他，那话敢道。天可怜见，身己安乐呵，也到得有。

　　《老乞大》一开始便是成句的对话，整本教材自始至终保持着汉语生活原貌呈现给学习者。这对于初级学生来讲，是不容易的。但从建构主义学习观看，正是因为学习障碍的存在，学生才能发现问题，寻求解决问题的支架，在教师或者同伴的帮助下，扩展和深化个人的认知，从而在真实的语境中掌握真实的语言技能。

5. 对学习者原有经验的尊重与利用

　　《老乞大》是为韩国学习者编写的汉语学习教材。学习者往往是已经具备了母语表达能力和思维方式的成年学习者。母语及其思维方式对学习者学习第二语言汉语将产生必然影响。《老乞大》自1515年前后朝鲜中宗时期，被崔世珍依据《训民正音》注音符号做注释翻译，此后不断有《老乞大谚解》版本出现。"谚解"就是使用学生的母语韩国语为汉字从音义两方面作注，为课文作注释，帮助学生理解和掌握汉语的句子。《老乞大谚解》帮助学生以母语为媒介理解汉语，帮助学生掌握汉语的词汇和句子。给学生一个起点，通过学生自身的知识经验接触汉语，认识汉语，在接触和理解汉语过程中，通过同化和顺应建构汉语知识，丰富起个人知识和经验。多种版本的《老乞大谚解》出现是对学习者原有知识的尊重与利用。

　　上述分析了《老乞大》作为汉语教材的五个特点。内容上《老乞大》以学习者的需求为选择范围，选取尽可能真实的内容；呈现内容的形式是通过会话，从学习者角度展开一个又一个场景；方法上通过对学习者原有思维给予充分尊重，调动学生学习汉语的主动性，使学生在设定的模拟真实的语境下成为学习的主体。

三、建构主义视角下的外汉语教材 《老乞大》

建构主义学习观认为，知识是学习者建构的。是学习者对客观存在知识的接触中，依据个人经验的思维系统，通过同化、顺应、平衡[5]等过程，或使新信息适应已有的图式[6]，或完善原有图式，或创新图式。因此，学习者不能被视作容器，被看作知识的灌输对象，而应该视作是获取知识的主体，是知识的主动建构者。

建构主义教学观十分重视学习者已有经验，把学生原有的知识经验作为新知识的生长点。为学习者提供真实的与现实相符合的内容，让他们在在互动、合作等学习方式中，建构他们需求的知识。建构主义教学观强调自上而下[7]的教学。

以学习者为中心展开教学活动是建构主义教学的核心，教材是教学活动资源，因此，教材也必然是以学习者为中心设计编写的。通过分析，可以看到 《老乞大》正是一本以学习者为中心编写的教材。

建构主义强调为学习者提供真实的与现实相适应的情境，反对假造的情境，因为虚假的情境会误导学习者建构不真实的新信息。主张提供产生于真实背景中的

---

5) 同化，是指使新信息适合已有的思维系统或分类。顺应，即改变已有的思维或分类，或创造新。顺应是为了适应新信息。而通过适应，同化和顺应这两种活动会达到相对平衡。平衡既是一种状态，又是一种过程。平衡的状态继续不断发展，就是心理智力的发展过程。如果新的信息能够很恰当地嵌入已有的思维系统或分类，　那么这种信息就会比无法嵌入的信息更容易理解。参见皮亚杰 《发生认知论原理》。

6) 式，是指知觉和经验的思维系统或分类。参见 《教育心理学：理论与实践》 p.25。

7) 自上而下的学习，是指学生首先从复杂的问题入手，然后在帮助下找到或发现所需要的基本技能。强调的是遇到任务的完整性与真实性。这种自上而下加工的取向与传统的自下而上的教学策略是相反的。参见 《教育心理学：理论与实践》 p.189。

信息启发学习者思维，影响之后建构真实的知识。而《老乞大》中模拟真实的情境性，十分有利于学习者准确掌握汉语技能。而且教材使用真实的口语编写会话，不仅反映汉语言应用的实际，也蕴含着汉语言文化的思维。这可以保证学生有效地建构准确的汉语言知识。

教材内容和文化呈现方式是以学习者为中心编写的。《老乞大》是以高丽商人在中国经商活动的一系列事件编写的语言会话教材，话题是学习者需要内容。同时这些会话是从学习者视角发生的，适合学习者心理、情感需求。而对比两国间不同的风俗习惯，更体现出编写者以学习者为中心的内容设计。《老乞大》的这种内容编写，有利于激发学习者的学习动机，保持学习的积极性，并且在对比学习中发现自我，实现自我成长。

建构主义学习观十分重视合作学习与自上而下的学习。因为学习者需要在提供的全面的知识情境下建构有意义的个人知识。合作学习其理论构想是：如果学生相互讨论问题，那么他们更容易发现和理解复杂的概念。自上而下的教学是指，学生一开始遇到的问题就是复杂的、完整的、真实的[8]。学生在全面真实的情境中，根据个人已有图式，建构有意义的信息知识。《老乞大》会话体形式，十分有利于课堂上的合作学习。比如让学生分担角色，在模拟情境中练习交际技能，发现新信息。而真实、复杂的对话内容，让学生更关注汉语的交际功能，而不是局部的，比如语法、声调等。这种自上而下的编写体例，有利于学习者掌握语言交际大局，并从中发现局部的作用，帮助学习者建构赋予个人意义的知识经验。

建构主义学习理论提倡，尊重学习者原有的知识经验，尊重学生对语言文化的想象力。学生是通过已知信息来理解新信息，进而丰富和发展各自原有认知思维。《老乞大》有多种版本的《老乞大谚解》，这正是反映教材对学习者原有知识的重视。《老乞大》在试图通过学生原有知识，建构学生对汉语交际能力方面做了十分有益的尝试。

---

8) 参见《教育心理学：理论与实践》p.191。

四、《老乞大》对汉语教材编写的启示

《老乞大》是一部十分成功的汉语教材。通过上述分析可以看到,《老乞大》经久不衰受到学习者欢迎的原因在于,这是一部以学习者为中心编写的教材。这一点对现代中国大力推广汉语国际教育十分有启迪。即,国际汉语教学应该是以学习者为中心展开的学习活动。对外汉语教什么、如何教都应该是由学习者决定的。教师、教材以及推广汉语的政策,都应该以帮手的角色对学习者发生影响,帮助学生在已有经验思维上,建构汉语言文化图式。对外汉语教学目标也应该以学习者的学习目的为目标,帮助学生达到他们自己设定的学习目的。诱导学生建立更高的目的,帮助学生获得学习汉语的成就感,体验学习汉语的快乐。

汉语教材编写的针对性、趣味性、实用性原则也好,科学性、系统性、文化性原则也好,都应该把学习者的需求放在第一位。用真实而实用的语言,表达学生想说的内容。教学方法无论是视听法、情境法,还是直观式、任务式,任何教学方法和教学模式,都不能不考虑学习者的背景知识,尊重学生已有的图式,充分调动学生学习的积极性,主动参与学习活动,在同化与顺应的过程中,建构学生个性化的汉语知识和技能。而汉语教材应该充分满足汉语教学的这种需求。

650年前编写的汉语教材《老乞大》带给我们的启示,让我们深感一本好教材,必须体现人文关怀。尊重学习者的学习策略,通过学习者的已有经验思维,扩展和深化学生对汉语言的认知。

《老乞大》成书后400多年间,一直是高丽王朝和朝鲜王朝汉语教学使用的教材。一部教材使用四百多年,一定有它的价值所在。这对今天我们的汉语国际教育也有着重要参考价值。但目前对这方面的研究还不够深入。本文在此抛砖引玉。

参考文献

Anita Woolfolk著, 何先友译 ≪教育心理学 (第十版)≫, 中国：轻工业出版社2011年。

Robert E.Slavin著, 姚梅林等译 ≪教育心理学：理论与实践≫, 中国, 人民邮电出版社2008年。

皮亚杰著, ≪发生认识论原理≫, 北京：商务出版社2014年。

郑光 (2004) 朝鲜时代中国语教育과教材:〈노걸대〉를 중심으로. 〈이중어언학〉 제24호.

周丹 (2014) ≪原本老乞大≫ 对当下汉语教材编纂的借鉴。中国, 厦门大学硕士论文。

程相文 (2001) ≪老乞大≫ 和 ≪朴通事≫ 在汉语第二语言教学发展史上的地位, ≪汉语学习≫ 第2期。

韩国日据时期 1910-30年代
夜校、讲习会与汉语教育考察
一以东亚日报、朝鲜日报、每日新报相关报道为研究材料一

淑明女子大学　苏恩希

一、绪论

　　日本帝国主义于1910年吞并朝鲜后，采取设立总督府直接统治的形式，妄图将朝鲜作为日本永远的从属国。日本的殖民地政策也反映在其教育政策中，内容可以概括为愚民化政策、日语普及教育及亲日教育。日本当局于1910年~1945年间分别颁布了四次朝鲜教育令。本论文以日本殖民时期20世纪10-30年代新闻媒体的报道内容为基础，对东亚日报、朝鲜日报、每日新报于1914年9月到1939年2月间所刊载的舆论资料进行综合分析，对韩国1910-1930年间夜校、讲习会与汉语教育情况进行考察，力图为学界提供珍贵的历史资料，以促进朝鲜末期及日本殖民地时期汉语教育研究的进一步深入开展。

二、本论

1. 正规学校的汉语教育情况

　　韩国外语教育从十九世纪八十年代开始有了初步发展。韩国与日本签订'江华岛条约（1876）'后，自1882年以来，又被迫相继与美国、英国、德国、俄罗斯、法国等西方国家签订了通商条约。政府意识到，排斥西方的封建社会体制无法克服危机，从而开始实施开放政策。因此1881年新设了国家机构统理机务衙门，并下设负责外交交涉与外语研修、文献翻译的部门。进入十九世纪八十年代，在社会各界对外国语日益关注的情况下，开设了教授西洋外国语的机关——育英公院，1895年5月10日，'外国语学校管制'公布后，又创办了教授日本语（1891）、英语（1894）、法语（1896）、俄语（1896）、汉语(1897)、德语（1898）的外语学校。与其他的学校教育相比，根据时代潮流与国家需要而开始的外国语教育更受人欢迎，开展得也更为活跃。这主要是因为懂外语的人更容易就业，而且政府也对外国语教育特别重视。但是从统监府时期初期开始，日本帝国主义就制定了"外国语学校令"与"外国语学校施行规章"并要求各个语学院自觉执行，同时还※通过缩短上课时间降低教育水平等手段开始干涉外国语教育。其结果导致各外国语学校在1907年合并为一个由日语系、英语系、汉语系、法语系、德语系等5个系组成的官立汉城外国语学校。但是就连这所外语学校，也在第一次朝鲜教育令施行的时候，在日帝强化日语中心教育政策的幌子下，被迫于1911年11月1日停办。因此正规学校的汉语教育暂时中断了。

　　根据我们的研究，从1911年制定并公布第一次《朝鲜教育令》时期到1922年2月3日第二次《朝鲜教育令》公布为止的十余年间，日本对朝鲜教育政策的真正目的是急于用最短的时间培养出大量服从日本帝国主义殖民统治、具备社会生活所需的基本社会能力的朝鲜人。为了达成这一企图，他们向殖民体制下的朝鲜大肆实施灌输式教育。因此1910-932年间公立学校没有实施汉语教育。第一次《朝鲜教育令》中规定普通学校教育为四年，但作为高等教育机关的大学却未被设置；在高等普通学校的科目中，仅将英语作为"选修"科目，进行选修学习，而包括汉语在内的其它外国语却被置之于外。日帝于1922年2月颁布第二次《朝鲜教育令》，并于1929年、1933年、1935年分别作了三次修订：1929年4月在师范学校开设了"普选课"；1933年3月将师范学校的修业年限加以延长；1935年4月加强实业补习教育。

同时，所涉及的各级学校的校规和教学课程也根据第二次《朝鲜教育令》修订的内容做出了相应的修改。1932年，为满足以实业为中心的教育政策的要求，高等普通学校的校规也进行了部分修改。

朝鲜总督府命第13号第7条与"外国语"教育有关的内容中，在任选其一的选修课科目中，在原来的"英语、法语、德语"的基础上增加了"汉语"。

> "高等普通学校ノ学科目ハ修身、公民科、国语汉文、朝鲜语及汉文、外国语、历史、地理、数学、理科、实业、图畫、音乐、体操トス、外国语ハ英语、独语、佛语又支那语トス"[1]

上述内容以"中等学校规定改订总督府令，在发表外国语中添加中国语"为题刊登于1932年1月17日出版的东亚日报第二版上。

由此可见1932年，日本侵略者对第二次《朝鲜教育令》的教育课程进行了部分修改，汉语教育这才出现在普通高等学校的教育课程中。但因为与中国频繁的贸易往来、移民与独立运动的关系，为了培养精通汉语的人才，朝鲜民间团体和爱国人士所设立的民间私立教育机关、夜校中已经开始教授汉语。1938年发布的第三次朝鲜教育令宣布在朝鲜正式开始实施汉语教育。

2. 夜学的发展

开化期近代教育萌芽的时候，私立的学術教育机关讲习会也诞生了。由于讲

---

1) 朝鲜总督府令第13号，1932年1月18日公布，4月1日实行；朝鲜督府令官报第1506号，1932年1月18日。

习会一般都在晚上开设, 所以称之为"夜学", 因此本论文将讲习会归入夜学范围内
来讨论。

　　作为近代教育机关, 夜学在"教育普及"方面有很重要的意义, 与近代教育的形
成也有密切的关系。 另外, 夜学是作为解决民众的教育要求和拯救国家的爱国启
蒙运动的一环, 以教育救国运动的方式发展起来的。日本强占时期, 朝鲜公立学校
正式的汉语教育从1932年开始, 但是当时因为与中国的贸易频繁, 朝鲜民众、爱国
志士们和宗教团体设立并运营了以培养具备汉语实力的人才为目的的夜校, 并在
夜校中教授汉语。

　　在日本帝国主义的武力统治下, 虽然也有通过教育恢复国权的民族运动, 但整
个韩民族的教育热情在三·一运动之后才真正高涨起来。 爱国启蒙运动者们认为
三·一运动受挫的主要原因是：盡管全民族具有强烈的抗日意志, 但缺乏领导的
主体力量。他们同时强调了教育对民族独立运动的必要性。

> 조선의 문화를 발달케 하고 생활을 향상케 하려면 첫째도 教育이요 둘째도 教育
> 이라. 教育이 아니면 산업도 과학도 有치 못할 것이오. 自由도 행복도 얻지 못할
> 것이니 조선인이 된 자는 위할바 오직 教育이다. 그러므로 吾人은 '밥을 주시오.
> 不然이면 死를 주시오' 함보다 또는 '自由를 주시오 不然이면 死를 주시오'함보다
> '教育을 주시오 不然이면 死를 주시오'라고 주장하노라.[2]
> (教育是发展朝鲜文化, 提高人民生活水平的重中之重。没有教育就没有产业, 没
> 有教育就没有科学, 没有教育更谈不上自由与幸福。教育是朝鲜人的唯一出路。
> 因此国人应该强调的不是"无食则亡"或者"无自由则死", 而更应该积极主张"无教
> 育则死"！)

　　因此, 20世纪20年代, 民族的教育热情极其高昂, 广大民众都坚信, 只有接受教
育才能活得像人。这种求学热情的急速高涨, 导致了入学难问题的出现。而且当时
日帝殖民地统治下的学校数量严重不足。 例如, 根据东亚日报1922年4月3日的记

---

2) 东亚日报, 1921.4.13

载，1922年公立普通学校计划招生74,891名，却有134,437人申请入学。在这样的情况下，夜学或讲习会作为普通民众的教育机关开始盛行起来。

日帝于1913年颁布了针对夜学及讲习会的朝鲜总督府令第三号《关于私设学术讲习会的文件》，并以此作为实施管理的法律依据。全文共有四条法令，其内容如下：

第一条；个人으로서 学術讲习을 위해 讲习会를 开催하는 경우에는 아래 各号의
事项을 갖추어 道长官의 认可를 얻어야 한다.
1. 讲习의 目的
2. 讲习의 期间과 场所
3. 讲习의 事项
4. 讲习员의 资格과 定员
5. 讲师의 住所, 姓名 그리고 经历
6. 经费 支办의 방법
第二条；道长官은 특히 讲师의 选定 또는 派遣에 便宜를 提供할 것.
第三条；道长官은 讲习会에 대해 그 方法이 不适当하거나 有害하다고 认定되면
变更을 命하고 第一条의 认可를 取消할 수 있다.
第四条；第一条의 认可를 받지 않고 讲习会를 开催하는 자가 있으면 道长官이
闭锁를 命할 수 있다.

通过法令可以了解到，个人开办讲习会时，必须得到道长官的允许。若讲习会的教学方式被认定为不正当或者有危害时，道长官有权下令关闭讲习所。可见，不符合殖民地教育政策的夜学、讲习所事实上是不容许存在的。

但由于初期管理并不是很严格，实际上只要交申请费，任何人都可以创办夜学。1920年前半期，关于夜学的规定还没有颁布，因此这一时期的新闻报道上很少能看到打压或干涉夜学的内容。仅有一条关于1922年全州劳勤夜学中把"劳勤"两个字去掉就能得到批准的新闻。这是因为当时公共教育设施严重不足，夜学所起到的相当于初等教育机关的作用是无法忽视的。此外，也与当时的殖民政府大力推进"文化政治"这一相对宽松的政策不无关系。

3. 日据时期汉语夜学与讲习会的情况

1) 第一次朝鲜教育令时期(1911.8.22-1922.2.3.)汉语夜学与讲习会情况

〈表1〉第一次朝鲜教育令时期汉语夜学与讲习会情况

夜校名	主办 (设立者)	场所	教师	募集对象 (学生数)	讲习期间 (讲习费)	科目	出处
三语 夜学	光学校教员	平壤南山岘 私立 光成学校	成光学校 教师			日语、 英语、 汉语	每日新报 1914.9.2
四民 夜学会	会宁四民学会	会宁		农村一般 青年(30名)		日语、汉语、 汉文、算术	每日新报 1917.3.14
青年 夜学会	监理教会	平南平壤青 年夜校会馆	教徒			汉语、日语、 英语	每日新报 1919.1.4
中国语 夜学会	平壤 基督教 青年会	大察裡 光成学校	青年 会员		每天下午7 点到9点半	英语、 汉语	东亚日报 1921.11.3., 1922.1.11
宁边 青年 夜学会	宁边 青年会	宁边 青年会舘	青年 会员		三个月	日语、汉语、 法律、 薄记卫生	东亚日报 1921.11.16 1922.3.12

由上表我们可以知道这个时期的夜学有如下的特点:

组织夜学会的代表团体有光成学校、会宁四民学会、宁边青年会和平壤基督教青年会等。均在各夜学会的会馆或者光成学校内进行授课。教授汉语的教师不是特意从外部聘请的, 而是由内部人员充当。招收学生时也没有什么特别的资格条件要求, 只要申请, 就可以去学习。另外, 不另外收取讲习费, 而是由主办机关负责筹备教学经费。虽然很难了解到详细的夜学经费, 但是参考会宁四民学会的情况, 总会一年提供250元作为夜学校的经费。并且当时不仅教授汉语, 同时也教授日语、英语等外语。

2) 第二次朝鲜教育令时期(1922.2.4.-1938.3.2.) 和第三次朝鲜教育令前期(1938.3.3-1939.2.23)汉语夜学与讲习会情况

第二次朝鲜教育令时期，讲习会和夜学迅速发展。当时汉语讲习会和夜学的情况如下：

〈表2〉 第二次朝鲜教育令时期汉语夜学和讲习会现状

夜校名	主办(设立者)	场所	教师	募集对象(学生数)	讲习时间(讲习费)	出处(设立时间)	备注
华语讲习所	奉天青年会	奉天青年会馆	中国人		每天下午一个小时	朝鲜日报1923.7.10	
中国语讲习会	外国语学校教馆吴圭信以外有志者	长桥町长薰学校			4个月每天下午2小时	朝鲜日报1924.5.17,1924.8.30	
汉语讲习所	京义线沙里院劳动组合	京义线沙里院				朝鲜日报1924.10.111924.10.31	所长:金相禹得到有志者的很多物质上的支持
汉语讲习所		市内西大门町一丁目			6个月	朝鲜日报1928.1.22	所长:姜世馨
仁川中国语讲习会	仁川基督教青年会	山手町基督教青年会馆	张义信:中国领事翻译馆		6个月一周3次(每月1元50分)	东亚日报1928.6.2	
夏期汉语讲习会	朝鲜日报大邱支局	大邱复明学校	李相度:北京大学毕业		40天下午2小时(听课费1元/入会费1元)	朝鲜日报1929.8.2	
慈城邑内语学研究所	居住在平北慈城邑内的中国人	慈城邑内语学研究所	阎昌华			朝鲜日报1929.12.6	
新义州中国语讲习	新义州基督教青年会	老松町基督教青年会馆	李名扬:中国人		1年(课程费1元)	东亚日报1930.9.3	
海南中国语讲习会	全南海南绅士朴昌洙以外的几名	李喜镕家	柳氏:中国人		(每月1元60分)	东亚日报1930.11.20	

外国语讲习会	全北 全州 基督教青年会	全州基督教青年会馆				东亚日报 1931.4.16	教授英语汉语
朝鲜教育协会	朝鲜教育协会	수표정3) 42号汉语讲习会		(150名)	1년	朝鲜日报 1931.6.9 1935.3.26	
			中国人	(50명名)	1년	东亚日报 1933.1.8	
明星学院汉语夜校	원산 부산제동 석왕사포교소동소 原山 釜山釋时镜	明星学院	金亨善: 中国延吉师范学校教师	(100余名)	6个月	东亚日报 1931.6.18 1932.10.28	
汉语讲习会	市内勇进团		林济安: 中国人教师			东亚日报 1932.3.23	
钟路 中央基督教青年会	钟路 中央基督教青年会	钟路 中央基督教青年会馆	李圭凤: 中国人小学教师	(20名名)	2小时(会费1元50分)	朝鲜/东亚 1932.4.18 1932.5.26. 1932.9.4	
			吴希元		(每月1元) 1年间初等科3个月 中等科3个月 高等科4个月	朝鲜日报 1934.2.25 1937.12.12 东亚日报 1933.11.2 1934.1.6 1934.4.12 1934.5.6 1934.9.5	第三回
中国语讲习会	东亚日报 江界 支局	江界邑会议室	王ㄱ西	3个月 (会费1元)		东亚日报 1932.5.22	
中国语讲习		授恩洞昌明女学校	李圭凤	1个半月 (会费3元)		东亚日报 1932.7.16	7.18开讲
				1年/半年		东亚日报 1932.9.4	9.5开讲
中国语讲习	会宁 有志者: 崔冕载 孙光熙	( )兴学校讲堂	尹永 等	6个月速成 (每月1元)		东亚日报 1932.11.12	
开城中国语讲习	开城 高丽 青年会	开城高丽青年会馆	赵如海 : 中国孔门大学毕业 中国人	6个月 每天1小时		东亚日报 1933.2.16	听讲者超过100名 (人参业者老人)

				初等科 6个月完成 速成 中等科 3个月 (课程费1元)	朝鲜日报 1934.1.8	新春汉语讲习会
阴城中语讲习		金斗源家	金奉圭		东亚日报 1933.2.21	
西平壤 中国语讲习	西平壤 有志者	西平壤箕林学院			朝鲜日报 1933.2.26	
羅南 满洲语讲习	日本人 木田良太郎, 迫吉次郎 等	羅南商工会 2楼			东亚日报 1933.5.6	
新幕 中语 讲习	京义线 新幕驿前有志者 김찬두	金根河：中国南京金陵大学出身 新幕长老教会 牧士南京金陵大学出身		约1年 周4天 每次1小时	东亚日报 1933.5.19	

　　我们由上表可知，自1930年起，除了原来就存在的以民族主义教育为目的的夜学以外，以帮助日本对满洲地区的侵略为目的的夜校(讲习会)也开始出现，并且日益增多。1931年九一八事变后，许多日本人进入中国东北地区。因此韩国国内也开始开设除了汉语讲习之外的满洲语讲习课程。　由此开始日本人称汉语为"满洲国语"或者"满洲语"[4]。韩国国内也开始使用满洲语讲习这个名称。

　　这种夜学大部分是由于经济方面的原因而设立的，因为掌握汉语的人有更多的就业机会。　朝鲜日报1933年6月27日新闻报道中提到他们是"为了去满洲的谋职者"而开办夜学；朝鲜日报1933年7月11日报道中提到更多的人"因日满间的关系，逐渐意识到汉语的必要性"，为此而开办夜学，教授汉语；此外，东亚日报1935年4月18日新闻报道了"最近对满洲地区的贸易迅速发展，移民日益增加，满洲已逐渐成

---

3)<表2>里寫的韓文，用报道材料原文引用，无法考察中文。

　4)　六角恒广著：王順洪譯，『日本中國語教育史研究』，北京語言學院出版社，北京，1992，P. 8

为我们获得成功的舞台、充满无限可能的开拓空间，为此掌握满洲语已经成为最基础的最必需的条件"的内容。由此可见，当时对满州地区的贸易较多，移民人数也开始激增，在这样的时代背景下，汉语夜学也随之蓬勃发展起来。

20世纪30年代，汉语的教学方法比以往的时期有所发展，而且出现了专门研究汉语的汉语研究会。

> 중국어를 전문으로 연구하는 최창하(崔昌夏) 진우경(陈友庚)(中国人) 문세영(文世荣)씨의 제씨의 발긔로 중국어연구회(中国语研究会)를 조직하고 중국어 학습을 원하는 인사의 편의를 도웁기 위하야 중국어 강의록을 발간코자 준비중이라는데 강의록은 매월 이회식 발행하야 만삼개월에 맛초게 할터인바 제일권은 신년일월십오일에 배부하게 될터인데 자세한것은 경성관훈(동맥)삼십번지동회로 조회하여 주기를 바란다고 한다.5)

另外，与以前相比，夜学里所教授的科目也更加细化，朝鲜日报1935年3月15日、东亚日报1939年1月14日新闻中提到在海州地区，金润学所创办的汉语讲习会中，教学科目细分为"官话急就篇、会话、作文、文法"；时局对应全朝鲜思想报国联盟京城支部大陆进出部开设了"支那语的发音、会话、文法、日用消息文、支那事情"等科目。

根据上表，本论文作了如下分析。

(1) 汉语夜学、讲习会的创办人和教育目的

夜学及讲习会的创办人与当时的夜学所具有的特点有紧密的关系。因为夜学是自然形成的大众教育机关，所以运行的主体各不相同。最普遍的形态是由几个有志者发起，多数地方居民共同协力的方式开办。其主要创办者为青年会、宗教团体、新闻社等团体。夜学的创办者类型如下：

---

5) 朝鲜日报，1932年12月24日，早刊，第4面

〈表3〉夜学、讲习会的创办者类型

设立者	夜学数	设立者	夜学数
有志者	8	宗教团体	6
个人	5	新闻社	4
青年团体	3	教育·学术团体	2
同窓会	2	其他	9

由以上统计可知，地方有志者设立的夜学最多。通过现有的材料很难完全了解这些有志者具体情况，但可以推测出他们都是具有先进思想的知识分子。

当时典型的创办人有前外国语学校教官吴圭信、朝鲜日报海南支局长朴昌洙、咸北会宁邑鸡林陶器工场主崔冕载、京义线新幕驿前有志金讚斗、景山学院院长姜丧元等。他们都是各个地方意识到学汉语的必要性的有志之士。在他们的发动下，周边的一些有志者也共同参与进来。

在宗教团体中，也开办汉语夜学及讲习会。不仅仁川基督教青年会、新义州基督教青年会、全州基督教青年会、钟路中央基督教青年会、平壤基督教青年会等基督教团体教授汉语，而且元山释王寺布教所里也为贫困儿童教授汉语。

意识到汉语必要性的一些人也开办起汉语讲习会，他们大部分都是汉语造诣很高的人。毕业于北京大学工学部的权泰衡，在大邱开办了汉语学院，主要招收希望到满洲工作的人。深入研究汉语的金润学为了普及汉语，开设了汉语讲习会。主办人中也有一些外国人，居住在平北慈城邑内的中国人创立了语学研究所，教授朝鲜儿童汉语；日本人木田良太郎和迫吉次郎在罗南开办了罗南满洲语讲习会。

当时新闻社的很多地方分局也作为主办方开设了汉语讲习会，如朝鲜日报大邱分局、瑞山分局、仁川分局和东亚日报江界分局等，都是"根据一般人士的倡议"而设立的，也可以说是其他汉语讲习会的后援。

青年们也作为主体开展了各项与汉语教育有关的活动。具有代表性的团体有奉天青年会和开城高丽青年会。此外，全州的姜基永也组织青年们开办了汉语讲习会。

　　另外, 朝鲜教育协会和汉语研究会也开办了汉语讲习会, 教授汉语。平壤鎮南浦高等普通学校同窓会和吉洲公普校同窓会作为主办方设立了汉语夜学。　并且, 在有志者的物质支援下, 京义线沙里院的劳动组织也开设了汉语讲习会, 宣川唯一的社会机关宣川会馆也教授汉语。除此之外, 镜城东部隣保管、端川郡乡约维新会和平北博川私立协成学院里也设立了汉语讲习会。

　　因为当时汉语夜学的主办方都是活跃在不同领域的人, 所以办学的主旨与目的也不盡相同。不过根据以上的统计可以看出, 大部分主办人在汉语上的造诣都很高。并且, 相当一部分都是以教授朝鲜人中国的语言为目的而设立夜学的。

　　세계 중에 죠선과 가장 교역이 밀접한 중국 어학을 죠선인에게 보급케 하기 위하야 (오규신이 장훈학교에 설립한 중국어 강습회)[6]

　　仁川贸易은 不远에 一亿三千万圓을 突破할 形势인데 그 中 一千六百万圓은 对中国贸易이오 今後에도 对中贸易은 一层向上할 趋势에 在하고 从来仁川市民으로서 中国语를 全然通치 못하야 去来上不便이 多함에 (基)하야 仁川基督教青年会에서는 左记와 가티 来四日부터 中国语讲习会를 开催한다더라 (인천 기독교 청년회)[7]

　　우리네의 발면을 도모하는데는 디리의 관계로보든지 그 외에 여러 가지 관계로 보아 중국 정형을 잘 알지 못하면 아니 될 것이다. 그럼으로 우리는 한어의 필요를 절실히 늣기게 되엇다. (조선일보 대구지국)[8]

　　从上面的记录中可知, 20世纪20年代, 随着朝鲜与中国贸易的增长, 夜学的教育目的主要是为了在朝鲜人中普及汉语。实际上, 在仁川因为贸易量的增长, 汉语的必要性也随之上升, 因而设立了许多汉语讲习会。

---

6) 朝鲜日报, 1924年5月17日
7) 东亚日报, 1928年6月2日
8) 朝鲜日报, 1929年8月2日

但是, 这样的教育目的在1931年满洲事变后开始发生变化。有关新闻报道内容如下:

> 만주에 가서 일하고저 하는 이들을 위하야 (대구 한어학원)9)
>
> 최근 만주국 진출열이 왕성하니 만큼 만주어를 배우려고 하는 사람이 많으므로 (충남서산 조선일보지국)10)
>
> 근래 일만 관계로 점점 중어의 필요를 늣기는 청진부내 포항동에서는 (포항동 중어강습회)11)
>
> 최근 대만무역의 발전과 아울러 이민은 날로 수천을 헤이게되여 만주는 우리 상공게의 무대요 개척의 활약지인것은 주지의 현상인바 이에 따라 만주어(满洲语)는 일반의 필연적 요구가 되엿다. (선천회관)12)
>
> 우리의 장래의 활동무대가 될 뿐 아니라 거래 상에 관계가 커진 만주국의 방언을 배워야 될 필요는 절실히 늣기는 터이지만 좀테로 기회를 엇기가 곤난하든 터이라 이번의 이 주최는 퍽도인기를 집중하고 잇다.(평양기독교청년회(YMCA)) 13)
>
> 현하시세에 감하야 지나어(支那语)를 배워둘 것이 가장 필요하다는 것을 절실이 늣겨 배오기를 희망하는 자가 만히 잇는 잇때에 황해도 신천에서도 (황해도 신천 중국어 강습회) 14)

如上所述, 可知日本帝国主义占领满洲后, 很多学习汉语的朝鲜人获得了去满洲工作的机会,于是, 汉语讲习会开展得更为活跃。

(2) 汉语夜学、讲习会的教师和学生

当时汉语夜学中的教师大部分都只有一名, 有两名的情况屈指可数。汉语夜学的教师水准都非常高。 韩国人教师中的很大一部分也都是从中国大学毕业的。而且他们在中国学习多年, 汉语的造诣非常高。

---

9) 朝鲜日报, 1933年6月27日
10) 朝鲜日报, 1933年9月1日
11) 朝鲜日报, 1933年7月11日
12) 东亚日报, 1935年4月18日
13) 朝鲜日报, 1937年5月15日
14) 东亚日报, 1938年2月5日

汉语夜学的教师有直接聘请的中国教师，也有长期学习汉语的朝鲜人。大部分都是精通汉语的人才，专职教师中有很多人都在中国学习了很多年。

虽然有很多的中国教师，但是因为能够接触到的材料不够充分，无法了解到详细的内容。但是，当时活跃的中国教师中，能确定身份的有担任过中国领事馆翻译官的张义信，在中国教过多年书的教师严治安，来自山东的中国人吕之顺，早期在中国和镜城地区当过多年教师、经验丰富的王镇西等。聘请这些中国人教授的课程得到了认可。而且"因为招聘了中国教师，学生们的学习成绩非常优秀。"

但是，也可以看出聘请中国人时，或多或少地遇到了一些困难。

当时韩国人教师，有以前教过汉语的教师，也有毕业于中国优秀大学的人。全职教师担任过前外国语学校教师的吴圭信，中国延吉师范大学教师金亨善和长时间在间岛中国大学执教的尹永等。毕业于中国名牌大学的教师有以优异的成绩毕业于北京大学的李相度，中国工文大学出身的赵如海，中国南京金陵大学出身的金根河，北京大学工学部的毕业生权泰衡，毕业于北京大学的李重赫等。其中，毕业于北京大学的李重赫，在中国各地居住了十几年，北至北间岛，南至广东，他不仅能说一口流利的普通话，而且还精通中国各地的方言。

此外，还有在中国生活多年的金凤圭，20世纪30年代满洲语造诣很高的李孝荣，毕业于中国的小学、中学师范学校、满洲语知识丰富的尹永春。

拥有优秀的教师队伍，而且大部分的夜学对学生没有特别的资格条件限制，因此汉语夜学的报名异常踊跃。仅在1933年2月13日开讲的开城高丽青年会，新进的听讲者就超过了100名，听讲者中甚至有年纪很大的老人。由此可以看出，满洲在经济上受到了何等的瞩目。

此外，也有要求资格条件的汉语讲习会。如，黄海道新川汉语讲习会招集"年满18岁、6年制普通学校毕业者及同等以上学历所有者"，定员70名。只有接受过一定水准以上教育的人才能入学。这个讲习会只有两个月的讲课时间。因为从1938年开始，日帝要求各类教育机构在短时间内培养出精通满洲语的人才。

(3) 汉语夜学、讲习会的经费和场所

虽然汉语夜学的经费都由主办团体提供, 还是有很多地方收取讲习费或者入会金。夜学本来是以无产阶级为对象而成立的民众教育团体,因此一般夜学都不收取讲习费。但是,也有一些收取学费、入会金和听讲费的汉语讲习会。收取讲习费的团体具体如下表所列:

〈表4〉收取讲习费的团体

团体	月学费	入会费	听课费
端川郡 乡约维新会	每月50分 (6个月)		
平北朴川私立协成学院	每月50分		
会宁崔冕载和孙光熙汉语讲习会	每月1元 (6个月)		
大丘汉语学院	每月1元 (1年)		
忠南西山朝鲜日报支局	每月1元 (6个月)		申请费1元
浦杭洞汉语讲习会	每月1元		
平壤鎮南浦高等普通学校同窗会	每月1元 (3个月)	入会费2元	
全州青年	每月1元	入会费2元	
钟路中央基督教青年会	(1932)每月1元 (1934)每月1元	入会费50元 (1934/4/12)	
仁川基督教青年会	每月1元50分 (6个月)		
全南海南讲习会	每月1元60分		
朝鲜日报大丘支局		入会费1元	听课费1元
新义州基督教青年会			课程费1元
开城高丽青年会			课程费1元
东亚日报江界 支局		会费1元	
朝鲜日报仁川支局		会费1元	
平壤基督教青年会(YMCA)教育部			课程费1元30分
昌明女学校	全学期3元 (1个月)		

根据上面的材料,我们可以知道学费每月50分到1元60分各不相同, 每月收取1元的地方最多。除了学费, 有时还收取入会金或听讲费, 或者不收学费, 只收取会费或课程费。当时夜学是以无产阶级为教育对象的,因此不收取经费,但相当一部

分汉语讲习会收取学费。由此可以看出，汉语教育不是单纯的教养教育，而是根据需要而开展的教育。另外，教授汉语需要聘请专门的讲师，自然需要收取学费来充当经费。并且，当时一般夜学里，只教授基本普通学校水准的科目，而汉语讲习会是专门教授汉语的语学专门机关，所以收取一定的讲习费也算是比较正常的。因为当时正规学校里不教授汉语，想要学习汉语的人就必须去讲习会或夜学。因为朝鲜与中国关系密切，相关的工作岗位也比较多；同时因为日满的关系，去满洲的机会也不断增加，所以想要学习汉语的人不断增多，对汉语的需求也不断增长。

当时教授汉语的场所多种多样，如下表所示：

〈表5〉教授汉语的场所

场所	夜学数	场所	夜学数
所属团体会馆	9	学院	6
讲习所 研究所	5	学校	5
讲义室	2	商工会	2
家	2	其他	6

开办汉语讲习会最多的场所是各所属团体的会馆。奉天青年会、仁川基督教青年会、新义州基督教青年会、全州基督教青年会、钟路中央基督教青年会、平壤基督教青年会、开城高丽青年会、镜城东部林末馆、宣传会馆等设立团体都有各自的会馆，相比之下就能更加容易自由地开办讲习会。

有的学院里面也教授汉语，大部分是因为设立者与学院有一定的关系。特别是静山学院、协成学院和大荣学院，因为主办人是学院的院长，所以讲习会就在学院里开讲。

汉语讲习所或研究所里也开办汉语讲习会，大部分都是在自己的研究所里面开办。一般讲习所都使用原来使用的地点，但像京义线沙里院劳动组织这样的情况，是在有志者们的物质支援下，设置汉语讲习所，开办汉语讲习会。

当时，拥有独立的教学场所非常困难，因此借用教室的情况也为数不少。其中，借用学校教室的情况最多。前外国语学校教官吴圭信的汉语讲习会就是在长薰学校开办的。朝鲜日报大丘分社在大丘复明学校开设了讲习所。此外,昌明女学校和得信学校也创办了讲习所。

当时开办讲习会的场所主要是主办地区的会议室、商工会、个人的家及济生医院、乡校、武道馆等。特别是全南海南邑的李熙龙和忠北阴城的金斗元在自己的家中开办讲习所。

(4) 汉语夜学、讲习会的学制与讲习期间

汉语讲习会的课程教授时间分别为一个月到一年不等。最普遍的是6个月的速成班,其次是一年期的讲义。新闻社还分别开设了为期一个月和40天的短期速成班。各汉语夜学会的讲习期间如下表所示:

〈表6〉汉语讲习会的课程教授时间

讲习时间(夜校数)	夜校名
一个月(1个)	朝鲜日报仁川支局(夏季讲习会)
40天(1개)	朝鲜日报大丘支局(夏季讲习会)
2个月(1个)	黄海道新川汉语讲习会
3个月(2个)	东亚日报江界支局平壤真南浦高等普通学校同窗会
4个月(1个)	吴圭信 汉语讲习会
6个月(7个)	西大门丁己丁目汉语讲习所 仁川基督教青年会 释王寺布教所 会宁汉语讲习会 开城高丽讲习会 忠南西山朝鲜日报支局 端川郡 乡约维新会 大荣学院 院长郑皓永
一个月(6个)	新义州基督教青年会 钟路中央基督教青年会 平壤基督教会青年会 朝鲜教育协会 京义线 新幕 汉语讲习 大丘汉语学院

虽然并不是所有讲习会都明示讲习时间，但还是有很多讲习会标明了讲习时间，如：奉天青年会为一个小时；吴圭信汉语讲习会、朝鲜日报大邱分局、钟路中央基督教青年会、开城高丽青年会、浦项洞汉语讲习会为两个小时；昌明女校为一个半小时。由此可见，大部分汉语讲习会的课程为每次两个小时，一周三次以上。

本来汉语讲习会不另外区别学制，大部分都是从初级开始。自20世纪30年代中期起，分成了初等科和中等科两个等级来教授。最具代表性的是开城高丽青年会和钟路中央基督教青年会。开成高丽青年会在1934年将讲习会分成了6个月的初等科和3个月的速成中等科；钟路中央基督教青年会于1937年把一年的讲习会期间分成了3个月的初等科、3个月的中等科和4个月的高等科。由此可见，比较系统的汉语教育已经形成了。

三、结论

根据我们的考察，日本强占时期，朝鲜公立学校正式的汉语教育从1932年开始，但是当时因为与中国的贸易频繁，朝鲜民众、爱国志士们和宗教团体设立并运营了以培养具备汉语实力的人才为目的夜校，教授汉语。汉语夜校虽然不是正式的教育机关，但是在不是每个人都有机会接受正式教育，学习汉语的时期，由韩国民众自发组织的夜学承担着培养民众汉语教育的重要责任。

从二十世纪二十年代开始，处于日本帝国主义殖民下的朝鲜全国范围内开设了大量的夜校，这一史实通过1921年11月至1939年2月期间发表于东亚日报、朝鲜日报、每日新报上的民间报道资料内容可以得到证实。当时的夜校是宣传民族意识，培养民族人才的爱国启蒙运动的基地，在夜校中教授朝鲜语、算术、日语、汉文、英语、法律、汉语等科目。通过对上述新闻报道进行综合分析可以得知如下内容：

1. 组织开设汉语夜校或对其进行资助的团体和个人有基督教青年会、各地方青年会、朝鲜教育协会、报社分社、各地方的爱国人士等，授课的场所多为青年会馆、学校礼堂等，规模较小的时候，甚至在个人家中进行。

2. 汉语夜校不仅出现在当时的首都京城，而且遍布全国的十八个地区。特别是从分布情况来看，大多数分布于现在的北朝鲜境内。

3. 汉语夜校的教师包括中国人以及精通汉语的朝鲜人。朝鲜教师当中，金润学用《官话急就篇》来讲课．但是可惜的是，目前为止，还不能确切地知道当时学中文的学生用什么教材。

4. 从当时朝鲜日报、东亚日报、每日新报报道的内容来看，当时希望学习汉语的人数众多，关于各地开设夜校的新闻报道也频频出现，鼓励朝鲜民众参加夜校学习。

5. 大部分夜校对入学资格没有限制，但个别的夜校对入学年龄与入学资格做出了规定。

6. 夜校的授课时间从1个月到1年不等，修完一系列的课程时还可以得到毕业证书。

7. 1个月的学费大约为1韩元，当时1韩元的价值大概相当于现在的1万韩元。

8. 20世纪20年代，由于与中国的贸易往来增多，韩国人通过开设夜学在韩国国内普及汉语教育。1932年满洲国成立以后，韩国国内也开始开设除了汉语讲习之外的满洲语讲习课程。因为日本人称汉语为"满洲国语"或者"满洲语"。韩国国内也开始使用满洲语讲习这个名称。

从上述的内容中可以看出，日本殖民统治下的1910-30年代中，汉语教育未能在公立学校中得以实行，但在民间团体和爱国人士所开设的夜校中却被广泛开展起来。

參考文獻

苏恩希 · 김미은(2008), 「일제강점기중국어회화교재 『自习完璧支那语集成』과 『无先生速修中国语自通』에 나타난 사회문화상 연구」, 『中国文化研究』 第12辑

苏恩希 · 심영숙(2009), 「日本植民地时期 중국어 회화 교재 改正增补汉语独学』(1911)에 나타난 일본의 대조선 교육정책 고찰」, 『中国文化研究』第14辑

苏恩希(2009), 「日帝殖民地时期汉语会话教材研究」, 『中国文化研究』第15辑

苏恩希(2010), 「1920년대 중국어교육에 관한 연구-동아일보, 조선일보, 중앙일보 기사를 중심으로」, 中国文化研究』第16辑

苏恩希 · 신윤희(2010), 「韩国日本植民地时期第三次朝鲜教育令与汉语教育政策」以东亚日报朝鲜日报相关报道为研究材料, 『中国文化研究』 第17辑

苏恩希 · 이주연(2011), 「개화기에서 1910년대까지의 중국어 교육상황 고찰」, 『中国文化研究』 第18辑

이주연(2010), 「1910년대 중국어 회화교재 연구《速修汉语大成》(1918)과 《官话华语新编》(1918)을 중심으로」, 淑明女子大学校 教育大学院

\<再论 《忠义直言》 的概貌\> 摘要

韩国外国语大学　崔宰荣·张斌

现在学界中对于朝鲜时期汉语教科书的研究已颇具硕果, 尤其是以 《老乞大》、《朴通事》 各个版本为代表的 "老·朴系列"的研究可谓是硕果累累。近来, 新发现的朝鲜时期汉语教科书 《忠义直言》 引起了学术界的关注。阎征·李沛(2013)、李泰洙(2013a、2013b)已就 《忠义直言》 一书做了先导性的校正和研究, 并取得了一定的成果。

李泰洙(2013a、2013b)对于 《忠义直言》 的版本以及部分语法现象进行讨论。李文(2013a)指出, 《忠义直言》 的部分内容与 《永乐大典》 所载的部分内容一致, 即 《忠义直言》 上卷36个人物中有30个与 《永乐大典》 大同小异, 两篇(NO.8、NO.13)内容部分相同, 而四篇(NO.3、NO.5、NO.22、NO.36)内容完全不同。另外对 《忠义直言》 的成书时间推定为1276年~1430年。李文所提及的大部分内容对于后续研究很有参考价值, 但其中有些部分内容还值得商榷。

阎征·李沛(2013)对于 《忠义直言》 做了具体校正, 使之成为可用的文献参考资料。他们在 《域外汉籍〈忠义直言〉》 的序言中指出该书成书于明初永乐年间, 而认为 《忠义直言》 与 《忠传》 同源等等, 但至于 《忠传》 与 《忠义直言》 两书的成书时间, 到底孰先孰后并未作出判定。

如上所述, 对于 《忠义直言》 的来源问题以及成书时间已有研究, 但有些问题还值得商榷，故本文以 《忠传》[1]、《皇明诏令·戒谕管军官敕》[2] 以及其他史书为证，通过 《忠义直言》[3] 与其它文献中的人物故事以及所载文字内容进行对比来重新探讨了 《忠义直言》 的来源、成书时间及作者问题。考察结果如下：

第一、通过 《忠义直言》(阎征·李沛的点校本)、《中国历代人名大辞典》、《忠传》、《皇明诏令·戒谕管军官敕》 以及其它古典文献丛书对比查阅可知，《忠义直言》 所载之99个故事，除 "傅胜忧国"、"O马先知"、"义象抗贼"三则故事所对应的文献资料无法查及之外，其余96个人物故事均见于 《史记》、《汉书》、《后汉书》、《三国志》、《晋书》、《魏书》、《周书》、《北史》、《旧唐书》、《新唐书》、《旧五代史》、《新五代史》、《宋史》、《元史》，以及 《左传》、《列女传》、《韩诗外传》、《国语》、《江表传》、《新序》 和 《忠传》、《皇明诏令·戒谕管军官敕》 等中国历代典籍之中。

第二、通过 《忠义直言》 与 《忠传》 的比较发现，《忠义直言》 上卷1~36节中，有3个人物并未出现在 《忠传》 人物之中。而 《忠传》 之中亦有12个人物也并未出现在 《忠义直言》 之内。其余人物故事排列顺序除了以上所列举彼此之间不存在的人物之外，《忠义直言》 中 "申包胥"的故事在 "斗辛"之前，而 《忠传》之中的 "申包胥"的故事在 "斗辛"之后，其余人物故事排列顺序，所述内容(除 "张良")除存在脱文、衍文或者文字颠倒的差异之外几近相同。

故，《忠义直言》 的成书很可能是直接参照于 《忠传》 而成的。当然也不能排除参照其它文献典籍而成的可能性。

---

1) 《忠传》(共4卷) 又名 《国朝忠传》，存于 《永乐大典》 卷四百八十五·忠·忠经·忠传一；卷之四百八十六·忠·忠传二；卷之四百八十七·忠·忠传三；卷之四百八十八·忠·忠传四之中，现仅存四百八十五卷、四百八十六卷。其内所载人物为45个 (皆文臣)，通过考察对比，该残卷与 《忠义直言》 存在很多一致性，故本文中将其用作对比资料。本文中所使用的 《忠传》版本为孙毓修(1916-1926：第1集)，并同时参照了杨家骆(1977)的 《永乐大典》 和中华书局(2012)的 《永乐大典》．
2) 《戒谕管军官敕》 收录于 《皇明诏令》(载于刘坚·蒋绍愚(2007:252~256))之中。
3) 目前 《忠义直言》 有两种校订本，即阎征·李沛(2013)和李泰洙(2013)，本文使用的是阎征·李沛(2013)本。

第三、通过各种史料记载，先证明《忠传》的成书时间，即1370年~1403年，则可得知《忠义直言》的成书上限为1370年。再结合《忠义直言》第一次记录的出现时间为1430年，可知《忠义直言》的成书时间为1370年~1430年之间。

另外，根据《忠传》是否同时参考了《武士训戒录》、《皇明诏令·戒谕管军官敕》等可能性，又推得《忠传》另外几种成书时间的可能性。以此，《忠义直言》的另外几种成书时间可能性为如下两种：1）1388年~1430年；2）1398年~1430年.

第四、结合对比《忠义直言》与《皇明诏令·戒谕管军官敕》中"薛仁贵"的人物故事差异，可以推测《忠义直言》的作者是朝鲜人。

关键词：忠义直言、忠传、文献来源、成书时间、作者、近代汉语

参考文獻

资料类：

[晋]陈寿 撰 [宋]裴松之 注(2000)，《三国志》(简体字本)，载于中华书局编辑部编《二十四史》，北京：中华书局.

[明]陈建(2011)，《皇明通纪》，载于中华书局编辑部编《二十四史》，北京：中华书局.

[明]晁瑮·徐火勃 (1957)，《晁氏宝文堂书目 徐氏红雨楼书目》，上海：古典文学出版社.

黄纯燕 (2007)，《高丽史史籍概要》，甘肃：甘肃人民出版社.

[汉]韩婴 撰 许维遹 校译(2012)，《韩诗外传集译》，北京：中华书局.

[清]纪昀等 (1965)，《四库全书总目提要》，北京：中华书局.

刘坚·蒋绍愚(2007)，《近代汉语语法资料汇编》(元明卷·《皇明诏令》). 北京：商务印书馆.

[汉]刘向 撰 向宗鲁 校正(2013), ≪说苑校正≫, 北京：中华书局.

[后晋]刘昫 等撰 (2000), ≪旧唐书≫(简体字本), 载于中华书局编辑部编 ≪二十四史≫, 北京：中华书局.

刘德重等(1999), ≪中国历代人名大辞典≫, 上海：上海古籍出版社.

林彬晖(2010), ≪域外汉语教科书编选≫, 中国古代小说戏曲作品研究 (14史记—20世纪初), 湖南：湖南人民出版社.

[宋欧阳修·宋祁 撰 (2000), ≪新唐书≫(简体字本), 载于中华书局编辑部编 ≪二十四史≫, 北京：中华书局.

[汉]司马迁. (2000), ≪史记≫(简体字本), 载于中华书局编辑部编 ≪二十四史≫, 北京：中华书局.

[明]宋濂 等撰 (2000), ≪元史≫(简体字本), 载于中华书局编辑部编 ≪二十四史≫, 北京：中华书局.

孙毓修(1916-1926), ≪涵芬楼秘笈≫ 第1集(≪忠传≫)、第5集(≪明朝纪事本末补编≫), 上海：上海商务印书馆石印本.

王力(2003), ≪王力古汉语字典≫, 北京：中华书局.

无名氏 著 阎征··李沛 (校勘) (2013), ≪域外汉籍珍本文库〈忠义直言〉≫, 重庆·北京：西南师范大学大学出版社·人民出版社.

[明]谢晋(2012), ≪永乐大典≫(≪忠传≫), 北京：中华书局.

杨家骆 撰(1977), ≪永乐大典≫(≪忠传≫), 台北：世纪书局.

杨伯峻 编(2013), ≪春秋左传注≫(修订本), 北京：中华书局.

[清]张廷玉 等撰 (2000), ≪明史≫(简体字本), 载于中华书局编辑部编 ≪二十四史≫, 北京：中华书局.

세종대왕기념사업회(1982), ≪三纲行实图≫(忠臣篇), 서울: 천풍인쇄유한회사.

이태수(2013a), ≪忠义直言≫, 서울: 한국문화사.

≪三纲行实图≫(高丽大本、成均馆本、想白文库本、奎章阁本).

≪世宗莊宪大王实录≫(奎章阁本) (影印版).

论文类：

林彬晖(2010), 〈朝鲜时代具有小说因子的伦理教材 ≪五伦行实图≫〉, 载于
≪域外汉语教科书编选≫.

苏铁戈(1997), 〈明初通俗历史演义故事 ≪国朝忠传≫ 摭谈〉. ≪北京图书馆馆
刊≫, 第2期.

朱恒夫(2001), 〈≪永乐大典≫ 所收 ≪国朝忠传≫ 为小说论〉, ≪南京师范大学
学报≫ 第2期.

김원룡(1982), 〈关于 ≪三纲行实图≫〉, 载于세종대왕기념사업회, ≪三纲行实
图≫(忠臣篇), 서울: 천풍인쇄유한회사.

이태수(2013a), 〈 新发掘된 古代의 中国语教材 ≪忠义直言≫ 考〉, 载于 ≪忠义
直言≫, 서울: 한국문화사.

이태수(2013b), 〈≪忠义直言≫ 的特殊语言现象研究—后置词을 中心으로〉,
≪中国言语研究≫ 第49집.

由《桧山世稿》看东国文学家风的养成

四川师范大学 邓稳

摘要：文化家族常从家风、家学、家脉对文学家的创作产生影响，而这一影响的发生大都要凭籍家族文献作为中介。中国学者曾提出"古典文献研究的家族学视域"，但深入探讨家族文献对文学家风养成发生影响的著作和文章皆较为少见。《桧山世稿》是东国黄氏家族四世五人的文学总集，自第一位作者至编纂成书历时已有三四百年，该书既反映了《世稿》的编纂过程与目的，也能看出黄氏历代族人对世德门风的体认与传承，以及家族成员间的文学训练与熏染。以此书为切入点探讨"世稿"这一家族文集形式对东国文学家风的养成，不仅可以拓展东国家族与文学的关系研究，还可以反观中国甚至东亚的家族文学传承面貌与形式。

关键词：《桧山世稿》；东国；文学家风；家族文学

就中国学术而言，有一个从官学、师学到家学的过程。《汉书·韦贤传》载西汉邹鲁谚语"遗子黄金满籯，不如一经"[1]，已可见其时渐兴诗书传家的风气。南朝，东山谢氏家族、琅琊王氏家族、吴郡顾氏家族、兰陵萧氏家族成为文学世家的典范。文学有依赖家族传习的现象，故中国学界有人大倡家族文学研究，但此种研究

---

[1] 班固《汉书》，中华书局，1962年，第3107页。

目前只限于中国, 尚未涉及与中国毗邻而居的东国朝鲜、日本、越南等地的汉文学研究, 殊为遗憾。异域日常语言、书面汉字相距殊远, 汉文学创作更需要一个良好的交流环境, 因此家族文风对文人创作具有极其重要的意义。"世稿"是一种独特的家族文学总集, 目前尚未得到东亚各国学者的充分注意。古代朝鲜的"世稿"类家族文献在东亚各国具有特殊的地位, 《桧山世稿》可能不是朝鲜文学成就最高的家族文集, 但却能充分反映文学家风养成的各种形式, 颇具研究价值。

一、《桧山世稿》的编撰及其文学风貌

《桧山世稿》是东国黄氏家族四世文集, 包括黄士祐《慵轩稿》、黄应奎《松涧稿》、黄是《负暄堂稿》、黄有中《钓台稿》、黄曙《宗皋稿》五集四册。但《桧山世稿序》有另外一种说法 : "《桧山世稿》者, 黄氏四世集, 曰《慵轩稿》, 曰《松涧稿》, 曰《息庵稿》, 曰《负暄堂稿》, 曰《钓台稿》。父子曾孙仕国历五世, 皆国家明盛之时。"2) 序文对更改《息庵稿》为《宗皋稿》的原因也有说明 : "《息庵》已有印集传世, 盖以《慵轩》兄弟孙宗皋公合五集。"由此可见《桧山世稿》的编撰约有两条原则 : 一是以直系亲属为主, 可以兼及近亲族人 ; 二是如果族人印集流传广泛、完整, 可以不编入《世稿》。以此可以检验《桧山世稿》的编撰目的与功能。

黄士祐(1486 - 1536), 《慵轩稿》1卷。据黄龙汉《慵轩稿识》"右族叔最源氏尝收辑成帙, 并草具年谱, 大山李先生为之雠校讹谬而整齐之。今诗编古近体分类、附录、帖附皆先生所定"3) 可知, 黄士祐所著文章并未及时编定成册, 但其族叔

---

2) 黄龙汉《桧山世稿序》, 《桧山世稿》, 哈佛大学所藏本。另有林基中《燕行录全集》所据《桧山世稿》本, 两本所据底本一致, 但封面等外在形式略有不同, 本文皆以哈佛大学所藏本为据。

最源氏已经有过整理。黄龙汉编撰《桧山世稿》仅"仅依次第誊录",或有"初盖弁卷"之《谱》"今录附录之首以从诸集之例"的变动也未尝对原卷秩做太大的更改[4]。因此,在《桧山世稿》编定之前的三四百年,虽无《慵轩稿》之书名,但黄士祐的文章还是以一种比较固定的形式在家族内传播。

黄应奎(1518 - 1598),黄士祐子,其《松涧稿》三卷。据黄龙汉《松涧稿识》"松涧晚年诗稿旧有手草折纸不剪而书,或十数幅或七八幅者五六帖。……甲午疏草幅本一纸平正谨严,《答书院书典祀厅叙》一纸……又有《慵轩碣文》誊录井间……他遗墨……"[5] 可知,黄应奎以手稿传世,并未自己编定文集;由"息庵手书《松涧集》曰:'公山录麟蹄清道丹丘在京归乡分类录目草一册。'而元集不传。又有《无衣》二册似是钓台兄弟公笔随闻见衰录者,而息庵最初手校涂胡填补,不成次第"[6] 知,黄应奎之子黄息庵整理其父文集始正式名为《松涧集》,而黄有中兄弟可能收辑黄应奎遗文为《无衣》二册;由"顷年古宅失火,上及遗帧并历世文献都付六丁矣。此袟据《无衣》、忠本、手稿通融衰粹,间得遗落流传信者载之"[7] 知,《松涧稿》为黄龙汉据各种流传可信的遗文汇编而成。因此,《松涧稿》也应看成黄氏族人历代传承的结晶。

黄是(1555 - 1626)[8],黄应奎子,其《负暄堂稿》2卷,其中附录他人文字1卷。黄龙汉《负暄堂稿识》云"其家中世祸患,书籍不守,诗文若干编皆出掇拾,《朝天录》一帙手草独完。今衰为一编并录赠别诸诗者,亦由《慵轩集》之录夫人挽词"[9] 知,黄是文章最初也以手抄本流传,至黄龙汉始据遗文汇辑成《负暄堂稿》。

---

3) 黄龙汉《慵轩稿识》,《桧山世稿》卷一。
4) 见黄龙汉《桧山世稿序》。
5) 黄龙汉《松涧稿识》,《桧山世稿》卷四。
6) 黄龙汉《松涧稿识》,《桧山世稿》卷四。
7) 黄龙汉《松涧稿识》,《桧山世稿》卷四。
8) 《负暄堂稿·年谱》载黄是生于"嘉靖四十三年 (公元1564)",但与"我明宗大王十年"及《年谱》所载各事年岁皆不吻合,实应生于"嘉靖三十四年 (公元1555)"。参笔者《黄是〈朝天录〉解题》,待刊稿。
9) 黄龙汉《负暄堂稿识》,《桧山世稿》卷六。

黄有中 (1564 - 1620), 黄应奎孙, 其父黄暹号息庵, 即 《息庵稿》 的作者。黄有中 《钓台稿》 1卷。据 《负暄堂稿识》 "此集及 《钓台集》 不肖已有不腆文字, 兹不别识"[10]知, 因为黄龙汉有专文介绍 《负暄堂稿》、《钓台稿》 的编撰情况, 故无需在 《钓台稿》 后附 《识》 以说明。

黄曙 (1534 - 1603), 黄士祐兄弟黄士豪之孙, 其 《宗皋稿》 1卷。黄曙并非黄士祐直系, 《宗皋稿识》 论及其集载入 《桧山世稿》 的原因: "公为慵轩祖兄弟孙, 息、暗两祖则从祖昆弟也, 所以列 《世稿》 者识家门一时之盛, 亦不敢次以昭穆尾之别集云。"[11]

黄氏一族认为东国文章 "光被当世, 泽及后学。其大者 《儒林》 上之, 小者子孙传之", "祖先之手泽有足慕而敬之", 发乎性情的文章 "不遇知者采之, 又未有子孙收之"是 "好古乐善者所宜憾"的现象, 因此要 "收拾遗文以图不朽于子子孙孙"[12]。《桧山世稿》 正是基于 "(五集) 世久散佚, 只存若干门。父老属不肖缵辑雠校用以传远"[13] 的目的而编撰的。黄在松 《桧山世稿跋》 对全书编撰、刊行目的及过程作了详细说明: "伏念当时父子孙曾历仕五朝, 其文章德业固足以光国家、耀竹帛而为子孙之敬奉爱玩, 顾不在于遗文弃草耶。稿凡五集, 藏之巾衍者久矣。先父老尝欲锓梓而未遑焉。继此不遂则久而无征, 深所可惧, 乃阄族鸠财十年而后始成。……凡为吾姓之裔者, 不但有盥读羹墙之慕而已, 必感于兹而能缵述贻谟, 引勿替焉。"[14] 因此, 《桧山世稿》 的成书不是黄姓子孙某一个人的单独行为, 其最终能编辑刊行与黄氏族人对先祖文章的尊崇、珍藏、不断编纂密切相关。

《桧山世稿》 所载诗文集, 表现了黄氏一门较高的文学水平及文学观念。《慵轩稿》 载诗37首, 杂著8篇, 附录朋友、族人所作 《年谱》、挽词等5篇; 《松涧稿》 载诗246首, 疏2篇, 书1篇, 杂著9篇, 附录他人所作 《行状》、挽词等3篇; 《负暄堂

---

10) 黄龙汉 《负暄堂稿识》, 《桧山世稿》 卷六。
11) 黄龙汉 《宗皋稿识》, 《桧山世稿》 卷八。
12) 《桧山世稿序》, 2a-b。
13) 《桧山世稿序》, 5a-b。
14) 黄在松 《桧山世稿跋》, 《桧山世稿》 卷八。

稿》载诗15首, 杂著6篇, 附录他人所作《年谱》、挽词等6篇; 《钓台稿》载诗110首, 附录《事状》、《墓碣铭》2篇; 《宗皋稿》载诗70首, 杂著10篇, 附录他人所作《行状》、《墓碣铭》2篇。由此可见, 黄氏一门比较看重诗歌, 黄有中《钓台稿》所录只有律诗, 共计110首, 其中尤以七绝、七律为多, 五绝、五律次之, 不讲律法的古体诗只有数首。杂著中除了奏、疏等应用性文体外, 也多有文学性较强的作品, 如黄曙《宗皋稿》所载《游清凉山录》即是一篇情文并茂的游记散文。又如黄是《负暄堂稿》所载《朝天录》虽是前往明代京城的行记, 但也用美文记载了沿途的风光以及与他人的许多诗歌唱和。黄士祐也写过《朝天录》但已亡佚, 只有黄是《朝天录》保存了下来, 韩国东国大学出版社《燕行录全集》误题为黄士祐, 笔者已撰文订正15)。《桧山世稿》所载黄氏族人表现的文学水平得到其族人和当世人的认可, 如族人最源氏《年谱》称黄士祐 "语不能详, 而已知读书"、"公六岁, 善于联句, 呼字即就"16), 其姻亲吴准《行录》称其 "操纸笔立就, 文不加点"17), 杨震《交游录》称其 "善属文"18)。据《桧山世稿》各稿 "附录", 黄氏其他四人皆以文章闻名于世。

二、《桧山世稿》对世德门风的建设与传播

"良冶之子, 必学为裘。良弓之子, 必学为箕"19), 黄氏族人世代好文与他们对祖先养成的世德门风的钦羡、继承有关。这一思想首先反映在族谱的编定, 其次在族

---

15) 见笔者在南京大学所著《黄是〈朝天录〉解题》, 文中还指出《燕行录全集》所载黄是《朝天录》的几处倒页问题。

16) 最源氏《年谱》, 《桧山世稿》卷一, 17b。

17) 吴准《行录》, 《桧山世稿》卷一, 24b。

18) 见《桧山世稿》卷一《遗事》所引《杨震集·交游录》, 26b。

19) 《礼记正义·学记》(《十三经注疏》本), 中华书局, 1980年, 第1524页。

谱的传播。

人类产生已近500万年, 自有文字记载算起也已近5000余年, 但每一个宗族的族谱对祖先的追认并不是从头记起。 这一方面固然有无从记忆遥远祖先的原因, 但更多时候也是由于开始编写本族族谱的人要从自己的喜好来选择、 记载相关祖先的原因。 因此, 每一个新兴的族谱往往在对共同祖先的认定中形成一个新宗族的世德门风。《桧山世稿》 所载黄氏宗族族谱的编定者即黄士祐, 由他所新建的黄氏门风无疑深刻地影响着黄氏这一宗族的生活规范、 价值取向。

黄士祐文章亡佚颇多, 收入 《慵轩稿》 "杂著" 一类只有八篇, 其首篇即为 《昌原黄氏世系后叙》。 其叙云: "不肖自髫稚志寻先世亦已勤矣, 而家无族谱, 只传闻玄玄祖讳真伯公以下而已。"[20] 由此可知, 黄士祐出生时并无族谱可参, 也就是说他的成长比较少受世德门风的影响, 因为黄士祐知书达礼, 渐渐有了编撰黄氏族谱以传后世的想法。黄士祐编撰族谱约分为三个阶段。第一, 正德戊寅年 (1518) 借佐幕本道于昌原黄氏获得 《黄氏族谱》。第二, 嘉靖丙戌年 (1526) 借守父坟偶到瓶山故家翻阅家藏文书得到其曾大父先公手书的先世源派世次爵秩。其祖、 父两代皆未亲睹这份文献, 故其家谱中断已久。第三, 以昌原 《黄氏族谱》 与家藏先世源派世次交互考证, 间附 "不肖所闻所见者", 形成 "虽极玄远必书讳爵、 世历、 时际、 居止坟墓所在"的完备族谱。族谱完缮于嘉靖六年 (1527), 自最初获得可编撰的族谱算起, 历时已近十年。《昌原黄氏世系后叙》 对黄士祐编撰族谱的目的在有明确说明: "庶使子孙知其宗绪遗德之万一。"[21] 14世纪之前, 朝鲜并无修谱的习俗,《安东权氏家谱》 是朝鲜较早的家谱, 徐居正于1476年所作 《安东权氏家谱序》说 : "吾东方自古无宗法, 又无谱谍, 虽巨家大族, 决无家乘。"[22] 朝鲜族谱的修订深受中国宋儒的影响, 要使 "亲亲之心油然而生", 并最终达到 "同世士大夫虽非皆吾族类, 同其志趣耳, 同其所业耳, 复同其士族者"[23] 的目的。因此, 黄士祐编撰 《昌

---

20) 黄士祐 《昌原黄氏世系后叙》,《桧山世稿》 卷一, 7b。
21) 黄士祐 《昌原黄氏世系后叙》,《桧山世稿》 卷一, 8a。
22) 见常建华 《十五世纪的朝鲜族谱》,《史学集刊》, 2005年第4期。

原黄氏世系》 也是想通过 "亲亲" 以使黄氏一族 "同志趣"、 "同所业", 亦即从事以诗书为代表的士大夫职业。 通过族谱构建起以黄士祐为首的黄氏世德门风受到黄氏后人的推崇和遵守, 所以 《桧山世稿》 以其 《慵轩稿》 为家族文集的第一集, 后世族人凡为文章者莫不尊崇且受其影响。 黄士祐之孙黄是又与族人重修过黄氏族谱, 据 《昌原黄氏族谱增修序》 知此次重修是基于原谱 "未遑于枝条", 又因 "今去赞成公之世几近百年, 其间子孙之继继承承者, 又不知其几多"[24]。 这次增修分为三个步骤, 先由黄松楸、 黄晔、 黄墅墉三人与黄是商定编谱由黄松楸三人为 "句管之主", 再由散处各地的宗族选一主事者写信告知源派来历, 最后由黄是作序。 因为各地族人 "人同此心, 如响之应, 如影之速, 虽在道涂之绝远者莫不奔走来会。 不日月而诸报毕至, 岁未终而谱已成"[25], 这次编谱极为顺利。 探寻成功的原因, 虽然与当时朝鲜编撰家谱已成为一时风气有关, 但具体到家庭内部当与黄士祐编撰 《昌原黄氏世系》 所形成的世德门风关系更为紧密。

编撰、 增补族谱是为使 "观此谱者孝悌之心犹然而出", 并借此 "缮写绣梓, 广布诸孙, 则又深有望于他日"[26]。 从 《桧山世稿》 来看, 黄氏五人的文章及他人编写的 《年谱》、 《行状》 等都鲜明地表现了黄士祐、 黄是等主持编撰族谱的宗旨。申光汉为黄士祐所作 《墓碣铭并序》 已利用黄士祐所编 《昌原黄氏世系》 追溯黄士祐的世系: "公讳士祐, 字国辅。 黄姓出自昌原, 远祖讳石柱, 相丽朝; 子英烈, 判军簿; 至孙裕, 忠烈朝登第, 忠肃朝典客令, 有文学德行而早世; 子真伯, 寝园署令; 子承厚, 恭愍朝中郎将, 居竹州; 子处中, 仕我太祖朝迎日监务; 子躔, 世宗朝奉礼于公, 曾王父有先见之明, 六子皆名儒……子希圣, 尚俭素, 好读书……; 生公。"[27]在黄士祐之前, 黄姓这一支系并无族谱自然也不能系族望于昌原, 申光汉为黄士祐所撰 《墓碣铭并序》 当是根据黄士祐 《昌原黄氏世系》 进行先祖追溯。

---

23) 《李氏族谱成化早谱序》。

24) 黄是 《昌原黄氏族谱增修序》, 《桧山世稿》 卷五, 4a。

25) 黄是 《昌原黄氏族谱增修序》, 《桧山世稿》 卷五, 4b。

26) 黄是 《昌原黄氏族谱增修序》, 《桧山世稿》 卷五, 5a。

27) 申光汉 《墓碣铭并序》, 《桧山世稿》 卷一, 27a-b。

是后黄士祐一系族人撰写墓志、行状等必以此作为溯源凭据。黄士祐 ≪昌原黄氏世系≫ 特别提到先祖黄裕 "有文学德行"、"六子皆名儒"、其父黄希圣 "好读书",这就为黄氏一族确立了诗书传家、工尚文学的世德门风。

由黄应奎 ≪高祖考赠工曹参判公墓碣铭并序≫ ≪高祖妣赠贞夫人谷城任氏墓表≫、黄是 ≪嘉善大夫司宪府大司宪息庵黄公墓志≫ 以及黄龙汉对 ≪桧山世稿≫ 每稿的 "识"与全书的序以及黄在松的跋都可见黄氏族人对世德门风的传播与继承。

三、家族文学风气养成的具体形式

编撰族谱可以使子子孙孙因 "亲亲"之心而钦羡、尊崇先祖所创建之世德门风,珍藏、抄写、刊行先祖文集能把好诗书、尚文学的世德门风具体地展示出来,但这二者皆只是静态的文献,如果没有族人的言传身教,后世子孙所受影响必定相当浅薄。通过 ≪桧山世稿≫,可以勾勒出黄氏族人利用各种具体形式培养家族文学风尚的方式。

(一) 言传身教,诗书传家。"文出六经",良好的文学修养首先来自对经、史、子、集的广泛涉猎。黄士祐 "孩提已知读书,八岁能属文做诗"[28]、黄应奎 "少习文章"[29]、黄是 "公少有俊才,善属文,文藻烨如"[30]、黄有中 "年十二时……指为东村奇童。队云文艺夙就,气味超然"[31]、黄曙 "幼而颖悟,及长文思通敏"[32]皆可见黄氏族人幼读诗书的现象,这种禀性的养成实与整个家族重视文化教育密不可分。首先,黄氏族

---

28) 申光汉 ≪墓碣铭并序≫,≪桧山世稿≫ 卷一, 27b。
29) 洪羲俊 ≪ (黄应奎) 行状≫,≪桧山世稿≫ 卷四, 19a
30) ≪ (黄是) 年谱≫,≪桧山世稿≫ 卷六, 1a - b。
31) 黄龙汉 ≪事状≫,≪桧山世稿≫ 卷七, 20a。
32) 黄琰 ≪行状≫,≪桧山世稿≫ 卷八, 30a。黄龙汉于此 ≪行状≫ 后又补云:"闻公儿时才声惊暴一时。"

人自身好学、诲人不倦。黄士祐 ≪闻庆乡校次金相国韵和使相文公瑾≫ 论及为学方法、宗旨："为学要须正且严，功夫到处忽前瞻。欲寻濂洛流波远，更向心源静地添。"33) 其 ≪兴海乡校次金相国韵和使相示诸生≫ 劝勉后学："存心日用寡愆尤，自有彝伦道可求。夏校殷庠明是学，须从正脉拟前修。"34) 黄士祐 "爱儒士出于至诚，近境名士多聚其门"、"亲戚故旧，四面坌集"，其 "还归于家，解朝衣辄对案披经、史、子、集"35) 的好学精神必定深刻影响聚门的儒士和家人子弟。黄应奎 ≪自题画像赞≫ "诗书略涉，腐儒谁说？……寻常老夫，后裔何法"表明黄氏族人爱好诗书，并且注意自己言行对同族晚辈的影响。洪羲俊为黄应奎所作 ≪行状≫ 载黄应奎 "居乡，谢交游。一室书史，沉潜忘倦，寓怀翰墨，诗尚李杜，笔慕金生。喜与乡之子弟，论经史，讨文墨。……初建正庵于别业，为讲学终老之计"36)，黄是晚年也 "于竹溪东峡买山置墅，来往栖迟，课僮耕耘，教养儿孙，……盖以此终焉"37)。以此可见，黄氏族人不仅自身好学，且注意对后辈子弟的培养。其次，除了身教以外，黄氏族人还重视以庠序教导子弟，如黄应奎即 "劝父老立党序，迎师长，训诲子弟"38)。因为重视庠序也注意书院的建设，黄应奎 ≪濯缨书院记≫ 云："庙院之作于中国远矣。吾东方独寥寥焉，礼义文献之风有足愧者。……藏书于阁，迎士于堂。弦诵洋洋，中国文风一朝东焉。"39) 黄氏族人既敦阅诗书，又好劝进后学子弟，故其文学家风世代不辍。

（二）赋诗好文，以身作则。≪桧山世稿≫ 所载诸稿皆有大量诗歌，考诸文献，黄氏士人确以诗歌创作为一种生活方式。黄应奎诗 "幽人抱病懒开门，吟咏新诗绝世纷"40)、"雀罗门掩未曾开，惟有诗肠日九回"41)、"我忆轮亭柳大夫，那堪新句近来

33) 黄士祐 ≪慵轩稿≫，≪桧山世稿≫ 卷一，3b。
34) 黄士祐 ≪慵轩稿≫，≪桧山世稿≫ 卷一，3b。
35) 吴准 ≪行录≫，≪桧山世稿≫ 卷一，25a - b。
36) 洪羲俊 ≪行状≫，≪桧山世稿≫ 卷四，22b。
37) 黄龙汉 ≪碣阴记≫，≪桧山世稿≫ 卷六，11a。
38) 洪义俊 ≪行状≫，≪桧山世稿≫ 卷四，20b。
39) 黄应奎 ≪濯缨书院记≫，≪桧山世稿≫ 卷四，14a。
40) 黄应奎 ≪次南双湖仲素尚文≫，≪桧山世稿≫ 卷二，3b。
41) 黄应奎 ≪谢翠峰≫，≪桧山世稿≫ 卷二，4b。

无"42)、"篷底挑诗兴, 临风咏五言"43)、"尽日孤吟诗未就, 片云催雨入溪流"44) 写出自己在生病、忆友、观景等各种生活场景中作诗赠友的情景。 黄是时常 "杯酒赋诗"45), 黄有中也于 "南还以后, 诗礼定省之余, 佐以酒杯词章, 忘怀啸咏……有诗集若干, 传于家"46), 是知黄氏士人不仅有作诗的才能, 且以其为一种泄导人情的艺术的生活方式。 这种表现情感生活的创作方式得到后世子孙的认可与继承, 因此黄龙汉在 《桧山世稿序》 中说:"况乎文章之发于性情声气者乎?且人材之大小虽殊, 而时命之显晦不常, 其有达施未尽者, 蕴乎恢瑰倜傥, 抱负经奇而伏而不伸, 亦偃謇孤抗糠粃浊世而事 () 不章, 禀流非一, 其轮困偪塞之胸次, 高下抑扬之韵折, 独有文字传焉。"47) 黄龙汉的观点与其族人的诗歌创作一脉相承, 体现了把诗歌作为生活方式的创作态度。 正因为如此, 这一种观点透过族人的言传身教才别有一种力度。 黄应奎有诗云 "吾爱箕裘业, 文章教自胎"48) 道出家族文学风气对自身文学创作的影响, 其 "无限春光遍海湄, 等闲游览不为痴。家君曾倚楼中咏, 手泽犹存板上诗。岁月经多蛛网晦, 尘埃埋没粉书稀。孤生著处堪垂泣, 强拟莪蒿续短词"49) 更可见其由父亲手书的 "板上诗"到所自己所续 "短词"之间的因缘关系。

　　(三) 家族唱和、赠诗与家族文学风气的培养。文学家风的养成关键在于家族内部重视诗歌的创作与交流, 通检 《桧山世稿》 可以发现大量家庭内部唱和、赠送的诗歌, 今分类略作说明。(1) 相互唱和诗歌以交流。由于 《世稿》 是以个人文集的形式编撰, 很多唱和诗未能尽录, 以联句和次韵为标准可以检索到部分部分唱和作品。黄曙 《宗皋稿》 载 《长 (暜遂) 联句》 二首, 其一:"长笛十一孔 (景明), 短歌三四调 (光远)。宫商角徵羽 (景明), 白雪清秋宵 (是之)。" 其二:"缓调急调意

42) 黄应奎 《寄轮亭》,《桧山世稿》 卷二, 5a。
43) 黄应奎 《江上骤雨》,《桧山世稿》 卷二, 12a。
44) 黄应奎 《濯缨书院》,《桧山世稿》 卷二, 13a。
45) 黄龙汉 《碣阴记》,《桧山世稿》 卷六, 10b。
46) 黄龙汉 《 (黄有中) 事状》,《桧山世稿》 卷七, 21a。
47) 黄龙汉 《桧山世稿序》。
48) 黄应奎 《寄三陟使君赵云江瑗》,《桧山世稿》 卷三, 23a。
49) 黄应奎 《宁海海晏楼敬次家君为都事时和文观察使韵》,《桧山世稿》 卷二, 18b - 19a。

有在 (景明)，一曲二曲声相连 (是之)。于水于山随手弄 (光远)，梅花片片落无边
(是之)。"50) 其中 "是之"是黄是的字，"光远"是黄曙的字，这两首联句是黄是、黄曙、
黄景明堂兄弟的共同创作。次韵是一种有效的诗艺切磋和情感交流，黄士佑与黄
士豪两兄弟的次韵诗载入了《慵轩稿》。黄士豪原诗为："晚饮屠苏醉不醒，光阴
鼎鼎可堪惊。懒磨古镜人休怪，怕见新年白发星。"51) 起句为 "仄仄平平仄仄平"，第
一句 "醒"、第四句"星"属于 "青"韵，第二句"惊"属 "庚"韵，可以通押，属于一首标准
的七绝。黄士祐《次舍弟韵》为："荣辱升沉等醉醒，危桥过后始知惊。饱经世事
身将老，未报鸿恩鬓发星。"52) 黄士祐的次韵诗韵脚及每个字所用平仄皆与黄士豪
原韵相合，是一首标准的次韵诗。黄是有《次阿姪有吉韵》，其姪黄有吉原韵未
录入《负暄堂稿》。黄曙亦有《次丹 (亻卒) 从叔韵》、《和景明兄醉醒歌》，未
载原韵。(2) 相互赠送诗歌以交流。黄应奎有《九日兄弟饮南郊》写兄弟手足之
情："南野携壶出，西风落帽筵。茱囊悬弟腋，菊酒献兄前。插花开口笑，素月印青
天。"53) 又有《访族弟汝益得谦卜居》："篱落清溪近，桑麻一迳深。地偏稀俗客，树
密护幽禽。披卷堪消日，临流可洗心。漫然相对处，山雨暗前林。"54) 又有《舍兄生
朝示黄君举遂良》 以 "鲁卫幸同堂"道血缘亲情。黄是有《从弟 (日见) 家菊花下醉
饮》、《哀姪子有詹》抒写亲情。黄有中《钓台稿》写族人间的宴游交往更多，
其《春日宴季父宅》"叔姪弟兄会，小堂樽酒开。终南微有雨，三角殷其雷。护草庭
除翠，移花砌上栽。坐中谁最饮，通判玉山颓"55)用浓墨重笔写出了族人其乐融融的
宴饮生活。其《示两弟》"三弟兄家同一村，月夕风朝相叩门。荆花影里乐何乐，鼎
坐怡怡倾绿樽"56) 也写兄弟间饮酒为乐的日常生活。黄有中有《酒席戏占》一诗，

50) 黄曙 《长 (晋遂) 联句》，《桧山世稿》卷八，7a。
51) 见黄士祐《慵轩稿》，《桧山世稿》卷一，4b。
52) 黄士祐《次舍弟韵》，《桧山世稿》卷一，4b。
53) 黄应奎《九日兄弟饮南郊》，《桧山世稿》卷三，11b。
54) 黄应奎《舍兄生朝未黄君举遂良》，《桧山世稿》卷三，23b。
55) 黄有中《春日宴季父宅》，《桧山世稿》卷七，3a。
56) 黄有中《示两弟》，《桧山世稿》卷七，4b。

≪事状≫ 说其 "诗礼定省之余, 佐以酒杯词章, 忘怀啸咏", 皆可证明这些日常宴饮通常是要作诗的。黄曙与黄是、黄景明堪称兄弟切磋诗艺的典范。除上文所举 ≪长 (晋遂) 联句≫ 二首、≪和景明兄醉醒歌≫ 外, 黄曙还有 ≪呈景明兄兄弟≫、≪送是之兼寄景明兄≫ 等多首。其 ≪送是之兼寄景明兄≫ 云: "昨日离筵手屡掺, 樽前细雨满松杉。东西路失愁杨子, 南北居分醉阮咸。黄卷已知纷白首, 朱门何必曳青衫。正兄若问依消息, 为道孤吟对暮岩。"[57] 写出了黄曙、黄是、黄景明三兄弟宴饮后的难舍难分, 从尾联 "孤吟" 一词来看也将长期寄诗汇报近况。黄曙另有 ≪谢景明兄分酱≫ 一诗感谢黄景明赠以酱食, 以此可知黄氏家族成员即使点滴的生活交往也常以诗歌酬答。≪宗皋稿≫ 还载有黄曙 ≪乙酉三三陪家君会瓦丘≫、≪送从叔拜司赡正乘舟入京≫ 与家族成员相关的诗歌。

　　总之, 黄氏家族长辈以好读诗书、自作诗文的方式给晚辈子弟树立了读书好文的家族风气, 与长辈、同辈间的诗歌唱和、赠答更给黄氏族人创设了写作诗歌、提高诗艺的交流平台。这三种形式相互激荡, 既创造也传承黄氏一族良好的文学家风。由黄士祐到黄龙汉一辈, 黄氏家族三四百年来好诗尚文的风气始终不堕, 与他们始终用这三种形式传承文学家风密切相关。

四、"世稿"类文献对文学家风养成的意义

　　"世稿"是一种独特的家族文集形式, 前人尚未给予充分的关注。罗时进作为中国家族文学研究的先行者, 有大量相关成果。他在 ≪地域·家族·文学——清代江南诗文研究≫ 一书中专辟 ≪古典文献研究的家族学视阈——以清代江南文化家族文献研究为例≫ 一节来论述家族文献的类别和意义, 其中论及到整理梓行家族文

57) 黄曙 ≪送是之兼寄景明兄≫, ≪桧山世稿≫ 卷七, 8a。

献著作的两种形式, 一为先人的别集, 一为历代先人的文学总集。在列举总集时提到: "这类总集甚多, 如 《锡山秦氏诗抄》、《锡山秦氏文抄》、《瑞芝山房诗抄》(戴燮元辑)、《毗陵周氏五世诗集》(周述祖辑)、《江阴金氏文剩》(金武祥辑)、《长洲彭氏家集》(彭贤辑)、 《吴江沈氏诗录》(沈祖禹等辑)、 《旧德集》(缪荃孙辑), 不胜枚举。"

　　罗时进列举家族文学总集虽多, 并未涉及 "世稿"这一形式。唐文治先生撰 《锡山秦氏文钞序》 云: "从未有以家族之著述, 汇为鸿篇者, 即有之, 亦不过三、五人或十数人而止, 然已不数数觏。" 因此虽然不多见, 但中国还是有把一个家族若干作者文稿编定成册的现象, 那么这样的文集是否也称为 "世稿"呢? 明代晁瑮 《晁氏宝文堂书目》(明钞本) 载有 《棠林世稿》 书名, 明代高儒 《百川书志》 卷十七(清光绪至民国间观古堂书目丛刊本) 有闽人陈达德一门四世诗集 《义溪世稿》的记载, 清嵇曾筠 《 (雍正) 浙江通志》 卷二百五十二载有赤城新志黄岩张尺辑《沣川世稿》 一事。清代朱次琦 《朱九江先生集》 曾谈到家族文集的缘起: "总录一家者, 著于 《廖氏家集》(唐廖光图撰), 后来 《王氏文献》(录王氏褒肇宣佐译希旦昺杲诸人作)、陈氏 《义溪世稿》(录陈氏周振振栒炜耀迟达诸人作) 其类也。陆机所谓'咏世德之骏烈, 诵先人之清芬'是也。"[58] 是知, 由后人撰集的家集在中国大约兴起于唐代, 但以 "世稿"命名家集则可能起于明代陈氏 《义溪世稿》, 或不知所出的 《棠林世稿》。但中国以 "世稿"名集的几部文集少有传播, 影响极小。日本在公元九百年就出现菅原道真把祖父菅原清公 《菅家集》、父亲菅原是善 《菅相公集》 与自己 《菅家文草》 合为菅家三代集献给醍醐天皇的先例, 但目前未见以 "世稿"命名的文献形式。东国朝鲜与中国、日本不同, 其以 "世稿"命名的文献较多, 且具有更为广泛、深刻的影响。

　　朝鲜 《国朝诗删》 载有 《许门世稿》, 赵正万编辑有 《嘉林世稿》, 金盛达编撰 《安东世稿》, 晋州姜氏有 《晋山世稿》、《续世稿》, 这些 "世稿"类文献已

---

58) 朱次琦 《朱九江先生集》 卷八, 清光绪刻本。

被用入学者的研究，如张伯伟主编的《朝鲜时代女性诗文集全编》(凤凰出版社，2011年) 即间或用到此类材料书写朝鲜女性作家的生平。韩国延世大学具智贤《从〈安东世稿〉附联珠录看金盛达文学家族活动之面向》(《韩国古典女性文学研究》第9辑，2004年) 也利用到《安东世稿》进行家族研究。当然，更为难能可贵的是朝鲜"世稿"早在明清之际已载入中国文献，今兹列举两种比较广为人知的朝鲜"世稿"类文献。清代潘祖荫《滂喜斋藏书记》对高丽刻本《丰山世稿》六卷三册有较为详细的记载："高丽垔氏家集也。洪氏籍安东之丰山，其鼻祖之庆有子名侃，字平甫。侃八世孙履祥始大显世，为哲鲜望族。此诗卷一曰《洪厓公文》，侃所作也；曰《文敬公文》，即履祥也；曰《秋峦公文》，文敬之子也；卷二曰《文懿公文》，曰《贞简公文》；卷三曰《晦溪公文》，《睡隐公文》；卷四曰《靖惠公文》，《孝安公文》；卷五曰《文清公文》，曰《通德郎公文》，曰《赠赞成公文》；卷六曰《孝献公文》，曰《足睡公文》。自文敬公至足睡，凡九世。足睡三子，曰爽周，曰吉周，曰显周，此集即爽周所编。"[59) 正因为《丰山世稿》在中国流传较广，《明史》卷一百三十七、民国徐世昌《晚晴簃诗汇》卷二百对此书皆有记载。《晚晴簃诗汇》记载该书云："洪显周，字世叔，号约轩，朝鲜人。……洪氏为三韩大族，约轩尚主授都尉，笃雅有文采，尝汇刻十世遗稿，曰《丰山世稿》。"[60) 由"笃雅有文才"可见徐世昌对洪显周的才华比较肯定。朱彝尊《静志居诗话》卷二十四对许洽、许沆所辑《阳川世稿》亦有记载："洽与弟沆，俱有时名，尝集其先世诗，号《阳川世稿》。沆官吏曹参判，兄弟皆执国政。诗有'渔店日斜遥笛起，海门风急晓帆开'之句，亦觉爽气殊伦。"[61) 朱彝尊以"爽气殊伦"评价《阳川世稿》，又将其载入《明诗综》卷九十四，可见对东国许氏诗歌艺术的赞赏。

综观文献，朝鲜以"世稿"为名的家族文集明显多于中国、日本等东亚汉文学圈的国家，那么"世稿"这种文献形式与家集相比有什么不同，在东国文学家风的养成

---

59) 潘祖荫《滂喜斋藏书记》卷三"集部"，清末刻民国增修本。

60) 徐世昌《晚晴簃诗汇》卷二百，民国退耕堂刻本。

61) 朱彝尊《静志居诗话》卷二十四，清嘉庆扶荔山房刻本。

过程中又有什么积极意义呢？

首先，"世稿"形式独特。家集可以是别集，也可以是总集，"世稿"则一定是总集的形式。即使和一般家族文学总集相比，"世稿"也因其重视家族文学作者的血缘传承性而明显不同。如看《锡山秦氏诗钞》、《锡山秦氏文钞》书名，只知道是对锡山秦氏诗或文的汇总，看不出对家族文学作者传承性的重视，而《桧山世稿》则以"世稿"一词突出其文学创作世代相承的关系。又因前者是单纯的《诗钞》或《文钞》，只对诗或文作专门收辑，则一方面不能看出家族的总体文学风貌，另一方面就《诗钞》而言则不能通过《族谱序》、《墓碣铭并序》等文章看出作者对族人的感情和文学家风继承的态度等。"世稿"因其独特的形式，不仅是家族多位作者的总集，而且是每一位作者所有诗歌、文章的汇总，又因其注意作者的血缘传承，一般都会有与族谱、墓碣铭、族人交游等家族色彩极为浓厚的家族文献的记载。因此，"世稿"是一种独特的家族文献形式，是深入分析每个家族文学家风如何养成的宝贵材料，值得单独提出来探讨。

其次，由"世稿"可以清晰地观察出文学家风的养成方式。文学家风是一个长期培养、维持的结果：在精神层面上它需要一个强烈的家族认同感，这一点需要利用不间断地修补家谱、传播家谱来实现；在物质层面上它需要流传有序且被广泛阅读的家族文学集子，这就是"世稿"类文献的功能；在具体的文学创作层面上它需要家族成员好读诗书、善作诗文且共创一个切磋文艺的创作平台，这就要依靠在世的家族成员共同参与、相互影响。这三种影响文学家风形成的主要形式在"世稿"类文献中均可以找到，因此"世稿"类文献在家族文学研究中具有不可替代的价值。

朝鲜"世稿"类文献表现出对先祖的尊崇与效仿，这些特点当然来自于中国，但却借此促成了朝鲜文采蔚然的家族风貌。《安东世稿》的编撰者金盛达文采风流，其从八代孙金朝彬在《浩然斋遗稿序》中道出其家族文风兴盛的原因："文章者，天地间不朽之物。而人虽皆学，至于华国，非人皆能焉。诗文之一端，……而及其擅名，父不能传子，子不能继父，故子能继父者鲜矣。……苏老泉(洵)三父子(东坡轼，颍滨辙)以文章擅名于中国，李月沙(廷龟)三父子(白洲明汉，玄洲昭汉)亦以文章擅名于东邦，岂非千古胜事乎？至今称颂而难学也。"金朝彬以中国文学家族与东国相比，以东国李氏家族与金氏家族相比，愈突出家族文学继继承承之难，愈见金氏家族世代好书擅文之难得。因此，透过诸多现象，我们不难看出"世稿"类文献在增强朝鲜家族乃至国家自豪、自信上的积极作用。而《桧山世稿》因其比较完整、清晰地呈现了东国文学家风养成的面貌与过程，其价值与意义自然不言而喻。

2. 汉籍与日本

日人山川早水考略

四川师范大学　房 锐

1905年至1906年，四川高等学堂日本教习山川早水对巴蜀地区进行考察，并撰写了二十余万字的游记。1909年，此游记以《巴蜀》为书名，由日本东京成文馆出版。2005年，《巴蜀》一书又以《巴蜀旧影——一百年前一个日本人眼中的巴蜀风情》为名，由四川人民出版社出版。此后，山川早水及其游记逐渐进入了中国学者的研究视野。在此，笔者拟对山川早水的生平事迹等进行初步的探讨。

一、山川早水的籍贯、生年及学历

关于山川早水的籍贯，《巴蜀》一书未提及。据四川大学档案馆保存的《高等学堂光绪三十一年总理教习监学委员衔名籍贯表册》、《四川成都高等学堂总理教员监学委员姓名籍贯表》，山川早水为熊本县人。

关于山川早水的生年，相关学者多未予以注意。据笔者所知，仅2005年版《鲁迅全集》第17卷"山川早水"条注提及其生年为1877年[1]。查《高等学堂光绪三十一年总理教习监学委员衔名籍贯表册》，山川早水的年龄为二十九岁。此当为虚岁。光绪三十一年，即公元1905年，上推二十八年，即1877年，这与《鲁迅全集》注的说法是相吻合的。

关于山川早水的学历。据《高等学堂光绪三十一年总理教习监学委员衔名籍贯表册》、《四川成都高等学堂总理教员监学委员姓名籍贯表》，山川早水的衔称是东京二松学舍。"衔称"，即官衔职称。查四川大学档案馆保存的档案，高等学堂所聘用的外国教习中，其"衔称"多为毕业学校名，只有少数为曾任职学校或学位，如计信一的"衔称"是滋贺县师范学校教谕，蓝尔生的"衔称"是文学博士。

山川早水当毕业于东京二松学舍。二松学舍创建于1877年，创办者为汉学家三岛中洲。该学塾是私塾性质的旧式学校，以讲授中国传统文化为主，曾培养出夏目漱石等优秀人才。可以认为，深厚的汉学修养，对中国文化的浓厚的兴趣，为山川早水撰写《巴蜀》打下了较为坚实的基础。

二、山川早水与四川省城高等学堂

山川早水任职的四川省城高等学堂，不仅是全川的最高学府，也是巴蜀地区第一个具有近代意义的高等学校。该校前身为四川中西学堂（1896年创办）。1902年，四川中西学堂与尊经书院（1875年创办）合并，组成四川通省大学堂，同年更名为四川省城高等学堂。1903年，锦江书院（1704年创办）并入四川省城高等学堂。1916年，四川省城高等学堂并入国立成都高等师范学校[2]。

---

1)《鲁迅全集》第17卷，人民文学出版社，2005年版，第8页。裘士雄《漫谈2005年版〈鲁迅全集〉中人物注释的情况》称："增补人物生年的有五十九条，如山川早水（1877）……"（郑欣淼、孙郁、刘增人主编《1981-2005：多维视野中的鲁迅研究》，河南文艺出版社，2007年版，第1183页）

　　四川省城高等学堂是西南地区规模最大的高等学校，不仅有许多"蜀学宿儒"，还有一些自日本、英国等国的外籍教习。据山川早水《巴蜀·成都旅居记》记载，截止1906年5月，共有三名日本教习在四川省城高等学堂任教[3]。

　　山川早水在《巴蜀·成都旅居记》中指出："明治三十六年（1903年）开始招聘我们日本的教习，这应该是成都的教育新旧交替的界限……教习的最初应聘者为武官松浦宽威等四人，这四个人在武备学堂开始了军事教育；其次是当年十二月受高等学堂所聘用的池永太六、和田喜八郎，东文学堂所聘用的服部操等三人，普通教育就是这三位最初引进的。新学堂也不过是上述三所。要说四川的新教育是由日本人所移植的也不过分，其招聘的负责人是将要赴日观察的成都人、高等学堂总理胡峻氏。属武备学堂招聘的人签合同需经由参谋总部，其余的都属个人间的合同，后来的招聘都按此惯例。"[4]

　　在山川早水被聘为四川省城高等学堂东文教习期间，该校还聘用了数名外国教习，而这些教习的束脩远高于在该校任职的中国人。据《高等学堂总理教习委员姓名籍贯暨到堂年月束脩薪水数目表》，总理（即校长）胡峻月支银160两，其他中方管理人员及教习月支银10两至72两不等。而外籍教习的束脩则高出许多，如英文理化教习史弥德（英国人）月支银355两，法英德文教习蓝尔生（丹麦人）月支银213两，博物教习计信一月支银177两5钱，算学教习进来重松月支银174两7钱6分，日本外史地教习和田喜八郎月支银177两5钱。

　　值得一提的是，同为外国教习，西洋人的束脩又高于日本人。山川早水在《巴蜀·成都旅居记》中认为："中国人一般并不想依赖于日本教习，内心只想聘西洋

---

2) 1905年，四川通省师范学堂成立，1916年成为国立成都高等师范学校。1927年，该校分为国立成都大学和国立成都师范大学。1931年，国立成都大学、国立成都师范大学与公立四川大学合并，组建国立四川大学。
3) 山川早水著，李密等译《巴蜀旧影——一百年前一个日本人眼中的巴蜀风情》，四川人民出版社，2005年版，第81-82页。
4) 山川早水著，李密等译《巴蜀旧影——一百年前一个日本人眼中的巴蜀风情》，四川人民出版社，2005年，第89-90页。

人。但由于招聘手续麻烦, 旅费、俸禄开销数额大, 教授上语言的困难等, 似乎不能擅行其志。"5) 这一说法是比较符合当时的实际情况的。

对于年轻的山川早水来说, 优厚的物质待遇或许是他入蜀的一个重要原因。

四川省城高等学堂档案中, 保存有该校与山川早水签订的合同。内容如下:

大清国四川省设立高等学堂及他校聘请日文语博物教习一员, 今准。

大日本井干六氏绍介聘得大日本山川早水氏以充其任, 所有议定合同契约开列于左:

一、受聘人应归学堂总理节制 (总理即校长), 须听总理命令。

二、受聘人薪水每月给中国银元壹百贰拾元, 照西历给予, 自到学堂之日起, 支饮食、衣服、仆役、医药一切用费在内。

三、聘定之期暂以一年为限, 限内不得彼此辞退, 但遇不得已之事故辞退, 由主聘人照第五条给川赀叁百元外, 无别费。如期满之后彼此相洽, 再行续订。

四、聘期以到学堂之日起算, 住学堂十二个月为一年, 暑假一月在内。但由日本起程赴华及期满归国之日期, 均不在年限之内。

五、受聘人赴华川赀由代聘人给中国银元叁百元, 期满归国, 由主聘人给川赀叁百元。

六、受聘人如携眷同往, 应在堂外自觅房屋居住。如未带有眷属, 愿在堂内居住者, 堂中当备房屋并华式床铺、桌椅等件, 余物均由自备。

七、受聘人授课时刻每日每日以五小时为限, 其课程科目时间先后应由总理与受聘人及各教习参定。

八、年假、暑假、中国大节及房星虚昴停课日期, 均须遵照学堂章程所定

九、受聘人如有疾病等项, 医药概归本人自理。设有不测, 于限内病故, 除照第五条由主聘人给川赀叁百元外, 再给三个月薪水, 以作赠恤之用。

十、合同契约, 二心公认, 照缮三分, 一存学务处, 一存四川高等学堂, 一给受

---

5) 山川早水著, 李密等译 《巴蜀旧影——一百年前一个日本人眼中的巴蜀风情》, 四川人民出版社, 2005年, 第91页。

聘人收执, 各宜遵守, 以照信实, 不得稍有违碍。

　　大清光绪三十年十一月初五日

　　　　　　主聘人四川高等学堂总理胡峻

　　　　　　代聘人四川留学生监督周凤翔

　　　　　　保证人四川留学生胡峻

　　大日本明治三十七年十二月十一日

　　　　　　受聘人　　　　　　　　山川早水

　　　　　　保证人东京第一高等学校教授山井干六

1. 与山川早水共事的外国教习

　　山川早水 ≪巴蜀·成都旅居记≫ 称: "侨居成都的日本人, 总的来说, 其职业都是教习。如再详细分类, 可分为学堂教习与工艺教习两类。"[6] 山川早水属于 "学堂教习"。书中提及的日本教习, 亦多为 "学堂教习"。结合四川省城高等学堂档案, 山川早水的同僚有和田喜八郎、池永太六、计信一等人。

　　和田喜八郎, 日本秋田县人, 东京高等师范学校卒业生, 任四川省城高等学堂日本外史地教习, 光绪二十九年十月到堂, 光绪三十三年正月辞职。据 ≪高等学堂光绪三十一年总理教习监学委员衔名籍贯表册≫, 和田喜八郎比山川早水年长五岁。

　　计信一, 日本和歌县人, 东京高等师范学校卒业生, 曾任滋贺县师范学校教谕, 后任博物教习, 光绪三十二年四月到堂。

　　和田喜八郎与计信一均毕业于东京高等师范学校, 而从四川省城高等学堂与日本教习辻信一签订的聘用合同中, 可知辻信一正是因为和田喜八郎、山川早水的介绍, 才被四川省城高等学堂聘为博物教习。

---

6) 山川早水著, 李密等译 ≪巴蜀旧影——百年前一个日本人眼中的巴蜀风情≫, 四川人民出版社, 2005年版, 第80页。

　　池永太六, 日本山口县人, 东京帝国大学理学士, 任四川省城高等学堂理化数学教习, 光绪二十九年十月到堂, 光绪三十二年十月辞职。据《高等学堂光绪三十一年总理教习监学委员衔名籍贯表册》, 池永太六比山川早水年长六岁。

　　服部操, 日本兵库县人, 早稻田大学毕业, 专任预备学堂教习, 兼任四川省城高等学堂东文教习, 光绪三十二年七月到堂。

　　吉田义静, 东京人, 曾任东京外国语学校教授, 法制经济教习, 光绪三十二年正月到堂, 四月辞职。

　　小黑伊人, 东京市神田人, 曾任日本龙骧学堂顾问官, 任博物教习, 光绪三十一年五月到堂, 十二月辞职。据《高等学堂光绪三十一年总理教习监学委员衔名籍贯表册》, 小黑伊人比山川早水年长五岁。

　　史弥德。史弥德, 伦敦人, 伦敦威谦斯德大学堂卒业生, 任四川省城高等学堂物理化学英文教习, 光绪三十年十月到堂。据《高等学堂光绪三十一年总理教习监学委员衔名籍贯表册》, 史弥德与山川早水同年。

　　山川早水在《巴蜀·成都旅居记》中写道: "乍从成都人对日本人与对西洋人的态度来看, 对西洋人似乎有一种疑虑。听说和日本教习所订的合同中仅限于招聘条款。相反, 对西洋人还外加有某种限制。虽然我没亲眼见过那类合同书, 不知道有关限制的详细条款。但是不外乎是些在旅行时禁止测量山岳、禁止出入于矿井所在地等之类的事。就我等所知道的范围, 只有一英国教习曾受过这种限制。我想对其他西洋教习, 也一定如此。看来对西洋人都有点恐惧。"[7]

　　山川早水提及的英国教习当为史弥德。从四川省城高等学堂与史弥德签订的合同中, 可看出条款的内容比与日本人签订的合同严格, 但合同中并没有出现山川早水推测的 "在旅行时禁止测量山岳、禁止出入于矿井所在地等之类的事"。

---

7)　山川早水著, 李密等译《巴蜀旧影——一百年前一个日本人眼中的巴蜀风情》, 四川人民出版社, 2005年, 第80页。

2. 关于山川早水被四川省城高等学堂解聘的原因

山川早水在《巴蜀》一书中，多次提及自己离开成都的日期，如《成都旅居记》云：“我于明治三十九年 (1906年) 六月离开成都。”[8] 可知山川早水于1906年6月离开成都。

山川早水在四川省城高等学堂任职仅一年，即离职。据档案记载，1906年5月，山川早水因违反合同而被解聘[9]。党跃武在《四川大学早期的外籍教师及其管理》一文中介绍：“在对早期的外籍教师的管理中，四川大学制订了较为严格的合同制，并认真实行。在四川大学馆藏档案中，还保存有许多外籍教师当时签订的聘任合同，聘期一般都以一年为限。从外籍教师的任职情况来看，大多数外籍教师都得以续聘。”[10] 山川早水当在第二个聘期伊始被解聘的。

关于山川早水被四川省城高等学堂解聘的原因，山川早水在《巴蜀》一书中未提及。

四川省城高等学堂与外籍教习，尤其是欧美教习签订的聘用合同中，要求是比较严格的。山川早水被解聘，或许与他未遵守校方的聘约有关 (笔者另当撰述)。

三、山川早水之蜀中交游及其离蜀后的行踪

山川早水在入蜀途中，就结识了一些比较有社会地位的人士。据《巴蜀·入蜀》记载，在宜昌府，他拜访了公立小学校长范明德[11]。在夔州府，他拜访了知

---

8) 山川早水著，李密等译《巴蜀旧影——一百年前一个日本人眼中的巴蜀风情》，四川人民出版社，2005年版，第75页。
9) 党跃武《四川大学早期的外籍教师及其管理》，《光明日报》，2006年8月5日第7版。
10) 党跃武《四川大学早期的外籍教师及其管理》，《光明日报》，2006年8月5日第7版。
11) 山川早水著，李密等译《巴蜀旧影——一百年前一个日本人眼中的巴蜀风情》，四川人民出版

府方旭, 在校长杜诗笠的陪同下, 参观了正在建设中的师范学堂[12]。在万县, 他拜访了知县王贲之[13]。从万县至成都府途中, 同行者28人, 其中包括巫山候补知县刘某[14]。在梁山县, 他拜访了知县嵩瑞[15]。从《巴蜀》一书的记载中, 可知山川早水与中国人的交往较为频繁。

据鲁迅日记记载, 1925年5月18日, 鲁迅曾"寄山川早水信"[16]。注释中称山川早水"1925年为日本某报社驻北京通讯员"[17]。

关于山川早水的著述及其结局, 笔者拟另文撰述。

社, 2005年版, 第12页。

12)　山川早水著, 李密等译 《巴蜀旧影——百年前一个日本人眼中的巴蜀风情》, 四川人民出版社, 2005年版, 第47-48页。

13)　山川早水著, 李密等译 《巴蜀旧影——百年前一个日本人眼中的巴蜀风情》, 四川人民出版社, 2005年版, 第52页。

14)　山川早水著, 李密等译 《巴蜀旧影——百年前一个日本人眼中的巴蜀风情》, 四川人民出版社, 2005年版, 第54页。

15)　山川早水著, 李密等译 《巴蜀旧影——百年前一个日本人眼中的巴蜀风情》, 四川人民出版社, 2005年版, 第55页。

16)　《鲁迅全集》 第15卷, 人民文学出版社, 2005年版, 第565页。

17)　《鲁迅全集》 第17卷, 人民文学出版社, 2005年11月出版, 第8页。

《列女传》 在日本的传播
——以 《参订刘向<列女传>标注》 为例

成都图书馆　肖娇娇

关键词：《参订流向〈列女传〉标注》 妇女教育 传播

摘要：日本明治时期学者松本万年改编刘向 《古列女传》 和明人黄希周的 《新续列女传》，撰成 《参订刘向〈列女传〉标注》。该书删除刘向 《古列女传》 中 "孽嬖"篇、"年代幽邈"以及 "断臂截鼻"不珍惜生命的故事；增加唐至明时期的妇女传；又作注以利女童接受，反映了日本社会推崇的理想妇女人格和范式。她们维系着整个家之安乐，也关系国之安乐，她们有才有德，相夫教子，作为女学教材，反映明治时期日本民族对妇女教育的重视。《日本国见在书目》 表明 《列女传》 唐代以前就已在日本流传，日本在承应三年也刻印过 《新续列女传》，后刻印过假名体 《列女传》，明治末又有松本氏的改编，特别是教育家中村正直专门作序，可以看出日本妇女的教育，既借鉴和接受了中国古代以家族为中心的妇女德行教育，又体现了日本明治时期新风气 "切近人情"，突现妇女的温仁可爱，注重德行情操的务实可行，反映了妇女德行教育领域中中日文化的交流和传播。

　　《列女传》 最早见于班固 《汉书》 记载，称刘向作，合计八篇向睹俗弥奢淫, 而赵、卫之属起微贱, 踰礼制。向以为王教化由内及外, 自近者始。故採取 《诗》《书》 所载贤妃、贞妇、兴国显家可法者及孽嬖乱之者, 序次为 《列女传》, 凡八篇, 以戒天子。[1]

从 《汉书·刘向传》 的记载来看: 刘向作为皇室宗亲, 最初编写此书的原因是有感于成帝时赵飞燕姐妹及卫姬均出身微贱, 却独霸后宫而行为又多逾越礼制, 已经阻碍王教的推行; 又指出该书材料来源——从儒家经典 《诗》《书》 之中选取, 而选取标准有四, 一是身份高贵而德行贤良的后、妃, 二是贞节可法的妇人, 三是襄助丈夫、家族甚至国家的聪明女子, 四是祸国殃民警示后人的妇人; 而编写此书的目的则是劝诫当时的天子汉成帝。此后, 该书盛行不衰, 甚至流布海外, 根据《日本国见在书目》 中就已著录 《列女传》 可知, 至少在唐代该书就已经流传到日本。而日本国对该书的接受却又不同于最初刘向编成的 《列女传》。尤其是日本明治时期大力推行教育改革, 妇女教育繁荣发展, 《列女传》 成了日本女子教育的教科书, 当时流传在日本的 《列女传》 和中国境内流传的版本有很大的区别, 由此反映的理想女性观也不尽相同, 松本万年编订女校教科书 《参订刘向〈列女传〉标注》 可看做当时 《列女传》 在日本传播的一个缩影。我们将通过考察松本万年所编 《参订刘向〈列女传〉标注》 的成书不同于刘向原书; 以及该书所反映的理想妇女人格与刘向原书所倡导的理想妇女人格的异同, 从而揭示 《列女传》 在日本的传播、改编与接受。

一、《参订刘向〈列女传〉标注》 的成书

日本明治时期, 坊间流传 《列女传》 较多, 但善本太少, 讹谬又多。当时学者松本万年先生有感于此, 曾根据刘向 《列女传》 和明人黄希周 《新续列女传》 改

---

1) 班固, 《汉书》, 中华书局, 1962年, 第1957-1958页。

编而成《参订刘向〈列女传〉标注》，据书前扉页牌记所载"万卷堂藏版""明治三十年四月求版"，可知该书正式刊刻于明治三十年（1897），而书前他女儿荻江氏所作"凡例"的落款是"明治十年丁丑十一月五日（1867）"[2] 又知松本氏编成此书的时间应当同时或早于1867年。该书共有三卷：卷一和卷二出自刘向《列女传》，包括母仪篇、贤明篇、仁智篇、贞顺篇、节义篇、辩通篇，卷三摘自《新续列女传》从唐代到明代的妇女传记，书前有序、凡例。刘向书共八卷，黄希周辑《新续列女传》三卷，此书体例与刘向原书完全不同，三卷又是如何所得？

首先，松本万年先生删除了刘向《列女传》"孽嬖"整篇，他认为：

> 孽嬖传虽出于美丑并举，　以为劝惩而不如美言善行之有感于人心之为愈。加之要在芟烦归简，便于携带，故去之。[3]

松本万年以为刘向"孽嬖"篇虽有美丑并举的作用，但是惩戒远不如美好言行和善良品德更能对日本妇女发挥积极地引导作用；而另一方面则是出于考虑女童便于随身携带而学习，所以整篇删除了孽嬖传。

二是删除那些年代久远，具有神话性质而不足取信的妇女传记。如"母仪"篇以"周室三母"开篇，不取"有虞二妃、弃母姜嫄、契母简狄、启母涂山、汤妃有莘"五传。其中有虞二妃娥皇、女英虽知道舜之父母有意谋害他，还指点舜孝敬父母，并最终辅佐舜成为天子，但他以为年代过于久远近似神话；而弃母姜嫄"行见巨人迹，归而有娠"、契母简狄吞玄鸟卵而有孕更是神话传说，对于讲求实证可信的日本人来说当然无法理解，显然也不能进入教科书。

三是删除对自己生命不够珍视的妇女传记，尤其不提倡为守节或保全礼仪而"断臂截鼻，妄伤遗体"的行为。如贞顺传中，删除"梁寡高行"，寡妇高行有美色，梁

2）松本万年，《参订刘向〈列女传〉标注》凡例，明治三十年（1897），第2页。
3）松本万年，《参订刘向〈列女传〉标注》凡例，明治三十年（1897），第1页。

王想聘取，高行为守礼拒绝梁王，"援镜持刀以割其鼻"4)；而那些为守礼而不尽人情的妇女传记也被删除，如齐孝孟姬与齐孝公同游，车奔失控，孟姬堕车。齐孝公情急之下用死马车载她回宫，不合礼制，孟姬遵守未出嫁时在家接受的礼制教育后自杀。5) 如此迂腐守礼而不爱惜自己生命的行为也不能作为教育日本女子的楷模。

其次，松本万年先生根据明人黄希周辑录的《新续列女传》补充了一卷汉代以后的妇女传记。经过笔者比对，《参订刘向〈列女传〉标注》卷三内容除了个别删除黄希周《新续列女传》的冗长情节以外，其余传记内容几乎完全一致。《参订刘向〈列女传〉标注》共补入62位从唐代到明代的妇女传记，包括唐代10位、宋代18位、金代3位、元代9位、明代20位，又收录周边藩国百济1位，高丽1位；《列女传标注》卷三的分类也不同于刘向按照"母仪"、"贤明"等归类，大概是仿黄希周《新续列女传》按照时代顺序予以排列。6) 其中补录的妇女传记大多是身份高贵的后、妃，如此，松本万年或受刘向"感于赵、卫之属起微贱"有同感：唐代补入了太宗长孙皇后、太宗贤妃、德宗贤妃、宪宗懿安皇后、宪宗懿安皇后等，宋代真宗郭皇后、仁宗曹皇后、英宗高皇后、神宗向皇后、高宗吴皇后、孝宗谢皇后等。考虑到读本应对女童有吸引力，具备"可读性"和更好地示范引导作用，相较卷一、卷二内容，这些妇女多出自名门，身份高贵，而描述也更详细，人物形象更加立体，故事情节也更丰满。如"太宗长孙皇后"一传，详细描述其生平里籍，"河南洛人人，其先魏拓跋氏后"，又介绍其喜好"喜图传，视古善恶，以自鉴矜，尚礼法"，又介绍其掌管后宫能协调众妃并孝顺高祖，不干政，不徇私，且能教育太子承乾，还著有《女则》教育当时女性，占篇幅四面两页。7)

再次，考虑到当时女童的学识有限，水平参差不齐，读本必须正确无误又深入浅出，松本万年又为该书重新作注，以利女童能快速读懂并模仿。他以眉批（标注）

---

4) 王照圆，《列女传补注》，华东师范大学出版社，2012年，第176页。

5) 王照圆，《列女传补注》，华东师范大学出版社，2012年，第152页。

6) 参黄希周，《新续列女传》，郑晓霞、林佳郁，《列女传汇编》第10册，北京图书馆出版社，2007年。

7) 参松本万年，《参订刘向〈列女传〉标注》，日本明治三十年（1897），卷三，第1—2页。

代注释, 十分简洁明了。一是他在注释中对书中可能有误的地方作了校勘。如他纠正其女在 "凡例" 中将书名 "列" 误写成 "烈"。

> 万年曰 : 列女之列, 犹列仙之列, 非烈字也。而以《史记·贾谊传》有列士殉生之文。列与烈通, 拙女以误耳。[8)

他又指出书中可能有脱讹的地方, 但也十分谨慎。又如 "齐灵仲子" 传中 "君必悔之, 在我而已。" 眉批指出 "在我而已之上, 旧本恐脱'曰'字, 今不妄是正也。"[9) 二是为女童可能不认识的生字做了注音, 以便朗读。如 "晋羊叔姬" 中 "相与攘羊", 眉批 "攘音穰, 窃也。"[10) 又如 "楚老莱妻" 中 "木床蓍席" 眉批 "蓍音尸, 蒿属。"[11) 三是对文中出现的中国职官、典故做注, 以扩充女童的知识, 了解当时的文化背景, 从而深入学习。如 "太宗贤妃" 中出现 "水部员外郎"。眉批 "水部员外郎, 隋开皇三年, 尚书二十四司, 各置员外郎, 以司其曹。帐籍水部员外郎, 属工部。" 又注 "充容"眉批 "女官名, 为正二品。"[12) "宪宗懿安皇后" 又注 "六曹" : 吏部、户部、礼部、兵部、刑部、工部谓之尚书六曹。[13) 四是引用中国 "经典" 对不易理解的句子串讲, 尤其多引《诗》以注解。如 "周室三母"先引《诗·大雅》绵之篇解释 "大王, 本号古公, 后追尊为大王也, 亶父, 其名。"[14) 后引《国语》以及《易·系辞》等。又如 "周宣姜后"引《诗·大雅》假乐之篇。抑抑, 密也。秩秩, 有常也。湿, 下湿之处。阿, 美貌。[15) 如此全面的注释, 既可让女童在了解中国文化背景的情况下学习这些妇女楷模, 理解会更深刻, 也利于她们消化模仿。

---

8) 松本万年,《参订刘向〈列女传〉标注》, 日本明治三十年 (1897), 凡例, 第1页。
9) 松本万年,《参订刘向〈列女传〉标注》, 日本明治三十年 (1897), 卷一, 第22页。
10) 松本万年,《参订刘向〈列女传〉标注》, 日本明治三十年 (1897), 卷一, 第22页。
11) 松本万年,《参订刘向〈列女传〉标注》, 日本明治三十年 (1897), 卷一, 第17页。
12) 松本万年,《参订刘向〈列女传〉标注》, 日本明治三十年 (1897), 卷三, 第3页。
13) 松本万年,《参订刘向〈列女传〉标注》, 日本明治三十年 (1897), 卷三, 第4页。
14) 松本万年,《参订刘向〈列女传〉标注》, 日本明治三十年 (1897), 卷一, 第1页。
15) 松本万年,《参订刘向〈列女传〉标注》, 日本明治三十年 (1897), 卷一, 第9页。

二、日本理想妇女范式的倡导

　　《参订刘向〈列女传〉标注》一书，是松本万年先生为当时女校编订的教科书，因而无论是增是删，都会受到当时的教育思想和风气的影响，从此书也可看出当时妇女教育提倡的理想人格和范式与中国儒家所提倡的理想妇女人格既有相同之处，又有不同之处，而日本所表现的不同之处多与当时的教育和社会改革有关系。1871年，日本明治政府创建文部省，并推进全国范围内的教育改革，主张"全民皆学"，女子教育在此大背景下得到了长足的发展。文部省在1872发表的《关于学制施行计划》中曾指出："其子才与不才之分，由其母贤与不贤所既已素定。而今日之女子，即为后日人之母。女子学习之义至大矣。"16) 因而从考虑妇人对后代教育影响的角度出发，大力提倡"女子要与男子一样接受教育"，可以看出当时官方以为妇女教育最终目的并不是成全其独立人格的形成与培养，而是为了培养优秀的母亲以教育后代。1875年，当时著名思想家、启蒙家中村正直在《明六杂志》上发表了题为《造就善良的母亲说》的文章。他认为"子女的精神心术大体与其母亲相似，连后来的嗜好癖习也多似母亲。人民改变情态风俗进入开明之域必须造就善良的母亲，只有绝好的母亲，才有绝好的子女"，而"造就善良的母亲要在教育女子"。17) 他甚至以为日本国想要改变社会风俗，进入开明社会也和善良母亲有直接关系。

　　在此背景下，松本万年先生编订了《参订刘向〈列女传〉标注》，他最初设定的接受对象就是当时女校的学生。他所倡导的妇女榜样自然深受当时社会提倡的"良妻"与"贤母"的影响。首先，此书完成之后，明治十一年 (1879)，松本万年曾请中村正直为此书作序，中村正直评价此书有助于培养安乐之妇人，进而形成安乐之

---

16) [日本]国民教育研究所编辑，《女子教育读本——以消除妇女差别条约为中心》，劳动旬报社，1983年，第106页。

17) 转引自李卓，《近代日本女性观——良妻贤母论辨析》，《日本学刊》，2000年第4期，第82页。

家, 如此形成安乐之国。他认为 "安乐妇人" 的应当必须才德兼备。

> 故妇人有才德而其心能安乐, 则其丈夫儿女以至婢仆, 莫不分享其福。[18]

这正是松本万年先生编订此书的目的, 希望女校的学生通过学习中国以前的妇女模范而养成才德兼备的优秀母亲。当时, 中村正直已经将其 "造就善良母亲说" 发展为模范女子应当是能襄助丈夫事业、操持家务、教育子女的 "安乐妇人" 的说法, 他曾如此描述 "中人之家, 安乐之景":

> 妇人统任家中之事……整顿家中百物……居宅不务甚美, 唯务清洁, 衣服不必华丽, 唯屡浣濯……不妄买一物……裁缝之事, 有暇则必躬亲, 子女教育之事, 可得躬亲则亦为之。[19]

他的描述似乎更加符合 《参订刘向〈列女传〉标注》 一书所反映的妇女形象。

其一, 作为 "良母", 女子言行会影响子女, 妇人应主动承担教育子女的责任。"母仪传" 所选录的依据是 "贤圣智行为仪表, 言则中义胎养子孙"。几乎每一则传记中都有 "君子谓" 的总括式语言, 从中我们可以分析出他所认同的优秀母亲的品质。

> 君子谓太姜广于德教。(周室三母)
> 文王母可谓知肖化矣。(周室三母)
> 君子谓太姒仁明而有德。(周室三母)
> 君子谓子发母能以教诲。(楚子发母)
> 君子谓慈母一心。自注云：言用心为平, 专一。(魏芒慈母)

---

18) 中村正直, 《参订刘向〈列女传〉标注》 序, 《参订刘向〈列女传〉标注》, 日本明治三十年(1897年), 第2页。
19) 中村正直, 《参订刘向〈列女传〉标注》 序, 《参订刘向〈列女传〉标注》, 日本明治三十年(1897年), 第2页。

概括起来, 作为母亲, 必须聪明有德行, 知道自己对子女的影响, 注重胎教, 了解子女的行为很多都来自母亲的影响, 能以德行教育子女体恤下士, 报效国家, 同时对所有子女一视同仁, 无论是否自己所出。

其二, 作为妻子, 应当贤明有智慧, 贞顺而又不失人性。既能襄助丈夫事业, 同时代替夫君勤谨侍奉公婆, 又应当具有前瞻性的智慧, 随时提点丈夫。

"贤明"一传中, 取充满智慧, 能劝诫夫君的妇女作为榜样。如周宣姜后能劝诫宣王 "早朝宴退"并最终 "成中兴之名"[20], "齐桓卫姬"能洞察桓公容色而察觉他又伐卫之欲, 并从中劝诫。桓公后不伐齐, 而最终成一代霸主。[21] "晋文齐姜"有勇有谋, 能创造条件帮助文公重返晋国, "能育君子于善"[22]。

以上种种对女性的要求和希望, 日本同中国儒家一样, 希望女性既是慈母, 能养育教化后代, 又是贤妻, 能襄助丈夫成就功名事业进而襄助国家, 然而在提倡对丈夫忠贞不渝的同时, 他们却多了对女性生命的尊重和关爱意识。所以松本万年在编订此书时, 保留了原书中的 "贞顺"篇, 但不取那些 "妄自毁伤遗体"的行为。如 "宋恭伯妻"为遵守礼仪而被火烧死,[23] "齐孝孟姬"虽然好礼贞一, 但因为 "礼不备, 则自经矣"也自杀了,[24] "楚昭贞姜"为守与夫君约定, 必有使者持符来见才离开, 最后因 "水大至, 台崩, 夫人流而死"[25], "卫宗二顺"的傅妾侍奉夫人有礼, 夫人因自己无所出而不愿居上堂, 傅妾劝说不听欲自杀, 她认为 "处逆而生, 岂若守顺而死哉？"[26], "陈寡孝妇"宁载于义而死, 不载于地而生, 父母哀其早寡无子, 将取而嫁之, 她不愿违背夫君死前嘱托照顾老母, 想自杀以守义。[27] 以上删除的女性, 她们对自己的生命都不够珍惜, 显然不近人情, 也无法劝诫他人, 是无法成为明治新时

20) 松本万年, 《参订刘向〈列女传〉标注》, 日本明治三十年 (1897), 卷一, 第9页。
21) 松本万年, 《参订刘向〈列女传〉标注》, 日本明治三十年 (1897), 卷一, 第10页。
22) 松本万年, 《参订刘向〈列女传〉标注》, 日本明治三十年 (1897), 卷一, 第11页。
23) 王照圆, 《列女传补注》, 华东师范大学出版社, 2012年, 第142页。
24) 王照圆, 《列女传补注》, 华东师范大学出版社, 2012年, 第152页。
25) 王照圆, 《列女传补注》, 华东师范大学出版社, 2012年, 第164页。
26) 王照圆, 《列女传补注》, 华东师范大学出版社, 2012年, 第170页。
27) 王照圆, 《列女传补注》, 华东师范大学出版社, 2012年, 第180页。

期的妇女榜样。

　而本书所录的妇人，都是中村正直倡导的"安乐之妇人"，只有如此才能形成安乐之家，进而造就安乐之国。

　　松本万年先生作《烈女传标注》，故事来历意义疏明，其洁紧为人之意，可谓厚矣。世之女子读而寻绎其义，则他日为安乐之妇人以造成安乐之家，其可得而期欤。[28]

　由此可见，作为教科书的《参订刘向〈列女传〉标注》对于当时的女子教育是很有影响的。

三、《列女传》在日本的传播

　《列女传》一书，早就从中国流传到日本。大约在贞观末年(876)至元庆元年(884)之间，唐代中期左右，藤原佐世受命于阳成天皇编撰《日本国见在书目录》，其中"杂传"类记载"《列女传》十五卷，刘向撰，曹大家注；《列女传颂》一卷，刘歆撰；《列女传略》七卷，魏征撰；《列女传赞》二卷；《列女传图》十二卷"[29]，可见，至少在唐代，甚至以前《列女传》就已经流传到日本，同时该书是受阳成天皇之命编写，而采录进《列女传》，我们又可以推测出当时该书在上层社会的流传。到江户时代，大量《列女传》汉籍通过船舶被带入日本，江户时代两国商贸往来频繁，《列女传》通过商船带入日本，又可见该书已经慢慢流传至商人阶

---

28) 中村正直，《参订刘向〈列女传〉标注》序，《参订刘向〈列女传〉标注》，日本明治三十年(1897年)，第1页。
29) 藤原佐世，《日本国见在书目录》，贾贵荣《日本藏汉籍善本书志书目集成》第10册，北京图书馆出版社，2003年，第480页。

层，而不局限于上层社会。除此之外，他们又尝试自己刻印《列女传》，如承应三年 (1654)，上田卯兵卫刊刻过《古今列女传》八卷《新续列女传》三卷，同年"二条玉屋町上村次郎卫门"又刻印此书，而松本万年先生正是据此《新续列女传》为底本增补《参订刘向〈列女传〉标注》的。此后，模仿《列女传》而作的女子道德教训书如《女四书》《女庭训》《女今川》《女大学》也开始在日本女子教育中流传，而为了使日本更多女子能快速接受《列女传》，他们又多次刊刻假名体的《列女传》，并被作为教材广泛推行。30)

到明治时期，日本坊间已经四处贩卖《列女传》。坊间开始大量涌现《列女传》可见该书已经完全融入日本文化与女性教育之中，但坊间所传善本太少，讹谬甚多，因而松本万年先生校订誊写，重新编撰了《参订刘向〈列女传〉标注》，他的女儿"荻江女史"作为当时女子学校教员为此书撰有凡例一篇，并用于任教学校。他又请当时著名的教育家、启蒙家中村正直作序，强调日本明治新时期的女子应当学习《参订刘向〈列女传〉标注》，培养才德，并着重突出日本女子的新面貌：作为母亲和妻子的温仁可爱，以推动本书的传播。此书虽是明治时期日本女校教科书，后来中国和日本的文化交流过程中，该书又回流至中国，如今成都图书馆仍保留有此书，笔者所据底本正是成都图书馆藏本。

---

30) 张德伟、徐蕾，《日本儒教的贤妻良母主义女子教育观及其影响》，《东北师范大学学报》，1996年第4期，第89页。

3. 汉籍与越南

从黎圣宗看中越之间的诗歌唱酬

中国温州大学 王小盾·张娇

在东亚文化史上，越南黎朝圣宗和朝鲜世宗是两位可以比肩的重要人物。他们的共同点是励行文治，建立了强盛的国家，同时建立了与之相配的制度，因富于才华而成为民族文化的象征。如果说两者有所区别，那么朝鲜世宗的特点是重视系统的礼乐建设，而黎圣宗则兼有武功。我曾在《朝鲜世宗时期的礼乐及其同中国的关联》一文中系统介绍朝鲜世宗的文化建树。[1] 现在，拟讨论一下黎圣宗，进而讨论中越诗歌唱酬的功能和意义。

黎圣宗 (1442-1497) 原名黎思诚，又名黎灏，是越南后黎朝第五代皇帝；在位三十八年，即光顺元年 (1460) 至洪德十八年 (1497)。《大越史记全书》称之为"英雄才略之主"。[2] 越南历史学家认为，他是带领越南走上传统社会黄金时代的明君。十九岁那年，他在多次政变中生存下来，登基为王。在位期间，他选拔贤能，创立制度，发展对外贸易，提升武器制造技术，屯粮戍边——通过这些措施，实现了南进事业，也就是侵占了今越南中南部和老挝地区，大大扩展了黎国的版图。

---

1) 王小盾《朝鲜世宗时期的礼乐及其同中国的关联》，《曲学》第2辑，上海，上海古籍出版社，2014年。
2) [越]吴士连等撰、陈荆和编校，《大越史记全书》本纪卷一二《黎纪》，东京，东京大学东洋文化研究所1985年，第639页。

在文化建设方面, 黎圣宗有许多可称道的业绩。首先, 他重视文化教育和人才培养。除了翰林院、国史院、太学门、国子监等大型教育文化机构以外, 他下令建立秘书库, 搜藏典籍文献。他制定科举新政, 采用在文庙、国子监树碑立名的方式鼓励贤才进取, 并且定立孔子祭礼。占领占城后, 他遴选占人子弟为生徒, 教以文学礼义, 使汉文学由北圻向南发展到中圻。其次, 他重视法律文化建设, 在儒家思想体系的指导下, 制定并颁行 《洪德律》 等法律文书, 以此振兴纲纪、培养风俗。再次, 他勤于著述, 积极进行文学创作, 组织了越南文学史上著名的 "骚坛会"。他参预编写的作品, 除 《洪德天下地图》、《国朝刑律》、《天南余暇集》、《劝农诏》、《立屯田诏》、《定官制诏》 等政治与法律著作外, 有 《琼苑九歌》、《明良锦绣》、《珠玑胜赏》、《兰山良水》、《古心百咏》、《文明鼓吹》、《征西纪行》 等汉文诗文集, 以及 《洪德国音诗集》、《十界孤魂国语文》 等喃文诗文集。他的诗歌作品豪壮雅健, 声律严谨, 在越南文学史上拥有很高地位。3)

面对这样一个不平常的历史人物, 我们不禁会注意他所领导的中越诗歌唱酬活动。他为什么要组织这一活动？这一活动有怎样的意义？本文认为, 探讨这些问题, 必将有助于理解中越诗歌唱酬的本质及其发展规律。

一、 黎圣宗光顺三年的中越诗歌唱酬

据 《大越史记全书》 记载, 黎圣宗领导中越诗歌唱酬一事发生在光顺三年 (1462), 也就是他执政的第三年。这年九月, 明朝遣正使翰林院侍读学士钱溥、副使礼科给事中王豫等赍敕册来到东京 (今河内), 封黎圣宗为安南国王。同行的还有

---

3) 《大越史记全书》 本纪卷一二、卷一三。又参见 《Lê thánh Tông(1442-1497) Con người và sự nghiệp》, Nxb Đai hoc Qu ốc gia, Hà Nội, 1997年；《Hoàng đ êLê thánh Tông, nhà chính trị tài năng, nhà văn hoá lôi lac, nhà thơ lớn, Nxb Khoa Hoc Xã hội, Hà Nội, 1997年。

来收买香料的几名使者。史书记载了关于此次出行的三件事：其一，十月初六日，钱溥等到达东京，寓居使馆。其二，"及还，帝赍礼物送之，溥等固辞不受。"[4] 其三，离别之时，有一场热闹的诗歌唱酬。

关于以上三件事，《越峤书》卷二〇所载程盘《送天使钱学士还朝》诗作了描写。诗云："日边祇奉紫泥新，夹道争迎责近臣。北阙丝纶光若綍，南交草木尽生春。离筵胜饯浇清酒，归路腾骖踏软尘。丹禁重来如有问，为言一国乐皇仁。"[5] 诗句表明，在使者到达之时，黎朝君臣曾组织"夹道争迎"；在送行之际，设了"离筵"；而诗歌唱和的活动，则被安排在"归路腾骖踏软尘"之前。根据其它诗篇，我们还知道，离筵是在"远郊"的"江亭"之上举行的。为了这次南行，钱溥作了一首协"殊"韵的五言诗和一首转韵的七言诗，并在离筵上得到很多和诗。不过，黎朝君臣的诗篇大部分是预拟的七言律诗。这些作品集中表达了两个主题：一是称颂钱溥的出使之功；二是希望他回国后，向明朝天子转达黎朝人民的忠诚和亲善——也就是程盘诗所说的"丹禁重来如有问，为言一国乐皇仁"。从这个角度看，中越使者的诗歌酬唱有一个幕后人物，即明朝皇帝正统。

根据《越峤书》的记录，当时参加诗歌唱酬的黎朝官员共有二十二人，职位不同。据《大越史记全书》记载，程盘是一位资深文臣。十四年前，黎仁宗泰和六年 (1448)，他曾任正刑院大夫。[6] 其他参加诗歌唱酬的黎朝官员，仕履亦略可稽考。根据《全越诗录》、《越峤书》、《大越史记全书》、《鼎锲大越历代登科录》等提供的资料，情况大致是：

1. 程清，原名黄清，门下省右司郎中。太祖顺天四年 (1431) 中宏词科，为御前学士。仁宗即位年 (1443) 曾以内密院正掌使往明朝谢册封；泰和六年 (1448) 迁翰林侍读；延宁五年 (1458) 又奉使如明岁贡。圣宗光顺三年 (1462) 进门下省右司郎中；光顺四年 (1463) 卒，年五十三。所著诗编为《竹溪诗集》，不传。《全越诗录》

---

4)《大越史记全书》本纪卷一二，第646页。

5) 李文凤《越峤书》，《四库全书存目丛书》史部第163册，济南，齐鲁书社，1997年，第294页。

6)《大越史记全书》本纪卷一二，第616页。

存诗二十首，《越峤书》另收《送天使钱学士还朝》一诗，说到对帝尊的"温存"情意，云："星轺旋辂出都门，宿雨初收日色暄……归觐威颜才咫尺，退氓好为正温存。"

2. 阮天锡，门下省左司。和程清同年 (1431) 登第，太宗绍平元年 (1434) 任御前学生局长。同年第一次奉使如明谢吊祭；次年使回，迁侍御史。绍平五年 (1438) 第二次奉使如明岁贡；使回，迁翰林院侍读学士。大宝三年 (1442) 撰佑陵碑文。一度被免职，仁宗泰和六年 (1448) 复任翰林知制诰。延宁四年 (1457) 第三次出使明朝，进翰林承旨学士。圣宗光顺五年 (1464) 升兵部尚书，后兼祭酒。阮天锡也是善诗之人，有《仙山集》四卷，不传。《文籍志》说他"专矩步唐音"。其诗《全越诗录》载二十首，《忠义实录》及《越峤书》卷二〇另载五首。所作《奉和钱学士留别》是和作，与钱溥七言诗同韵，赞扬钱溥的出使，云"亲承凤诏驰骊隰，宣布皇恩泽远黎"云云。其后黎景徽、黎弘毓、黎允元三兄弟的和作，同样以"黎、齐、晓、好、杳"五字为韵脚。

3. 武永祯，翰林院学士。太祖顺天二年 (1429) 明经科甲等，任北江路教授。仁宗泰和六年 (1448) 迁国子监教授；次年升直讲，寻为光禄寺卿，兼秘书监学士。圣宗光顺八年 (1467) 官至翰林院大学士、礼部右侍郎兼光禄寺卿、秘书监学士，知经筵事。《全越诗录》存诗六首，《越峤书》卷二〇另存《送天使钱学士还朝》诗一首，云"归口若草观风奏，应道今年胜昔年"云云。

4. 阮贻厥，审刑院同知。仁宗泰和六年 (1448) 进士，任翰林待制，官至侍郎。《越峤书》存诗二首，一为《送天使钱学士还朝》，七言，言及唱酬情景，云"破晓初登珥水舟，江亭饮饯思悠悠"云云。一为《奉赓钱学士还国途中韵》，用钱溥五言诗韵，主要歌颂明朝皇帝的仁德，云"至仁同一视，德意无不孚"云云。诗篇很长，未必是即兴创作；从"还国途中"等语看，阮贻厥曾在钱溥归国途中任伴送。

5. 陶隽，翰林院学士。圣宗光顺六年 (1465) 受命如明岁贡，次年升金都御史，后以翰林院侍读学士权御史台副都御史，洪德三年 (1472) 改兵部尚书。《越峤书》载其所作《送天使钱学士还朝》诗言及唱酬情景，云"江亭饯别思悠然，杯酒频斟马欲前"云云;诗中又称颂使者钱溥,云"文章岂在欧苏后,议论端居董贾先"云云。

6. 黎景徽,内密院统领。功臣黎文灵长子。曾在泰和元年 (1443)、天兴元年 (1454) 出使明朝。延宁五年 (1458) 再次与阮如堵、程清等如明岁贡。光顺六年为入内大行遣左仆射参知政事掌内密院事,后在圣宗洪德元年 (1470) 征占城时任右都督,次年以太保掌六科。《越峤书》录其所作诗两首,一题《奉赠钱学士还朝》,主题是称颂使者,云"五岭风轻金勒稳,三湘 ("湘"原作"想") 月淡片帆新;夜阑宣室如前席,为道交南共帝臣"云云;一题 《奉和钱学士留别》,主题是答谢赠品,云"彩笔新裁春锦晓,价同拱璧看来好;开缄一见一精神,谁谓北南天香杳"云云。

7. 阮廷美,翰林院大学士,礼仪院尚书。太宗绍平年间曾任起居舍人、御史、青威县转运使。仁宗泰和四年 (1446) 使明;使还,迁黄门侍郎。泰和八年 (1450) 再使明,贺明代宗即位。延宁三年 (1456) 又与阮居道同使明朝。圣宗光顺二年 (1461) 任翰林院学士,兼礼仪院尚书。后降兵部左侍郎,又复为翰林院大学士,兼吏部左侍郎、秘书监学士。光顺八年 (1467) 迁宫师府大学士,兼户部左侍郎、翰林院大学士。洪德元年 (1470)、五年 (1474),分别因讨伐占城之事使明。史称"达练典章,五使北国,朝廷礼制,多所裁定"。[7] 《全越诗录》录诗五首;《越峤书》另存诗一首,即 《送天使钱学士还朝》。诗中称颂使者云"寅奉天书下玉京,江山万里饱经行……未知 ("知"原作"何") 何日重相会,聊把诗篇写别情"云云。

8. 范居,又名"范琚"。曾在光顺五年 (1464) 受遣使明,光顺八年 (1467) 以翰林侍读学士署院事兼兵科都给事中,迁为太仆寺卿权谅山等处赞治承宣参政。所作 《送天使钱学士还朝》 诗以称颂使者为主题,云"早年平步上瀛洲,今日乘风到海陬……多少关河归指点,新诗一任锦囊收"云云。

9. 阮直,守中书令兼国子监祭酒。太宗大宝三年 (1442) 状元,授翰林直学士。仁宗泰和二年 (1444) 迁朝议大夫翰林院直学士武骑尉,泰和三年 (1445) 升中书省侍郎。延宁四年 (1457) 八月,明使黄谏来告英宗复位,阮直受命作往复书及 《贺登

7) [越]黎贵惇 《全越诗录》 卷一〇,越南汉喃研究院所藏A.1262/1-4号抄本。

极表》，黄谏嘉叹之，称安南国有人；黄谏作留别诗十五韵，阮直奉命立和。仁宗遂加厚遇，命中使图画局就室画其像，置诸左右，且特旨除奉中大夫、翰林院承旨、学士、兼知学士。圣宗光顺元年 (1460) 授中书监守中书会知三馆事大僚班，承旨兼国子监祭酒；七年 (1466) 授中书令。洪德元年 (1470) 征占城，为制诏敕赦文贺表。尝使门人类编古今四六经义诸文曰《娱闲集》与《经义辩论集》，所作诸文章亦类编为《樗寮集》。圣宗每遣使赍御制《天南余暇集》至其家，邀作批点。洪德四年 (1473) 特授嘉行大夫翰林承旨，兼国子监祭酒。《全越诗录》卷一〇载申仁忠所作行状，云 "开国魁元，文章华国，独步一世，结知累朝，典文衡，居馆阁，谦恭自牧，保全始终"云云。《全越诗录》存诗六首；《越峤书》载其《送天使钱学士还朝》，主题是惜别，云："晓日初升瘴雾空，归程马首正吹风。知音岂限珠崖北，惜别那禁珥水东。上国有人还献纳，偏弓无事赖帡幪。他 ("他"原作 "地") 年两地如相忆，一片情怀寄塞鸿。"

10. 阮复，翰林院承旨学士，政事院参议政事。据圣宗光顺九年 (1468) 手谕，在圣宗为平原王时，阮复即是其 "家臣"。[8] 圣宗光顺元年 (1460) 使明，四年 (1463) 以政事院参议政事监庭试，八年 (1467) 任清化承宣参议，洪德元年 (1470) 复为锦衣卫都指挥使。阮复所作《送天使钱学士还朝》诗亦以惜别为主题，有句云 "九天日月瞻依近，万里江山兴咏高……自从回首北南后，几度怀人正郁陶"。

11. 阮居道，户部尚书。据圣宗光顺九年 (1468) 手谕，居道原是少年圣宗之友，圣宗登基之日为经筵讲官。[9] 仁宗大和七年 (1449) 以御前学生迁监察御使，同年升为国子监直讲；延宁三年 (1457) 十月与阮廷美如明岁贡。《越峤书》载其《送天使钱学士还朝》诗，称颂使者云 "圣朝天子广怀柔，快睹中朝第一流"云云。

---

8)《大越史记全书》本纪卷一二载："谕都指挥阮复：'尔比先为家臣之时，乃浮言曰吾当为天子。尔天帝欤，鬼神欤，安先知之？'"第673页。

9)《大越史记全书》本纪卷一二："谕户部尚书阮居道：'昔予少时，为尔所友。登大宝日，尔作经筵。'"第674页。

12. 阮如堵，翰林院承旨学士，吏部尚书。黎太宗大宝三年 (1442) 榜眼，时年十九岁。仁宗泰和元年 (1443) 以翰林院知制诰如明谢致祭，后为归化路安抚使；延宁五年 (1458) 又与黄清、阮尧咨、黎景徽等往明岁贡。圣宗光顺元年 (1460) 迁吏部尚书，后因故免职，于光顺八年 (1467) 复职。洪德十七年 (1486) 官至吏部尚书兼国子监祭酒。《全越诗录》录诗六首；《越峤书》另收二首，皆是和钱溥之作。一为七言，称颂钱溥 "风月满怀吟兴逸，骚坛今复见诗豪"；一为五言，歌颂儒家思想指导下的睦邻关系，云 "礼乐慕中国，信义素已孚；怀柔固宜厚，终始无或渝"云云。

13. 黎弘毓，黎景徽之弟，明朝使者接伴。延宁中为都督同知。光顺八年 (1467) 以礼部尚书兼太常寺卿、西军都督同知。洪德五年 (1474) 如明岁贡；使还，封临江伯，进嵩郡公。《全越诗录》存诗十二首，《越峤书》卷二〇有诗一首，表达对钱溥的景仰，云 "斯文直与天地在，今日复见韩昌黎；初入交南纔驻节，一方景仰山斗齐"云云。

除以上十四位而外，另有八人参加诗歌酬唱，但仕履无考。其中有潘员，诗题 《送天使饯学士还朝》，篇末云 "燕闲为道蕃民意，万岁千秋祝圣人"。有阮恪，《越峤书》注曰 "武职官领"，诗二首，皆和韵，七言一首称颂钱溥 "秉操雅闻金石确，挥毫快睹凤鸾翔"；五言一首强调四海一家，云 "天生我烝民，赋予元非殊；四海吾同胞，孰 ("孰"原作 "熟") 有彼此拘"云云。有黎允元，为黎景徽、黎弘毓之弟，亦作和诗歌颂皇恩，云 "幸蒙一顾重千金，天边但惜鸿飞杳"。有阮自得、陶名澄，诗主题为赞颂出使之功，一云 "圣朝覆载乾坤大，下国沾濡雨露嘉"；一云 "使星来自五云边，万丈光芒照越天"。另外有阮世科、陶仁心、范维孝，皆以诗表效忠明朝天子之意，阮作云 "归来敷奏语无他，下国畏天期永保"，陶作云 "料想归朝当复命，为言下国 ("国"原作 "园") 赞同仁"，范作云 "归来早晚承清问，为道遐方沐至仁"。

统看以上人物和作品，可以得出以下结论：

1. 光顺三年的这次诗歌酬唱，是国交活动中的一个项目，故所有作品均表现了应制文学和外交文学的特点。

2. 就二十二位作者的诗歌作品看，文学的接受者主要是两个人：其一是明朝使者钱溥, 所以颇多称颂使者的作品; 其二是明朝正统皇帝, 所以诗中多有 "丹禁重来如有问, 为言一国乐皇仁"一类诗句。

3. 参加诗歌酬唱的黎臣, 均是一时之选。其中有七位是六部长官, 包括中书令、参知政事、尚书、侍郎; 五位是御用秘书, 包括翰林学士、大学士、承旨学士、侍读学士——总之, 是圣宗时期最重要的文臣。

4. 在参加诗歌酬唱的黎臣中, 有程清、阮天锡、陶隽、黎景徽、阮廷美、范居、阮复、阮居道、阮如堵、黎弘毓十位曾经出使中国。阮直虽未出使, 但多次参预重要的外交活动。这意味着, 黎朝有一批精通汉文学的外交官; 反过来说, 黎朝外交官是以精通汉文学为基本技能的。

5. 黎朝君主重视同中国的外交, 因而重视汉文学。在仁宗时, 阮直受命作国书、《贺登极表》和中越酬唱诗, 因受到明朝使者的称赞, "仁宗遂加厚遇, 命中使图画局就室画其像, 置诸左右"; 圣宗时, 黎弘毓为明使钱溥的接伴, 因钱溥称其文学, 故升任礼部尚书, 兼太常寺卿。[10] 其他黎朝官员, 也往往在完成出使任务之后迁升。这说明, 酬唱诗之所以得到黎朝君主之重视, 是因为它具有政治功能, 可以彰显民族形象。从这个角度看, 中越之间文学交往主要有两个意义: 一是艺术的, 即交流情感和文化价值上的彼此认同; 二是政治的, 即展示文明水平, 表达文化实力。

二、中越诗歌唱酬中的黎圣宗

黎圣宗是否参加了光顺三年的离筵? 此事尚无资料表明。不过, 《越峤书》卷二〇却记载了圣宗所作的 《律诗十首送天使钱学士归朝》。由这些作品可见, 他是这次诗歌唱酬活动的核心。

---

10) [越]黎贵惇 《全越诗录》 卷一〇。

这十首诗内容如下：

第一首，叙述受封安南王一事的背景，自谦未有改椎髻为朝簪的文化革命之功，但差可比拟于春秋时代的季友定鲁。诗云："承诏迎秋下日南，天颜咫尺圣恩覃。国从玉节开昌运，山逐金飙扫瘴岚。自是袭封昭嗣与，不同椎结变朝簪。却惭定鲁非高子，留与邦人作美谈。"

第二首，描写接迎明朝使者的隆重景象，以此表达安守藩属本分的意愿。诗云："举国君臣迓使旌，富良江山古螺城。一封恩诏乾坤重，万斛明珠草芥轻。锡土久安朱鸟分，委心奚用白鸡盟。愿言国祚同天寿，带砺河山愿治平。"

第三首，把安南描写为文化之国、礼制之国。诗云："祝天万寿起嵩呼，喜动春风满国都。比屋弦歌师孔孟，累朝簪笏颂唐虞。礼遵旧制东西序，恩治新君上下孚。莫道此来多矫俗，古称绥远尽吾儒。"

第四首，强调安南人重义轻利的价值观。诗云："碧水丹山足胜游，清光一带照南州。囊无薏苡谗何起，瓯有菁茅贡已修。陆贾千金曾满橐，班超万里亦封侯。只今相南惟文物，富贵于人岂浪求。"

第五首，回答明朝天子的诏书，表达倾心仰慕的忠忱。诗云："五岭天高瘴雾开，诏书飞下越王台。万年重纪黄龙瑞，九译争看白雉来。晓日球崖标柱在，秋风银汉使槎回。吾君若问斗南事，久已须心仰上台。"

第六首，面向使者，强调中越之间的纲常关系。诗云："圣治衣裳易介鳞，诗书岭表足儒绅。礼严外屏君臣义，盟结中原父子亲。岂待长缨能致越，何须寸舌苦强秦。归途正值梅开候，两袖清香万里春。"

第七首，歌颂中国作为宗主国的仁风，追溯到姜公辅、黎崱等历史人物。诗云："昭代仁风遍入夷，垂衣端拱正无为。两阶千羽修文日，四海梯航迷贡时。鸢址已能遵圣化，鸡林何必重吾诗。人林却忆姜公辅，曾向中朝振羽仪。"诗中所说的"姜公辅"，生卒于730年至805年间，是越南最早的进士，仕唐而至宰相。诗中"鸢址已能遵圣化，鸡林何必重吾诗"句，暗用黎崱《赠傅与砺使安南还》一诗，原诗有云"诏分鸢址倾心拜，诗致鸡林好事传"云云。黎崱于13世纪60年代生于爱州（今越南清化省), 后归附元朝, 著有 《安南志略》 一书。

第八首, 描写安南的富庶丰饶。诗云: "江山高城拥大罗, 早从尧日照南讹。秦官僭起一故尉, 汉将功收两伏波。版籍屡更新郡县, 舆图不改旧山河。邦称富庶非珠玉, 岁熟八蚕并二禾。"

第九首, 描写安南的清净淳朴。诗云: "越骆丹崖几万重, 一丸新受紫泥封。雨余尚有鸢投泊, 秋后全无雁过峰。村僚傍山收翡翠, 溪童习水斗芙蓉。士风民俗闻谙遍, 谈笑还应可折冲。"

第十首, 寄希望于使者, 嘱其见天子时, 多言安南的美好。诗云: "交州自古宅南陲, 况复于今际盛时。环极有星皆北向, 朝宗无水不东驰。壮怀尽得江山助, 虚誉真惭草木知。重橐还朝见天子, 一编惟有纪行诗。"

这十首诗, 语意圆当, 对仗工稳, 虽然出自年方二十的青年之手, 但在艺术水平、思想内容上都是超过前述二十二位臣子之诗的。事实上, 这些作品也为本次酬唱活动奠定了基调。概括其要点大略有三: 其一强调安南是善邻, 土地丰饶, 人民淳朴; 其二强调安南人沐浴明朝天子的仁风, 倾心于儒学, 懂得礼义廉耻; 其三表示对明朝政府的希望——希望得到珍惜。归根到底, 这些诗作描绘了一个君子国的形象。从所谓 "重橐还朝见天子, 一编惟有纪行诗"的诗句看来, 在圣宗心目中, 诗是表达这个君子形象的最好方式。这应当就是十首酬唱诗的写作动机。

黎圣宗对诗的重视同他的学养有关。越南学者黎贵惇在 《全越诗录》 卷五 "诗人小传"中有一段评论, 说到圣宗对儒雅的崇尚, 云: "英明果断, 雄才大略, 勤学好书, 手不释卷, 经史子集, 律历医卜, 书画诗词, 莫不精谙。崇尚儒雅, 创立制度, 礼乐文物, 焕然大备。" 这些人格特征在圣宗的诗歌作品得到了集中表现。据 《全越诗录》 统计, 圣宗存诗三百三十一首; 而若辑以 《越峤书》、《皇越诗选》、《黎圣宗汉字诗》 等, 则可得诗三百六十五首。读完这些作品可以知道: 黎圣宗之组织中越诗歌唱酬, 是一件顺理成章的事情。

从黎圣宗的作品看, 他是浸染汉文化很深的人。他有一部名为 《古心百咏》 的诗集, 五言四句体, 以一百个古史故事为素材, 每个故事都取材于中国典籍。比如就《史记》所记黄帝乘龙而遗鼎湖的故事写作《鼎湖》，就《论语》所记孔门弟子各言其志的故事写作《沂水》，就《晋书》所记山简镇襄阳的故事写作《习家池》，据白居易《琵琶行》所记本事写作《浔阳江》。这些作品一一绍述古义，乃表达了对汉文化的认同。比如其中一首《壶头山》，取材于汉代马援征交趾、仰见飞鸢坠水而自伤的故事，云："桑蓬孤矢志，逸气鹗横秋。浪泊飞鸢坠，方思马少游。"其事涉及中越关系，但主题却是个人命运，而无明显的民族色彩。因此，诗集以"古心"为名，表明作者是以中国古人之心为心的。黎圣宗诗中的大量典故，也表现了这种认同。比如有一首名为《笙》的诗作，几乎句句有出处，既咏及"轻于羽"的"蜀桐"、"贱似萍"的"吴蚕"，又谈到《子虚赋》所说的榜人"流喝"、《箜篌引》所说的老龙跳波，此外还有晋时仙人鲍靓、唐代乐工李凭，以及"驱暮雨"的"巫山"、响余音的"清商"等等。黎圣宗的诗歌表明，他不仅精通经史，而且熟悉中国的小说杂谈；在知识上，他和当时的中国文人并无二致。

　　值得注意的是，黎圣宗诗造诣很高，是个极用心的诗人。他的每篇作品都很精致，无虚语，无闲话，而有许多精彩的诗句。例如《江行偶成》诗写景致，有云"十里香风人倚棹，半空云影雁衔芦"；写人物，有云"眼谋位置娱山水，胸次规模敛甲兵"；写情绪，有云"吟骨瘦如山骨瘦，古心清如水心清"；写哲理，有云"诗到闲时知有味，心随变后便成灰"。他的对仗既新奇也工稳。而且，从诗中可以看到他对文明价值的重视。比如他看重文章学术，在《见月遣怀》诗中说"矗矗平生读五车"，在《小酌》诗中说"准拟文章斗鬼神"。他重视文治，在《庆神宴》诗中歌颂"四海升平无事日"，在《题白鸦洞》诗中说"好将勒我治平功"。他经常描写清明太平的景象，例如《东巡过安老》说"霜露零时无绿树，桑麻深处起青烟"，《题传灯山》说"天南万古山河在，正是修文偃武年"，《游白藤江》诗说"边氓从乐承平化，四十余年不识兵"。洪德二十五年（1494），他写了一首《君道》诗，命群臣唱和。诗云："帝王大道极精研，下育元元上敬天。制治保邦思继述，清心寡欲绝游畋。旁求俊乂敷文德，克诘兵戎重将权。玉烛调和寒暖叙，华夷共乐太平年。"群臣评曰："窃惟凡作文章引用经史，有所根据，方为佳作。但人才微学浅，终不能成。今奉圣制此篇，全用经史之文, 练成则律之语。"[11] 这里所说的 "引用经史, 有所根据", 正是黎圣宗诗文的特点; 而《君道》诗所表达的敬天保民、"华夷共乐太平"的思想, 则与《律诗十首送天使钱学士归朝》中的价值观一致。

研究者都知道, 越南文学史上有一件大事, 即在洪德二十五年 (1494), 黎圣宗组织了越南古代史上规模最大的一次文学活动: 建立 "骚坛会", 自称 "骚坛元帅"。在骚坛会上, 他与号称 "二十八宿" 的二十八位文臣诗歌唱和, 留下了《琼苑九歌》、《春云诗集》、《古今宫词诗》等一批作品。以上这首《君道》诗, 就是骚坛活动的产物。那么, 黎圣宗为什么要组织这样的活动呢? 有两个说法。其一见于黎圣宗《琼苑九歌序》, 云: "余万机之暇, 半日之闲, 亲阅书林, 心游艺苑, 群嚣静听, 一穗芬芳, 欲寡神情, 居安兴逸……通召群臣, 使之履韵呈琅, 下情上达, 吐虹霓之气, 光奎藻之文。" 这里说到诗歌唱和的两个意义: 一是娱心, 即 "心游艺苑", 也就是古所谓 "君子游于艺"; 二是交流, "下情上达, 吐虹霓之气"。第二个说法见于《大越史记全书》对 "御制《琼苑九歌》" 一事的记录, 云: "百谷丰登, 协于歌咏, 以纪其瑞, 并君道臣节, 君明臣良, 遥想英贤奇器, 并书草戏成文, 因号《琼苑九歌》诗集。"[12] 这里说到诗歌唱和另外两个意义: 一是纪瑞, 歌颂升平; 二是思贤, 完成一种特殊的 "诗教"。实际上, 关于这些意义, 青年黎圣宗早已认识到了。比如他在藩邸做嘉王之时, 就写作了《江行偶成步都督同知黎弘毓韵十二首》。黎弘毓原诗第一首有句云 "云横雁字山头白, 霞织鱼梭水面红", 对仗工整且细腻; 嘉王遂和云 "薄云凝处晴江碧, 倦鸟啼时夕照红"。原诗第三首起句说 "江楼晚泊抚焦琴, 望外悠悠方寸心", 境中有深情; 嘉王遂取庄子 "道之所亏, 爱之所以成" 之意, 和云 "只为成亏且鼓琴, 悠悠忧爱一生心"。原诗第六首颔联云 "草青易见沙鸥白, 树密难藏晚日红", 颜色富丽; 嘉王遂采宋人 "西湖风月, 不如东华软红香土" 的语意, 和云 "得非北郡开虚白, 未必东花踏软红"。原诗第七首有句云 "潭心深浅严光钓, 云脚高低宁戚歌", 举出严光退隐、宁戚求进的典故; 嘉王遂用晋羊祜、汉武帝的故事, 和云

11)　[越]黎贵惇《全越诗录》卷五。
12)　《大越史记全书》本纪卷一三, 第741页。

"岘山浩叹襄阳泪，汾水秋风汉武歌"。显而易见，两位诗人在这里进行了一场富于艺术性的对话。这种唱和，既可以娱心，又可以"吐虹霓之气"。正因为这样，黎圣宗把唱和看成是人际交往的高妙方式。当他认为需要同明朝天子及使者对话的时候，他自然选择了这一方式。

三、黎圣宗前后的中越诗歌酬唱史

为了了解黎圣宗所组织的中越诗歌酬唱活动的意义，我们还有必要考察历史。从记录看，这一历史始于陈太宗朝。《安南志略》卷一八、《御选宋金元明四朝诗》卷六〇、《全越诗录》卷一都收录了陈太宗的一首《送天使张显卿》，云："顾无琼报自怀惭，极目江皋意不堪。马首秋风吹剑铗，屋梁落月照书庵。幕空难住燕归北，地暖愁闻雁别南。此去未知倾盖日，篇诗聊赠当高谈。"《越峤书》卷二〇也收录此诗，只是题中有云"张两使其国"。按陈太宗名"煚"，1225年至1258年在位，逊位后出家，卒于1277年。所谓"天使张显卿"，即张立道。《越峤书》所说的"两使"，指张显卿的两次出使：第一次即陈太宗赠诗之时，为蒙元世祖至元二年 (1265)；第二次即至元八年 (1271)，张显卿来安南宣建国号，定岁贡，并谕入觐。[13] 《安南志略》卷三记"大元奉使"云："丁巳年，安南始臣附天朝。世祖皇帝即以庚申岁建元为中统元年。安南国王陈日煚遣使上表称贺，贡方物。明年，诏封陈光昺为安南国王。……至元二年，遣侍郎宁端府、郎中张立道奉使安南谕旨。"[14] 这里的丁巳年即1257年，是蒙元军队首次攻入安南之年；庚申年即1260年，是蒙元遣使宣谕安南，准"衣冠典礼风俗一依本国旧制"[15] 之年。"顾无琼报自怀惭"一诗的创作背景正是

13) 《元史》卷一六七《张立道传》，北京，中华书局1976年，第3915、3916页。《大越史记全书》本纪卷五《陈纪》，第348页。
14) [元]黎崱《安南志略》卷三，北京，中华书局2000年，第66页

1257年至1265年的政治事变。由此看来，这首诗的特点是：撇开多变的政局，着重用屋梁落月、倾盖如故的典故表达愁别之情。

至于张显卿的第三次出使，则在陈仁宗重兴七年、元至元二十八年 (1291)。在此之前，元陈之间已经发生过三次战争。这一年，张显卿也升任礼部尚书了，随他出使的有兵部郎中不眼帖木儿等人。出使的目的是再次宣谕 "世子陈日燇入见"——要求陈仁宗尽人臣之礼，往大都朝见元世祖。据《安南志略》所记，张显卿入境之时已准备一份书信，要求陈朝 "悔过自新，趋朝谢罪"；陈仁宗则以有疾、怕国内生变为辞。到两人会谈之时，又有一番争执。陈仁宗质问 "比年天朝为何不遣使"？张显卿答 "天子为汝国累召不朝，故不遣使"。陈仁宗指责元军入境 "烧毁屋舍，开发先人坟墓"，张显卿便拂袖而去。陈仁宗遂另设迎诏大会，会毕宴请使者于集贤殿，"大乐奏于殿下，细乐奏于殿上"，在山珍海味之后进行诗歌酬唱。[16] 这样就造就了平和的交际气氛，也造就了现存几篇酬唱作品。其中之一是张显卿所作七律，描写安南景致静好，并对安南文化做了高度评价，云 "安南虽小文章在，未可轻谈井底蛙"。[17] 其中之二是陈仁宗所作《馈天使张显卿春饼》，七言四句，说到款待来使有《柘枝舞》，并强调安南自有其独立的文化习俗，云 "红雪雕盘春菜饼，从来风俗旧安南"。除此之外，张显卿归国后，还得到陈仁宗叔父、元朝顺民陈益稷所作七律《赠天使张显卿使还》。诗中有句云 "四方专对诗三百，五岭归来路八千"。[18] 由此看来，重兴七年的这场诗歌酬唱像是干戈之后的玉帛——作为对唇枪舌剑的补充，用于软化政治和外交上的冲突。

从现有资料看，中越诗歌酬唱之所以发生在陈太宗至仁宗朝，主要有以下两个缘由。

---

15)《元史》卷二〇九《安南传》，北京，中华书局1976年，第4634页。

16)《安南志略》卷三《张尚书行录》，第69-72页；同书卷五《张尚书立道显卿与世子书》，第106-107页；《至元二十九年安南世子陈上表言》，第135-137页。

17)《安南志略》卷一七《至元以来名贤奉使安南诗》，第393页；又见《越峤书》卷一八。

18) 诗见《安南志略》卷一八《安南名人诗》，第415-417页；又见《越峤书》卷二〇《安南君臣诗》及《居易录》卷九。后者有清文渊阁四库全书影印本。

首先的缘由是越南文学在这一时期进入高潮。按陈太宗的先人陈京来自中国(福建或桂林)。陈太宗立国后, 颇仿中国体制, 重视文学。其主要举措有三：一是在天应政平四年 (1235) 选儒生中科者入侍, 并以为定例；二是在两年后 (1237) 确定端午吊祭屈原及古贤人介子推之制；三是在天应十五年 (1246) 以来, 用《诗》《书》选才, 大比取士, 其后又立国子学院, 诏讲五经四书。陈太宗并建立 "寨状元"制度, 把劝学之风推广至于边鄙。这些举措在陈圣宗、仁宗朝都得到继承和发扬。[19] 而且, 陈朝历代君主都是善诗之人, 陈太宗有 "马首秋风吹剑铗, 屋梁落月照书庵"等名句；其子圣宗精于心性之学, 有《贻后录》二卷传世；三世陈仁宗善作诗文, 仅现存者亦有十九首之多。张显卿所说 "安南虽小文章在, 未可轻谈井底蛙", 并非虚言。

其次一个缘由则是外交手段的要求。按自1257年以来三十年, 陈朝与蒙元打过三场大仗：陈太宗元丰七年 (1257)、陈仁宗绍宝六年 (1284)、重兴三年 (1287), 蒙元军队三次大举侵入安南。第一次是为取道进攻南宋；第二次的理由是要求假道安南征占城而未允；第三次则是要求安南王来朝觐见, 安南王拒绝。尽管三次战争均以蒙元的失败而告终, 但世祖忽必烈始终未放弃外交上的高压政策。南宋灭亡之前, 外交主题是藩属国与内附国之争。1258年, 陈圣宗即位, 改元绍隆, 遣使至蒙古, 安南获得了作为藩属国的地位。但不久之后, 世祖忽必烈便提出了内附的要求：1262年, 要求在安南设达鲁花赤 (监临官) ；1267年, 下诏强调 "君长亲朝"、"子弟入质"等内附 "六事", 并诏封皇子为云南王；此后多次遣使来安南谕旨、督责。[20] 安南始终未从命, 于是有了后两次战争。这可以说是第一阶段。1279年, 元灭南宋, 陈圣宗逊位于陈仁宗, 外交主题转为如何实行 "六事"。1281年, 陈仁宗迫于压力, 遣其从叔陈遗爱入觐；元世祖遂封遗爱为安南国王, 次年又命柴椿、李振为安南宣慰都元帅、副帅, 领兵千人送陈遗爱回国就任。[21] 这可以说是第二阶段。到1294年,

---

19)《大越史记全书》本纪卷五《陈纪》, 第329页、333页、336页。

20)《元史》卷二〇九《安南传》, 第4634-4636页。

21)《大越史记全书》本纪卷五, 第354页。又见《安南志略》卷三《大元奉使》, 第67页；卷一

元世祖死, 成宗继位, 下令罢征安南, 元陈关系才进入第三阶段, 即睦邻友好阶段。现存中越唱和诗虽然分别见于以上三个阶段, 但主要出现在睦邻友好之时, 至少有以下二十多首:

1. 南宋灭亡之际, 宋吏部尚书陈仲微逃亡到安南, 同陈圣宗 (1258-1278年在位) 相唱和。仲微病亡, 圣宗作 《挽少保陈仲微》 诗, 中二联甚工, 云: "无端天上编年月, 不管人间有死生。万迭白云遮故国, 一堆黄壤盖香名。"22)

2. 1282年, 柴椿、李振送傀儡国王陈遗爱回安南, 陈遗爱作 《赠天使柴庄卿李振等》、《送柴庄卿》 各一首。前一首作于启程之时, 故云 "一封凤诏下天庭, 咫尺皇华万里行"云云。后一首作于到达安南之时, 故云 "送君归去独仿徨, 马首骎骎指帝乡"云云。23) 其后不久, 陈遗爱被杀。

3. 1285年初, 元军攻入安南, 取地二千余里。陈仁宗退入海中, 其弟陈益稷率家眷降元, 后被封为安南国王。陈益稷在元期间, 有唱和诗 《大明殿侍宴》 表效忠之意, 云 "孤蘖秋毫皆帝力, 愿殚忠赤报深恩"云云。24)

4. 1288年, 第三次元陈战争之后, 元世祖遣山北辽东道提刑按察使刘庭直、礼部侍郎李思衍等使陈, 再次诏谕陈仁宗亲身入朝。宴会之上, 李思衍与陈仁宗颇有诗歌唱和。今存李思衍诗三首, 皆含讽谏之意: 一为 《世子燕席索诗》, 有句云 "存诚乃可必事帝, 保国无如是畏天"; 二为 《世子和前韵有 "自顾不才惭锡土, 只缘多病欠朝天"之句, 即席次韵》, 有句云 "拓开地角皆和气, 净挟天河洗战尘"; 三为 《行赆有礼辞之世子举陆贾事叠叠见爱谢绝以诗》, 有句云 "蜀人爱命相如檄, 越使何求陆贾金"。25)

　　三 《陈氏世家》, 第312页。

22)《安南志略》 卷一〇 《陈仲微》, 第267页; 同书卷一八 《安南名人诗》, 第417页。

23) 诗见 《安南志略》 卷一八 《安南名人诗》, 第420页。

24)《安南志略》 卷一三 《内附侯王》, 第317页。诗见 《全越诗录》 卷二、《御选四朝诗》 元诗卷六〇。后者题为 《安南国王陈益稷大明殿侍宴》。

25)《元史》 卷一五 《世祖本纪》, 第317页; 卷二〇九 《安南传》, 第4649页。诗见 《安南志略》 卷一七、《越峤书》 卷一八、[清]顾嗣立 《元诗选》 二集卷五。

元成宗即位后, 实行睦邻政策, 中越使者频繁往来。到第三阶段, 唱和诗遂呈现一派和平景象:

5. 1294年, 礼部侍郎李衎、兵部郎中萧泰登持诏出使, 宣告罢兵。26) 竹林大士 (逊位后的陈仁宗) 作七言诗 ≪送天使李仲宾萧方崖≫, 云 "不知两点轺星福, 几夜光芒照越天"云云。而李仲宾、萧方崖亦作有 ≪和洞妙自真世子韵≫、≪即席和世子韵≫ 诗各一首, 后首有句云 "从此安南成乐土, 小心长与戴尧天"。27)

6. 1301年, 礼部尚书麻合麻、礼部侍郎乔宗亮等来使, 诏依前例三岁一贡。竹林大士作七律诗 ≪送天使麻哈麻乔元朗≫、≪和乔元朗韵≫ 表答谢, 云 "上国恩深情易感, 小邦俗薄礼多惭", "视一同仁天子德, 生无补世丈夫惭"云云。28)

7. 1308年, 礼部尚书安鲁威、吏部侍郎李京等来使, 宣谕元武宗即位。陈英宗作七律 ≪送天使安鲁威李景山≫, 以 "拂开泪眼睹龙飞"句哀悼陈仁宗、元成宗二帝, 并劝勉新主。李景山亦有和作, 云 "九万扶摇快一飞"云云。29)

8. 1314年, 陈明宗即位, 遣燕京使阮忠彦等如元报聘。行至邕州 (今广西南宁), 阮忠彦作有和韵诗三首, 题 ≪邕州知事莫九皋 (元深) 以本国黎大夫仁杰所赐诗来示因赓韵≫。其诗言及 "井梧落叶砌蛩吟, 旅馆萧萧冷莫禁"的处境, "鸡黍相邀君有约, 琼琚不报我无心"的友情。但由于这是一次学养不对等的交往, 所以诗中也表达了 "只欲衔杯终日语, 却愁南北不同音"的遗憾。30)

9. 1321年, 吏部尚书教化、礼部郎中文矩等来使, 宣元英宗即位诏。陈明宗作五律 ≪赠天使撒只瓦文子方≫, 云 "至治改元新, 初颁到海滨"云云。文子方亦作有两首诗回赠, 一云 "至治龙飞帝泽新, 海邦万里使华临"云云, 一云 "文章世子玉为

---

26) ≪元史≫ 卷二〇九 ≪安南传≫, 第4650页。又见 ≪安南志略≫ 卷三 ≪张尚书行录≫、≪萧方崖使交录序≫, 第74页。
27) 诗见 ≪安南志略≫ 卷一七、卷一八, 第394页、417页。又 ≪越峤书≫ 卷二〇 ≪安南君臣诗≫。
28) ≪安南志略≫ 卷三 ≪萧方崖使交录序≫, 第76页;≪元史≫ 卷二〇九 ≪安南传≫, 第4650页。诗见 ≪安南志略≫ 卷一八 ≪安南名人诗≫, 第417页;又 ≪越峤书≫ 卷二〇 ≪安南君臣诗≫。
29) ≪安南志略≫ 卷三 ≪萧方崖使交录序≫, 第76页;又见 ≪越峤书≫ 卷五、卷七。诗见 ≪安南志略≫ 卷一七、卷一八, 第395页、418页;又 ≪越峤书≫ 卷二〇 ≪安南君臣诗≫。
30) ≪大越史记全书≫ 本纪卷六 ≪陈纪≫, 第395页。诗见 ≪全越诗录≫ 卷二。

神，冠服雍容古佩绅"云云。[31]

　　10. 1324年，吏部尚书马合谋、礼部郎中杨宗瑞等来使，告泰定帝登位，并赐授时历。陈明宗作七律《谢天使玛哈穆特杨庭镇》、《再用韵呈天使》，云"汉元初纪时方泰，舜历新颁德又宽"云云，又描写安南风貌云"溥天玉帛归尧舜，比屋弦歌学孔颜"。杨廷镇亦作有和诗《答太子世子韵》，云"关河动色先春意，倪庞归心尽欢颜；诗咏白狼周德广，书驰丹凤楚天宽"云云。[32]

　　11. 1331年初，吏部尚书撒只瓦、礼部郎中赵期颐等来使，告元文宗即位。陈明宗作七律《送天使撒只瓦赵子期》，云"四方专对男儿志，一视同仁天子心"云云。赵子期亦作《和太子世子韵》，云"鸣鹤在阴元有子，闲云出岫本无心"云云。撒只瓦等出使前后，黎崱作有《送郎中赵子期》、《赠尚书撒里瓦使安南还》诗。[33]

　　12. 1334年，元惠宗改年号"至元"，遣吏部尚书铁柱、礼部郎中智熙善来告并赐授时历。陈宪宗作五律诗，今不存；而智熙善有《答世子韵》诗，云"嗣圣登皇极，深衷念远臣，九重颁正朔，万里起经纶"云云。铁柱等出使前，黎崱作《送侍郎智子元使安南》诗。[34]

　　从这十二件事可见，中越诗歌唱酬的传统，是作为战争和政治的补充，作为软性外交的手段，在陈朝形成的。这种活动须以较高学养为条件，所以由陈朝君主和来自中国的使节担任主角。虽然现存唱和诗主要产生于外交礼仪场合，特别是国交场合；但正如阮忠彦诗所表现的那样，诗歌唱酬其实本是私人之间的交往方式。

---

31)《安南志略》卷三《萧方崖使交录序》，第77页；又见《元史》卷二七《英宗本纪》，第613页。诗见《安南志略》卷一七、卷一八，第395-396页、418页；又《越峤书》卷二〇。

32)《安南志略》卷三《萧方崖使交录序》，第77页；《元史》卷二九《泰定帝本纪》，第649页；《大越史记全书》本纪卷六，第404页。诗见《安南志略》卷一七、卷一八，第396页、418-419页。

33)《安南志略》卷三《萧方崖使交录序》，第77页；《元史》卷三五《文宗本纪》，第774页；《大越史记全书》本纪卷七，第415页。诗见《安南志略》卷一七、卷一八，第396-397页、419页。

34)《元史》卷三八《顺帝本纪》，第819页；(元) 许有壬《至正集》卷三〇《智子元越南行稿序》，文渊阁四库全书影印本；《大越史记全书》本纪卷七《陈纪》，第416页。诗见《安南志略》卷一七、卷一八，第397页、423页。

所以这些作品往往互致友善，大多是和平年代睦邻关系的结晶。不过，在少量作品中也暗藏有讽谕和奖劝。比如在陈朝君主所作诗中，两次出现"视一同仁天子德"的诗句，就有勉励元朝帝王的意思。这是中越唱和诗的一个特点。

以上所述，是中越诗歌唱酬史的第一个高潮。这个高潮开始于陈圣宗绍隆八年 (1265, 元至元二年)，盛于整个元朝。入明以后，随着中越关系的变化，唱和之风便渐渐衰落了；不过尚有以下三件事值得一述。

第一件事是：明代初年，以两国之间的友好关系为条件，中越唱酬之风曾得到发展。为稳定国内局势，明太祖积极推动与安南的宗藩关系，洪武之初即曾派遣余贵等人往安南颁示建国诏书。此事见于《全越诗录》卷三所载陈朝入内右纳言范师孟的诗作。其中有《和大明国使余贵四首》，说到出使的时间及事由，云"大明受命兴江左，天使赍诏颁安南"；说到对于明朝的感情，云"六朝人物钟山在，百战关河江水长"；又说到对于明初政策的印象，云"中国方今用儒治，遐方共喜圣恩覃"。范师孟另外作有《和大明使题珥河驿三首》、《再和大明使余贵二首》、《送大明国使》等诗，称余贵为"新朝使者"，评论其诗有"襟怀和气乐雍雍"的气象，表示对"新朝一革胡风俗，礼乐衣冠复汉仪"充满喜悦。这都显示了明初中越关系的良好基础。特别值得注意的是，在范师孟十首唱和诗中，有"大明今日都江左，胡运危亡汉运昌"、"朔漠兵尘今奏捷，南朝人物总能文"等诗句。这反映了安南人的文化态度·——在元、明之间，他们是以明朝的立场为立场的；因为在他们看来，明朝在地理和文化心理上更加接近安南。

此后不久，又出现了一个唱和事件。这就是洪武二年 (1369) 六月，明太祖再次派遣翰林侍读学士张以宁、典簿牛谅等出使安南，封陈日煓 (裕宗) 为安南国王。十一月，牛谅等到达安南，但正好遇上裕宗晏驾。牛谅遂作七律"伤心最是天朝使"云云挽之。其时右相国恭定王陈暊亦作诗饯之曰"安南宰相不能诗，空把茶瓯送客归"云云。诗题为《送北使牛谅 (时犹为右相国，牛谅见此诗，谓其诗当有国)》，意思是：牛谅据此认为陈暊将得到国位；后果如其言，陈暊登基而为艺宗。[35]

不过，正是从陈艺宗时起，安南发生了一系列政变。四个君主先后被废，最后由黎季牦篡得政权，改姓胡，建立了一个短命的胡朝 (1400-1407)。胡季牦既大弑陈氏宗族，又不断侵掠云南、广西和占城的土地人民，甚至伏杀明朝护送陈氏后裔归国的军队，终于引致明成祖出兵安南，将季牦生擒而囚于金陵。但在《全越诗录》卷一，却保存了一首黎季牦所作的《答北人问安南风俗》诗，使人回想起他 "柄国后颇用儒臣，慕古典而好逞聪明" 的作为，[36] 也回想起洪武二年的御赐诗 "安南际有陈，风俗不元人；衣冠周制度，礼乐宋君臣"云云。[37] 季牦此诗说："欲问安南事，安南风俗淳。衣冠唐制度，礼乐汉君臣。玉瓮开新酒，金刀斫细鳞。年年二三月，桃李一般春。" 季牦三十六岁 (1371) 仕陈艺宗而为枢密院大使。其后在睿宗 (1373年即位)、废帝朝总兵权，在顺宗朝任入内辅政太师，1395年以后全力推行字喃。这首唱和诗，应当作于他柄国而慕古典之时，即1373年至1395年之间。

　　从特殊意义上说，胡季牦也是中越诗歌唱酬史上划时代的人物。因为到他这里，时局动荡，这部历史进入了长达七十年的沉寂。这中间发生了明成祖征安南、黎利建黎朝等大事。但从另一面看，除掉1407年至1427年的明属时期外，中越之间的使节却是往返不断的。例如1431年，明宣宗遣礼部右侍郎章敞等持印至安南，命黎利 (太祖) 权署安南国事；1436年，明英宗遣行在兵部右侍郎李郁等持节赍印至安南，封黎麟 (太宗) 为安南国王；1443年，英宗又遣光禄寺少卿宋杰等，持节册封黎麟子浚 (仁宗) 为安南国王；1460年，英宗又遣通政司左参议尹星等，持节册封黎麟庶子琼 (宜民) 为安南国王；1462年，英宗再遣翰林院侍读学士钱溥等，往封黎麟子灏 (圣宗) 为安南国王。[38] 这就是说，黎太祖以下，每朝安南王都接受了册封，但只有黎圣宗把诗歌酬唱纳入了册封仪式；从另一面说，黎圣宗对明朝册封的答谢，是用诗歌酬唱方式——平等的文化认同的方式来表达的。由此看来，黎圣宗在外交

35)《大越史记全书》本纪卷七，第437页；[越]黎澄《南翁梦录·诗称相职》，《越南汉文小说集成》第16册，上海，上海古籍出版社2010年，第41页；《明实录》太祖高皇帝实录卷四三，台北，台湾中央研究院历史语言研究所，1962年校印本。

36)《大越史记全书》本纪卷九语。

37) [越]阮鹰《南国禹贡》，越南汉喃研究院所藏A.830号抄本。

38)《明史》卷三二一《安南传》，北京，中华书局，1974年。

手段上是有所创新的：他找到了一种系统呈现自我的方式；而若把他的诗歌酬唱同有陈一代所有外交酬唱诗相比，那么，他又表现了文学上的创新——他用富于文化张力的诗歌，既全面展示了自己的政治理想，也展示了实现这一理想的人才队伍。

事实上，光顺三年的诗歌唱酬，是中越文学交流史上最光彩的一页。三十五年后，1497年正月，黎圣宗驾崩，黎朝便进入衰颓之世。以致威慕帝在位之时 (1505-1509)，明朝来使徐天锡以诗句表达了对黎朝动乱局面的忧虑，云 "安南四百运尤长，天意如何降鬼王"。[39] 由于内战不断，1516年以后，黎朝几乎停止了向明朝的岁贡，也中止了双方的使节往来。[40] 这段时间，中越诗歌唱酬随之消亡，仅有以下几事可述：

1499年12月，明遣行人司行人徐钰来谕祭黎圣宗；明使归国之时，黎宪宗宴于勤政殿，作诗饯别，今不传。[41]

1502年12月，太常寺卿郭有严等出使明国，谢赐冠服。[42] 次年十月郭有严等将还，明弘治帝赐宴并物。郭有严作谢恩诗 《北使奉恩赐述事示馆伴》，云 "曾因国事贡珍封，藻宴叨陪玉陛中……诗词笑乏宽如海，酒力那堪饮似虹"云云。[43]

1513年正月，明遣正使翰林院编修湛若水、副使刑科右给事中潘希曾来安南，册封襄翼帝为安南国王。还国之时，黎越君臣诗歌唱和。襄翼帝作有四首诗。其一为 《送大明聘使刑科给事中潘希曾》 诗，表达对大明朝的景仰及对使者的赞赏，云 "炳焕十行颁汉诏，汪洋四海溢尧仁；胸中冰玉尘无点，笔下珠玑句有神"云云；潘希曾回赠 《次韵酬安南国王饯别之作》，云 "万里观风百越春，瘴烟消尽物华新；车书不异成周制，飞跃元同大造仁"云云。其二为 《送天使潘希曾还朝》 诗，潘希曾亦回赠 《次韵荅安南国王兼辞其赆》、《回至吕瑰再次王韵辞其赆》。[44] 其

<hr>

39) 《大越史记全书》 本纪卷一四 《黎纪》，第737页。
40) 参见 《明史》 卷三二一 《安南传》，第8331页、8334页。又见 《明实录》 卷一九七 "嘉靖十六年二月"条、卷二二一 "嘉靖十八年二月"条。
41) 《大越史记全书》 本纪卷一四，第767页。
42) 《大越史记全书》 本纪卷一四，第774页。
43) 《大越史记全书》 本纪卷一四，第776页。又见 《明实录》 卷一九二 "弘治十五年十月壬戌"条。
44) 诗见 《大越史记全书》 本纪卷一五 《黎纪》，第803页；又见 《竹涧集》 卷二，《影印文渊阁四库全书》 第1266册，台北：台湾商务印书馆，1986年，第667、668页。

三、其四两诗赠别湛若水, 有云 "文轨车书归混一, 威仪礼乐蔼昭融"云云。湛若水回赠 《次韵奉酬安南国王》、《将发再用韵辞安南国王所赠金币诸贶》 二诗。[45] 另据 《越峤书》 卷二〇记载, 大头目黎念等四位黎朝官员也参与这次中越诗歌唱酬, 各自作有 《送湛内翰还朝》 诗。

　　1513年是黎襄翼帝即位第五年。在此之前, 襄翼帝曾会试天下士人, 亲自策问古今治道; 又颁 《治平宝范》 于天下, 凡五十条; 又重修国子监等, 人称 "恢太祖立极之图, 弘圣宗觌文之治"。[46] 襄翼帝所领导的诗歌唱酬, 显然是对黎圣宗的模仿。但这只是中越诗歌酬唱史上的一次回光返照。在襄翼帝之后, 越南就不再出现类似的人物和事件了。由此看来, 黎圣宗乃代表了中越诗歌酬唱史的顶峰。

---

45) 皆见 《越峤书》 卷一九 《国朝诗》。
46) 《大越史记全书》 本纪卷一五, 第797-802页。

4. 其他

《永乐大典》所录《文选》考释

四川师范大学 钟仕伦

摘要：今存《永乐大典》实际所录《文选》共47则，除少数作品为全部收录外，大多数都是与韵目相关的《文选》作品的摘录。《永乐大典》所录《文选》的版本似源于赣州学刊本，为六臣注本中的"李善—五臣注"系统。从考释的情况看，《永乐大典》所录《文选》不仅为《文选》版本学提供了一个可资研究的对象，而且有用于唐钞《文选》集注本、敦煌写本、胡刻本、明州本和景宋本的校勘，具有一定的文献价值。

关键词：《永乐大典》《文选》赣州学刊本，李善—五臣注 考释

一、《永乐大典》所录《文选》的基本情况

现存《永乐大典》自卷六六二靡韵至卷二〇八五一檄韵分别以"《文选》"之名载录《文选》一共53则（篇），其中有5则似非《文选》作品，1则重复，实际辑录47则（篇）。除少数作品为全篇收录外，大多数都是与韵目相关的《文选》作品的摘录。《永乐大典》所录《文选》（以下简称"大典本"），清代"选学"少有考辨，目

前学界对此也研究不多, 似尚有进一步讨论的必要。

通过几十年的发展, 今日之 "选学" 已成了一门国际性的显学, "与传统选学相比更多地呈现出开放性与多元性的特点"[1]。不少珍稀版本, 如敦煌写本、唐钞集注本和宋刊明州本等已经被整理出来, 相应的专着和论文也发表了不少, 这些成果为我们研究 《永乐大典》 所录 《文选》 提供了条件和基础。本文准备在梳理 《永乐大典》 所录 《文选》 的基础上, 考论其版本渊源, 并举例说明 《永乐大典》 所录 《文选》 的校勘价值。现将 《永乐大典》 所录 《文选》 的内容等列表如下, 以便讨论。表格里的 "卷数" 是 《永乐大典》 的卷数, 备注栏里的 "卷数" 是中华书局1977年出版的胡刻本李善注 《文选》 的卷数。

序号	卷 数	韵目	作者	作品名称	内 容	备 注
1	六六二	廱	班固	《东都赋》	御明堂, 临辟廱, 扬缉熙, 宣皇风。注: "辟廱, 宣德化之所, 拥水环之, 以象德教流行也"	卷一。
2	六六二	廱	无	无	注引陆机 《洛阳记》 云: "辟廱在灵台东, 相去一里, 皆魏武所徙"	卷十六潘安仁 《闲居赋》 "其东则有明堂、辟雍"李善注引。
3	九二二	师	扬雄	《羽猎赋》	历五帝之寥廓, 陟叁皇之登闳, 建道德以为师, 友仁义以为朋。	卷八。
4	九二二	师	扬雄	《解嘲》	当今县令不请士, 郡守不迎师, 群卿不揖客, 将相不俯眉。	卷四十五。
5	二二五九	瓠	司马相如	《上林赋》	玫瑰碧林, 珊瑚丛生。	卷八。
6	二二五九	瓠	班固	《两都赋》	珊瑚之树, 上栖碧鸡。	卷一。
7	二二五九	瓠	傅玄	《紫华赋》	炳参差以照耀兮, 何光丽之	今 《文选》 无。

---

1) **简介**: 锺仕伦, 男, 四川省成都市人。文学博士, 四川师范大学文学院教授, 博士生导师。出版有 《《金楼子》 研究》(中华书局, 2004年)、《南北朝诗话校释》(中华书局, 2007年) 等专着。石树芳 《〈文选〉 研究百年述评》, 《文学评论》 2012年第2期, 第167页。

				难形。葩艳挺于碧枝分，焕若珊瑚之翠英。	
8	二二五九	瓠	潘安仁	《石榴赋》	似长离之栖邓林，若珊瑚映绿水。	今《文选》无。
9	二二六五	湖	颜延年	《应诏观北湖田收诗》	《集》曰"元嘉十年"。注："《丹阳郡图经》曰：'乐游苑，晋时药园。元嘉中，筑堤壅水，名为北湖。'"	卷二十二。
10	二三四五	乌	何逊	《穷乌赋》	嗟穷乌之小鸟，意局促而驯扰。声遇物而知哀，翮排空而不知娇。望绝侣于夕霞，听翔群于月晓。既灭志于云雷，遂甘心于园沼。时复枪榆决至，触案穷归，若中气而自坠，似惊弦之不飞。窜鸡埘而共宿，啄雁稗以争肥。异海鸥之去就，无青鸟之是非。岂能瑞周德而丹羽，感燕悲而素辉。虽有知于理会，终未悟于心机。"	今《文选》无。
11	二三四六	乌	魏武帝	《南飞燕》	月明星稀，乌鹊南飞。绕树叁匝，何枝可依。	卷二十七作《短歌行》。
12	二四○六	初	无	无	野有菜蔬之色。	卷七潘安仁《藉田赋》。
13	二四○七	蔬	无	《江赋》	播匪艺之芒种，挺自然之嘉蔬。注云："播，布也。艺，犹树也。芒种，稻麦。"	卷十二郭璞。
14	二四○七	蔬	汉扬雄	《长杨赋》	高祖奉命，顺斗极，运天关，横鉅海，漂昆仑。提剑而叱，戈之所过，靡城摧邑，下将降旗。一日之战，不可殚记。当此之勤，头蓬不暇，饥不及餐。	卷九。
15	二六○四	台	江淹	《恨赋》	紫台稍远，关山无极。	卷十六。
16	二八○六	卑	潘安仁	《闲居赋》	梁侯乌椑之柿。	卷十六。
17	二八○六	卑	无	《金谷诗》	曰前庭树沙甘，后园植乌椑。	卷二十作潘安仁《金谷集作诗》。
18	二八○七	丕	无	无	凯风纷披。	卷十七王褒《洞箫赋》。
19	二九七三	人	班固	《宾戏》	圣人有壹定之论。	卷四十五作班固《答宾戏》。

20	八八四二	游	潘岳	《射雉赋》	良游呃喔。注："游, 雉媒也。"	卷九。
21	八八四三	游	宋玉	《风赋》	楚襄王游兰台之宫, 有风飒然而至, 王披襟当之曰："快哉此风！此寡人与庶人共者也。"	卷十叁。
22	八八四五	游	无	《北征赋》	馀遭世之颠覆兮, 罹填塞之厄灾。旧室灭以丘墟兮, 曾不得夫少当。遂奋袂以北征兮, 超绝迹而远游。	卷九, 班彪。
23	九七六二	諴	无	《西都赋》	汉之西都, 在于雍州, 实曰长安, 左据函谷二崤之阻。注："函谷, 谷名也。其谷似函, 故曰函谷。二崤, 两山名, 在秦东, 故曰左。"	卷一, 班固。
24	九七六二	諴	贾谊	《过秦论》	秦孝公据崤函之固, 拥雍州之地。君臣固守, 以窥周室。	卷五十一。
25	九七六二	諴	无	《西京赋》	左有函桃林重际之塞。	卷二, 张衡。
26	九七六二	諴	无	《蜀都赋》	崤函有帝王之宅。	卷四, 左思。
27	一一〇七七	紫	无	《射雉赋》	于是箅分铢, 商远迩, 揆悬刀, 骋绝伎, 如轻如轩, 不高不埤, 当味值胸, 裂膆破觜。	卷九, 潘岳。
28	一一六〇三	藻	潘正叔	《赠河阳》	岳为河阳令, 是正叔从父, 故不言名。诗曰："流声馥秋兰, 摛藻艳春华。"吕向注云："摛发其文藻, 美如春华。"	卷二十四。
29	一一九五六	鼎	无	无	虢州有黄帝铸鼎。塬唐叁藏作铭。	今《文选》无。
30	一二〇一五	友	陈渊	《代宰相谢表》	肩尧聪明。躬舜孝友, 念累朝之大典, 将就新编；付直笔于近司, 益重其选。	今《文选》无。
31	一二〇一七	友	杨雄	《羽猎赋》	神圣建道德以为师, 友仁义以为朋。	卷八。此与第3条重录
32	一二〇一七	友	无	《文选序》	夫姬公之籍, 孔子之书, 与日月俱垂, 人伦之师友。	昭明太子。
33	一二一四八	傻	枚叔	《七发》	鸟不及飞, 鱼不及迴, 兽不及走。	卷叁十四。

34	一三〇八二	动	杨雄	《解嘲》	雷动云合。	卷四十五。
35	一四五四五	着	张平子	《赋》	凤溯风而欲骞。	卷二,张平子《西京赋》。
36	一四七〇七	度	左太冲	《吴都赋》	平仲君迁,松梓古度。注:"古度,树也。不花而实,子皆从皮中出,大如安石榴,正赤,初时可煮食也,广州有之。"	卷五。
37	一八二〇九	将	刘公干	《赠五官中郎将四首》	全文(略)。	卷二十叁。
38	一九六三六	沐	谢玄辉	《休沐重还道中》	全文(略)。	卷二十七。
39	一九六三六	沐	张平子	《东京赋》	乃莞尔而笑曰:"若客所谓末学肤受, 贵耳而贱目者也。"贵所闻贱所见。	卷叁。
40	二〇八五一	檄	陈孔璋	《为袁绍檄豫州》	全文(略)。	卷四十四。
41	二〇八五一	檄	陈孔璋	《檄吴将校部曲文》	全文(略)。	卷四十四。
42	三五一八	门	张景阳	《七命》	应门八袭,旋台九重。	卷叁十五。
43	三五一八	门	潘岳	《西征赋》	门磁石而梁木兰兮,构阿房之屈奇。	"潘岳"前无"文选"二字。卷十。
44	三五一九	门	杨雄	《校猎赋》	虎路叁袭以为司马,图经百里而为殿门。注:"应劭曰:'外门为司马门, 殿门在内也。'"	"杨雄"前无"文选"二字。《文选》卷八作《羽猎赋》。
45	三五一九	门	无	《两都赋序》	武、宣之世,乃崇礼官,考文章。内设金马石渠之署,外兴乐府协律之事。注:"金马门,宦者署。汉时有贤良,待诏于此。"	卷一,班固。
46	三五一九	门	无	无	又金闺诸彦,兰台群英。注:"金闺,金门也。"	卷十六,江淹《别赋》。
47	三五一九	门	班固	《西都赋》	又有承明、金马着作之庭。大雅宏达,于兹为群,启发篇章,校理秘文。又有兰台金马,递宿迭居。"	"班固"前无"文选"二字。卷一。
48	三五一九	门	杨雄	《甘泉赋》	前燻阙,后应门。晋灼曰:"应门正在燻阙之内。	"杨雄"前无"文选"二字。

49	三五一九	门	无	《东京赋》	启南端之特围, 立应门之将将。	卷叁, 张衡。
50	四九〇八	烟	无	无	阴谷曳寒烟。	卷二十二, 颜延年 《应诏观北湖田收》。
51	四九〇八	烟	谢朓	无	桑柘起寒烟。	卷叁十, 《郡内登望》。
52	一四一二四	嚏	无	《西征赋》	升曲沃而惆怅, 惜兆乱而兄替。枝末大而本披, 都偶国而祸结。"	卷十, 潘岳。
53	一六二一八	冠	李少卿	《苔苏武书》	李广先将军, 功略盖天地, 义勇冠叁军。	卷四十一。

从上面这个表格可以看出, 《永乐大典》 所录的 《文选》 作品, 有的有作者姓名、作品名称和全文, 如刘公干的 《赠五官中郎将四首》、谢朓的 《休沐重还道中作》 和陈琳的 《为袁绍檄豫州》、《檄吴将校部曲文》 两篇檄文; 有的有作者姓名和作品内容但无作品名称, 如谢朓 "桑柘起寒烟" 诗; 有的有作品名称、内容但无作者姓名, 如 《射雉赋》; 有的既无作者姓名又无作品名称, 仅有内容, 如王褒 《洞箫赋》 中的 "凯风纷披"; 有的没有标明 "文选" 二字, 但却与文选作品有关, 如杨雄的 《甘泉赋》; 还有的不是 《文选》 的作品却标以 "文选" 之目而收录, 如陈渊的 《代宰相谢表》、何逊的 《穷鸟赋》 和潘安仁的 《石榴赋》。

造成这种现象的塬因可能是 《永乐大典》 "用韵以统字, 用字以系事, ……使观者因韵以求字, 因字以考事"[2]的编纂体例所决定, 也与钞纂、重录成于众手所致。依韵统字, 用字系事, 自然多以作品涉及到相关韵目的内容句式为主辑录, 故遗漏作者或根本不需要将作者姓名和作品名称标出, 但也有将全文录入者且姓名和作品名称一应俱全, 如刘桢、陈琳和谢朓的作品。成于众手, 有可能对所录作品是否属于 《文选》 辑录未及详审, 因此有误录和重录的现象出现。

此外, 由于今天我们能够看到的 《永乐大典》 为劫后馀灰, 不得全貌, 很难对其所录的 《文选》 作全面的考察。但 《永乐大典》 所录 《文选》 迄今已逾六百

---

2) 《明成主文皇帝御制〈永乐大典〉序》, 《永乐大典》(第十册), 中华书局, 1986年, 第1页。

馀年, 弥足珍贵, 且所录的刘公干的《赠五官中郎将四首》、谢朓的《休沐重还道中作》和陈琳的《为袁绍檄豫州》、《檄吴将校部曲文》两篇檄文为全文, 这几篇作品无论是正文还是注文均与今天通行的胡刻李善注《文选》、日本足利学校藏宋刊明州本《六臣注文选》、《四部丛刊》景宋本《六臣注文选》和敦煌写本、唐钞集注本《文选》间有出入。因此, 我们下边的考释主要以刘公干的《赠五官中郎将四首》、谢朓的《休沐重还道中作》和陈琳的两篇檄文为对象, 试图从中探寻出《永乐大典》所录《文选》的版本来源, 并举例释证《永乐大典》所录《文选》(以下简称"大典本") 与今通行本《文选》的异同。

二、《永乐大典》所录《文选》的版本来源

《文选》的版本系统由无注叁十卷本、唐钞集注本、敦煌写本、李善注本、五臣注本、六臣注本等组成。六臣注本又分"李善—五臣"和"五臣—李善"两种。这两种版本系统随时代思潮和学风文风的转变而变换李善注和五臣注的位置。[3] 从陈琳的《为袁绍檄豫州》、《檄吴将校部曲文》两篇檄文看, 大典本正文的分段与唐钞《文选》集注本、景宋本《六臣注文选》相同而异于宋刊明州本《六臣注文选》与胡刻《文选》。大典本的注文以李善注居前, 五臣注殿后, 也与景宋本六臣注大致相同而异于明州本六臣注, 校语多标明为"五臣作××", 所使用的五臣注本恐为唐代的版本, 凡"民"字皆因避太宗讳改为"人"字。例如, 陈琳《为袁绍檄豫州》"是以兖豫有无聊之民"的校语曰: "五臣作'人'"; 又如陈琳《檄吴将校部曲文》"乃神灵之逋罪, 下民所同仇", 校语曰: "五臣作'人'"。大典本采用的李善注本也与胡刻本的李善注不尽相同。因此, 大典本《文选》似为另一系统的"李善—五臣"注本。

---

3) 人民文学出版社编辑部《日本足利学校藏本宋刊明州本〈文选〉出版说明》, 日本足利学校藏本宋刊明州本《文选》, 人民文学出版社, 2008年, 第4页。

　　"李善—五臣"注本现存最早的祖本是刊刻于北宋绍兴、淳熙间的赣州本, 后有建州本和覆刻建州本的茶陵本。屈先生说, 今传《六臣文选》以 "北宋时蜀中裴宅所印卖为第一刻。今传宋本六臣注尚有绍兴二十八年 (1158年) 明州重修本 (《天禄琳琅书目后编》卷七、《爱日精庐藏书志》卷叁十五), 赣州学刊本 (即《天禄琳琅书目》卷叁所载赵孟俯、王世贞藏本, 又见《宋䢖楼藏书志》卷一百十二、《铁琴铜剑楼藏书目录》卷二十叁、《日本访书志》卷十二), 及《四部丛刊》景印宋本 (似即属于赣州刊本系统, 而补写之页甚多)。元明时所传茶陵陈仁子《增补六臣注文选》六十卷 (《天禄琳琅书目》卷十、《善本室藏书志》卷叁十八), 李善注居前, 即出于赣州本 (说见《铁琴铜剑楼藏书目录》卷二十叁)。而吴郡袁褧嘉趣堂翻刻广都裴宅本《六家文选》六十卷, 在明代最为有名, 此书始于嘉靖甲午 (十叁年, 即1534年), 刊成于己酉 (二十八年, 即1549年), 计十六载 (《天禄琳琅书目后编》卷十九、《善本室藏书志》卷叁十八、《明代版本图录初编》卷六), 五臣在前, 善注居后"[4]。据先生之说可知, 《六臣注文选》现流行的明州重修本和赣州本为两个主要版本系统。今明州本五臣居前, 善注居后, 而茶陵本则李善注居前, 五臣注居后, 正与大典本相同。大典本的正文与注文也多同于茶陵本而异于明州本。

　　元代的《文选》刊本, 除了赵孟頫的赣州学刊本六臣注《文选》外, 尚有张伯颜的李善注刊本。钱大昕《十驾斋养新录》卷十叁 "《文选》元椠本" 条曰: "《文选李善注》元椠本, 每卷首题'奉政大夫同知池州路总管府事张伯颜助率重刊'。有前海北海南道肃政廉访史余琏序, 称伯颜字曰正卿, 未详其籍贯。倾读郑元祐《乔吴集》, 有《平江路总管致仕张公圹志》, 盖代其子都中作。文称: '张氏, 长洲之项城人, 公讳世昌, 字正卿。以谨饬小心仕于朝, 僄直殿庐, 成宗赐名伯颜。由将作院判官, 累仕庆元路同知。延祐七年, 升奉政大夫池州路同知。泰定五年, 改福宁州尹。后迁漳州路总管。告老, 以平江路总管致仕。'乃知伯颜为吾吴人,

---

4) 屈守元《昭明文选杂述及选讲》上编《文选杂述》之《文选传本举要》, 天津古籍出版社, 1988年, 第37页。

宜其文雅好事, 异于俗吏矣。"[5] 由钱大昕所记可知, 张伯颜的《文选》刊本为李善注本, 刊刻时间在元代的延祐七年 (1320) 至泰定五年 (1328) 之间。从时间上说, 张伯颜刊本为已知从时间上最接近大典本李善注的刊本。斯波六郎说张伯颜的刊本源于尤袤本, 傅刚教授以今存北京图书馆的张伯颜本 "与尤本校, 可看出二本之间的传承关係"[6]。但今大典本的李善注并没有用到这个刊本。梁章钜在作《文选旁证》时, 曾用到元代张伯颜刊本, 今《旁证》在考订《羽猎赋》"友仁义与之为朋"时, 尚未得其真本 (详后考释举例部分)。如大典本的李善注本为元张伯颜刊本, 梁章钜当不至于忽略此条而疏于考证。因此, 大典本所用之李善注的底本非出于尤袤刻本, 今胡刻尤本亦有不同于大典本的地方 (详后考释举例部分)。大典本的版本到底直接来源于茶陵本或赵孟頫的藏本, 由于材料的缺乏, 今天还难以确证。但大典本源于赣州学刊本似有可能。以下试举例证明之。

大典本陈孔璋《为袁绍檄豫州》"耳 (校曰 : "五臣作尔") 乃大军过荡西山"句中的 "耳"字, 胡刻本、明州本、景宋本作 "尔"。胡刻本《考异》卷八曰 : "茶陵本 '尔'作'耳'。云 : '五臣作尔。'袁本云 : '善作耳。'案 : 此尤校改也。详文义, 作'耳'者, 当句绝。《魏氏春秋》、《后汉书》此处节去, 无以相证。恐尤改未必是。"[7] 胡克家《考异》(实为顾千里代作) 认为, 尤袤在南宋孝宗淳熙八年 (1181年) 刊于池阳郡斋的《文选李善注》六十卷刻本中将塬李善注本的 "耳"改为 "尔"不一定準确。今大典本作 "耳", 与茶陵本同, 亦可为顾说佐证。又如 : 大典本《文选》陈孔璋《为袁绍檄豫州》题下作 :

　　善曰 : "《魏氏春秋》曰 : '袁绍伐许, 乃檄州郡。'"善曰 "《魏志》曰"同翰注。
翰曰 : "琳避难冀州, 袁初使典文章, 作此檄以告刘备, 言曹公失德, 不堪依附, 宜归本初也。后绍败, 琳归曹公。曹公曰 : '卿昔为本初移书, 但可罪状孤而已, 何乃上及父祖邪 ?'琳谢罪曰 : '矢在弦上, 不可不发。'曹公爱其才, 不责之。"

5) 钱大昕《十驾斋养新录》, 上海书店, 1983年, 第337页。
6) 傅刚《〈文选〉版本研究》, 中华书局, 2000年, 第152页。
7) 萧统编, 李善注《文选》, 中华书局, 1977年, 第953页。

"善曰《魏志》曰同翰注"句，胡刻本《考异》卷八曰："注'《魏志》曰'下至'而不责之'，袁本此一节注与所载五臣翰注略同。其'善曰下'作《魏志》曰：'琳避难冀州，袁绍使典文章。袁氏败，琳归太祖。太祖曰："卿昔为本初移书，但可罪状孤而已，恶恶止其身，何乃上及祖父邪？"琳谢罪，太祖爱其才而不咎'六十一字。是也。茶陵本云：'善同翰注'，此承其误，为并善于五臣耳。"8)

再如，陈琳《檄吴将校部曲文》"夫击鸟先高攫鸷之势也"中的"击"字，明州本、胡刻本作"鸷"字。景宋本同大典本。其中的"鸟"字，明州本、胡刻本作"鸟之击"。景宋本同大典本。胡刻本《考异》卷八曰："夫鸷鸟之击先高，茶陵本作'鸷鸟先高'四字。校语云：'击，五臣作'鸷'，有'之击'字。'袁本校语云：'鸷，善作'击'，无'之击'字。' 案：二本校语是也。尤本此处修改，乃误取五臣以乱善。"9)

以上叁例说明，大典本的注释体例和文字均与茶陵本相同。

其二，大典本有"济曰同善注"(卷一九六叁六谢玄辉《休沐重还道中》"还卬歌赋似，休汝车骑非"句注、卷二〇八五一陈孔璋《檄吴将校部曲文》"昔袁术僭逆，王诛将加，则庐江太守刘勋，先举其郡，还归国家"句注)、"馀同善注"(卷二〇八五一陈孔璋《檄吴将校部曲文》"濆之骂言未绝于口，而丹徒之刃已陷其胸"句注、同篇"军入散关，则群氐率服，王侯豪帅，奔走前驱"句注)、"铣曰同善注"(卷二〇八五一陈孔璋《檄吴将校部曲文》"若使水而可恃，则洞庭无叁苗之墟，子阳无荆门之败"句注)、"良曰同善注"(卷二〇八五一陈孔璋《檄吴将校部曲文》"及其抗衡上国，与晋争长，都城屠于勾践，武卒散于黄池，终于覆灭，身罄越军"句注) 语，这说明大典本《文选》的源编者不仅以李善注本为底本，校以五臣注本，而且突出表明注重以史实典章和名物训诂为长的李善注。这种在相同词语、典故的注释上省略五臣而保留李善注的作法证明了大典本的版本渊源似同于赣州本系统。

其叁，大典本除个别地方外，与《四部丛刊》景宋本很相似，不仅善注居前，五臣居后的排列相同，而且正文和注释词语也基本相同。如陈琳《为袁绍檄豫州》

---

8) 萧统编，李善注《文选》，第953页。
9) 萧统编，李善注《文选》，第953页。

"列士立功之会，可不勖哉"句中的"列"字，大典本校曰："五臣作烈字。"胡刻本、明州本作"烈"。明州本校曰："善本作列。"敦煌本、景宋本同大典本。又如大典本陈琳《为袁绍檄豫州》"其馀兖豫之民，及吕布、张扬之遗衆，覆亡迫胁，权时苟从，各被创夷，人为仇敌"句善注引《魏志》和《尚书》文一百十八字，《四部丛刊》景宋本同而胡刻本无。明州本善注无《魏志》文而有《尚书》文，其云："善曰：'吕布、张扬'，已见《九锡文》。"今明州本、胡刻本潘元茂（勖）《册魏公九锡文》有善注引《魏志》吕布、张扬文。而今所见之大典本为劫后馀灰，无《文选》潘元茂（勖）《册魏公九锡文》之文，故难证大典本《文选》潘元茂（勖）《册魏公九锡文》有无善注引《魏志》文。但有一点是明确的，即大典本的善注既不同于胡刻本、也不同于源于秀州学的明州本。屈先生说，《四部丛刊》景宋本"似即属于赣州刊本系统"。[10] 今大典本与《四部丛刊》景宋本基本相同，但其中也有相异之处，如大典本扬雄《羽猎赋》"建道德以为师，友仁义以为朋"中的"以"字，景宋本作"与之"。

　　第四，胡刻本李善注的体例有"已见上文"一说，而大典本李善注无此例，后之注文与前之注文相同者则照样出之。如陈琳《檄吴将校部曲文》"则七国之军瓦解冰泮"句，李善注引《汉书》徐乐上书曰："何为瓦解？吴楚齐越之兵是也。当此之时，安土乐俗之人衆，故诸侯无外境之助，此之谓瓦解。"此与前陈琳《为袁绍檄豫州》"必土崩瓦解，不俟血刃"李善注引《汉书》徐乐上书文完全一致。又如，大典本陈琳《檄吴将校部曲文》"屠各"一词，李善注引《晋中兴书》曰："胡俗，其人居塞者，有屠各种最豪贵。"此与前陈琳《为袁绍檄豫州》"乃大军过荡西山，屠各左校"李善注同。

　　最明显的例子是在陈琳《檄吴将校部曲文》中，前后相隔不到五十字，以同一内容两次注释同一人。"偏将涉陇，则〔宋〕建、〔韩〕约枭夷，於首万里"句，李善注引《魏志》曰："韩遂在显亲，夏侯渊欲袭取之。遂走，后渊大破遂军，得其旂麾。"

---

10) 屈守元《昭明文选杂述及选讲》上编《文选杂述》之《文选传本举要》，第37页。

又曰："宋 (塬作 "朱") 建自称河首王, 聚衆抱罕, 夏侯渊讨之。屠枹罕, 斩建凉州。"
此与前文 "逆贼宋建, 借号河首" 句, 李善注引 《魏志》 的内容相同。这说明大典本
不同于胡刻本。

　　从以上四个方面的考辨可以看出, 大典本与茶陵本、景宋本很接近, 其版本渊
源似有可来于赣州祖本的 "李善—五臣注"系统的 《六臣注文选》。《天禄琳琅
书目》 卷叁载有赵孟頫收藏的叁卷本赣州学刊本、元代有源于赣州本的茶陵本存
世, 同时也流行有张伯颜的李善注刊本 《文选》, 故大典本的底本很有可能是在
《永乐大典》 编纂时, "购天下遗籍, 上自古初, 迄于当世, 旁搜博采"[11] 得来的 "李
善—五臣注"本。大典本 《文选》 所用李善注本, 有可能是北宋天圣明道本 (国子
监本), 所用五臣注本也有可能是陈八郎本或杭州本, 甚或就是南宋或元代的赣州
学刊本系统的 《六臣注文选》。因资料的缺乏和今存 《永乐大典》 的残缺, 我们
现在还无法準确地考证出大典本 《文选》 到底采用的是哪一种刊本, 但 《永乐大
典》 所录 《文选》 的底本属于赣州学刊本大体上是可以确定的。冈村 繁说, "《六
臣注文选》 很可能塬本是依据 《六家注文选》, 即内容是以五臣注为前, 李善注
为后的注本而作成。《六臣注文选》 仅将其中五臣注与李善注的先后顺序互换而
已"。[12] 从上面举到的大典本 "善曰 《魏志》 曰同翰注"看, 这个说法还有进一步讨
论的必要, 而且今存大典本 《文选》 的文字与 《六家注文选》 尚有出入, 恐非仅
仅是 "顺序互换而已"。以下试举例考释之。

三、《永乐大典》 所录 《文选》 考释举例

　　今 《永乐大典》 所录 《文选》 与胡刻本 (〔梁〕萧统编, 〔唐〕李善注：《文

---

11) 《明成主文皇帝御制永乐大典序》, 《永乐大典》(第十册), 中华书局, 1986年, 第1页。
12) 〔日〕冈村 繁 《文选集注与宋明版本的李善注》, 郭裴映译, 载赵福海主编 《文选学论集》,
　　 时代文艺出版社, 1992年, 第37页。

选》，中华书局1977年出版）、明州本（〔梁〕萧统选编，〔唐〕吕延济、刘良、张铣、吕
向、李周翰、李善注：《日本足利学校藏宋刊明州本六臣注文选》，人民文学出版
社2008年出版）、景宋本（〔梁〕萧统编，〔唐〕李善、吕延济、刘良、张铣、吕向、李周
翰注：《六臣注文选》，中华书局 2012年出版）和唐钞集注本（周勋初纂辑：《唐
钞文选集注汇存》，上海古籍出版社，2000年出版）、敦煌写本（罗国威撰：《敦煌
本〈文选注〉笺证》，巴蜀书社，2000年版）间有出入，可作校勘之用。以下试举例考
释以说明之（凡引"李善—五臣注"文以"注"字标明）。

1、卷六六二靡韵班固《东都赋》：御明堂，临辟靡。

[考释] 御，胡刻本、景宋本、明州本作"觐"。李善注曰："《东观汉记》曰：'永
平叁（胡刻本《考异》卷一曰："案：'叁'当作'二'，各本皆讹。"）年正月，上宗祀光武
皇帝于明堂。礼毕，升灵台。叁月，上初临辟雍。'"今按：疑大典本是。御，有"进"、
"临"的意思。《诗·小雅·六月》"饮御诸友"，毛传曰："御，进也。"[13] 朱骏声《说文
通训定声·豫部》引《独断》曰："天子所进曰御。"又引《素问·天元纪大论》
"天有五行，御五位"注曰："谓临御。"[14]《公羊传·桓公十四年》"御廪者何？粢盛委
之所藏也。"何休注曰："御者，谓御用于宗庙。"[15]《后汉书·明帝纪》曰："（永平）
二年春正月辛未，宗祀光武皇帝于明堂，帝及公卿列侯始服冠冕、衣裳、玉佩、
絇屦以行事。礼毕，登灵台。"[16] 觐，谓诸侯以节气朝拜君王。《说文·见部》曰：
"觐，诸侯秋朝曰觐，勤劳王事也。"段玉裁注曰："《大宗伯》'以宾礼亲邦国，春见
曰朝，秋见曰觐'，郑曰：'觐之言勤也，欲其勤王之事。'按：郑与许合。叠韵为训，异
义朝名。"[17]《诗·大雅·韩奕》曰："韩侯入觐，以其介圭，入觐于王。"郑玄笺曰：

---

13) 孔颖达《毛诗正义》卷十，中华书局影印阮元校刻《十叁经注疏》本，1980年，第425页。
14) 朱骏声《说文通训定声》，中华书局，1984年，第396页。
15) 何休注，徐彦疏《春秋公羊传注疏》卷五，中华书局影印阮元校刻《十叁经注疏》本，第
　　2221页。
16)《后汉书》卷二《孝明帝纪》。

"诸侯秋见天子曰觐。"[18] 《文选》卷叄十七曹子建《求通亲亲表》曰："今臣以一切之制，永无朝觐之望。"《东都赋》为"润色鸿业"所作，御明堂者为君王，如作"觐"，则其意相反，恐文义不顺。

2、卷九二二师韵扬雄《羽猎赋》：建道德以为师，友仁义以为朋。

[考释] 下"以"字，胡刻本、景宋本、明州本作"与之"。梁章鉅《文选旁证》卷十二曰："《汉书》无'之'字。按此与《甘泉赋》'侔神明与之为资'句法正合。"胡绍煐按："《甘泉赋》'之'字恐亦后人所加。"[19] 今按：疑大典本是。梁氏"校列文字异同，亦以李本为主。次及五臣注，次及六臣本，又次及近人所校，及他书所引"[20]，恐未及大典本。《甘泉赋》"方擘道德之精刚兮，侔神明与之为资"的句法似有《离骚》之风，而《羽猎赋》无"兮"字例，多以两句通用"以"字或"之"字，如"灌以岐梁，溢以江河"、"立历天之旗，曳捎星之旃"，无上句用"以"字而下句用"与之"字例。《汉书》作"与"，"与犹"以"也。王引之《经传释词》卷一曰："与，犹'以'也。《易·系辞传》曰：'是故可与酬酢，可与祐神矣。'言可以酬酢，可以祐神也。《礼记·檀弓》曰：'殷人殡于两楹之间，则与宾主夹之也。'言以宾主夹之也。《玉藻》曰：'大夫有所往，必与公士为宾也。'言必以公士为摈也。（义见上文一塠注。下同。）《中庸》曰：'知远之近，知风之自，知微之显，可与入德矣。'言可以入德矣。《论语·阳货篇》曰：'鄙夫可与事君也与哉？'言不可以事君也。《史记·袁盎传》曰：'妾主岂可与同坐哉？'言不可以同坐也（《汉书》"与"作"以"）。货殖传》曰：'智不足与权变，勇不足以决断，仁不能以取予。'《汉书·扬雄传》曰：'建道德以为师，友仁义与为朋。'（《文选·羽猎赋》"与"下有"之"字，乃后人不晓文义而妄加之）与亦'以'

---

17) 段玉裁《说文解字段注》第八篇下，成都古籍书店影印，1981年，第434页。
18) 孔颖达《毛诗正义》卷十八，第570页。
19) 胡绍煐，蒋立甫校点《文选笔证》卷十一，黄山书社，2007年，第287页。
20) 梁章鉅《〈文选旁证〉凡例》，梁章鉅撰，穆克宏点校《文选旁证》，福建人民出版社，2000年，第14页。

也, 互文耳。"21) 王引之之说足以证"与"与"以", 或"以"与"以"互用为汉代常例。王引之说《羽猎赋》"与"下无"之"字, 极是。然依大典本, 亦恐非互文, 似塬作为"以", 后人改"以"为"与", 又妄增"之"字也。

3、卷九二二师韵司马相如《上林赋》：玫珇碧林。

[**考释**] 玫珇, 胡刻本、景宋本、明州本作"玫瑰"。胡刻本李善注曰："并以见上文。"景宋本李善注曰："晋灼曰：玫瑰, 火齐珠也。"明州本吕向注："玫瑰, 火齐珠也。"《太平御览》卷八百七引司马相如《上林赋》同大典本。又引《南史》亦作"玫珇"。今《南史》作"玫瑰"。《梁书》卷五十四《诸夷传·波斯国传》作"玫珇"。《文选》卷七司马相如《子虚赋》"其石赤玉玫瑰", 李善注引晋灼曰："玫瑰, 火齐珠也。"《史记集解》引郭璞作"玫瑰, 石珠也"。《说文》曰："玫, 玫瑰, 火齐珠。一曰石之美者。从王, 文声。"段玉裁注曰："《子虚赋》晋灼注、吕静《韵集》皆同。《吴都赋》注：'火齐如云母, 重沓而可开, 色黄赤似金, 出日南。'《广雅》珠属有玫瑰。"22)《龙龛手镜》入声卷四《玉部》："玫, 莫回反, 玫瑰；瑰, 音回, 玫瑰也。石之美好曰玫, 圆好曰瑰, 火齐珠也。"又曰："瑰, 珇, 俗；环, 今。古回反。环, 琦也。环琦者, 伟大之皃也。"23) 按珇为"环"的俗字。《尔雅·释器》："环, 捐也。"郝懿行《义疏》曰："按：捐与胃音义同。胃, 空也。环中空以贯辖, 故为之捐。"24)《广雅·释训》："瑰、玮、琦, 玩也。"《说文》："瑰, 玫瑰也。从王, 鬼声。一曰圆好。"段玉裁注曰："玫瑰, 本双声, 后人读为叠韵。谓圆好曰瑰, 此字义之别说也。《众经音义》亦引'圆好曰瑰'。《玉篇》'圆好'上增'珠'字。误。后义当音回。按：《诗·秦风》传曰：'瑰石而次玉。'疑许失载。"25) 今按：疑大

21) 王引之《经传释词》卷一, 江苏古籍出版社, 2007年, 第5页。
22) 段玉裁撰《说文解字段注》第一篇上, 第19页。
23) 释行均《龙龛手镜》卷四（高丽本）, 中华书局, 1985年, 第432页。
24) 郝懿行《尔雅义疏》, 《〈尔雅〉、〈广雅〉、〈方言〉、〈释名〉清疏四种合刊》, 上海古籍出版社, 1989年, 第172页。

典本是。恐塬作 "玟珥"，或 "玟环"，后误'环'为'瑰'，又误'玟'为'玫'，以成 "玫瑰"。玟珥，次玉之美石也。武帝曾以饰马鞍。《西京杂记》卷二曰："后得贰师天马，帝以玟珥石为鞍，镂以金银鍮石。"26)

4、卷二四〇七蔬韵汉扬雄 《长杨赋》：
提剑而叱，戈之所麾，城揗邑下，斩将降旗。

[**考释**] 胡刻本、明州本、景宋本作 "提剑而叱之，所过麾城揗邑，下将降旗"。善曰 (景宋本无 "善曰"二字。是也。明州本李善注同胡刻本。疑误。详下胡克家《考异》)："郑玄 《礼记》注曰：'揗之言芟也。'《字林》曰：'揗，山槛切。'"《汉书·扬雄传》作 "提剑而叱之，所麾城揗邑，下将降旗"27)。胡刻本李善注曰："颜监曰：'揗，举手拟也。'《仓颉篇》曰：'揗，拍取也。'"胡克家《考异》卷二曰："注颜监曰'揗，举手拟也'：案颜 《汉书》正文字作'揗'，上引李奇音'车幰之幰'而解云：'揗，举手拟也。'盖其字音义与 《左氏传》 '乃掀公'之'掀'相近。善 《文选》正文作'揗'，与颜不同。别引郑氏 《礼记注》释义，《字林》释音，乃所以改颜也。传写者并颜注亦为揗，失之矣。又'仓颉篇曰揗拍取也'八字，非 《汉书》注，乃善引以证颜者。字亦当是'揗'也。又 《汉书》注'拟'下有'之'字，此无，似亦脱。" 28) 据胡克家考证，注释全为李善注文，李善首引颜师古注，次引 《仓颉篇》文以证颜注。此其一。其二，"城邑揗下"中的 "揗"，《汉书·扬雄传》 载 《长杨赋》作 "揗"，《汉书》正文及李奇注和颜师古的注作 "揗"是正确的。梁章钜也认为 "此注引颜监'揗'当作'揗'"29)。钱大昕 《十驾斋养新录》卷四 "揗、揗非一字"条云："《文选·长杨赋》本是

---

25) 段玉裁 《说文解字段注》 第一篇上，第19页。

26) 葛洪 《西京杂记》卷二，中华书局，1985年，第10页。

27) 《汉书》卷八十七 《扬雄传》。按：塬作 "揗"，中华书局1962年版校改为 "揗"。"校勘记"曰："景祐本作揗，注同。《文选》正文及注并同。"

28) 胡克家 《文选考异》，萧统编，李善注 《文选》，第872页。

29) 梁章鉅，穆克宏点校 《文选旁证》 卷十二，第290页。

'撕'字，故李善引康成注《礼器》为证。今监本正文作'撕'，并将郑注、《字林》、《仓颉篇》诸撕字，俱改作撕，误亦甚矣。"[30] 然段玉裁认为郑玄引《礼记·礼器》文以证"撕"字，其义为"次"，非"撕"之本义。《说文·手部》曰："椞，斩取也。"段玉裁注曰："斩者，截也，谓断物也。"[31] 钱说恐非的论。《说文·车部》曰："轩，曲𫐆藩车也。"段玉裁注曰："谓曲𫐆而有藩蔽之车也。曲𫐆者，戴先生曰：'小车谓之𫐆，大车谓之辕。人所乘欲其安，故小车畅毂梁𫐆。大车任载而已，故短毂直辕。'《草部》曰：'藩者，屏也。'服虔注《左传》、薛综解《东京赋》、刘昭注《舆服志》，皆云'车有藩曰轩'，皆同许说。许于'藩车'上必云'曲𫐆'者，以𫐆穹曲而上，而后得言轩。凡轩举之义，引申于此。"[32] 又《说文·手部》曰："掀，举出也。从手，欣声。《春秋传》曰：掀公出于淖。'"段玉裁注曰："掀之言轩也。成（公）十六年《左传》文。《释文》曰：'捧毂举之，则公轩起也。'"[33] 《周礼·考工记·𫐆人》言𫐆人为𫐆，"轸之方也，以象地也；盖之圜也，以象天也。轮辐叁十，以象日月也。盖弓二十有八，以象星也。"[34] 《集韵》曰："幰，张缯车上为幰，或从轩省。轩，车轼。攄、撕，《博雅》：'拟也。'一曰手约物或作撕。"[35] 攄同撕，《龙龛手镜》卷二曰："攄，手约物也。"[36] 今按：疑大典本是。撕的本字恐为"轩"，谓载人之车的圆形车盖，即李奇注《汉书·扬雄传》所说的以"缯"装饰的"车幰"[37]。引为"轩举"、"轩起"之"撕"，同"攄"，亦为"掀举"、"掀起"。"城撕"，意为城池被一举攻破。胡刻本、景宋本、明州本作"撕"，恐形近而讹，或涉下"斩"字而误。撕本作"椞"，撕是"椞"的别字。

---

30) 钱大昕《十驾斋养新录》，第74页。

31) 段玉裁《说文解字段注》第十二篇上，第637页。

32) 段玉裁《说文解字段注》第十四篇上，第762页。

33) 段玉裁《说文解字段注》第十二篇上，第638页。

34) 郑玄注，贾公彦疏《周礼注疏》卷四十，中华书局影印阮元校刻《十叁经注疏》本，第914页。

35) 丁度《宋刻集韵》，中华书局，1989年，第105页。

36) 释行均《龙龛手镜》卷二（高丽本），第213页。

37) 按：古代也有用虎皮装饰的车盖。《太平御览》卷七十叁引《汉官解诂》曰："马有厩，车有府。皮轩，以虎皮为轩。"中华书局，1960年，第3423页。

王念孙《广雅疏证》卷叁曰："椠之言渐也。字亦作'撕'。"38) 撕字的意思如段玉裁所说"截也,谓断物也"。如作"撕",与下"斩"字义重。又:疑胡刻本、明州本、景宋本"叱"下脱"戈"字,"所"下衍"过"字,"下"下脱"斩"字,又以"撕"代"撕",故断句不同,意思淆乱。依大典本,前为"顺斗极,横巨海,漂昆仑"的叁字句,后接"提剑而叱,戈之所麾,城撕邑下,斩将降旗"四字句,似文义更明,文气更畅,有利于"不歌而诵"也。

5、卷一一六〇叁藻韵潘正叔《赠河阳》。
注岳为河阳令,是正叔从父,故不言名。

[考释] 唐钞本《钞》曰:"河阳,县名也,属今怀州。时安仁为河阳县令,正叔作此诗赠之。安仁是正叔叔父,故不言名姓,但言'赠河阳'也。"胡刻本无"岳为河阳令是正叔从父故不言名"十四字。明州本、景宋本作"五言"。向曰:'潘岳为河阳令,是尼从父,故不言名。'"

6、卷一八二〇九将韵刘公干《赠五官中郎将》四首。
注济曰:魏文帝初为五官中郎将、副丞相。

[考释] 胡刻本、明州本、景宋本"首"下有"五言"二字。副丞相,各本同。按:《叁国志·魏书·武帝纪》作"为丞相副"。39) 杜佑《通典》作"以副丞相"。《通典》卷二十九《职官》十一曰:"五官、左、右中郎将,皆秦官,汉因之,并领叁署郎从。后汉之制,郡国举孝廉以补之。叁署郎年五十以上属五官。……又建安十六年,魏公子丕为五官中郎将,置官署,以副丞相,位在魏国诸侯王之上。魏无叁署郎,犹置左右中郎将。"40) 《叁国志·魏书·王粲传》附《刘桢传》曰:"干为司空军谋祭酒掾属,五官将文学。"裴松之注引《先贤行状》曰:"干清玄体道,六行修备,聪识洽

---

38) 王念孙《广雅疏证》,第411页。
39) 《叁国志》卷一《魏书·武帝纪》。
40) 杜佑《通典》卷二十九,中华书局,1988年,第807页。

闻，操翰成章，轻官忽禄，不耽光荣。"[41]

7、卷一八二○九刘公干《赠五官中郎将》四首：

1) 昔我从元后，整驾至南乡。过彼丰沛都，与君共翱翔。注善曰："丰，汉高祖所居，以喻谯也。"

[考释] 胡刻本李善注"丰"下有"沛"字。明州本、景宋本李善注同大典本。今按：疑大典本是。丰塬为沛县之邑。汉高祖起兵于沛，收沛子弟还守丰即此。汉置县。《元和郡县图志》曰："丰县，本汉旧县，属沛郡。"[42] 又《括地志辑校》曰："丰县。斩蛇沟源出徐州丰县平地中，故老云高祖斩蛇处，至县西十五里入泡水。"[43] 梁章钜曰："严氏羽《沧浪诗话》云：'元后指曹操也。丰、沛，喻操谯郡也。是时汉帝尚存，而言之如此，正与荀彧比曹操为高、光同科。'"[44] 胡绍煐引朱右曾曰："此诗指操征刘表之时。丰沛都，盖谓南阳。南阳为光武故乡，犹高祖之丰沛。"[45]

2) 欢悦诚未央。注善曰：四牡，谓骊车也。

[考释] 欢，胡刻本作"嘆"。明州本、景宋本同大典本。梁章钜《文选旁证》卷二十二曰："嘆曰诚未央。《六臣》本'嘆'作'欢'。此但传写误。校云：'善作嘆，非。'"[46]

骊车，胡刻本、明州本、景宋本作"骊驹"。今按：骊车，谓经过细心装饰的美车。《诗·齐风·载驱》"四骊济济，垂辔沵沵"，毛《传》曰："四骊，言物色盛也。济济，美貌。"孔颖达《正义》曰："一骊之马，皆是铁骊之色，其马济济然而美。……言'四'、言'骊'，道其物色俱盛也。"[47] 骊驹，则为逸《诗》篇名。《汉书·王式传》

---

41) 叁国志》卷二十一《魏书·王粲传》附《刘桢传》，中华书局，1959年，第599页。
42) 吉甫《元和郡县图志》卷九，中华书局，1983年，第226页。
43) 李泰着，贺次君辑校《括地志辑校》卷叁，中华书局，1980年，第126页。
44) 梁章钜撰，穆克宏点校《文选旁证》卷二十二，第584页。
45) 胡绍煐撰，蒋立甫校点《文选笺证》卷二十二，第562页。
46) 梁章钜撰，穆克宏点校《文选旁证》卷二十二，第584页。

曰："博士江公世为《鲁诗》宗,至江公着《孝经说》,心嫉式,谓歌吹诸生曰:'歌《骊驹》。'式曰:'闻之于师:客歌《骊驹》,主人歌《客毋庸归》。今日诸君为主人,日尚早,未可也。'"如淳曰:"其学官自有此法,酒坐歌吹以相乐也。"服虔曰:"逸《诗》篇名也,见《大戴礼》。客欲去,歌之。"文颖曰:"其辞云:'骊驹在门,僕夫俱存;骊驹在路,僕夫整驾'也。"又曰:"庸,用也。主人礼未毕,且无庸归也。"疑大典本是。

3) 注翰曰:前篇叙昔游,从此述沈疾,在邺都也。

[考释] 明州本、景宋本李周翰注"昔"下有"日"字。疑大典本是。下句"述沈疾",正与上句"叙昔游"相对。恐"日"字衍。

4) 注善引《援神契》曰:太山,天地孙也,主招人魂。翰曰:卧疾恐死,故云"游岱宗"也。

[考释] 招,景宋本、胡刻本、明州本作"召"。今按:招,通"召"。《说文·手部》曰:"招,手评也。"段玉裁注曰:"评者,召也。不以口而以手,是手评也。'匏有苦叶'传曰:'招招,号召之皃。'按许书'召者,评也'、'号者,嗁也',是用手用口,通得云'招'也。"[48] 朱骏声《说文通训定声》曰:"以言曰召,以手曰招。"[49] 明州本、景宋本李周翰注"游"上有"恐"字。疑涉上"恐"字而衍。"恐"字当属"常"字。"恐死"即谓"游岱宗"也。疑大典本是。梁章钜《文选旁证》卷二十二曰:"常恐游岱宗。《后汉书·乌桓传》曰:'死者神灵归赤山,如中国人死者魂神归岱山也。'章怀注:'《博物志》:"泰山,天地孙也。主召人魂,东方万物始,故知人生命。"'"[50]

---

47) 孔颖达《毛诗正义》卷五,第354页。
48) 段玉裁《说文解字段注》,第636页。
49) 朱骏声《说文通训定声》,第326页。
50) 梁章钜撰,穆克宏点校《文选旁证》卷二十二,第584页。

5) 逝者如流水, 哀此遂离分。注铣曰: "人命将逝, 如水之流。"

[考释] 明州本、景宋本张铣注 "逝" 作 "往"。恐误。五臣注 《文选》，多针对正文中的具体字词而发，"人命将逝, 如水之流"正是解释 "逝者如流水"。疑大典本是。

6) 明月昭缇幕, 华镫散炎辉。

[考释] 昭, 胡刻本、明州本、景宋本作 "照"。今按：昭通 "照"。《尔雅·释诂》曰："昭, 光也。" 郝懿行 《义疏》 曰："昭者, 下文亦云'现'也。《说文》：'日明也。'则与'显'义同。通作'炤'。《中庸》 云'昭昭之多', 又云'亦孔之昭', 《释文》 并云'昭本作照。'又通作'照'。《谷梁·僖公廿七年》 经云：'齐侯昭卒。'《释文》：'昭或作照。'《老子》 云：'俗人昭昭。'《释文》：'昭, 一本作照。'《孙叔敖碑》 云：'处幽日昏而照明。'《严欣碑》 云：'去斯照照。'俱以'照'为'昭'也。"51)

镫, 胡刻本、明州本、景宋本作 "灯"。胡刻本 《考异》 卷四曰："案：'灯'当作'镫', 注同。各本皆讹。第一首、第叁首袁、茶陵二本有校语, 此首失着, 乃误以五臣'灯'字乱之。" 今按：《考异》 是也。"灯" 为 "镫" 之俗字。大典本本诗第一首 "明镫熺炎光"、第叁首 "明镫曜闺中", '灯'并作 "镫", 且校语云 "五臣作灯。"《广雅·释器》曰："锭谓之镫。" 王念孙 《疏证》 曰："《楚辞·招魂》 云：'兰膏明烛, 华镫错些。'《说文》：'镫, 锭也。'《急就篇》'锻铸铅锡镫锭鐎', 颜师古注云：'镫, 所以盛膏夜然燎者也。其形若杆而中施釭。有柎者曰锭, 无柎者曰镫。柎, 谓下施足也。'镫之形状, 略如 《礼器》 之'登'。故 《尔雅》 '瓦豆谓之登', 郭注云：'即膏登也。'"52) 朱骏声 《说文通训定声》 曰："镫, 锭也。从金, 登声。按：即镫也。古用瓦, 后世范金为之, 又制此字。《说文》 别隶金部, 今定为'登'之重文附此。《仪礼·公食礼》 '大羹不和, 实于镫'注：'瓦豆谓之镫。'《礼记·祭统》 '执礼授之执镫'注：'镫, 豆下跗也。'……《文选·赠五官中郎将诗》'明镫熺炎光', 《隶释·耿氏镫》 '延光四年, 耿氏作镫。'俗字亦作灯。"53)

---

51) 郝懿行 《尔雅义疏》, 第30页。
52) 王念孙 《广雅疏证》 卷八上, 第592页。

8、卷二〇八五一檄韵陈孔璋《为袁绍檄豫州》：

1) 奖蹴威柄。注善曰：“《魏志》作'奖蹴'。蹴，成也。言奖成其威柄也。”

[考释] 蹴，胡刻本、景宋本、明州本同。胡刻本《考异》卷八曰："注'《魏志》作奖蹴。蹴，成也'：陈云：'《魏志》既与《文选》同，似不必赘引。当云"《后汉书》作奖就。就，成也"。文义乃安。'案：《魏志》无此文。唯裴注引《魏氏春秋》耳。此注必有误。各本皆同，无以订之。两'蹴'字，陈所校是也。" 按《龙龛手镜》卷四云 "蹴" 是 "蹵" 的俗字，意为 "迫也；急也；近也。"[54] 梁章鉅《文选旁证》引朱珔曰："当本作'就'，而误加足旁作'蹴'，又传误为'蹴'也。"[55] 然徐铉认为李善注塬作 "蹵"，"通'蹴'字"[56]。可知本字非 "蹴" 字。疑塬作 "蹵"，俗写作 "蹴"。"奖蹴"，谓促成，言袁绍不计前过，依然重用曹操。

2) 注济曰：边让言议颇慢于操。

[考释] 慢，明州本、景宋本吕延济注作 "侵"。今按：疑大典本是。《说文·心部》曰："慢，惰也。从心，曼声。一曰慢，不畏也。"[57] 王筠《说文解字义证》卷叁十二曰："惰也者，《广韵》：'慢，怠也。'或作'僈'。《集韵》：'慢，舒迟也。'《荀子·不苟篇》：'君子宽而不僈。'《修身篇》：'由理则治通，不由理则勃乱提僈。'一曰'慢，不畏也'者，本书'謷'曰：'狎习相慢也。'《玉篇》：'慢，轻侮也；不畏也。'《释名》：'慢，漫也。'漫漫，心无所限忌也。谢惠连诗：'虽好相如达，不同长卿慢。'"[58] 敦煌本《文选注》曰："边让，詈操之不忠，于是杀之。"[59] 《后汉书》卷八十《边让

---

53) 朱骏声《说文通训定声》，第75页。
54) 朱骏声《说文通训定声》，第466页。
55) 梁章鉅撰，穆克宏点校《文选旁证》，第1003页。
56) 《说文·足部》曰："蹵，迫也。从足，戚声。" 徐铉按："李善《文选注》通'蹴'字。子六切。" 许慎《说文解字》，中华书局，1963年，第48页。
57) 段玉裁《说文解字段注》第十篇下，第540页。
58) 王筠《说文解字义证》，中华书局，1987年，第910页。
59) 罗国威《敦煌本〈文选注〉笺证》，第103页。

传》曰："让后以高才擢进，屡迁，出为九江太守，不以为能也。初平中，王室大乱，让去官还家。恃才气，不屈曹操，多轻侮之言。建安中，其乡人有搆于操，操告郡就杀之。"此言边让不畏曹操之强暴，"直言正色，论不阿谄"，甚有詈駡曹操之言行。[60]《说文·人部》曰："侵，渐进也。"与文义不通。明州本、景宋本作"侵"，恐形近而讹。

3) 注善引高诱曰：太行，在河内野王县。

[考释] 在，胡刻本、明州本、景宋本善注作"直"。恐误。《汉书·地理志》"河内郡"有"野王县"，曰："埜王，太行山在西北。"[61]

9、卷二〇八五一橄韵陈孔璋《檄吴将校部曲文》：

1) 年月朔日，子尚书令彧。

[考释] 敦煌本注曰"《吴檄》是建安十七年作"。罗国威《笺证》曰："'吴檄'二字，是题目《檄吴将校部曲文》之省略标示。此敦煌本注文中，这种省略标记屡见不鲜。'吴檄'二字，非'檄吴'之误倒，因为此敦煌本注作者使用的语言，与汉语固有之语序不同。"又曰："此注所云之《檄吴将校部曲文》写作的时间，就檄文的内容而言，与荀彧的生平和史实不相符合。一般认为此檄乃荀彧死后，建安二十一年曹操征吴之际为彧从子荀攸而作，或齐梁时代文士之偽作，详清人朱珔《文选集释》卷二一、梁章鉅《文选旁证》卷叁六、近人卢弼《叁国志集解》卷一《武帝纪》建安十七年。"[62] 今案：各家考证甚详。然《文选》编撰之时，此文如系当世文士偽作，恐难逃昭明太子及"东宫十学士"之慧眼。檄文中有"后讨袁尚，则都督将军马延、故豫州刺史阴夔、射声校尉郭昭，临阵来降"语，依李善注引《魏志》"公围尚营未合，尚惧，遣故豫州刺史阴夔及陈琳乞降"之说，"阴夔"之后当有"陈琳"。如系偽作，恐不至于疏忽忘"陈琳"二字。又梁章鉅《文选旁证》曰："姜氏皋曰：'彧当是

---

60)《后汉书》卷八十《边让传》。

61)《汉书》卷二十八上《地理志上》。

62) 罗国威《敦煌本〈文选注〉笺证》，第123页。

攸之讹。≪魏书·太祖纪≫ "建安十八年十一月, 初置尚书、侍中、六卿"裴注引 ≪魏氏春秋≫ 曰: "以荀攸为尚书令。" ≪荀攸传≫ 云: "魏国初建, 为尚书令, 从征孙权, 道薨。" 注云 "建安十九年, 攸年五十八"是也。然文中言张鲁之降, 则年又不符。此或是二十一年, 将征权先有此檄, 而攸亦薨于是年。按攸于十八年为尚书令, 至二十一年以大理锺繇为相国。≪通典≫ 云: '尚书令。魏晋以下, 任总机衡。'然则即相国也。攸若卒于十九年, 中间不闻替者, 何以至于二十一年始以鐘繇为相国。≪魏公九锡全晋文≫ 攸次即繇, 则攸卒繇代, 亦其序也。音疑攸卒于二十一年, 则于檄中情事皆合耳。"[63] 如为荀攸所作不得不为同僚避讳, 然同为降将之张郃、高奂则见诸檄文。≪叁国志·魏书·王粲传≫ 附 ≪陈琳传≫ 曰: "太祖并以琳、禹为军谋祭酒, 管记室。军国书檄, 多琳、禹所作也。" 裴松之注引 ≪典略≫ 曰: "琳作诸书及檄, 草成呈太祖。太祖先苦头风, 是日疾发, 卧读琳所作, 翕然而起曰: '此愈我病。' 数加厚赐。"[64] 此可证陈琳降曹公后所作檄文实有用于曹魏之大事。又檄文为 "国信"[65], 以 "尚书令"身份独称, 似符国之体统。"独称者, 以官高也"[66]。故此檄文为僞作或由荀攸所作二说难以令人信服。

2) 甫下荥阳。

[考释] 荥阳: 唐钞本作 "荥阳", 其张铣注同。敦煌本塬亦作 "荥阳", 今罗国威 ≪笺证≫ 改为 "荥阳"[67]。胡刻本、明州本、景宋本同大典本。今按: 疑唐钞本、敦煌本塬作是。≪左传·隐公元年≫ "郑伯克段于鄢" ≪经典释文≫ 曰: "荥阳, 本或作 '荥'。非。"[68] 阮元 ≪校勘记≫ 曰: "案: 荥阳、荥泽字, 古无从水者。"[69] 又 ≪周礼

---

63) 梁章鉅撰, 穆克宏点校: ≪文选旁证≫ 卷叁十六, 第1009页。

64) ≪叁国志≫ 卷二十一 ≪魏书·王粲传≫ 附 ≪陈琳传≫。

65) 刘勰论 "檄文"曰: "虽本国信, 实参兵诈。" 刘勰撰, 范文澜注 ≪文心雕龙注≫, 中华书局, 1962年, 第378页。

66) ≪檄吴将校部曲文≫ "子尚书令或"李周翰注语。萧统编, 李善、吕延济、刘良、张铣、吕向、李周翰注 ≪六臣注文选≫, 中华书局, 2012年, 第827页上。

67) 罗国威 ≪敦煌本 〈文选〉 笺证≫, 第130页。

68) 陆德明 ≪经典释文≫, 中华书局, 1983年版, 第221页下。

·职方氏》"河南曰豫州。……其川荧、雒"阮元《校勘记》曰："按：荧不得作荥，雒不得作洛。"[70]《说文》"荥，荥泞，绝小水也。"段玉裁注曰："若荥泽、荥阳，古皆作荥，不作荥。唐碑宋槧，尚多不误。近今乃皆作荥。……中断曰绝。绝者，穷也。引伸为极至之用。'绝小水'者，极小水也。此六书不可以本义灭其引伸之义者也。然则，荥泽，字从火之义若何？曰：之显伏不测，如火之荥荥不定也。"[71]《括地志》曰："郑州。荥泽县。荥阳故城在郑州荥泽县西南十七里。"[72]

3) 注善引《战国策》曰：秦王谓唐旦曰。

[考释]旦：唐钞本、胡刻本、明州本作"且"。景宋本同大典本。按：疑作"且"是。梁玉绳《人表考》卷五曰："唐雎始见《秦》、《楚》、《魏策》。本作且。魏人，楚灭唐，子孙以唐为氏。亦曰唐侯。秦王称为先生。案《策》、《史》言唐雎年九十余，为魏安厘王十一年，说秦昭王救魏，历四十二年魏亡。又为安陵君说始皇于魏亡之后，则雎百叁十馀岁矣，何其寿也！"[73]

4) 注铣曰：宋建自称平汉王，聚兵犯命。

[考释]犯命：唐钞本作"枹罕"。是也。此与善注同义。各本皆讹。枹罕、犯命，形近而讹。枹罕，县名，西汉置。《汉书·地理志》："金城郡。榆中，枹罕。"应劭曰："故罕羌侯邑也。枹音鈇。"颜师古曰："读曰肤，本栟鼓字也。其字从木。"[74]《括地志》卷四曰："河州在京西一千四百七十二里。积石山今名小积石，在河州枹罕县西七里。"[75]治所在今甘肃省临夏县西南。

69) 孔颖达《春秋左传正义》，中华书局影印阮元校刻《十叁经注疏》本，1980年，第1720页。
70) 孔颖达《毛诗正义》，第866页。
71) 段玉裁《说文解字段注》，第586页。
72) 李泰等着，贺次君辑校：《括地志辑校》，第177页。
73) 梁玉绳《人表考》，《〈史记〉〈汉书〉诸表订补十种》，中华书局，1982年版，第751页。
74) 《汉书》，中华书局，1962年版，第1611页。
75) 李泰等着，贺次君辑校：《括地志辑校》，第222页。

5) 百姓安堵。

〔考释〕安：唐钞本作 "按"。馀各本同大典本。按：疑唐钞本是。《汉书·高帝纪》："按堵如故"，应劭曰："按，按次第。堵，墙堵也。" 师古曰："言不迁动也。堵音覩。"[76] 唐钞本 《钞》曰："《汉书》应劭注曰：'按，按次弟也。楮，垆堵也。'"[77]

6) 夫击鸟先高攫鸷之势也。注善曰：此述往年未伐之意。

〔考释〕击：明州本、胡刻本作 "鸷"。唐钞本、景宋本同大典本。鸟，明州本、胡刻本作 "鸟之击"。唐钞本、景宋本同大典本。胡刻本 《考异》卷八："夫鸷鸟之击先高，茶陵本作'鸷鸟先高'四字。校语云：'击，五臣作鸷，有之击字。'袁本校语云：'鸷，善作击，无之击字。'案：二本校语是也。尤本此处修改，乃误取五臣以乱善。" 梁章鉅曰："《六臣》本'鸷'作击'，无之击'二字，是也。" 按：从 《考异》看，大典本与茶陵本所见善本相同，均作 "击鸟先高"。这说明，大典本与茶陵本同出一源。攫，唐钞本作 "攉"。"攉" 是 "攫" 的俗体字。《龙龛手镜》卷二曰："攉，俗 (体)；攫，正 (体)。居缚反。搏也。俗音居碧反。"[78] 此述往年未伐之意，胡刻本、明州本、景宋本同大典本。唐钞本 《钞》曰："《说文》：'攉，爪持也。'《广雅》：'鸷，执也。'此以鸟喻也。言我前兵至江，且胁汝，未欲即伐。今日是真伐汝也。此即都述往年未伐之意。"[79] 疑 "《钞》曰"是。各本以 《钞》乱善。

7) 丞相御奉国威。

〔考释〕御：胡刻本、明州本、唐钞本作 "衔"。景宋本作 "衔"。敦煌本注曰："丞相，太祖。" 今按：疑大典本是。《说文·彳部》曰："御，使马也。" 又曰："驭，古文御。"[80] 《龙龛手镜》卷四曰："衔，俗 (体)。御，今 (体)。御，侍也。又：理也，

---

76) 《汉书》，中华书局，1962年，第24页。
77) 周勋初纂辑：《唐钞文选集注汇存》，上海古籍出版社，2000年，第2册，第618页。
78) 释行均 《龙龛手镜》(高丽本)，中华书局，1985年版，第215页。
79) 周勋初 《唐钞文选集注汇存》，第620页。

进也，享也，使也".81) 御奉国威，即侍奉国威，意谓以天子之名义征讨孙权，实际为挟天子以令诸侯的另一种说法。

8) 注善曰：配逆战败，生擒配，斩之。

[考释] 敦煌本注曰："审配兄子，名荣，开邺门，纳大将，遂得邺城".82) 擒，唐钞本、景宋本、明州本、胡刻本作"禽"。按：擒为"捦"的俗字，捦，又假借作"禽"。"经传皆以禽为之".83)《说文·手部》曰："捦，急持衣捦也。" 段玉裁注曰："此篆古假借作禽，俗作擒。作捦，走兽总名曰禽者，以其为人所捦也。"84)《龙龛手镜》卷二曰："捦，今体；捦，正体。及林反。捦，捉也，急持也。"85)

9) 注善曰：因权出行东冶。……徙辅至东吴。

[考释] 东冶：各本同大典本。《叁国志·吴书·孙辅传》注引《典略》作"东冶"。按：疑作"东冶"是。《史记·东越传》曰："汉五年，复立无诸为闽越王，王闽中故地，都东冶。"86)《方舆胜览》卷十《福建路》曰："福州。东冶 (郡)。汉立冶县，以越王冶铁得名。"87) 东冶县位于今福建闽侯县东北冶山之麓。卢弼《叁国志集解》引陈景云曰："辅之得罪，史不着其年。以阮瑀《代曹公与权书》考之，盖在赤壁之役后也。是时江东乘战胜之势，霸业已安，辅不当復有惧心。其通使曹公，殆自有他志，非虑权之不克保国也。权虽领会稽太守，然自以将军屯吴，不过使丞之郡，行文书而已。考之《吴志》，终权之世，未尝一至会稽，况东冶僻在海隅，何暇远涉其地。此鱼豢所纪，殆不可信。"88)

---

80) 段玉裁《说文解字段注》，第81页。
81) 释行均《龙龛手镜》(高丽本)，第498页。
82) 罗国威《敦煌本〈文选注〉笺证》，第142页。
83) 朱骏声《说文通训定声》，第97页。
84) 段玉裁《说文解字段注》，第631页。
85) 释行均《龙龛手镜》(高丽本)，第206页。
86)《史记》，中华书局，1959年，第2979页。
87) 祝穆撰，祝洙增订《方舆胜览》，中华书局2003年，第163页。

徙辅至东吴：胡刻本、景宋本作"徙辅置东吴"。明州本张铣注作"徙辅置东"，然有眉批引李善注作"徙辅至东吴"，同大典本善注。唐钞本李善注引《典略》作"徙辅置东治"。《叁国志·吴书·孙辅传》注引《典略》作"徙辅置东"。赵幼文《叁国志校笺》曰："谨案：《文选》李注引'东'下有'吴'字，应据补。"[89] 卢弼《集解》引胡叁省曰："置之吴东也。"又引赵一清曰："东下疑有'冶'字。"[90]《资治通鉴》卷六十叁《汉纪》五十五曰："权悉斩辅亲近，分其部曲，徙辅置东。"[91] 今按：细玩文义，疑作"徙辅至吴东"是。

四、结语

今存《永乐大典》所录《文选》，无论是全文收录的刘桢《赠五官中郎将四首》、谢朓《休沐还道中》、陈琳《为袁绍檄豫州》和《檄吴将校部曲文》四篇作品及李善、五臣注，还是仅为片言隻语的节录之文均十分宝贵，它们涉及到《文选》的赋、诗、七、表、书、檄、设论、文等八种文体和《文选序》。《永乐大典》所录《文选》的版本似源于赣州学刊本，但到底是赵孟頫的藏本还是宋本，其所用之李善注到底是张伯颜本，或者就是尤袤本，因《永乐大典》残缺，今已难下结论。但有一点是明确的，即《永乐大典》所录《文选》为六臣注本中的"李善—五臣注"系统，同时也表明"李善—五臣注"本《文选》在明代前期比"五臣—李善注"更受明朝君臣的重视。从上面例举的考释看，《永乐大典》所录《文选》不仅为《文选》版本研究提供了一个可资进一步研究的对象，而且对校勘唐钞《文

88）卢弼《叁国志集解》，中华书局影印本，1982年，第973页。
89）赵幼文遗稿，赵振铎、鄢先觉、黄峰、赵开整理《叁国志校笺》，巴蜀书社，2001年版，第1662页。
90）卢弼《叁国志集解》，第973页。
91）《资治通鉴》，上海古籍出版社，1987年，第428页。

选》集注本、敦煌写本、胡刻本、明州本和景宋本都有一定的参考价值,其文献价值值得重视。

宋初学术思想与皇权专制的互动
——辞赋创作视野下的重用文臣与道德重建

山东大学　刘　培

　　在理学形成之前的宋代学术思想，何以向着重视心性修养的方向推进呢，其发展特征和轨迹与皇权专制是怎样互动的？这些问题，我们打算从辞赋创作的角度来寻绎答案。之所以选择辞赋，是因为辞赋在当时人的心目中是严肃正经的高文典册，同时，其篇幅的自由灵活也更适合展示人们心灵的方方面面。辞赋在沟通政治学术与心灵情感方面的优势，或许使我们能够窥测到某些为人们所忽略的学术思想因素，尤其是学术思想借以生发的心理动因。

一

　　在宋初辞赋当中，朱昂的《广闲情赋》和杨亿的《君可思赋》颇为引人注目。这两篇赋都在表现对君王的依恋和思念，当然，这是对楚辞"男女比君臣"的承袭。不过，把自己想象成一位多情的女子，对同样是男子的君王抒发着取悦、思念、恋慕、哀怨等种种情绪，对于古代中国的男子来说实在是比较难为情的。因此，汉代的人喜欢假托屈原之口来表现，而更多的文人则选择用诗词来含蓄地表达。用擅长铺张排比的赋来出神入化地宣泄这种种情绪，尤其是突出对君王的绵绵爱意，而不仅仅是政治失意的怨恨控诉，这在汉代以后是非常少见的。在宋初，这样的作品出现了，实在是值得玩味的事情。

朱昂是由五代入宋的文人，据说他的《广闲情赋》作于宋初，并受到陶渊明《闲情赋》的启发[1]。《广闲情赋》几乎是对《闲情赋》亦步亦趋的摹写，其所谓"广"并不是内容上的踵事增华，而是把"闲情"由男女之爱推而广之到尊君之情[2]。因此，抒情主人公也由男性转变为女性，以扣合男女比君臣的模式，其倾诉的对象，是君王，而非心仪的女子[3]。陶渊明赋作的主体是十个浪漫的愿望[4]，此赋亦然。在朱昂的十个愿望中，前两个发愿分别为"愿在首而为弁"、"愿在足而为舄"，这和陶赋"愿在丝而为履"同一机杼。"弁"和"舄"是地位尊贵的男子才有使用的资格，这暗示了抒情对象的身份。接下来的几个愿望"在衣而为袂"、"在目而为鉴"、"在地

---

1) 简介：刘培，山东大学文史哲编辑部教授，博士生导师。主要研究：经学、辞赋学。
　据《宋史》卷四三九"文苑一"《朱昂传》："宋初，为衡州录事参军，尝读陶潜《闲情赋》而慕之，因广其辞"。北京：中华书局1985年，第13006页。

2) 显然，朱昂没有深究"闲情"的具体含义，而是按照唐代以来一般文人的认识，将其理解为男女之情。其实，陶渊明赋是沿袭着汉代"定情""止情"诸赋的路数来创作的，其所谓闲情，就是指应该防备、规范的情感，"闲"乃闲邪存诚之"闲"，是防备、禁止之意。如《周易·乾·文言》："闲存其诚。"孔颖达疏："闲邪存其诚者，言防闲邪恶，当自存其诚实也。"有如《后汉书·列女传·孝女叔先雄》："家人每防闲之，经百许日后稍懈，雄因乘小船，于父坠处恸哭，遂自投水死。"朱昂的赋题已经失去防备之意。

3) 有论者认为其倾诉的对象是古代的圣贤（参见赵逵夫主编《历代赋评注》第六册，成都：巴蜀书社，2010年，第14页）这或许对赋中"将使同方姬、孔，抗迹孙、蘧"有误造成的。其实这句话是说要使自己如周公、孔子、孙武、蘧伯玉，不管得时与否，都要"精骛广漠，心游太虚"，而非把这些人作为倾诉的对象。文中的期望对方不乱德、担忧自己白首而不见招等，均可以看出是针对君王而发的感慨。而且，和陶渊明的《闲情赋》一样，其所发的愿望四句一节，每节前两句是发愿，后两句是表达自己对愿望可能无法实现的忧虑，后两句是指向自己的，而非对方。不明乎此，很容易造成歧义、误解。

4) 陶渊明借鉴了张衡《定情赋》的巧思"思在面为铅华兮，患离尘而无光。"而把它敷衍成四句一节。

而为簟",其情爱的暗示比较明显,其构思的来源也是陶渊明的"在衣而为领"、"在裳而为带"、"在筵而为席"。不过,作者通过进一步的阐发冲淡了言情的格调,在"愿在服为袂"之后,赋中写道:"异化缁之色涅,宁拭面而道穷"[5],化用西狩获麟的典故,以表示自己辅佐受命之君的用意。其他愿望也均是围绕志在当世展开,言情的成分相对淡薄,如"愿在觞而为醴"是希望君王"不乱德而溺真",也鞭策自己"革谲性以归淳";"愿在握而为剑"和"愿在橐而为羽"等,希望大有为于当世的用意就更明显了。这十个愿望均是围绕着立德和立功展开的,与前文"将使同方姬、孔,抗迹孙、蓬"相扣。这篇赋所表达的积极入世的思想相当俗套,但是引人深思的是,他的入世激情是通过倾诉爱意的形式来体现的,尊君才是这篇赋的核心所在。朱昂主要生活在太祖、太宗时期,在皇权专制积极加强的情形下,其爱慕君王的情感倾诉应该具有深刻的文化内涵,这很值得我们关注。

　　杨亿的《君可思赋》是一篇典型的抒发忠愤之情的作品,作于真宗大中祥符五、六年间(1012、1013),作者由于受到朝臣的排挤而自剖心迹。"君可思"语出《楚辞·九章·惜诵》:"终危独以离异兮,曰君可思而不可恃。"王逸注:"言己行忠直,身终危殆,与众人异行之故也。"这句话用来概括这篇赋的内容完全适用。此赋叙写了自己仕宦的经历、为群小的妒的苦闷以及受到君王赏识宽宥的感激[6]。值得注意的是,抒发郁愤之情的作品,一般多像屈原之作,指责君王的被蒙蔽或者昏聩,此赋则不然,它以较大的篇幅抒发对君主的忠爱之情:"夫民生在世兮,事之攸同。子之能仕兮,父教之忠。念委质而勿贰兮,本陈力以首公。虽代耕而徯禄兮,曷期侈以

---

5) 公羊传·哀公十四年》记载:"麟者仁兽也。有王者则至,无王者则不至。有以告者曰:'有麕而角者。'孔子曰:'孰为来哉!孰为来哉!'反袂拭面涕沾袍。"一般儒者认为这是孔子受命之瑞。何休解释说:"夫子知其将有六国争强,从横相灭之拜,秦项驱除,积骨流血之虞,然后刘氏乃帝。深闵民之离害甚久,故豫泣。"

6) 宋史》卷三0五载:"王钦若骤贵,亿素薄其人,钦若衔之,屡抉其失;陈彭年方以文史售进,忌亿名出其右,相与毁訾。上素重亿,皆不惑其说。亿有别墅在阳翟,亿母往视之,因得疾,请归省,不待报而行。上亲缄药剂,加金帛以赐。亿素体羸,至是,以病闻,请解官。嗷宪官劾亿不俟命而去,授太常少卿,分司西京,许就所居养疗。尝作《君可思赋》,以抒忠愤。"(《宋史》第10082—10083页)

图丰？亦怀材而待试兮, 将乘时而奋庸。" 入仕的目的是为了乘时奋庸, 这看似冠冕堂皇的表述在五代时期并不多见, 这至少说明, 作者认为当时是一个文人大有作为的时期, 朝廷给文人们提供了施展才能的机会, 效命朝廷就是要实现人生的价值"忠"。因此, 作者感叹道: "岂望夫连城之报, 岂爱画饼之名？嗟民生之朴忠, 希在昔之遐踪。思不出位, 罔贪天功。慕台骀之业官, 肯有二事；念犁弥之辞赏, 愈激厥衷。庶克终于雅尚, 聊有裨于素风。" 他以先贤的事迹自勉, 专心于王事, 不求个人得失。在崇尚隐逸之风气还有一定影响的当时, 这种人生态度是颇具代表性的。即使朝廷的环境是 "贤登朝而共嫉, 女入门而各媚。" 结党营私, 排挤善类, 他依然对所遭受的贬抑没有微词, 反而高调宣扬着君主对自己的垂爱和宽容: "耿求贤兮不及, 慎乃宪而惟康, 延登休貌, 义问覃详。伊蓬心之受惠, 怜橘性之有常。置之近署, 采以寸长。遇忠见察, 润物无伤。犯四禁而多恕, 缓千编而不遑。" 甚至左迁僻远, 远离君王, 仍然 "岂不忘悲哀作主, 咖畎思君？羁心蘡苦, 别诸丝梦。" 杨亿在宣扬一种久违了的道德观, 对君王的效忠和对皇恩的感激是士人立身的根本、道德的起点。他的仕途的种种不快在对君王的仰慕依恋中得到化解, 感激平和而缠绵。赋中流露的对君王的情感与朱昂的 《广闲情赋》 是一致的。

"亲亲尊尊" 是传统儒家非常重视的处理人际关系的准则, "亲亲" 大体上要求 "父慈、子孝、兄友、弟恭", 突出情感的交流, "尊尊" 是要求在家庭内部、生活当中、君臣之间要遵守尊卑关系, 讲求的是秩序和等级。对于君王, 尊尊是第一义的, 可是这两篇赋则着重在宣扬对君王的爱, 这可以说是对尊尊之义的深化或者突破。也就是说, 他们宣扬的尊君更强调对君王发自内心的爱恋。这种忠爱之思的宣扬决不止于这两篇赋, 而是当时文学创作的一种重要倾向, 甚至可以说是一种文学创作思潮, 只不过这两篇赋比较抢眼罢了。

人们多关注宋初文学淡泊隐逸的情调, 却往往忽略忠爱之思的悄然滋长。其实, 辞赋中这种内容是不少的, 王禹偁的 《园陵犬赋》 借园陵犬以寄托思君之义。李调元 《赋话》 卷十引 《古今诗话》 载, 太宗死后, 其爱犬罗江桃花犬哀嚎不已, 因之而毙。此赋是应真宗之命而作。赋中犬眷恋主抑郁而死一节尤为感人: "欠舐鼎以登仙，对遗弓而恋主。卧锦荐兮罔安，啖鲜食兮弥苦。丰颅载减，负重锸而不胜；病骨其羸，求毙盖于何所？"睹物思主，忠肠断绝。在《韩诗外传》卷九，有一段关于丧家之犬的议论："子曰：赐，汝独不见夫丧家之狗欤？既敛而椁，布席而祭，顾望无人，意欲施之。"[7] 据此，犬与恋主忠君的信念结合了起来，杜甫《天狗赋》也是抒发忠君之情的，王禹偁此赋是对这一传统的继承。夏竦的《放宫人赋》则通过描绘宫人辞别君王的心情来抒发忠爱之思。 赋中这样描写宫女离别宫苑的心理："莫不喜欢如梦，心摇若惊。踟蹰而玉趾无力，眄睐而横波渐倾。鸾镜重开，已有归鸿之势，凤笙将罢，皆为别鹤之声。于是银箭初残，琼宫乍晓，星眸争别于天仗，莲脸竞辞于庭沼。行分而披路深沉，步缓而回廊缭绕。嫦娥偷药，几年而不出蟾宫，辽鹤思家，一旦而却归华表。"归家心切与眷恋君王的矛盾心理刻画得如此细腻传神，恋君之情跃然纸上。田锡的《望京楼赋》借登楼远眺抒发恋君之情："云成宫阙，似瞻丹禁之间；吾岂匏瓜，久恋沧江之上？虽泛兰桡，游泳乎子陵之滩，沙虱有毒，又巉险乎鸣渊。"作者的恋君之情不像李白"狂风吹我心，西挂咸阳树"那样表达得酣畅淋漓，而是借鄙薄隐逸、魂萦丹禁委婉地表达出来。他的《郡楼抒怀》诗可能与此赋作于同时，其中说："帝乡永日凭栏望，心羡浮云向紫宸。"与此赋风格相同。可以说，忠君爱君之思，在宋初的文学中，是一个比较重要的主题。

专制政治和颂美文学是一对孪生兄弟，宋初也不例外[8]。在渲染王朝声威、冠

---

7) [西汉]韩婴：《韩诗外传集释》，北京：中华书局，1980年，第324页。

8) 宋初以来，祥瑞纷纭，冠冕堂皇的颂美文学也有一定的市场，吴处厚《青箱杂记》卷六卷六曰："人臣作赋颂，赞君德，忠爱之至也，故前世司马相如、吾邱寿王之徒，莫不如此，而本朝亦有焉。吕文靖公、贾魏公则尝献东封颂，夏文庄公则尝献平边颂、广文颂、朝陵颂、广农颂、周伯星颂，大中祥符颂灵宝真文颂，庞颖公则尝献肇禋庆成颂，今元献晏公、宣献宋公遭遇承平，嘉瑞杂遝[四六]，所献赋颂，尤为多焉。"如陶穀《紫芝白兔赞》，徐铉《颂德赋》，胡旦《河平颂》，田锡的《河清颂》、《籍田颂》、《太平颂》，刘锡的《至道圣德颂》，苏易简的《拟大言赋》，丁谓《大蒐赋》，王禹偁的《藉田赋》、《大阅赋》，刘筠《大酺赋》，阮昌龄《海不扬波赋》，杨亿《天禧观礼赋》，夏竦《河清赋》、《景灵宫双头牡丹赋》、《大中祥符颂》，晏殊《西掖植紫薇赋》，宋庠《瑞麦图赋》、《国阳大报颂》、《孝治颂》，胡宿《黄离元吉赋》，宋祁《陈州瑞麦图赋》、《上苑牡丹赋》、《皇太后慕谒清庙赋》、《皇帝

冕堂皇的歌颂之作中,忠爱之思同样得到饱满的表达。在这些作品中,这种情感往往表现为如沐春风、如饮醇酒、深深陶醉、手舞足蹈般的感受。对于眼前的太平,文人们在凝神品味,而不是颂歌献媚,对君王,对朝廷,他们不是刻意表现得恭顺卑下,而是由衷地热爱、心悦诚服。如乐史的《莺啭上林赋》,以鸟之得时喻人之遭逢太平:"由是出彼幽谷,来依紫宸。信叶候之无爽,谅飞鸣之有因。庶籁犹沉,乍啭九重之围;一人耸听,因思万国之春。寒轻而结杏初妍;日暖而夭桃正丽。"那在禁苑中沐浴着春光婉转歌唱的鸟儿不正传达着文人们幸逢圣朝的欣喜吗!杨侃的《皇畿赋》作于真宗时。作者避京师不写,写京郊畿甸,是为了阐明皇德广被,由近及远,普泽天下之意。由于作者将目光转向京畿,就避开了对都邑宫观的铺张扬厉,从而为颂美赋开辟了一个新天地。赋作着意描绘了万物欣欣向荣的景象:"郊原膴膴,春草萋萋。边烽不警,牧马争嘶。厩空万枥,野散千蹄。陂闲牧南,沙平走西,一饮空川,一龁空原。去如雾散,来若云连。地广马多,古未有焉。若乃任土出于民心,献芹比于古俗。园茄早实,时果先熟。瓜重南门,笋宜修竹。鬻于市兮利既兼倍,进于君兮恩必霈休。时或戴胜降桑,蝼蝈未鸣,野人登麦以先至,蚕妇贡丝而已成。""柳笼阴于四岸,莲飘香于十里。屈曲沟畎,高低稻畦。越卒执耒,吴牛行泥。霜早刈速,春寒种迟。春红秔而花绽,簸素粒而雪飞。何江南之野景,来辇下以如移。雪拥冬苗,雨滋夏穗。当新麦以时荐,故清跸而新至。"这些风光,在过去的颂美赋作中是不曾出现的。在作者笔下,郊原之上牛羊成群,蔡汴之上荷花飘香,华实蔽野,黍稷盈畴,马放南山,越卒执耒。可以看出,作者被王朝的新气象新局面彻底陶醉了,对朝廷、对君王的深挚的爱就在这样的陶醉之中潺潺流注。

在这些创作中不难发现,在尊君与爱君之间,或者说在亲亲与尊尊之间,宋人更倾向于爱君、亲亲。从深层原因考虑,这与宋朝文人处境得到好转密切相关。从现实利益考虑,王朝的一统气象和重文政策给读书人提供了施展抱负的舞台,与士大夫共治天下的旗帜9)和彻底的科举制度等措施,保障学优则仕成为现实,这都令

后苑燕射赋》,文彦博《圣驾幸太学赋》、《王畿千里赋》、《圆丘赋》,范镇《大报天赋》,等等。

他们欢欣鼓舞，使他们找到了安史之乱以来久违的归属感。这种感受，在文学中表现为对君王深深的爱恋，而不仅仅是高调的虚声颂美。一个非常有趣的现象是，宋初的文学特别喜欢表现春天的景象，尤其是表现春天的和谐和惬意，有的甚至融入了对君王的赞美（如田锡的《春色赋》)，正是当时文人普遍的心态，他们欣逢其时，如沐春风，他们对君王和朝廷的爱戴是发自内心的。尤其是，王朝的崇文政策使知识恢复了庄严的意义，国家彻底走出了五代以来武人拥兵作乱的局面，因此，他们高度认同这个气象雍容的朝廷。文学作品中表现的对君王的忠爱，也是这种认同的具体反映。宋王朝从立国开始就致力于加强中央集权，守内虚外。这些举措，兑现了读书人沉埋已久的一个梦想。从唐代安史之乱以来，国家饱受大权旁落、统治失序之苦。韩愈等一些有识之士希望通过提倡尊王攘夷、恢复儒家思想来加强中央集权，通过文化保守主义的倡导来重建秩序，树立皇家的权威。从当时人对韩愈的推崇、对尊王攘夷思想的提倡，对文化边界的严守与捍卫，可以明显感受到他们要求加强中央集权、君主专制的诉求和对当下这个高度集权的王朝的认同

9）绪资治通鉴长编》卷二二一记载，神宗与文彦博等议论交子、保甲等变法举措时，彦博主张祖宗法制具在，不须更张以失人心，神宗曰："更张法制，于士大夫诚多不悦，然于百姓何所不便？"彦博曰："为与士大夫治天下，非与百姓治天下也。"（北京：中华书局，2004年，第5370页）文彦博的这句话历来被解读为朝廷与士大夫治天下的典型例证，我们认为这种认识有失中肯，不免浮泛。从当时的语境来看，君臣之间考虑的是具体的行政在利百姓与取悦士大夫之间如何权衡。士大夫作为知识阶层，历来的皇权几乎都要与之合作，并不是宋代才开始与士大夫治天下的，只不过朝廷在这方面表现得更积极、更彻底。在中国的专制政体下，皇权、士绅阶层、大众构成一个金字塔型的社会结构。在士绅阶层足够强大、对皇权的依附性较弱、具有自身的知识体系时，它会有效抑制专制政权的恶性膨胀，会对社会的相对公平公正和大众的利益起到维护捍卫作用；当士绅阶层较弱、对皇权的依附性加强，社会阶层呈现哑铃结构时，皇权直接面对大众，其对社会资源的霸占和对大众的盘剥压榨将会加剧。我们知道，治理天下是以知识文化为依托的，如果哪一个政权抛弃了知识、抛弃了知识阶层，宣称以大众中最贫困的那部分为核心来建立统治秩序，这种努力无异于缘木求鱼，或者只是一种政治宣传的幻象，因为其结果必然是建立起一个抛弃了对政权具有约束作用的中间阶层的极端集权的政治形态，在古代中国，这种极端表现虽然没有出现，但是其魅影却一直笼罩在读书人心头上。宋初以来的厚待文臣、提倡文教的方针，促进了士绅阶层的迅速壮大，宋代学术尤其是理学的兴起，正是这个阶层参与政权与社会的积极努力。

和捍卫的热情10)。宋廷较为宽松的政治环境使得文臣可以畅所欲言，台谏制度和异论相搅的帝王之术也在鼓励士大夫慷慨论政，而且太祖、太宗等也表现出了礼贤下士的气度，这也进一步拉近了君臣之间的距离，激发了忠爱之思的滋长11)。可以说，文学作品中表现出的时代心理特性是直感的、浅层次的，但是透过宋初文学的忠爱之思，我们就会发现，宋代学术的成长发展，正是基于这种对王朝的忠诚和归心，立足于对王朝专制一统的维护，这是宋代学术发展的底色。

宋初三教并重，道家的无为而治的思想甚至居于治国的主导地位，但是，儒学的发展势头强劲。韩愈等提倡的具有文化保守色彩的儒家治国理念已经从历史记忆中浮现出来，明晰起来，如何把眼下的集权政治固定下来，如何确立儒家思想和它憧憬的秩序的合法性等一系列问题，就成了士大夫共同的焦虑12)。当务之急，必须从历史遗产那里寻找有用的成分为现实的集权政治服务，宋初礼学、《春秋》学的发展正是在这样的形势下发展的。礼学的核心是别尊卑，这既是高度集权的统治秩序必须的要求，也为士人的忠爱之思提供了有力的支撑。《春秋》学在当时也称为显学，《春秋》一书的主旨之一就是正名分、辨华夷、行褒贬，而这完全契合于宋代统治者着眼纲纪而"奖王室，尊君道"的需求，而且，宋儒发挥的就是其中

---

10) 这方面的思想，石介的《中国论》具有代表性。对于宋庭的加强中央集权，后来的范祖禹赞叹道："唯本朝之法，上下相维，轻重相制，如身之使臂，臂之使指，民自徒罪以上，吏自罚金以上，皆出于天子。藩方守臣，统制列城，付以数千里之地，十万之师，单车之使，尺纸之诏，朝召而夕至，则为匹夫。是以百三十余年，海内晏然，谋闭而不兴，寇窃乱贼而不作"（《范太史集》卷二二《转对条上四事状》，影印文渊阁四库全书本）。

11) 徐铉在《君臣论》中指出："君人者，腲赤心以接下者也；臣人者，推赤心以事上者也。上下交感，政是以和。故大《易》之义，在上者其道下降，在下者其道上行，则曰：'天地交，泰。'上者自居其上，下者自居其下，则曰：'天地不交，否'。……圣帝明王鉴其若此，故屈己以下士，推诚以接物。"（《全宋文》第2册，上海、合肥：上海辞书出版社、安徽教育出版社，2006年，第209页）朱昂的《广闲情赋》直白地把君臣关系处理成男女关系，正体现了君臣上下交感的观念。宋初文臣普遍看重君臣交感沟通，从目前文献来看，当时文臣的奏章既有具体的行政建议，也有治国策略的讨论和建言，而且太祖太宗也不断地在求直言，频繁叩问臣僚。

12) 例如欧阳修就说："甚矣，五代之际，君君臣臣父父子子之道乖，而宗庙、朝廷，人鬼皆失其序，斯可谓乱世者欤！"（《新五代史·唐废帝家人传》，北京：中华书局，1974年，第173页）

尊王的思想。孙复的《春秋尊王发微》成书最早，也最具代表性。他治《春秋》最大的特点就是将传统的"三传"置之不顾，而以己意来讲"圣人"的"微言大义"，其实就是在发挥尊王的大义，而且，他更强调君王的绝对权威[13]。可以说，宋初辞赋当中流露出的忠爱之思，与学术上的尊王思想是一致的，它是皇权专制与学术思想互动的结果。

二

如上所述，宋初辞赋中流露出的忠爱之思是基于安史之乱以来士人阶层对政治失序王纲解纽的普遍焦虑。因此，在捍卫专制集权之外，他们还不得不设法对皇权的恶性膨胀与滥用有所防备。毕竟殷鉴不远，大唐一些君王的败德和中唐以来的权力失衡一样，已成挥之不去的梦魇，加强皇权并对之进行规范——教化帝王，便成了士人的共识。

---

13) 在《春秋尊王发微》中，他开宗明义："孔子之作《春秋》也，以天下无王而作也，非为隐公而作。然则《春秋》之始于隐公者，非他，以平王之所终也。何者？昔者幽王遇祸，平王东迁，平既不王，周道绝矣。观夫东迁之后，周室微弱，诸侯强大，朝觐之礼不修，贡赋之职不奉，号令之无所束，赏罚之无所加。坏法易纪者有之，变礼乱乐者有之，弑君戕父者有之，攘国窃号者有之。征伐四出，荡然莫禁……《春秋》自隐公而始者，天下无复有王也（孙复：《春秋尊王发微》，文渊阁四库全书第147册，上海古籍出版社1978年影印，第3页）。解释"元年春王正月"时，他说："夫欲治其末者，必先端其本；严其终者，必先正其始。元年书王，所以端本也，正月所以正始也，其本既端，其始既正，然后以大中之法从而诛赏，故曰元年春王正月也。"（同上，第3页）如在对桓公十五年，"春二月，天王使家父来求车"，孙复即曰："天王使家父来求车者，诸侯贡赋不入，周室材用不足也。"（同上，第22页）对于这一事件，《春秋》各传都认为这是讥天子非礼，如《公羊传》即谓"王者无求"，但不同在于，孙复则单责诸侯，认为是由于诸侯贡赋不入才导致周王室财政出现困难。而且，在孙复看来，君有天大罪恶也不能杀。比如，文公十八年，"莒弑其君庶其"，孙复云："称国以弑，众也。谓肆祸者非一，故众弑君，则称国以诛之，言举国之人可诛也。"（同上，第69页）孙复的这种高调的尊王倾向在宋初是具有一定代表性的。

宋初学术的起点正是以尊王为基础来构建政治秩序和思想秩序，他们承接的是韩愈们的思路，从儒家学说中发掘其实用价值。注重"复性"，通过感发人的善性来达到淳风俗的目的，心灵成了沟通道德培养与国家秩序的桥梁。治心的关键是君王必须以高尚的道德君临天下，君王的道德成了移风俗致太平的第一要素。他们发掘了传统儒家关于内圣外王的思想，要求君王必须向道德完人的方向迈进，其忠爱之思也正立足于此。在当时具有文化保守倾向的语境中，尊王攘夷、华夷之辨，说到底，就是要确立儒家思想的尊崇地位，其思路是确立"道统"，以彰显华夏文明的延续性。这一方面是在树立儒家治国思想的独尊地位，另一方面也是暗示华夏文明的传承者——士人——作为帝王师的地位。他们在强调其对儒家思想的解释权，希望确立与政治权威分庭抗礼并对之具有约束力量的思想权威，或许是出于"真理"被皇权劫持的考虑，他们努力把"道"置于皇权之上，表现出捍卫道统的高昂热情。宋代的"道""势"之争，正源于士人的这种努力。朝廷在加强专制力度的同时，努力扩大其所仰赖的统治基础——士绅阶层，而士绅们回报王朝的就是为生民立命、为万世开太平的儒家治国思想。宋初文学在高扬尊君的主题之外，还在高谈阔论君王的道德与国家治乱的关系，在思考治国之本等问题。这些看似陈词滥调的言论绝非空洞的说教，而是在张扬道德理性，在把儒家的治国思想付诸实施。在文学创作尤其是辞赋创作中[14]，我们可以真切感受到宋初士人的这种焦虑。我们注

---

14) 从科举考试赋题逐渐向议论儒家治道也可反映出士人对教化帝王的执着。 如：《训兵练将》《太平兴国二年》、《不阵而成功》(三年)、《春雨如膏》(五年)、《六合为家》(八年)、《颍川贡白雉》(雍熙二年)、《一叶知天下秋》(端拱元年)、《圣人不尚贤》(二年)、《危言日出》(淳化三年。以上太宗朝)；《观人文以化成天下》(咸平三年)、《有物混成》(五年)、《天道犹张弓》(景德二年)、《清明象天》(大中祥符元年)、《大德曰生》(二年)、《礼以承天道》(四年)、《铸鼎象物》(五年)、《道常无名》(七年)、《置天下如置器》(八年)、《君子以厚德载物》(天禧三年。以上真宗朝)；《德车载旆》(天圣二年)、《圣有谟训》(五年)、《藏珠于渊》(八年)、《房心为明堂》(景祐元年)、《富民之要在节俭》(五年)、《应天以宝不以时》(庆历二年)、《戎祀国之大事》(六年)、《盖轸象天地》(皇祐元年)、《圜丘象天》(五年)、《民监》(嘉祐二年)、《尧舜性仁》(四年)、《王者通天地人》(六年)、《寅畏以绥福》(八年。以上仁宗朝)。加上雍熙二年、咸平三年、景德二年又试"不合格者"三赋，即《庭燎》、《以贤为宝》、《建国皇极》，宋

意到，和后世文人们对歌颂当道怀着浓烈的兴趣颇为不同，宋初的文人们更喜欢在道德的层面对君王有所讽谏，希望通过治心、涵养道德把君王塑造成具有内圣品格的王者。这是他们对王朝重建太平、厚待文臣的衷心的回报，意欲在这个天下一统的时代有所作为，实现儒家的治世梦想，他们不是后世那种司空见惯的帮闲文人。

　　和汉初的人汲取秦亡教训一样，宋初的人也不约而同地把唐代和五代时期作为反思治乱的对象。当时人们议论国政时，多以前朝为鉴，而且还出现了许多借鉴前朝的专论和著作[15]，而唐太宗的丰功伟业尤为宋人注目。当时人对太宗皇帝的勤政纳谏大加肯定，而对其好尚武功、声誉则颇多微词，《新唐书·太宗本纪》就说："盛哉！太宗之烈也！其除隋之乱，比迹汤、武；致治之美，庶几成、康。自古功德兼隆，由汉以来未之有也。至其牵于多爱，复立浮屠，好大喜功，勤兵于远，此中材庸主之所常为。"[16] 司马光也说他："文武之才，高出前古。驱策英雄，罔罗俊乂，好用善谋，乐闻直谏，拯民于汤火之中，而措之衽席之上，使盗贼化为君子，呻吟转为讴歌，衣食有余，刑措不用。突厥之渠，系颈阙庭，北海之滨，悉为郡县。盖三代以还，中国之盛，未之有也。惜其好尚功名，而不及礼乐，父子兄弟之间，惭德多矣。"[17]人们对太宗的批评主要在于他不修礼义，不能完全纯用儒术治国。宋初抑制武人，

初殿试赋36题。

15) 石介作《唐鉴》、范祖禹作《唐鉴》、尹源的《唐说》、张唐英的《唐论》等。而欧阳修主编的《新唐书》、《新五代史》更是以古为鉴的煌煌之作。

16) 阳修：《新唐书·太宗本纪·记赞》 司马光也说他："太宗文武之才，高出前古。驱策英雄，罔罗俊乂，好用善谋，乐闻直谏，拯民于汤火之中，而措之衽席之上，使盗贼化为君子，呻吟转为讴歌，衣食有余，刑措不用。突厥之渠，系颈阙庭，北海之滨，悉为郡县。盖三代以还，中国之盛，未之有也。惜其好尚功名，而不及礼乐，父子兄弟之间，惭德多矣。"

17) 古录卷十五。范祖禹也说："太宗之伐高丽，非独恃其四海之富，兵力之强也，本其少时奋于布衣，志气英果，百战百胜，以取天下。治安既久，不能深居高拱，犹思所以逞志，扼腕踊跃，喜于用兵，如冯妇搏虎，不能自止，非有礼义以养其志，中和以养其气，始于勇敢，终于勇敢而已矣。《记》曰：'所贵于勇敢。'强有力者贵其敢行礼义也。天下无事，则用礼义；天下有事则用之于战胜。用之于战胜则无敌，用之于礼义则顺治。太宗于天下无事，不知用之于礼义，而惟以战胜为美也。是故以天子之尊而较胜于远夷，一战而克，自以为功，矜其智能，夸示臣下，其器不亦小哉！"（《唐鉴》卷三）

守内虚外，与唐太宗的功绩对比鲜明，人们因此而强调这种国策合于儒家的意义。王禹偁的《绪诚火文》(赋体) 中，依《左传》取义，以火喻兵。《左传·隐公四年》曰："夫兵，犹火也，弗戢，将自焚也。"[18] 他认为武力虽然兴国立邦不可缺少，但是，稍有不慎就会遗患无穷。安史之乱殷鉴不远，他主张以仁德御武力，即可张弛有度、刚柔并济，他说："斯火也，防之在德，救之在仁。省征赋之烟焰，去侵伐之刍薪。礼乐兴而缏缶斯具，刑政明而畚揭是陈。如此则除害于六合，防灾于四邻，又乌有煨烬万国而烟煤兆人者哉。"班固在《汉书·刑法志上》中说："文德者，帝王之利器，威武者，文德之辅助也。"[19] 王禹偁对武力的看法与班固是一致的，表现出对帝王好尚武功的忧虑。端拱元年 (988) 秋，宋太宗行大蒐礼，丁谓奏上《大蒐赋》。大蒐是古代五年一次的勒兵之礼，这本是炫耀武力的的极好题材，丁谓却并没有着力于军队声威气势的描写，而是突出行大蒐礼的井然有序，借以表现宋室恪守儒教，人民各司其职，各得其所。因此，赋中对军队行进顺序的描写十分详尽，对田猎的场面只作了简笔勾勒。赋作大谈符合儒教的田猎之道："诸侯卒事以俨雅，百姓突围而交加。上方敛绥以惨怆，众乃靡旗而喧哗。围开一方，悯尽杀也；舍顺取逆，彰怀来也；出表不顾，耻逐奔也；等别三杀，贵宗庙也。得匪上以显孝思，下以不僭乎？鸟兽之肉，不登器者无取；貔虎之士，罔用命者有诛。"这与班固在《东都赋》中颂扬东汉天子以仁心儒术行田猎之道的说教如出一辙。丁谓指责道："后之王者，反礼叛经，荒乐诛杀，放怀荡情。"这也因袭了班固《西都赋》对西都田猎尽情诛杀，违背天理的非难。丁谓在赋的结尾陈说他作赋的理由说："所以赋大蒐而歌盛礼也，俾千古知至德之巍巍。"由此可见，《大蒐赋》与班固《两都赋》崇文治、反对武力征伐的用意是相同的。当然，他们也不是完全地抛弃武备，而是希望武备能成为仁道的辅翼。王禹偁的《大阅赋》作于真宗咸平二年 (999)。真宗崇文偃武，欲以恩德怀柔强胡。在西北、北方强敌睥睨的形势下，这种思想是苟且偷安、不思进取心理的表现。王禹偁认识到这种思想的潜在危险，借此赋来谲文谲谏。作者

---

18) 马光：《稽古录》卷十五。

19) 汉班固：《汉书》，中华书局，1964年，第1091页。

指出太祖以武力奠定基业, 希望真宗重视武备：“惟圣克念, 惟皇聿修。方欲生擒颉利, 血灭蚩尤。辑大勋而光祖考, 练武经而平寇雠。以为天生五材, 孰能去其兵革, 武有七德, 予将整乃戈矛。” 赋中反复申说在大敌当前的情况下, 武备对民生社稷的重要意义：“屹屹然立不败之地, 堂堂乎成无敌之师。以虞待不虞, 则祸乱息矣；治多如治寡, 则进退随之。所谓有备无患, 居安思危, 保宁宗社, 震㴑蛮夷。” 主张强化武备, 以保证国家社稷的安定。

当时人们的反思不仅限于前朝, 他们的目光贯通古今, 想要建立起以君王的道德为中心的系统的儒家治道思想, 司马光编纂 《资治通鉴》 正是这种动机的反映[20]。赵湘的 《姑苏台赋》 是一篇讽谕佳作。这篇赋模仿杜牧的 《阿房宫赋》, 但完全抛弃了对宫观的描写, 纯以夫差、西施的荒乱之迹结构全篇。全文以 “独乐” 与 “与民同乐” 为枢纽, 深入探讨兴亡之理。文章对夫差荒淫的描写, 深切地揭示了君主的荒淫误国, 是全赋最为精采的部分：“肉如山焉, 或腐而弃之；酒如河焉, 或厌而倾之。遂使一人两人笑, 而千人万人悲；一人两人饮, 而千人万人饥。悲者之声百倍于歌之声；饥者之情千倍于酒之醒。呜呼！夫差之心也, 西施乐则知, 天下人不乐则不知。知者则忧其忧, 不知者亦不增其羞。夫差之耳也, 西施欢则闻, 天下人哀则不闻。闻者则忧其不欢, 不闻者亦不察其哀。使人惶惶, 不知所裁。忠臣之言, 贱如红埃, 一旦乐极, 越兵东来。” 这段文字立意全仿 《阿房宫赋》 的结尾部分, 只是议论说理更为细致深入。赋的结尾历数君主在对亡国之君悲叹之余, 不知以古为鉴, 以至于自己又为后人悲叹, 从而加强了全篇的讽谏意味。从汉王延寿 《鲁灵光殿赋》 开始, 通过对宫观殿宇的描写来寄寓怀抱成为宫观殿宇赋的传统形式, 在以后的发展过程中, 宫观的描写逐渐淡薄, 议论的成分越来越多了。唐代杜牧的 《阿房宫赋》、孙樵的 《大明宫赋》 逐渐摆脱描写殿宇的窠臼, 唯以讽世为务。陈

---

20) 除了对唐代反思的专题论述外, 我们还可以看到宋初人对治乱兴替的全面而广泛的反思, 如田锡 《伊尹五就桀论》、余靖的 《秦论》、《汉论》, 石介的 《汉论》(上中下), 富弼的 《论治乱之要疏》、张方平的 《三代建国论》、《四代受命论》、《南北正闰论》、欧阳修的 《正统论》(上下)、宋祁的 《诋五代篇》 等。

襄的《咸阳宫赋》也是模仿杜牧《阿房宫赋》之作。杜赋对阿房宫的描写虚实相生，曲尽情状；陈赋则采用铺陈手法，细致描绘阿房宫之壮丽、苑囿沼之丰饶，表现出汉大赋惯用的于上下四旁言之的描写手法，由此可见，陈襄对文辞作为"载道之舟"的审美功能的重视。赋的结尾阐述以德治国、节用薄敛之道，希望帝王能够待天下以"诚"，内圣外王。陈襄在这篇赋中阐述反对奢侈，主张轻徭薄赋，其现实针对性是非常明显的。

　　张咏的《声赋》也是一篇借题发挥陈说治乱之理的佳作。张咏自号"乖崖"，为人刚毅果敢，敢逆龙鳞。描写人声的辞赋代不乏作，如晋代成公绥的《啸赋》、唐张德升的《声赋》、杨发的《大音希声赋》等。这些赋皆着眼于对人声之美妙的描绘，张咏的《声赋》则从"声音之道与政通"的观点入手，阐述声成之文，乃王化之本的道理。张咏在《进文字表》中说："臣尝著《声赋》一篇，妄记皇王治乱之本。"[21] 作者首先指出仁者之声与天地并生，他说："观其得一之发，清清泠泠，凉襄洗瀛，万类听之，如憒而醒。仁信之发，溶溶弈弈，呼道振德，万类听之，如白破黑。曰礼曰义，相迭而起，鸣孝响悌，骇心清耳，万类听之，如愁得喜。"这实际上指出儒家的纲常是与天地并生的，是宇宙间的常道，顺之则天地大治。"若本不正而声不清"，违背这些纲常，则大伪斯兴，情欲沸空，天下大乱，民生涂炭。作者十分出色地描写了暴秦苛政引起的"怨声"："秦怪一声，天摇地坑。烘赫火烈，荒茫海倾。阿房辇材，枿臬山回。紫塞筑垒，訇轰震雷。钳圣愚儒，四海睽孤。刮剥亡命，痛脑连胫。于是民失其业，怨口喋喋。野薄其农，荆飂榛风。刑失其矩，民哀无所。兵甲填委，死为怨鬼。故怨之为气也，散为嚣尘，积为屯云，闭郁六合，阳灵不曛。怨之为声也，烈风相倚，怒涛兼起，鬼哭于郊，神号于市。川谷为之斗击，山峦为之崩圮。"作者用极富感染力的语言，形象地描绘了礼义不行、怨声四起的乱世图景，表达了倾心儒术的浩然之气。梁周翰的《五凤楼赋》亦是这方面的成功之作。赋的开篇，介绍五凤楼的地理形胜、宋初的文治武功，继写五凤楼的形制，接着畅论治乱之要，历

---

21)《全宋文》第6册，第88页。

举夏、商、楚、秦之败绩，指出"崇饮"、"嗜色"、"迁怒"、"穷兵"、"甘谀"、"溺谗"乃社稷倾覆的原因。他把帝王的修养视为兴废的关键因素，反映了在心性本体上重建统治秩序的愿望。

由于"三冗"问题，宋代黎民百姓的税赋负担是相当沉重的，而且厚养文臣也造成了贫富分化的加剧，这显然和儒家的治国之道相悖，因为儒家主张轻徭薄赋、藏富于民22)。但是，这个问题宋初关注的人并不多。王禹偁的《吊税人场文》就此对君王和麻木的大臣们提出了抗议和呼吁。这篇赋依据《礼记·檀弓下》"苛政猛于虎也"的命意，又受到柳宗元《捕蛇者说》的启发，把苛政比作毒蛇猛虎。赋的开篇即以苛政与猛虎相提并论，具有极强的冲击力。赋中形象地描绘了暴虎涂毒生灵之凶暴："爪利锋起，牙张雪矗。岩乎尔游，溪乎尔育。匪隐雾以泽毛，惟咥人而嗜肉。豺伴貙邻，林潜草伏。啸生习习之风，视转眈眈之目。"写虎之凶暴其目的是为了衬托苛政害民之刻毒阴狠，赋中还描绘了生灵惨遭虎祸的惨烈场面："骨委沟壑，血膏林麓，恨魄长往，悲魂不复。旅人无东海之勇，嫠妇起太山之哭泣"但是，较之于虎之搏人，苛政更有甚者，赋中进一步写道："於戏！虎之搏人也，止于充肠，官之税人也，几于败俗。则有泉涌鹿台之钱，山积巨桥之粟。周幽、厉之不恤，汉桓、灵之肆恣，是皆收太半以充国，用三夷而祸族。牙以五刑，爪以三木，搏之以吏，咥之在狱。马不得而驰其蹄，车不得而走其毂。铍在匣以谁引，矢在弦而莫属，斯场也大于六合，斯虎也害于比屋。"这段文字对苛政的抨击是空前的。作者指出，与举天下之财力以饱其谗吻的暴君恶吏相比，虎之搏人实在是不足道的。在他看来，暴君恶吏是一群比虎更凶残的吸食民膏的恶兽，整个国家机器乃是吃人的工具，其为害及于比屋，天下之人鲜有逃脱者，天下乃是一个吃人的税人场。作者抨击的力度之大，激愤之深，目光之犀利，在当时相当少见。在宋初文人追求平淡逸趣的空气里，王禹偁此赋堪称惊世之呼喊，代表着宋初抨击时政的最强音。类似的作品还有他的

---

22) 哀公问于有若曰："年饥，用不足，如之何？"有若对曰："盍彻乎?"曰："二,吾犹不足,如之何其彻也?"对曰："百姓足,君孰与不足?百姓不足,君孰与足?"（《论语·颜渊第十二》）先富民，民富则君足，认为应当"藏富于民"。这种思想在孟子的学说中得到进一步发挥。

≪诅掠剩神文≫。

对待神仙怪异等, 儒家的态度是实用主义的, 比较变通。它既 "不语怪力乱神", 采取一种回避的态度, 又主张神道设教, 希望借重某神秘力量来为统治服务。宋初以来, 道教得到帝王的嘉许, 发展势头迅速, 尤其是真宗时期, 通过天书降神, 大兴祥瑞, 东封西祀, 折腾了十多年, 其目的就是为了掩盖澶渊之盟的城下之耻, 粉饰太平, 进一步确立王朝的合法性。直到仁宗朝的前期, 依然是祥瑞纷呈, 一派 "盛世" 的景象。文臣们对这种情形给予了适当的容忍, 尤其是对于祥瑞, 他们虽然一再告诫皇帝这是不可凭信的[23], 但是也附和着创作了一些颂美王朝的作品, 包括辞赋, 以宣上德而尽忠效。不过, 真宗以举国之力来装神弄鬼欺世盗名, 这和宋初儒学表现出来的理性精神和实用主义颇为轩轾, 而且, 这也让人们联想到历史上的秦皇汉武以及唐玄宗等败德之君的谬举。

---

23) 宋代文人对祥瑞基本上抱着较为冷静的态度, 他们反复申言所谓祥瑞其实只是自然现象, 与国家治乱没有必然联系。田锡 ≪符瑞图序≫ 的说法颇具代表性, 他说 : "闇君暴主, 不无祯祥, 衰世乱邦, 亦有符瑞。故王莽矫诈而白雉入贡, 晋恭衰微而驺虞乃来。" 他认为祥瑞乃是 "天之六气, 杼轴元化之万物, 陶熔成质。在生植之多品, 因邂逅而不类。所以禾之秀也, 成异歆而同颖 ; 谷之实也, 或一年而再稔。实天地偶然之理, 非时政必应之感。" 他还含沙射影地指出 : "以贤人为瑞, 则国之福也。贤之不来, 由谗邪奸佞之为灾 ; 为灾不已, 则智者填言以避祸, 怨者有心以思乱 ; 思乱不已, 则揭竿于耒耜, 争危于社稷。当是时, 虽获九苞之禽, 双骼之兽, 俾靖邦国之难, 不可得也已。" (≪全宋文≫ 第5册, 第241—242页) 田锡在强烈地暗示呈献祥瑞者可能有些是谗慝之臣, 人君沉迷祥瑞, 是国家祸乱之源。余靖 ≪正瑞论≫ 也说 : "国之兴也, 在乎德, 不在乎瑞 ; 国之亡也, 在乎乱, 不在乎妖。" ≪全宋文≫ 第27册, 第36页) 但是, 和祥瑞相对的灾变, 士人们则采取另外一种态度, 他们坚持认为灾异是上苍的谴告, 必须慎重对待。这一点继承了董仲舒借天变来约束帝王的动机。比如赵普的 ≪论彗星奏≫、苏绅的 ≪以灾异言政事疏≫、蔡襄的 ≪论灾异实由人事奏≫ 等。当然也有人指出灾异实由 "时数", 非关政治, 针对这种言论, 富弼在 ≪论灾变而非时数奏≫ 中凛然地指出 : "然臣窃知累有人奏, 请凡百灾变, 皆系时数, 不由人事者, 不知有之乎 ? 若诚有之, 此乃奸人谄佞之说, 上惑圣聪, 臣所谓不近正道者也。" 他指出儒者重视灾变而不重视祥瑞的原因在于警示人君 : "昔仲尼作 ≪春秋≫, 不书祥瑞而独书灾异者, 盖欲以警戒人君, 使恐惧修德, 以应天地之变, 不闻以灾异归之时数也" (≪全宋文≫ 第28册第364页)。对祥瑞和灾变态度的不一致, 恰恰反映了士人期望获得约束君王权力的愿望。在熙宁七年的大旱中, 反对王安石变法的人大言灾变天谴, 希望阻止变法的进程, 把王安石赶下台。

真宗大规模的封祀活动是从大中祥符元年 (1008年) 开始的, 其机缘是真宗在景德四年 (1007)、大中祥符元年 (1008) 两次梦见天帝降临, 并赐天书。由此引发了近十年的封祀活动, 并在全国范围内广建宫观。 真宗们策划这次活动是相当冷静和务实的, 王钦若就说: "惟封禅可以镇服四海, 夸示外国。然自古封禅, 当得天瑞希世绝伦之事乃可尔。" "天瑞安可必得? 前代盖有以人力为之者, 惟人主深信而崇奉之, 以明示天下, 则与天瑞无异也。陛下谓《河图》、《洛书》果有耶? 圣人以神道设教耳。"24) 其渲染盛世图景、掩盖澶渊之耻的用意非常明显。不过, 这难以逃过有识之士的法眼, 孙奭就直白地指出: "将以欺上天, 则上天不可欺; 将以愚下民, 则下民不可愚; 将以惑后世, 则后世必不信。腹非窃笑, 有识尽然, 上玷皇明, 不为细也。"25)

辞赋擅长采用诡文谲谏, 在这件事情上颇多讽谏。宋白的《三山移文》模仿孔稚圭的《北山移文》。文章开首以 "三山之英, 十洲之灵, 排烟拂雾, 勒移山庭" 展开对好仙之辈的口诛笔伐: "岂其侈靡轻浮, 猖狂迅速, 习夏癸之奢, 用商辛之酷? 将大道以为戏, 剿万民而逞欲, 何其谬哉! 呜呼! 龙驭不存, 鼎湖长往, 万古千秋, 英灵胏蟹。世有秦皇, 爰及汉帝, 既崇既高, 益骄益炽。然而貌若希夷, 情忘橐籥, 窃祀神山, 滥封乔岳, 污吾真风, 轻吾上药, 虽笃志于仙材, 竟无心于天爵。" "废元元以不治, 仰苍苍而是求。燕昭何足比, 子晋不能俦。及其妄说斯行, 贪诚弥勇; 智刃挥霍, 灵台飞动。乃阅意海隅, 窃奢世上。泛楼船而济重溟, 建祈年而侔大壮。兰桡馥其天风, 桂栋凌乎称象。望仙阙而何极, 顾人寰而如丧。" 崇奉神仙而荒废政务, 不体恤天下苍生而专务玄虚, 这和一些朝臣的说法遥相呼应26)。他担忧沉迷神

---

24) [明]陈邦瞻:《宋史记事本末》卷二十二, 中华书局1977年, 第162页。真宗主演的这场奉祀闹剧由于儒家治国宗旨激起了朝野上下的广泛争论。
25) 孙奭:《上真宗论群臣数奏祥瑞》,《全宋文》第9册, 第354页。
26) 比如孙奭在《谏幸汾阴》说:"比年以来, 水旱相继, 陛下宜侧身修德, 以答天谴, 岂宜下徇奸回、远劳民庶、盘游不已, 忘社稷之大计, 其不可六也。夫雷以二月启蛰, 八月收声, 育养万物失时则为异。今震雷在冬, 为异尤甚。此天意丁宁以戒陛下, 而反未悟, 殆失天意, 其不可七也。夫民, 神之主也。是以圣王先成民而后致力于神。今国家土木之功累年未息, 水旱几沴, 饥

仙的君王会因此荒废政务："大宝非贵，三清是属。耻万机之琐屑，隘六合之局促。将纪号于真图，任销声于帝箓。"多少希求长生的君王不是落得灰飞烟灭的下场，仙乡不可求："至于柏梁灰烬，承露飘零，甲帐空兮烟怨，羽人去兮秋风惊。昔求长生跻寿域，今见委骨在穷尘。"而且，沉迷神仙会对世俗民风产生不良的影响，与君临天下的地位很不相称："且夫奄有神器，化育群生；将天地以合德，与日月而齐明。岂可使凤宸寂寥，龙图销毁，帝道荒芜，天潢泥滓，游心于幻路，教臣民而以诡计？"司马相如的《大人赋》是刺人君好仙之作，但他从神仙生活清苦、不可耽恋入手来规讽，主文而谲谏，缺乏讽谏的力度。宋白此赋则从儒家的治道着眼，希望君王行大中正道来治理国家。

　　李觏的《麻姑山赋》也是诋仙之作。作品对神仙的存在提出置疑："其间则有名天之洞，礼神之堂。高台层瑶，吸日月之光；缭垣筑粉，孕芝兰之香。偏门曲廊，入迷其方。斜轩乱窗，或温而凉。况乎御龙膏之酒，倚云和之瑟，一饮一石，一醉千日。安知亿万人，尘衣飞蚤虱。其或黯然而雾，飘然而雨，跬步之内，则朦无所睹。夜长漫漫，山空月寒。鹤群戏风，舞羽蹣跚。老猿抱子，吟声欲干。怪物参差，松柯水湄。或步或驰，或啸或悲。仙乎鬼乎？千态万状而使人心疑。别有洞石之迤逦，圆潭之无底，是曰蛟龙之所止。懒而为旱，怒而为水。嗟我力耕之民，辍衣食之费，而为祷祠之费。岩岫冥冥，古无人行。百兽饥死，虎狼夜鸣。是何假上真之名，而神奸之所凭也。"李觏为赋十分重视塑造充满诗情画意的意境，这段文字传神入画地勾勒出清冷幽深的神仙洞天福地，借此来暗示修炼的辛苦，这种手法可能受到司马相如

馑居多，乃欲劳民事神，神其享之乎！此其不可八也。陛下必欲为此者，不过效汉武帝、唐明皇，巡幸所至，刻石颂功，以崇虚名，夸示后世尔"。(《全宋文》第9册，第355-356页)孙复在《书贾谊传后》也说："文帝作渭阳五帝庙，又长门立五帝坛，妄以祈福。逮乎孝武，尤好鬼神之祀。李少君以祠灶榖道进，亳人缪忌以泰一方进，及齐人少翁、胶东栾大公孙卿皆以言怪得幸，以乱汉德。故曰汉世多言神怪者。贾生启之于前，而公孙卿之徒甚之于后也。噫！古称谊有王佐才，吾观谊所陈，一痛哭，二流涕，六长叹息。谊诚王佐才也，若文帝聪明而能断用之而不疑，功德可胜量哉。惜其失於言也，吾惧后世之复有年少才如贾生者，不能以道终始，因少有摧蹶，而谀辞顺旨，妄言于天子前，以启怪乱之阶也。"【这段没有标点。】

《大人赋》的启发，相如极写神仙生活的清苦，以劝谏君主神仙之不可学。对于真宗信奉的神仙，李觏持否定态度。在《重修麻姑殿记》中，李觏说："故秦汉之际，神仙之学入于王公，而方士甚尊宠，然或云延年，或云轻举，皆人耳间事，久而未验，众则非之矣。"[27] 他尤其反感奉祀神仙靡费财力，浪费民力。在《礼论·第七》中，李觏指出封禅之虚妄不经，并引文中子的话指出："封禅之事非古？以夸天下，其秦汉之侈心乎？"[28] 在《麻姑山重修三清殿记》中李觏说："工之巧者必至，材之良者必备。或改以新，或完以旧，昔挠以隆，昔卑以崇。赫焉而霞烘，垩焉而云溶。真仪之位得以如礼。山英水灵，若喜若慰。虽大道之要，本乎淡泊，安在土木之华而后张显？"[29] 否定神仙，反对靡费，这就是李觏对奉祀神仙的态度。因而在赋中，他反复强调事仙之浪费："嗟我力耕之农，辍衣食之资，而为祷祠之费。""彼其叛稼穑之功，遗室家之乐，越天常而慕冥冥，宜乎白首于丹竈之下，幽死而无所托也。" 礼仙不仅糜费钱粮，而且注定一无所获。此外，李觏的《疑仙赋》和宋祁的《诋仙赋》也是在这样的语境下创作的相当深刻的作品。

　　杨亿的《天禧观礼赋》是当时重要的一篇典礼赋。此赋作于天禧元年（1017）。这一年正月，真宗诣玉清昭应宫，荐献，上玉皇大帝宝册、圣祖宝册。不久，又谢天地于南郊。至此，真宗亲自导演的天书封祀活动在历时近十年之后告一段落。杨亿此赋即是为这次祭祀活动献上的颂歌，同时也是对近十年封祀活动的一次总结。赋作详细地铺陈真宗感梦受天书，大量运用典故，以典雅华美的语言铺陈真宗感梦的谎言："先是，景德之夕也，宸关靖冥，齐居洁清，修令乃慎，观书中程。息偃宁处，希微告征。犹苍水之感禹梦，同金人之翔汉庭。戒期晤语，锡瑞幽经。专洗心而淳濯，果颁文于紫清。" 真宗的这套谎话当时极少有人相信，杨亿如此正经地道出，或许有言外之微旨。赋的主体部分写真宗在玉清宫祭祀天神和天书的过程，也极尽典雅丽则之能事。在赋的结尾，杨亿写道："原夫历祚之永，推炎汉以洎前唐；载祀

27）李觏集》卷二十三，北京：中华书局，1981年，第255页。
28）李觏集》卷二，第23页。
29）李觏集》卷二十三，第255页。

之久, 惟孝武逮于明皇。当元鼎之际, 幸甘泉而祠泰畤, 奉郊以致礼。且元符绝闻, 曷以昭夫天意？洎天宝之岁, 尊金阙而造曲里, 惇宗而考瑞。然真游匪接, 奚以贞乎道契？"在嗜好封祀这一点上, 真宗与汉武、明皇是极为相似的。真宗也以汉武、明皇自比。杨亿认为, 在天人感应这一点上, 真宗有感梦之事, 要胜汉武、明皇一筹。他这样写, 用的是皮里阳秋的手法, 应该有反讽的深意。在当时, 朝臣们已经指出真宗刻意学习明皇的荒谬, 因为在儒家的治国理念当中, 荒淫无耻、专人小人、荒废国政、崇仙重祀的唐明皇是败德之君的典型[30]。此外, 程琳的《子奇赋》用引申归谬的方法, 大谈仙术不食五谷, 仙草仙树无土而生, 以此来批驳重农之道："丽土含滋, 条枝葳蕤。何世何地, 而独无斯, 有丹者桂, 有白者榆。月窟星躔, 扶疏陆离, 本不根著, 顾能倒垂。"这段看似荒唐的论调, 反讽的意味是十分浓厚的。司马光在《交趾献奇兽赋》中认为"不若以迎兽之劳为迎士之用, 美兽之贾为养贤之资。使功烈煊赫, 声明葳蕤, 废耳目一日之玩, 为子孙万世之规, 岂不美欤。"这段话是借仁宗之口道出, 告诫当道者不要一味好大喜功, 粉饰太平, 而应勤于政事, 践儒家德政之途, 以使国泰民安, 并畅言保民而王、化育四方之道, 其立论和《孟子》德治的思想一致。这篇赋集中阐发了儒者对祥瑞的看法。

宋初辞赋陈说治乱之道的内容反映了人们对于教化帝王的关注, 尤其是真宗崇祀的举动使他们觉得归于大中至正之道是多么迫切, 他们议论的核心, 普遍地倾

---

30) 奭在《上真宗论天书》中说："唐明皇得《灵宝符》、《上清护国经》、《宝券》等, 皆王鋭、田同秀等所为, 明皇不能显戮, 怵于邪说, 自谓德实动天, 神必福我。夫老君, 圣人也。傥实降语, 固宜不妄, 而唐自安、史乱离, 乘舆播越, 两都荡覆, 四海沸腾, 岂天下太平乎？明皇虽况得归阙, 复为李辅国劫迁, 卒以忧终, 岂圣寿无疆、长生久视乎？以明皇之英睿, 而祸患猥至曾不知者, 良由在位既久, 骄亢成性, 谓人莫己若, 谓谏不足听。心玩居常之安, 耳熟导谀之说, 内惑宠嬖, 外任奸回, 曲奉鬼神, 过崇妖妄。今收见老君于阁上, 明日见老君于山中。大臣尸禄以将迎, 端士畏威而缄默。既惑左道, 既紊政经, 民心用离, 变起仓卒。当是之时, 老君宁肯御兵, 宝符安能排蒲邪？"(《全宋文》第9册, 第361-362页) 在《谏祠亳州太清宫奏》中他又说："陛下封泰山, 祀汾阴, 躬谒陵寝, 今又将祠于太清宫。外议籍籍, 以谓陛下事事慕唐明皇。且以明皇为令德之主耶？甚不然也。明皇祸败之迹, 有足为深戒者。"(《全宋文》第9册, 第359页)

向于希望帝王建用皇极。

三

　　宋代儒学不但要教化帝王，而且要把儒家要义贯穿到底层社会。与朝廷共治天下的士人，连接着君王与大众，是践行治世理想的核心阶层，士人是否具有君子素质，能否担当起为天地立心、为生民立命的重任，便成为开万世太平的关键。作为对皇权专制和厚养文士的回应，士人需要对自己继续"重塑"，因此，宋初的学术品格中具有强烈的道德诉求[31]，它直指心灵，沉潜内省，希望通过自身的人格升华

31）从对科举的看法上我们也可以窥见宋代以来人们对道德的重视。宋初虽然诗赋取士，但是许多人已经针对德行问题对此提出不同看法了。包拯《论取士奏》云："乡曲不议其行，礼部不专其任，但糊名誊本，烦以绳检，复于轩陛，躬临程试，三题竞作，百篇来上，不逾三数日，升降天下士。其考较去留，可谓之精且详乎？臣亦恐非进贤退不肖之长策也。"（《全宋文》第25册，第326-328页）王禹偁《送谭尧叟序》云："古君子之为学也，不在乎禄位，而在乎道义而已，用之则从政而惠民，舍之则修身而垂教。舍之则修身而垂教，死而后已，弗知其他。科试已来，此道甚替，先文学而后政事故也。然而文学本乎六经者，其为政也，必仁且义，义理之有体也；文学雅杂乎百氏者，其为政也，非贪则察，涉道之未深也。是以取士众而得人鲜矣，官谤多而政声寝矣。"（《全宋文》第7册，第428页）李觏《上范待制书》云："国朝患其或私谒也，是糊其名，易其书，混致于考官之手。固不知其立身之行，于蛊之才。虽有仁如伯夷，孝如曾参，直如史鱼，廉如于陵，一语不中，则生平委地。况执其柄者，时或非人。声律之中，又有遗焉。荐于乡，奏于礼部，第于殿庭，偶失偶得，如弈棋耳。名卿大臣，以其无举知之责也，闭其口不复言。天下士悦视同术，疏若秦、越。于戏！学道之无益也如此，夫宜其腐儒小生去本逐末。父诏其子曰：'何必读书？姑诵赋而已矣。'兄教其弟：'何必有名？姑程试而已矣。'故有缣缃凝尘，不记篇目，而致甲科。惟薄污辱，市并不齿，而谐美仕。劝善惩恶，将安在邪？"俗诚大坏矣，学者为官不为道，仕者为身不为君。见得其虎，闻丧其鼠。父子昆弟之诏告，妻妾之耳语，非富非贵，如举其讳。上之人又从而启之，赏先于功而功不立，罚轻十过而过不改。无事而禄，有事而赏，位孺稚、舆货财而后行，则是禄为我有，而事以佣也。礼义既销矣，而赏罚且玩，阶之呇其准乎？"（《全宋文》第41册，第348页，《李觏集》卷二十，第219页）孙何《论诗赋取士》中为诗赋取士辩护，也不得不从德行入手："唐有天下，科试愈盛，自武德、贞观之后，至贞元、

逐渐向君子人格靠近，直至臻于仁者之境。

在宋初学术的缓慢发展过程中，道德人格始终是重要的命题之一，直至发展成激励名节的道德运动。激励名节之成为风气是在仁宗亲政之后。仁宗意欲有所作为，曾下诏力戒浮文。庆历二年，仁宗诏令御试"应天以实不以文"，为新政作舆论准备。古文与儒家思想、政治变革具有亲缘关系，于是，范仲淹、欧阳修等具有变革意识的作家敏锐地觉察到时代的政治方向，积极倡导一种与现实政治相适应的文学风尚来补偏救弊，经世致用。这给儒学复兴的进一步推进提供了契机。因此，经世致用的呼声和革新文风是相表里的，而要做到这一点，就必须革新制度，培养人才，把缓慢推进的道德提升运动推向一个新的高度。积极呼吁礼义廉耻的是范仲淹和欧阳修等人，他们将其视为国之四维，以更为严厉的标准来确立道德规范。在评价五代能臣冯道时，欧阳修严厉谴责冯道在几个朝廷供职的行为："传曰：'礼义廉耻，国之四维；四维不张，国乃灭亡。'善乎，管生之能言也。礼义，治人之大法；廉耻，立人之大节。盖不廉，则无所不取；不耻，则无所不为。人而如此，则祸乱败亡，亦无所不至；况为大臣而无所不取不为，则天下其有不乱，国家其有不亡者乎！予读冯道长乐老叙，见其自述以为荣，其可谓无廉耻者矣，则天下国家可从而知也。予于五代，得全节之士三，死事之人十有五，岂于儒者果无其人哉?得非高节之士恶时之乱，薄其世而不肯出欤？抑君天下者不足顾，而莫能致之欤？予尝闻五代时有王凝者，家青、齐之间。为虢州司户参军，以疾卒于官。凝家素贫，一子尚幼，妻李氏，携其子，负其遗骸以归。东过开封，止于旅舍，主人不纳。李氏顾天已暮，不肯去，主人牵其臂而出之。李氏仰天恸曰：'我为妇人，不能守节，而此手为人所执邪！'即引斧自断其臂，见者为之嗟泣。开封尹闻之，白其事于朝，厚恤李氏而答其主人。呜

元和以还，名儒巨贤比比而出。有宗经立言如丘明、马迁者，有传道行教如孟轲、扬雄者，有驰骋管、晏，上下班、范者，有凌轹颜、谢，诋诃徐、庾者。如陆宣公、裴晋公，皆负王佐之器，而犹以举子事业飞腾声称；韩退之、柳子厚、皇甫持正，皆好古者也，尚克意雕琢，曲尽其妙。持文衡者，岂不知诗赋不如策问之近古也？盖策问之目，不过礼乐刑政、兵戎赋舆、岁时灾祥、吏治得失，可以备拟，可以曼衍，故汗漫而难校，泯涩而少工，词多陈熟，理无适莫。"（《全宋文》第9册，第205页）

呼！士不自爱其身而忍耻以偷生者, 闻李氏之风, 宜少知愧哉。"[32] 他用夫妻关系来比况君臣关系, 认为臣子应该像妇女那样为倒台的前朝守节, 否则就是忍耻偷生, 没有廉耻。这是对君臣关系的非常严苛的规范。我们知道, 男女比君臣虽然是古老的传统, 但是它只适用于君臣的关系处理上, 欧阳修把它扩大到对逝去的前朝的守节, 这在历史上可能是首次提出, 其对以后中国奴性意识的成长具有非凡的意义[33]。

---

32) 新五代史》卷五十四, 中华书局, 1974年, 第611-612页。司马光对冯道的评价也继承了欧阳修这种论调: "天地设位, 圣人则之, 以制礼立法, 内有夫妇, 外有君臣。妇之从夫, 终身不改: 臣之事君, 有死无贰。此人道之大伦也。苟或废之, 乱莫大焉! 范质称冯道厚德稽古, 宏才伟量, 虽朝代迁贸, 人无间言, 屹若巨山, 不可转也。臣愚以为正女不从二夫, 忠臣不事二君。为女不正, 虽复华色之美, 织纴之巧, 不足贤矣: 为臣不忠, 虽复材智之多, 治行之优, 不足责矣。何则？大节已亏故也。道之为相, 历五朝、八姓, 若逆旅之视过客, 朝为仇敌, 暮为君臣, 易面变辞, 曾无愧怍, 大节如此, 虽有小善, 庸足称乎! 或以为自唐室之亡, 群雄力争, 帝王兴废, 远者十馀年, 近者四三年, 虽有忠智, 将若之何! 当是之时, 失臣节者非道一人, 岂得独罪道哉! 臣愚以为忠臣忧公如家, 见危致命, 君有过则强谏力争, 国败亡则竭节致死。智士邦有道则见, 邦无道则隐, 或灭迹山林, 或优游下僚。今道尊宠则冠三师, 权任则首诸相, 国存则依违拱嘿, 窃位素餐, 国亡则图全苟免, 迎谒劝进。君则兴亡接踵, 道则富贵自如, 兹乃奸臣之尤, 安得与他人为比哉! 或谓道能全身远害于乱世, 斯亦贤已。臣谓君子有杀身成仁, 无求生害仁, 岂专以全身远害为贤哉! 然则盗跖病终而子路醢, 果谁贤乎？抑此非特道之愆也, 时君亦有责焉。何则？不正之女, 中士羞以为家: 不忠之人, 中君羞以为臣。彼相前朝, 语其忠则反君事雠, 语其智则社稷为墟。后来之君, 不诛不弃, 乃复用以为相, 彼又安肯尽忠于我而能获其用乎! 故曰: 非特道之愆, 亦时君之责也! "见《资治通鉴》卷二百九十一, 中华书局, 第9511-9513页。

33) 在这里, 欧阳修混淆了天下 (国家)、王朝 (政府或者某一居于统治地位的政治集团) 概念之间的区别, 将其完全等同了, 也就是把"尊君"与"爱国"混同了。他把那个古圣先贤开创的灿烂悠久的华夏文明以及负载着它的土地和人民等同于通过暴力抑或革命夺权的王朝和政权, 这在一定程度上是对华夏文明的矮化和贬低, 也是对天下苍生的矮化和贬低。他要确立一种四海之内莫非王土、率土之滨皆为奴才的道德观念。他的思想是对"私一姓"和"家天下"观念的发挥。他的思想对以后的思想专制具有重要的启发作用。其实, 从汉代以来, 爱国的核心就是热爱中华文化, 热爱承载中华文化的土地和人民, 而帝王是作为中华文化的代表被崇奉的, 只有当帝王代表着中华文化, 代表着广大中华土地上的人民的利益时, 忠君和爱国才是统一的, 如果帝王倒行逆施, 民不聊生, 爱国和忠君就会出现乖离。对于昏君和衰败的王朝, 士大夫是没有义务"忠"的。关于王朝命运的"三统循环"说和"五德终始"说就是从天命德运的角度来说明王朝的气数是有限的, 对帝王的忠是建立在政通人和、天命眷顾的基础上的。西汉宣帝时盖宽饶引《韩诗外传》指出: "五帝官天下, 三王家天下。家以传子, 官以传贤。若四时之运, 功成者去, 不得其人欧阳修特意提到冯道的《长乐老自叙》，说他不该以自己历仕多朝为荣。在天下板荡、朝代陵替频仍之时，历仕多朝，这是非常正常的事情，而处生乱世能够有所作为、惠泽苍生如冯道者，更属不易。欧阳修的指责完全是为了强调礼义廉耻而吹毛求疵、借题发挥[34]。照他的论调，宋初的许多能臣甚至太祖太宗皇帝，都要入无耻之列了。当时的辞赋清晰地反映了学术思想在革新人才方面的努力。

宋初以来，隐逸风气很盛，不管是庙堂显贵，还是乡野穷士，多把闲雅淡逸作为自己的生活追求。宋初学术对这种风气采取的是"提升"的途径，即在这种生活理想中注入"道德人格"的内容，使高蹈肥遁具有合乎儒家的道德完善、保持名节等等内

则不居其位。"（班固《汉书》卷七十七《盖宽饶传》）西汉成帝元延元年（前12）谷永上书云："天生蒸民，不能相治，为立王者以统理之，方制海内非为天子，列土封疆非为诸侯，皆以为民也。垂三统，列三正，去无道，开有德，不私一姓，明天下者乃天下之天下，非一人之天下也。"汉代人的忠君观对后世的影响是深刻的，在民本思想基础上任贤者为君，不私一姓，不愚忠于朝廷，这是中国古代有理智的士大夫忠君的一个重要的前提，宋代的士大夫也不例外。欧阳修不是不明白这一点，他之所以要如此强烈地尊王，就是要提倡、强化礼义廉耻的道德观。

34) 冯道在长乐老自叙中历数了自己的宦游经历后说道："静思本末，庆及存亡，盖自国恩，尽从家法，承训诲之旨，关教化之源，在孝于家，在忠于国，口无不道之言，门无不义之货。所愿者下不欺于地，中不欺于人，上不欺于天，以三不欺为素。贱如是，贵如是，长如是，老如是，事亲、事君、事长、临人之道，旷蒙天恕，累经难而获多福，曾陷蕃而归中华，非人之谋，是天之祐。六合之内有幸者，百岁之后有归所。无以珠玉含，当以时服敛，以簟篨葬，及择不食之地而葬焉，以不及于古人故。祭以特羊，戒杀生也，当以不害命之物祭。无立神道碑，以三代坟前不获立碑故。无请谥号，以无德故。又念自宾佐至王佐及领藩镇时，或有微益于国之事节，皆形于公籍。所著文章篇咏，因多事散失外，收拾得者，编于家集，其间见其志，知之者，罪之者，未知众寡矣。有庄、有宅、有群书，二子可以袭其业。于此日五盎，日三省，尚犹日知其所亡，月无忘其所能。为子、为弟、为人臣、为师长、为夫、为父，有子、有犹子、有孙，奉身即有余矣。为时乃不足，不足何为？"（《旧五代史》卷一百二十六，中华书局1976年，第1661-1664页，）这是对自己人生自足的一种表达，似乎上升不到"无耻"的地步。和这篇文章相类的如南朝齐的虞玩之的上表告退的文字："臣闻负重致远，力穷则困，竭诚事君，智尽必倾，理固然也。……直道事人，不免缧绁，属遇圣明，知其非罪，臣之幸厚矣。授命于道消之晨，效节于百揆之日，臣忠之效也。降庆于文明之初，荷泽于天飞之运，臣命之偶也。不谋巧宦而位至九卿，德惭李陵而忝居门下。尧舜无穷，臣亦通矣。"（萧子显《南齐书》卷三十四《虞玩之传》中华书局1972年，第610-611页）而且，虞玩之也是"世历三代，朝市再易"，他并没有因此感到羞耻。

容。这和后世那种消灭旧世界制造新人类的雄心勃勃的计划迥然有别。从当时的辞赋中，我们可以感受到人们发掘隐逸文化当中的道德名节含义的努力。严子陵的事迹颇为时人关注，在北宋早期的钱勰的《钓台赋》中，严子陵被看成一个善于全身远害的人物："然后知先生照未然之成败兮，识几至之存亡。婴禄利而不动兮，得光武而益彰者也。又若氛祲方结，鲸鲵未戮；四海沸腾，真人隐伏。莫高匪山，莫幽匪谷。苟见诮于木石兮，怅同群于麋鹿。蔑亢世之高踪兮，昧话言之骇俗。虽不能得与此台而并传兮，固亦无加损于自足。"说他具有窥探萌蘖先机的本领，预测到不久的动乱，先人一步遁入深山。这其实是重复了隐居以全身远害的主题，没有涉及对隐者的人格评价。比钱勰稍晚的张伯玉的《钓台赋》则更倾向于抒发对严子陵人格的仰慕："伊昔子陵，贪幽自遂。辞光武叠石九层，以尽平生之志。尔乃凭高易感，览旧多伤。尘事与清波不返，红苹同白芷徒芳。相逢投饵之时，寒流淼淼；始及临川之日，远岫苍苍。今古堪悲，跻攀尽趣。潮平昔日之岸，风动当时之树。石上少留，人间多故。游丝乱举，初同触目之疑；野竹随低，忽有沉钩之误。迹是人非，萧条晚晖。万里之碧嶂如画，几片之白云不归。鹭立斜分之浦，鱼惊半毁之矶。尽目而风波莫问，满山之松桂相依。……比夫燕昭筑而礼士，汉孝武登以求仙。构金玉之毕至，遂尘埃之共捐。曷若兹所，成于自然。"这段荒寒景象的描写，似乎是在追思自己的一个朋友或者一段刻骨铭心的往事，　不像是凭吊一位东汉时候的古人。看来，作者对严子陵的认识已经超越了一个普通隐者的范畴，而是把他当作自己心灵的一个方向，一个往古的知己，这种情绪包含着对隐居求志的渴望，对不慕荣利的人格的自觉追求。庆历年间，以范仲淹为代表，激励士风，重道义、尚名节、砺廉耻，严子陵的人格被赋予了重视名节的含义，在《严先生祠堂记》中，范仲淹明确提出严子陵"在《蛊》上九，众方有为，而独不事王侯，高尚其事，先生以之。在《屯》之初九，阳德方亨，而能以贵下贱，大得民也，光武以之。盖先生之心，出乎日月之上；光武之量，包乎天地之外。微先生不能成光武之大，微光武岂能遂先生之高哉？而使贪夫廉，懦夫立，是大有功于名教也。"也就是说，严子陵不是一位普通的隐者，他的隐居是在襄助名教，在为光武的王朝确立一种人格风范，这样，他的避世已经不是落脚在道家的思想上了，而是以儒家的淳风俗为旨归[35]。隐士种放的《端居赋》通篇以议论为主，表达隐居励志的理想。值得注意的是，他是从儒家的立场出发来阐释隐居的意义的，赋中说："故孟轲有言，虽有鎡基，不如逢乎有年，颜氏几圣，乐在陋巷。亦将育乎令德。兹穷通之自信，匪古今之可尤。顾窃位而择肉兮，予诚自羞；宁守道而食芹兮，中心日休。予将息万竞，消百忧，养浩然之气于蓬茅之下，饮清源于渊默之流。"[36] 这种论调和在心性本体上树立儒家道德准则的思潮相一致。

宋初的辞赋逐渐关注于对仁者境界的探讨，体现出激励名节思想的深化。叶清臣的《松江秋泛赋》十分形象地展现了淡泊而淑世的人生境界。赋的开篇，描绘了清秋时节萧散澄明的松江美景："泽国秋晴，天高水平。遥山远碧，别浦寒清。循游具区之野，纵泛吴松之霤。东瞰沧海，西瞻洞庭。槁叶微下，斜阳半明。樵风归兮自朝暮，汐溜满兮谁送迎。浩霜空兮一色，横霁色兮千名。于时秋潦未收，长干无际。澄澜万倾，扁舟独诣。社橘初黄，汀葭余翠。惊鹭朋飞，别鹄孤唳。听鱼榔之遰响，闻牧笛之长吹。" 人与自然不是对立的，而是充分亲和，融为一体。清爽的秋风，半明的斜阳又给这种境界增添了无限的韵味。作者特别突出了景致的高旷辽远和

---

35) 种评价角度并非范仲淹首倡，在作于太平兴国年间的刁衎的《严先生钓台碑铭》中，已经有这样的看法："然而巢、许抗志，饮牛欲全其节也；夷、齐饿死，扣马以谏其君也。至于逃其国而弃其家，违其亲而远其兄者，无足道哉。未若先生忘故人而忘大位，疾夫冒于宠名也；游紫闼而隐青山，戒夫溺于富贵也。励君以攘其私暱，勖臣以保其公器。教之大者，此其志焉。……矫激不乱大伦，孤高无偏于小节，千古之下，一人可知。"（《全宋文》第6册，第19-20页）

36) 放《自明》可以说是对这篇赋的一个很好的诠释："怀其道，思其时，生热人之志欤。夫圣人者，惧道不明、志不坚，乃退学于山林寂寞之乡，以求其志。志既获，则学专乎心。心、志俱达，学而益坚，其道不得不明。心、志、道俱达，则能坚正明白，虽万是非，皆能断于心矣。故志弗坚，则闭关以治志。既治而道未明，则ученый圣以治道。志与道偕治，则求于时，施其用，以济生民焉。若夫子治于洙泗求其志，适乎宋、如乎周治其道，乃游诸天下，欲施其用。卒将不能，则有删《持》、演《易》、修《春秋》存其教。噫！予不敢希圣人意，始用古文，如京师，干一二有名者，竟寂寥无闻，人不我知。友予旧者，或喻我易其学，以泛滥为是。予思之，岂古人求志笃遂之意耶！乃还终南、居空山，庶几治乎道，求予志，非徒乐乎晦迹山林，远去人迹，而与鸟兽同群，木石为伴也。"（《全宋文》第10册，第217-218页）

生机勃勃, 在万倾茫然之中, 惊鹭朋飞, 渔歌传响, 汀洲之翠与社橘之黄相互映衬, 远与近、动与静、声音与色彩巧妙配合, 使画面具有一种低昂互节的韵律美, 这是自然的美韵, 也是作者心灵的写意。 这是一种由济世救民的思想升华到与天地万物相亲和、相融和的仁者境界, 是 "大乐与天地同和" 的艺术境界。立足于这种包容万物的仁者情怀, 作者凭吊了避世隐居的范蠡、张翰、陆龟蒙, 对他们选择的人生道路表现出和而不同的态度, 他说 : "缅三子之芳徽, 谅随时之有宜。非才高见弃于荣路, 乃道大不容于祸机。申屠临河而蹈壅, 伯夷登山而食薇。皆有谓而然尔, 岂得已而用之。" 每个人的人生道路都有其因缘, 不可强求。赋的结尾写道 : "思勤官而裕民, 乃善利之远猷, 彼全身之远害, 盖孔臧之自谋。鲜鳞在俎, 真茶满瓯。少回俗士之驾, 亦未可为兹江之羞。" 认为没有必要面对隐士高人而自羞, 自己的人生道路也是天性使然, 也可遥接张、陆等辈之风流。探讨仁者情怀的辞赋还有蒋堂的 ≪北池赋≫、陈襄的 ≪古琴赋≫、范仲淹的 ≪秋香亭赋≫ 等。

　　对道德的重视也促使人们对那些古圣先贤充满敬意, 尤其是对那些儒家道统具有薪火相传之功劳或者积极传播礼乐文明的人[37]。由于孟子的学术强调王道和治心养气, 更符合时代的需要, 因此, 宋初以来孟子的升格努力一直在持续[38], 这就

---

[37] 孙复 ≪儒辱≫ 中推崇孟子、扬雄、韩愈 : "噫, 圣人不生, 怪乱不平, 故扬墨起而孟子辟之, 申韩出而扬雄距之, 佛老盛而韩文公排之, 微三子, 则天下之人胥而为夷狄矣。惜夫三子道有余而志不克就, 力足去而用不克施, 若使其志克就其用克施, 则芟夷蕴崇绝其根本矣。呜呼, 后之章甫其冠, 缝掖其衣, 不知其辱, 而反从而尊之者, 多矣。得不为罪人乎。由汉魏而下迄於兹千余岁, 其源流既深, 根本既固, 不得其位, 不剪其类, 其将奈何, 其将奈何。故作儒辱。" (≪全宋文≫ 第19册, 第309-310页)

[38] 孟子的认识, 人们不仅仅停留在其接续圣统, 使斯文不坠方面, 更重要的是他捍卫礼义廉耻的人格力量。孙奭在 ≪孟子正义序≫ 云 : "夫总群圣之道者, 莫大乎六经。绍六经之教者, 莫尚乎 ≪孟子≫。自昔仲尼既没, 战国初兴, 至化陵迟, 异端并作, 仪、衍肆其诡辩, 杨、墨饰其淫辞, 遂致王公纳其谋以纷乱于上 ; 学者循其踵以蔽惑于下。犹泽水怀山, 时尽昏垫, 繁芜塞路, 孰可芟夷 ? 惟孟子挺名世之才, 秉先觉之志, 拔邪树正, 高行厉辞, 导王化之源, 以救时弊 ; 开圣人之道, 以断群疑。其言精而赡, 其旨渊而通, 致仲尼之教, 独尊于千古, 非圣贤之伦, 安能至于此乎 ?" (≪全宋文≫ 第9册, 369-370页) 种放 ≪述孟志上≫ 云 : "孟轲当周之衰,其道亚孔子二与尧、禹并。然孔孟皆无其时与位, 存乎教, 光于无穷。行乎后世, 利乎天下, 与复载并功,

为道德提升运动提供了更为坚实的思想基础。李觏的《吊扬子》赞美扬雄在新莽篡权、纲纪大坏之际声张圣道，垂之空文："其指在于三纲兮，尤切切于君臣。君道光而臣道灭兮，尊卑之分以陈。"[39] 对于立德立言的人格充满向往。狄遵度的《石室赋》和《凿二江赋》歌颂了文翁和李冰在蜀地建立的功业。《石室赋》歌颂汉代在蜀地教化生民的文翁，赋的开篇描绘了祭祀文翁的石室的景象："石室之幽，古城之陬。烟剥雨落，苔萃藓稠。断劲顽而植立，攒众磊而互鸠。鳌首屹以孤挺，虹气搏而外浮。诮筑金之用侈，陋铭燕之积偷。杰立西土，邈视千秋。"虽然历尽风雨的侵蚀，但文翁石室依然气象峥嵘，卓然屹立。据《汉书》卷八十九《文翁传》载："(文翁)景帝末为蜀郡守，仁爱好教化，见蜀地陋有蛮夷风，文翁饮诱进之。"[40] 赋中充满激情地赞美文翁变夷为华的功绩，并对文翁无比追慕："室之奠兮，知公之德，安以肆兮。室之坚兮，知公之德，纯以一兮。室之磊兮，知公之德，杰以卓兮。

与日月并明、其道德礼法于生民，赖于今日者，其功岂下帝舜之殛四凶，大禹之平水土邪？则孟轲之志犹夫子也，其志在乎施仁义、兴礼乐而行王者之事也。……以力服人者，非心服，力不赡而弱不制强也；以德服人者，心悦而诚服，于天下无不顺也。"(《全宋文》第10册，第215页) 释智圆在《辨荀卿子》中说："仲尼即没，异端丛起，正道焚如，天下生民不归杨则归墨。惟孟轲、荀卿子著书以明乎圣道，周游以说其时君，志在黜霸而跻王也，驱浇而归淳虽道不见用，而空言垂世，俾百代之下去邪崇正，尊仁义、贵礼乐，有履而行者，则王道可复焉。故世谓大儒者必以荀、孟配之而称之。"(《全宋文》第15册，第254-255页。) 孙复在《兖州邹县建孟庙记》中说："孔子既没，千古之下，攘邪怪之说，夷奇险之行，夹辅我圣人之道者多矣，而孟子为之首，故其功巨。……嗟乎！君君、臣臣，夫夫。子子，邦国之大经也，人伦之大本也，不可斯须去矣，而彼皆无之，是驱天下之民舍中国而之夷狄也，祸孰甚焉。非孟子孰能救之。故孟子慨然奋起，大陈尧、舜、禹、汤、文、武、周公、孔子之法，驱除之以绝其后。拔天下之民于夷狄之中，而复置之中国，俾我圣人之道炳焉不坠。"(《全宋文》第19册，第314页) 其他如孙抃的《辨孟》(上中下)。

39) 孙复《辨扬子》与这篇赋对扬雄对新莽政权的看法相近："千古诸儒，咸称子云作太玄以准易。今考子云之书，观子云之意，因见非准易而作也，盖疾莽而作也。……子云既能疾莽之篡逆，又惧来者蹈莽之迹复肆恶于人上，乃上酌天时行运盈缩消长之数，下推人事进退存亡成败之端，以作太玄，……大明天人终始顺逆之理，君臣上下去就之分，顺之者吉，逆之者凶，以戒违天咈人与戕君盗国之辈。此子云之本意也。"《全宋文》第19册，第304页)

40) [汉]班固：《汉书》卷八十九，北京：中华书局，1962年，第3625页。

室之魁兮, 知公之德, 室不可隳。" 作者如此推崇文翁, 反映了宋人对汉文化的自信
和对推广汉文化的重视。在《凿二江赋》中, 狄遵度还表彰了在蜀地治水的李冰。
在赋的结尾, 作者称赞李冰的功绩曰:"蜀之为国, 非地之中, 宜乎夷貊之杂处, 鱼
鳖之与同。有李侯者至, 然后别类于水物。有仲翁者至, 然后同俗于华风。然则今所
及栋宇而处, 衣冠而嬉, 皆二公之所翳。"在作者看来, 李冰治水不仅在于兴利除害,
更在于改变了蜀民的生活习惯, 这是蜀地施行教化的基础。其他如陈洙的《漫泉
亭赋》是凭吊唐人元结、蒲宗孟的《肆业堂赋》是凭吊诸葛亮等, 着眼点均在人格
的崇高和济世救民的使命感方面。

当然, 对道德人格的追求只有上升到本体的层面才能形成体系, 才能以此建立
起知识和信仰体系, 才能发挥持久的影响力, 中唐时候的韩愈、李翱等积极主张
"复性", 其用意正在于此。宋初, 重新构建体系的条件已经成熟, 在强调道德人格的
同时, 一些人士已经向形上的层面构建知识体系的方向努力了, 赵湘就是宋代早期
的这样一位学者。他的《正性赋》是一篇宣扬儒家修身养性思想的论文[41]:"斤
道斧德兮, 振乎纪纲; 绳圣墨贤兮, 求诸栋梁。崇仁乎高埤兮, 磊义乎墙; 构礼于庑
兮, 作乐于廊。惟聪启户兮, 惟明启房。惟智是奥, 惟孝是堂。始经中而营外, 终藻文
而绘章。严其闑兮, 魑魅不得而飞扬; 职其事兮, 淫乱不得而弛张。次三皇兮, 为虞
而为唐; 后二帝兮, 为禹而为汤。尹完旦葺兮, 其址荧煌; 丘整轲修兮, 厥道芬芳。
伊奸回之肆毒兮, 情性为殃; 惟昏愚之嗜味兮, 仁羲攸荒。随浇逐浮兮, 深为沧浪;
积乱堆邪兮, 如彼高岗。蠹壤朽楠兮, 为韩为庄, 拔柱倾基兮, 为墨为杨。始绝圣弃

---

41) 而且, 在形而上学的层面构建儒家道德体系更具有文化上的自足性和排他性, 以后沿着这条学
术道路发展起来的理学的排他性在宋初的具有思想性的儒者那里已经表露出来。《宋史·吕
大临传》载:"富弼致政于家, 为佛氏之学。大临与之书曰'古者三公无职事, 惟有德者居之, 内
则论道于朝, 外则主教于乡。古之大人当是任者, 必将以斯道觉斯民, 成己以成物。岂以爵位
之进退, 体力盛衰为之变哉?今大道未明, 人趋异学, 不入于庄, 则入于释, 疑圣人为未尽善,
轻礼义为不足学。人伦不明, 万物憔悴, 此老成大人恻隐存心之时, 以道自任, 振起坏俗。若夫
移精变气, 务求长年, 此山谷避世之士独善其身者之所好, 岂世之所以望于公者哉。'弼谢之。"
以达尊大老而受后生之箴规, 良不易也。

智兮, 其祸微茫 ; 终反道败德兮, 罹毒汪洋。孰当救之兮, 舍短从长。非正夫性兮,
其何以当？惟其固之兮, 罔用弗减。俾之求象兮, 系于苞桑。"[42] 儒家把人的一生理
解为不断锻炼德行的过程, 这篇赋就是在指引人们必须走这样的人生道路, 才能够
开太平之基。其他的人生态度, 都是异端邪说。看得出来, 赵湘要把那些道德准则
作为天经地义至高无上的法则来对待, 在 ≪原教≫ 中, 他详细阐述了道德的先天
性 : "道之为物也, 无常名, 圣人之所存者七。≪中庸≫ 曰 : '率性之谓道, 修道之谓
教', 而其具有五 : 仁、义、礼、智、信, 合而言之, 是为七。柏栗、有巢之世, 其民饮
茹而朴, 道易而教隆, 不亲亲, 不子子, 巢之穴之, 然则七者具于其中矣。圣人者, 能
因其化, 不烦于教也, 故七者不复萌。尧舜以降, 氓之性不由道矣, 然而圣人者不以
其不由教而弃之。……而后教之以七者。禁不齐则以礼, 礼不齐则以刑。示之以君
臣、父子、夫妻之事, 节之以喜、怒、哀、乐、爱、欲之道。是七者之教, 圣人无他心,
但欲其复道而已矣。……教者本乎道, 道本乎性情, 性本乎心, 非在乎无知有知之相
害也。尧舜之后, 汤、文、武、周公、孔子咸以是教天下, 无他说焉。……杨、墨、
之小, 申、韩之异者, 皆所以惑人之心。心惑则情性乱, 情性则道异, 道异则教舛,
君臣、父子之不分, 暴乱、奸邪之不息, 其欲教有知至于无知, 呜呼！其可知其几
矣！"道, 就是儒家的道德准则, 圣人只是道德的传声筒和实践者, 遵从圣人的教导,
履道而行, 才是人的正路, 国的正路, 开万事太平的唯一途径。

宋初的学术发展是建立在尊君的基础上的, 并以此构筑起道德体系和知识体
系。宋人看重君主的道德力量在开万世太平方面的意义, 强调士大夫在责难和匡
济方面的话语优势。因此, 他们努力使儒家的道德思想系统化, 形而上学化, 并努
力用这个体系来改造文化。当时辞赋的创作比较清晰地记录了文人当时的思想焦
虑和学术在发生期的这种动向。

---

42) 易·否≫ : "其亡其亡, 系于苞桑。" 孔颖达疏 : "若能其亡其亡, 以自戒慎, 则有系于苞桑之固,
无倾危也。" 后因用 "苞桑"指帝王能经常思危而不自安, 国家就能巩固。

冯绍祖校刊 《楚辞章句》 考论

复旦大学 罗 剑 波*

摘要：明万历十四年 (1586) 冯绍祖校刊王逸 《楚辞章句》, 在 《楚辞》 评点史乃至 《楚辞》 学史上地位都颇为重要。 该本以王逸 《楚辞章句》 为底本, 又借助于评点形式, 吸纳了洪兴祖 《楚辞补注》、朱熹 《楚辞集注》 有 "裨益" 之处, 从而融三家注之精华于一本之中, 这体现了校刊刻冯绍祖的独特思考。 该本之问世, 对于打破当时朱熹 《楚辞集注》 的垄断, 推进 《楚辞》 训释多元化走向有重要贡献和意义。 冯绍祖从前世诸家著作中选取相关评语, 以眉批、旁批、总评等评点形式置于该书之中, 这反映了当时评点刻本的真实面貌及共同形态, 但这种评点观念与文人随阅随批之批点有很大差异。 冯绍祖对于评语的选择, 与其对屈子、屈赋的思考和认识紧密相关。 该本所确定的评点形态、评家以及评点, 对后世产生了广泛而深远的影响。

关键词：冯绍祖；王逸 《楚辞章句》；三家注；评点学价值

冯绍祖校刊 《楚辞章句》(以下简称冯本), 在 《楚辞》 评点史乃至 《楚辞》

---

* 作者简介：罗剑波, 《复旦学报》 (社会科学版) 编辑部副编审 (上海 200433)。
　基金项目：本文系国家社科基金青年项目 "《楚辞》 评点整理与研究" (13CZW021)、教育部人文社科基金青年项目 "《楚辞》 评点史" (11YJC751055) 的阶段性成果。

学史上地位都颇为重要。在评点方面, 该本确立的评点形态及对于评家的遴选、确定, 对后世 ≪楚辞≫ 评点影响深远, 直至民国六年刻俞樾辑评 ≪百大家评点王注楚辞≫, 仍可见该本的影子在其中。在 ≪楚辞≫ 学史方面, 明代前中期由于朱子学的兴盛, 这时期的 ≪楚辞≫ 学也基本上笼罩在朱熹 ≪楚辞集注≫ 之下, 冯本的问世对于进一步打破这种垄断, 推进 ≪楚辞≫ 学多元化走向有重要的贡献和意义。正因如此, 台湾艺文印书馆于1974年即将该本影印出版。大陆除姜亮夫、崔富章等先生之相关著录外, 专门研究较少, 似未引起学界的足够重视。笔者已撰 ≪早期〈楚辞〉评点校刊者冯绍祖考论≫1) 与 ≪论冯绍祖校刊本〈楚辞章句〉对〈楚辞补注〉的择取与接受≫ 2)两文, 分别对冯绍祖家世、交游、论 ≪骚≫ 思想, 以及冯本对于洪兴祖 ≪楚辞补注≫ 的接受等问题作了考察。本文拟在此基础上, 就冯绍祖对于前世 ≪楚辞≫ 注本的认识、刊刻此本的思考, 以及该本所收评点等重要问题作全面探讨。

一、冯本产生背景与冯绍祖对前世 ≪楚辞≫ 注本的认识

冯绍祖, 浙江海宁人, 生卒年不详, 亦少有作品传世, 其所校刊王逸 ≪楚辞章句≫, 是我们得以探知其人的主要资料。绍祖有 ≪校楚辞章句后序≫, 末题 "万历丙戌月轨青陆朔盐官冯绍祖绳武父书于观妙斋", "丙戌" 为明万历十四年 (1586), "月轨青陆", "青陆"指三月, 颜延之 ≪三月三日曲水诗序≫ : "日躔胃维, 月轨青陆。" 吕向注 : "青陆, 东道也。言立春、春分月从东道也, 言月行于此也。"3) ≪逸周书

---

1) 剑波 ≪早期〈楚辞〉评点刊刻者冯绍祖考论≫, 载 ≪武汉大学学报 (人文科学版)≫ 2014年第4期。

2) 剑波 ≪论冯绍祖校刊本〈楚辞章句〉对〈楚辞补注〉的择取与接受≫, 载 ≪古籍研究≫ 2007年卷下 ; 后又收入中国屈原学会编 ≪中国楚辞学≫ 第14辑, 北京 : 学苑出版社, 2011年。

3) 六臣注文选≫, ≪影印文渊阁四库全书≫ 本。

·周月》:"春三月中气:惊蛰,春分,清明。"4) 由此知序成于万历十四年 (1586) 三月初一。绍祖又请黄汝亨作序,末署 "万历柔兆阉茂之岁夏且朔"5),"柔兆"为 "丙","阉茂"为 "戌"。综合来看,该书或成于是年春夏之际,书成之时,又请黄氏为序,以广声势。

在冯本出现之前的明前中叶,社会上广泛流传的是朱熹 《楚辞集注》。这除朱注自身之优点外,更多则是在于官方的大力提倡与推崇。明初为了加强思想文化控制,朝廷大力提倡孔孟之道及程朱理学,并将其作为科举考试的阐释标准,朱子学日渐隆盛,成为权威,朱熹 《楚辞集注》 亦成为 《楚辞》 学界的标杆和准则。如时人何乔新 《楚辞集注序》 云:

> 《三百篇》 后,惟屈子之辞最为近古。……汉王逸尝为之 《章句》,宋洪兴祖又为之 《补注》,而晁无咎又取古今词赋之近 《骚》 者以续之。然王、洪之注,随文生义,未有能白作者之心。而晁氏之书,辨说纷拏,亦无所发于义理。朱子以豪杰之才、圣贤之学,当宋中叶,阨于权奸,迄不得施,不啻屈子之在楚也。而当时士大夫希世媒进者,从而沮之排之,目为伪学,视子兰、上官之徒,殆有甚焉。然朱子方且与二三门弟子讲道武夷,容与乎溪云山月之间。所以自处者,盖非屈子之所能及。……嗟夫,大儒者著述之旨,岂末学所能窥哉?然尝闻之,孔子之删 《诗》,朱子之定 《骚》,其意一也。6)

这代表了当时的主流观念,即通过否定前世 《楚辞》 诸家注,以推尊朱子注,并将其 "定 《骚》" 提升至与孔子 "删 《诗》" 等同的高度。同时由于王逸 《楚辞章句》、洪兴祖 《楚辞补注》 原本刊刻即少,人们得览不易,而朱注自问世后多有刊行,流布甚广,因而主导此时期之 《楚辞》 学也就成为势之必然。明代著名学者、曾任太子太傅兼户部尚书武英殿大学士的王鏊,曾描述当时王逸 《楚辞章句》 之

---

4) 逸周书·周月》,《影印文渊阁四库全书》 本。
5) 汝亨:《楚辞序》,冯绍祖校刊 《楚辞章句》,明万历十四年 (1586) 刻本。
6) 乔新:《楚辞集注序》,见吴原明刊:《楚辞集注》,明成化十一年 (1475) 刻本。

境遇："自考亭之注行世，不复知有是书矣。余间于《文选》窥见一二，思睹其全，未得也。何幸一旦而读之。人或曰：'六经之学至朱子而大明，汉、唐注疏，为之尽废，复何以是编为哉？'"[7] 自从朱注行世，就不再知有王注，而王鏊自己也只能从昭明《文选》中窥见一二，而无法找到《章句》全书，即使得见，亦被旁人奚落。[8]"六经之学至朱子而大明，汉、唐注疏，为之尽废"，延及《楚辞》之前世注疏，遂为世人所不齿，身份、名望显赫的王鏊尚且如此，王逸注之境遇自然可以想见。

也正是为了打破朱注一统天下的境况，王逸《楚辞章句》的刊刻开始出现。[9]如上引王鏊所论，即见于他在明正德十三年（1518）为黄省曾、高第刻《楚辞章句》所作序中，在这篇序中，他还对逸注、朱注作了客观比较和评价：

余尝即二书而参阅之，逸之注，训诂为详；朱子始疏以《诗》之六义，援据博，义理精，诚有非逸之所及者。然予之懵也，若《天问》、《招魂》，谲怪奇涩，读之多未晓析。及得是编，恍然若有开于余心。则逸也岂可谓无一日之长哉！章决句断，事事可晓，亦逸之所自许也。予因思之：朱子之注《楚辞》，岂尽朱子说哉，无亦因逸之注，参订而折衷之？逸之注，亦岂尽逸之说哉，无亦因诸家之说，会粹而成之？盖自淮南王安、班固、贾逵之属，转相传授，其来远矣。然则注疏之学，可尽废哉？若乃随世所尚，猥以不诵绝之，此自拘儒曲学之所为，非所望于博雅君子也。其《七谏》、《九怀》、《九叹》、《九思》，虽辞有高下，以其古也，存而不废。虽然，古之废于今，不独是编也，有能追而存之者乎？高君好尚如是，则其为政可知也已！[10]

由此我们可细绎出其中主要论点稍作阐释：经仔细对读，王鏊认为，王、朱二

7) 鏊：《重刊王逸注楚辞序》，见黄省曾校，高第刊：《楚辞章句》，明正德十三年（1518）刻本。
8) 详参罗剑波：《明代〈楚辞〉评点所取底本考》，载《复旦学报》（社会科学版）2011年第6期。
9) 背后还有随着心学兴起，人们逐渐反思、质疑朱学的学术背景，可详参罗剑波：《明代〈楚辞〉评点所取底本考》，载《复旦学报》（社会科学版）2011年第6期。
10) 鏊：《重刊王逸注楚辞序》，见王逸著，黄省曾校，高第刊：《楚辞章句》，明正德十三年（1518）刻本。

家俱有优势，皆不乏可取之处；之所以如此，是因其并非都是自己发明，而是遵循了古代注疏"转相传授"的传统与原则，"会粹"众说而成，如"随世所尚，猥以不诵绝之"，也即"拘儒曲学之所为"，而"非所望于博雅君子也"。基于此，对古本应当充分尊重，而绝非使之"废于今"，因而朱熹对《章句》之删改，这在王鏊看来有很大问题。既然古代注疏传统、古本面貌应当予以尊重，正确的做法就应让读者对此有全面地了解，由此王鏊对高第刊刻此本大加赞赏。王鏊对于《楚辞章句》的肯定及其"崇古"之主张，对于打破朱注的笼罩、推进《楚辞》学的多元走向有着重要而积极的意义。

　　黄省曾、高第刊本之后，又有隆庆五年（1571）豫章朱多煃夫容馆仿宋刻本问世，该本精善，又约请时贤王世贞作序，王逸《楚辞章句》遂有了更为广泛的传播和影响。冯本就是在这种背景下，于万历十四年（1586）刊刻问世的，冯绍祖在"观妙斋重校《楚辞章句》议例"中，详细阐述了他对于前世诸家注的认识，兹摘录相关者如下：

　　　　第一印古
　　　　《楚辞》先辈称王逸本最古，盖去楚未远，古文不甚流滥脱轶耳。后人人各以意撏易，若晦翁所次《九辩》诸章，固自玢豳，要非古人之旧矣。今一意存古，故断以王氏本为正。
　　　　第二铨故
　　　　《楚辞》解当汉孝武时，已令淮南王安通其义矣。惜乎言湮世远，今不复存。东汉王逸汇其故为《章句》，盖其详哉！至宋洪兴祖、朱晦翁，俱有补注，总之不离王氏者居多，兹颛主王氏《章句》。洪、朱两家，间有裨益处，为标其概于端，俾读者得以详考，亦毋混王氏之旧焉。
　　　　第三遴篇
　　　　《楚辞》编于刘子政者十六卷，《章句》于王叔师者十七卷。至唐宋而下，互有编次。而《楚辞后语》，则朱子仍晁无咎氏之故云。今主《章句》，则仍《章句》，即莫赡《后语》不论矣。
　　　　第五译响

屈、宋楚材，故音多楚，而间韵语，亦必寻声。《章句》弗详考，欲一通其响难。兹取洪、朱二氏者谓为毕绎焉，务宣其音响而已。至与他本相证，若一作某某云者，节之并从大文，为治古文者要删焉。[11]

王、洪、朱三家注，绍祖以王注为底本，其意在"存古"，并从"印古"、"铨故"、"遴篇"三方面作了详细阐述。在他看来，"王逸本最古"，"去楚未远"，因而讹滥较少，其诂训、篇次在三家注中亦最为可靠，应予以重视和遵循。《集注》因朱熹之改易，已"非古人之旧"，故而为绍祖摒弃，但值得注意的是，绍祖在客观指出朱注缺点的同时，其实并没有对其完全否定。《楚辞章句》未及音训，对于其中之楚声、韵语的解读，绍祖就多从洪、朱二家注中择出。同时，洪、朱注中于篇章脉络、题解等训释仍有可取之处，绍祖亦加以吸收、利用。因此，绍祖对待三家注的态度是客观的，并非简单地肯定或否定哪一家，而是融合三家之长，来重新打造一种精善之本。这一点与王鏊客观评价王注、朱注之长处，可谓一脉相承，且论述更全面，持论更公允。

对于洪、朱二家注，冯绍祖以为，"间有裨益处，为标其概于端，俾读者得以详考"。对于二家注的择取标准，是对读者之阅读应"有裨益处"。何谓"裨益"？绍祖未作具体说明。笔者曾就其对于洪注的接受，撰写《论冯绍祖校刊本〈楚辞章句〉对〈楚辞补注〉的择取与接受》一文，归纳了他的处理标准，即对于同一对象的注解，《楚辞补注》与《楚辞章句》意见基本一致的地方，即使《补注》更详细、更准确，绍祖也不引录。其所引录者则主要包括语词、语句及篇章大旨的训释，文章行文脉络的揭示，《楚辞》在后世文学创作中所产生影响的说明，以及对于前世评屈者论点的批评与纠正等。值得注意的是，在这其中，多为《章句》未涉及者，如已涉及，则定是《补注》与之相异，甚至是对《章句》的纠正。[12] 同者不取，异者才录，

---

11) 绍祖校刊：《楚辞章句》卷前附录，明万历十四年（1586）观妙斋刻本。

12) 体内容可参罗剑波：《论冯绍祖校刊本〈楚辞章句〉对〈楚辞补注〉的择取与接受》，载《古籍研究》2007年卷下；后又收入中国屈原学会编《中国楚辞学》第14辑，北京：学苑出版社，2011年。

由此可见绍祖之识见，因相异者才正是《补注》的价值与亮点所在，将其引录，"俾读者得以详考"，则又可见绍祖之用心以及对读者的尊重。

绍祖对于朱注的择取，同样也是遵循上述准则，即同者不收，且取其"有裨益处"。这主要包括以下几个方面：其一，对于相关语句、篇章所隐含屈子意旨的揭示。《离骚》"何昔日之芳草兮，今直为此萧艾也"句眉上，引朱熹曰："世乱俗薄，士无常守，乃小人害之，而以为莫如好修之害者，何哉？盖由君子好修，而小人嫉之，使不容于当世。故中才以下，莫不变化而从俗，则是其所以致此者，反无有如好修之为害也。东汉之亡，议者以为党锢诸贤之罪，盖反其词以深悲之，正屈原之意也。"[13] "陟之皇之赫戏兮，忽临睨夫旧乡"句眉上，引曰："屈原托为此行，而终无所诣，周流上下，而卒返于楚焉，亦仁之至而义之尽也。"

其二，关于《楚辞》作品篇章主旨的阐说。如《九歌·东皇太一》眉上引曰："此篇言其竭诚尽礼以事神，而愿神之欣说安宁，已寄人臣尽忠竭力、爱君无己之意，所谓全篇之比也。"《九歌·山鬼》"既含睇兮又宜笑，子慕予兮善窈窕"眉上，引曰："以上诸篇，皆为人慕神之辞。此篇鬼阴而贱，不可比君，故以人况君，以鬼喻己，而为鬼媚人之辞也。"[14]《九章·惜诵》"所作忠而言之兮，指苍天以为正"句眉上，引曰："此篇全用赋体，无他寄托，其言明切，最为易晓。而其言作忠造怨，遭谗畏罪之意，曲尽彼此之情状，为君臣者不可以不察。"

其三，对于屈子行文脉络的关注，这主要集中在《离骚》篇。如"乘骐骥以驰骋兮，来吾导夫先路"句眉端，引朱熹曰："自'汨余'至此同一韵，意亦相承。"[15] "伏清白以死直兮，固前圣之所厚"句眉端，引曰："自'怨灵修'以下至此一意，为下章回车复路起。"[16] "虽体解吾犹未变兮，非余心之可惩"句眉端，引曰："自'悔相道'至'可惩'，

---

13) 绍祖校刊：《楚辞章句》，明万历十四年 (1586) 观妙斋刻本。以下所引该本，不再一一注明。

14) 熹《楚辞集注》原文作："以上诸篇，皆为人慕神之词，以见臣爱君之意。此篇鬼阴而贱，不可比君，故以人况君，鬼喻己，而为鬼媚人之语也。"见朱熹撰、蒋立甫校点《楚辞集注》，上海古籍出版社、安徽教育出版社2001年版，第44页。

15) 熹《楚辞集注》原文作："自'汨余'至此，三章同一韵，意亦相承。"（第8页）因朱子已交代自'汨余'始至此，清楚明了，绍祖就将"三章"删去，以求简洁。

又承上文'伏清白以死直'之意, 而下为女婆詈予起也。"[17)

其四, 论及屈子之用语特色者。如 《九章·涉江》 文首眉上, 引曰: "此篇多以'余'、'吾'并称, 详其文意, '余'平而'吾'倨也。" 《九章·抽思》 "善不由外来兮, 名不可以虚作"眉端, 引曰: "'善不由外来'四语, 明白亲切, 虽前圣格言不过如此, 不可但以词赋观之。"[18)

最后, 绍祖所引 《集注》, 亦有纠正 《补注》 或 《章句》 者。如 《九歌·河伯》 篇题眉上, 引曰: "河伯旧说以为冯夷, 其言荒诞, 不可稽考, 大率谓黄河之神耳。"[19) "旧说"指洪兴祖 《补注》 所论。[20) 于此可见绍祖对于洪、朱二注的取舍、判断, 关于 "河伯"之释解, 他认为朱注更可信, 遂摒弃洪注, 而不是二者兼取供读者判断。《天问》 卷末引朱子云: "此篇所问, 虽或怪妄, 然其理之可推、事之可鉴者尚多有之。而旧注之说, 图以多识异闻为功, 不复能知其所以问之本意, 与今日所以对之明法。" 此处 "旧注"则指 《章句》, 《章句》 云: "屈原放逐, ……见楚有先王之庙及公卿祠堂, 图画天地山川神灵, 琦玮谲诡, 及古贤圣怪物行事。"[21) 朱熹所指 "多识异闻"者, 应即指此。综合来看, 绍祖对于洪、朱两家的择取, 所遵循的标准大致相仿无差。

综上所述, 冯绍祖校刊此本之时, 朱熹 《楚辞集注》 仍有极大影响, 而洪兴祖 《楚辞补注》 自问世后刊刻甚少[22), 得览不易。绍祖遵循 "去古未远"之理念, 以

---

16) 熹 《楚辞集注》 原文作: "自'怨灵修'以下至此, 五章一意, 为下章回车复路起。" (第13页) 处理与上例同。

17) 熹 《楚辞集注》 原文作: "自'悔相道'至此五章, 又承上文'清白以死直'之意, 而下为女婆詈予起也。" (第15页)

18) 熹 《楚辞集注》 原文作: "此四语者, 明白亲切, 不烦解说, 虽前圣格言, 不过如此, 不可但以词赋读之也。" (第84页)

19) 熹 《楚辞集注》 原文作: "旧说以为冯夷, 其言荒诞, 不可稽考, 今阙之。大率谓黄河之神耳。" (第44页)

20) 见洪兴祖撰, 白化文等点校: 《楚辞补注》, 北京: 中华书局, 2002年, 第78页。

21) 兴祖撰, 白化文等点校: 《楚辞补注》, 第85页。

22) 崔富章先生著录, 自该本问世至明前, 也仅见三种。见崔富章: 《楚辞书录解题》, 北京: 高等教育出版社, 2010年, 第48-51页。

《楚辞章句》为本依，又广泛吸收洪、朱二注之精华，从而汇就一本。对于三家注的这种定位和认识，在当时并非轻易即可形成，绍祖背后必定做了较多的比较等研究工作。绍祖于"议例"第四则中称"兹悉发家乘"，虽然这是就所引评家而言，其家中即藏有三家注亦属可能。另须指出的是，对于洪、朱二家之择取，绍祖并非随意，每处均经过其仔细辨识，背后付出之心血，当为后人珍视。总三家注之长而于一本之中，贡献给读者，这在《楚辞》传播史上前所未闻，堪称独创。何以能做到这一点，则在于绍祖巧妙地借鉴了当时已近于流行的评点方法，评点本中的评点形式、评点形态是他得以成功的不二法宝。

二、冯绍祖的评点观念与冯本之评点

冯本另一值得我们关注的地方，是在于它在《楚辞》评点史上的重要地位。由于问世较早，据现有资料看在此之前尚未有严格意义上的《楚辞》评点本出现，因而该本地位颇为特殊。如前所述，绍祖以《章句》为底本，并将择取出的洪、朱二家注与之融为一体，就是借用了评点的形式。绍祖称："洪、朱两家，间有裨益处，为标其概于端，俾读者得以详考，亦毋混王氏之旧焉。""标其概于端"，即指将二家注作择选、删改等处理后，使其以眉评等面目出现。冯本"观妙斋重校《楚辞章句》议例"还有"核评"一则，透露出他对评点的认识，兹引录如下：

> 第四核评
> 《楚辞》评先辈鲜成集，即抽绪论，亦咸散漫。兹悉发家乘，若张氏《楚范》、陈氏《楚辞》、洪氏《随笔》、杨氏《丹铅》、王氏《卮言》等集，一一搜载。而先王父小海公间有手泽，随列之。要以佐《章句》及洪、朱二氏所不逮。

　　基于对前世 《楚辞》 评家较少汇辑的事实, 绍祖以家中藏书为依托, 对这一工作进行尝试。其中所举六家, "张氏"为张之象, "陈氏"为陈深, "洪氏"为洪迈, "杨氏"为杨慎, "王氏"为王世贞, "先王父小海公", 为冯覲, 乃绍祖之祖父。核书中所引评家较多, 绍祖在此仅举六家, 或意在特加标显, 以括其余。六家之中, 陈深[23]、冯覲都曾批点 《楚辞》, "小海公兼有手泽"即指此而言, 其余四家之论评则由其著作中择取而成。这就透露出一个重要信息, "核评"之 "评", 其实并非专指后世意义上之评点, 绍祖对于陈深、冯覲之批 (评) 点与诸家评论是等同视之的, 他并未专门从学理上对评点予以认定或阐释, 因为在他看来两者实无二致。钱锺书先生在 《管锥编》 评论陆云 《与兄平原书》 云: "什九论文事, 着眼不大, 着语无多, 辞气殊肖后世之评点或批改, 所谓'作场或工房中批评' (workshop criticism) 也。……苟将云书中所论者, 过录于 (陆) 机文各篇之眉或尾, 称赏示以朱围子, 删削示以墨勒帛, 则俨然诗文评点之最古者矣。"[24] 张伯伟先生据此考察了自 《左传》、《论语》、毛诗序、魏晋以下专门论文之作, 至唐代诗格、选集、宋人诗话与评点之间的渊源联系, 以为 "评点之'评'就是在这样的基础上发展起来的"。[25] 按钱锺书先生的说法, 张伯伟先生所举例子, 若以相应评点形式呈现出来, 与后世评点应几无差别。而就冯本来看, 绍祖即是这样处理的, 他从前世诸家著作中选取相关评语, 以相应评点形式置于该书之中。由此可见, 绍祖更多是借用了眉批、旁批、总评等评点形式, 来赋以其品评的内容, 这与文人随阅随批之批点是有很大差异的。如果再结合前论对于洪、朱二家注同样的处理方式, 则更可以理解绍祖的这种认识。在冯本问世之前, 万历四年 (1576) 凌稚隆辑评 《史记评林》、万历十一年 (1583) 凌稚隆辑评 《汉书评林》 二书, 即以评点形式载录所选相关注、评, 且评点形态较为完备, 包括评家姓氏、眉批、旁批、篇首总评、篇末总评等多种样式。据现有材料, 在

23) 详参罗剑波:《陈深及其〈楚辞〉评点的价值》, 载 《吉林大学社会科学学报》 2013年第1期。

24) 锺书:《管锥编》 第四册, 北京:中华书局, 1986年, 第1215页。

25) 伯伟:《评点溯源》, 章培恒、 王靖宇主编:《中国文学评点研究论集》, 上海:上海古籍出版社, 2002年, 第13-14页。

冯本之前少有严格意义上的《楚辞》评点本出现，冯本一问世即以较成熟的评点形态出现，这应当是受到了《史记评林》、《汉书评林》等书的影响，绍祖直接吸收了其中的评点形态。冯本与《史记评林》、《汉书评林》等书相同的处理方式，应当反映了当时评点刻本的基本情况，即评语与评点形式的结合，多是辑刊者有意为之，而并非原本文人品评之时即手批于书上。文人手批或对多人批点集中收辑后所刊刻的集评本，才应当是严格意义上的评点。但在当时，文人评点尚有待于进一步生发与积累，于是刊刻者就较多地来择取前世诸家的相关内容。

冯绍祖所选评家，依出现先后，共有扬雄、曹丕、沈约、庾信、刘勰、刘知几、皮日休、苏辙、葛立方、洪兴祖、朱熹、祝尧、高似孙、汪彦章、陈传良、李涂、叶盛、何孟春、姜南、张时徹、唐枢、茅坤、王世贞、刘凤 (以上见"楚辞章句总评")、钟嵘、冯觐、陈深、王应麟、张凤翼、刘次庄、沈括、洪迈、楼昉、杨慎、吕向、张之象 (以上为眉评增益)、刘安、贾岛、宋祁、苏轼、严羽、张锐、吕延济、姚宽 (以上为卷末总评增益) 44人。就所处朝代看，44家中，多在明以前，明人仅有14位。所录评语由各家著作抽取而成，有些绍祖作了改动和调整。如《九辩》"登山临水兮，送将归"句眉上，引洪迈曰：

> "憭栗兮，若在远行。登山临水兮，送将归。"潘安仁《秋兴赋》引其语，盖畅演厥旨，而下语之工拙，较然不侔也。

洪氏此语见《容斋续笔》卷三"秋兴赋"条，原文作：

> 宋玉《九辩》词云："憭栗兮，若在远行。登山临水兮，送将归。"潘安仁《秋兴赋》引其语，继之曰："送归怀慕徒之恋，远行有羁旅之愤。临川感流以叹逝，登山怀远而悼近。彼四戚之疚心，遭一涂而难忍。"盖畅演厥旨，而下语之工拙，较然不侔矣。[26]

---

26) 迈：《容斋随笔》，济南：齐鲁书社，2007年，第192页。

两例相较, 冯绍祖删去《秋兴赋》具体内容, 或因其着眼于揭示《九辩》对潘岳所产生的影响, 再加上眉端空间的限制, 至于"畅演厥旨"之具体内容, 则不必烦录。

又如, 冯本《招魂》卷末总评引洪迈曰:

> 《毛诗》所用语助之字, 以为句绝者, 若之、乎、焉、也、者、云、矣、尔、兮、哉, 至今作文者皆然。他如只、且、忌、止、思、而、何、斯、旃、其之类, 后所罕用。《楚词·大招》一篇, 全用"只"字, 至于"些"字, 独《招魂》用之耳。

洪氏此语见《容斋五笔》卷四"毛诗语助"条, 原文作:

> 《毛诗》所用语助之字, 以为句绝者, 若之、乎、焉、也、者、云、矣、尔、兮、哉, 至今作文者皆然。他如只、且、忌、止、思、而、何、斯、旃、其之类, 后所罕用。只字如"母也天只", "不谅人只"。且字如"椒聊且", "远条且", "狂童之狂也且", "既亟只且"。忌字如"叔善射忌", "又良御忌"。止字如"齐子归止", "曷又怀止", "女心伤止"。思字如"不可求思", "尔羊来思", "今我来思"。而字如"俟我於著乎而", "充耳以素乎而"。何字如"如此良人何", "如此粲者何"。斯字如"恩斯", "勤斯", "鬻子之闵斯", "彼何人斯"。旃字如"舍旃舍旃"。其字音"基", 如"夜如何其", "子曰何其", 皆是也。"忌"惟见于郑诗。"而"惟见于齐诗。《楚词·大招》一篇全用"只"字。《太玄经》:"其人有辑, 抗可与过其。"至于"些"字, 独《招魂》用之耳。[27]

绍祖于此亦删去洪迈所举具体例证, 仅取其中言及《楚辞》者, 此例于冯本位置在卷末, 并不受空间的限制, 不录或亦欲避免琐细。由此来看, 绍祖对于诸家评语, 亦是经过认真思索和考虑的, 当详则详, 该略则略, 其所征引, 无论繁富, 抑或简略, 皆有其如此之然的理由和考虑。

---

27) 迈:《容斋随笔》, 第674页。

也有未经过删改与加工者。如 "《楚辞章句》总评" 所引刘勰 《文心雕龙》《辨骚》全篇，《诠赋》、《比兴》、《时序》、《物色》诸篇，则是直接摘取了大段内容。如此之类，还有沈约 《宋书·谢灵运传论》、祝尧 《古赋辨体》、叶盛 《水东日记》、王世贞 《楚辞序》、洪兴祖 《离骚·后序·补注》等。或许是不满于绍祖的这种做法，后世评点本刊刻者在因袭相关材料时，有的作了删改。如冯本引叶盛语，自 "昔周道中微，《小雅》尽废" 始，至 "如此，则原之本意，又将复亡矣" 一大段，意在指出屈原 "笃君臣之义，愤悱出于思泊 (《水东日记》作 "至诚")，不以污世而二其心"、《离骚》亦为承 《诗》之作，同时亦对后世班固、杨雄等人之质疑进行辩驳。绍祖全引此文，意在让读者了解屈子心志、《楚辞》成就以及前世这一争论过程。后来蒋之翘仅摘录其中一句，"《离骚》源流于六义，兴远而情逾亲，意切而辞不迫"[28]，极为简炼，评 《骚》主旨也更为突出。此外，如上列冯本中刘勰等诸家评语，蒋之翘也均作了删节和改动，抽出其中精炼之语，消除或在他看来冯本引文繁冗的弊病。但如上例来看，绍祖是旨在让读者更深切、周详地理解屈子、屈赋，因而两种引录着眼点不同，均有合理之处，似又不能简单以优劣论之。

冯本所引诸家评语，就其大要而言，有以下几个方面值得注意：

(一) 强调屈赋对于 《诗经》传统的继承，并完全符合儒家诗教规范。《诗》、《骚》关系，始终是 《楚辞》批评史上一个永恒不变的话题。围绕它，千百年来人们一直争论不已，众说纷纭。对这一问题绍祖倾向于摘引强调 《诗》、《骚》一脉相承的材料：

> 祝尧曰：《骚》者，《诗》之变也。《诗》无楚风，楚乃有 《骚》，何耶？愚按，屈原为 《骚》时，江汉皆楚地。盖自文王之化行乎南国，《汉广》、《江有汜》诸诗，已列于二南、十五国风之先。其民被先王之泽也深。风雅既变，而楚狂 "凤兮" 之歌，沧浪、孺子 "清兮浊兮" 之歌，莫不发乎情，止乎礼义，而犹有 《诗》人之六义，故动吾夫子之听。但其歌稍变于 《诗》之本体，又以 "兮" 为读，楚声

---

28) 之翘评校：《楚辞集注》，明天启六年 (1626) 刻本。

萌蘖久矣。原最后出，本《诗》之义以为《骚》。但世号《楚辞》，初不正名曰赋，然赋之义实居多焉。(《楚辞章句》总评)

姜南曰：文章自六经、《语》、《孟》之外，惟庄周、屈原、左氏、司马迁最著。后之学者，言理者宗周，言性情者宗原，言事者宗左氏、司马迁。周之言，出於《易》，原出於《诗》，左氏、司马迁，出於《尚书》、《春秋》。(《楚辞章句》总评)

王世贞曰：三闾家言，忠爱悱恻，怨而不怒，悠然《诗》之风乎？(《楚辞章句》总评)

冯觐曰：历叙至此方说出被谗，何婉而切也，然于荃略无怨言，又见其怨诽而不乱矣。(《离骚》"荃不揆余之中情兮，反信谗以齌怒"眉评)

葛立方曰：此与孔子"和而不同"之言何异？(《渔父》"举世皆浊我独清，众人皆醉我独醒"句眉评)

(二) 揭示《楚辞》的艺术特色及感染力，关注《楚辞》所达到的高度，强调非后人可及。关于这一点，冯本所录评语中亦有不少材料论及：

杨雄曰：或问："屈原、相如之赋孰愈？"曰："原也过以浮，如也过以虚。过浮者蹈云天，过虚者华无根。然原上援稽古，下引鸟兽，其著意于虚，长卿亮不可及。"(《楚辞章句》总评)

魏文帝曰：优游按衍，屈原尚之；穷侈极妙，相如之长也。然原据托譬喻，其意周旋，绰有余度，长卿、子云不能及。(《楚辞章句》总评)

刘凤曰：词赋之有屈子，犹观游之有蓬阆，纵适之有溟海也。(《楚辞章句》总评)

宋祁曰：《离骚》为词赋之祖，后人为之，如至方不能加矩，至圆不能过规矣。(《离骚》卷末总评)

冯觐曰：《离骚经》断如复断，乱如复乱，而绵邈曲折，读者莫得寻其声，而绎其绪，又未尝断，未尝乱也。至其才情艳发，则龙矫鸿逸；志意悱恻，则啼猩啸鬼，浓至惨黯，并臻其妙。盖由独创，自异规仿耳。(《离骚》卷末总评)

冯觐曰：《九歌》情神惨惋，词复骚艳。喜读之，可以佐歌；悲读之，可以当哭。清商丽曲，备尽矣。(《九歌》卷末总评)

(三) 指出《楚辞》对于后世创作所产生的深刻影响。《楚辞》作为中国文学传统的一个重要源头, 对后世文人创作所产生的影响是广泛而深远的, 绍祖对此亦较为留意, 多有征引:

> 刘知几曰: 作者自叙, 其流出于中古。《离骚经》首章上陈氏族, 下列祖考, 先述厥生, 次显名字, 自叙发迹, 实基于此。降及司马相如, 始以自叙为传, 至马迁、杨雄、班固自叙之篇, 实烦于代。(《离骚》"帝高阳之苗裔兮, 朕皇考曰伯庸"句眉评)
>
> 沈括曰: "吉日兮辰良", 盖相错成文, 则语势矫健。如杜子美诗云: "红豆啄余鹦鹉粒, 碧梧栖老凤凰枝。"韩退之云: "春与猿吟兮, 秋鹤与飞。"皆用此体也。(《九歌·东皇太一》"吉日兮辰良"句眉评)
>
> 洪迈曰: 唐人诗文, 或于一句中自成对偶, 谓之当句对, 盖起于《楚辞》"蕙蒸"、"兰藉"、"桂酒"、"椒浆"、"桂櫂兰枻"、"斫冰积雪"。自齐梁以来, 亦如此。王勃《宴腾王阁序》一篇皆然。(《九歌·东皇太一》"蕙肴蒸兮兰藉, 奠桂酒兮椒浆"句眉评)
>
> 刘次庄曰: 《楚词》曰: "新沐者必弹冠, 新浴者必振衣。"又曰: "与女沐(注)兮咸池, 晞汝发兮阳之阿", 皆洁濯之谓也。李白亦有此作, 其词曰: "沐芳莫弹冠, 浴兰莫振衣。处世忌太洁, 至人贵藏晖。"与屈原意同。(《九歌·云中君》"浴兰汤兮沐芳"句眉评)
>
> 王世贞曰: "入不言兮出不辞, 乘回风兮载云旗。"虽尔怳忽, 何言之壮也; "悲莫悲兮生别离, 乐莫乐兮新相知", 是千古情语之祖。(《九歌·少司命》"悲莫悲兮生别离, 乐莫乐兮新相知"句眉评)29)
>
> 王世贞曰: 今人以赋作有韵之文, 为《阿房》、《赤壁》累, 固耳。然长卿《子虚》已极曼衍, 《卜居》、《渔父》实开其端。(《卜居》卷末总评)

(四) 训释屈子意旨、屈赋语句及篇章大意。如:

> 王应麟曰: "闺中既以邃远兮, 哲王又不悟。"以楚王之暗, 而犹曰"哲王", 盖

---

29) 中沈括、刘次庄二人语, 由洪兴祖《楚辞补注》转引而来。

屈子以禹汤望其君，不忍谓不明也。太史公曰："王之不明，岂足福哉！"非屈子意。(《离骚》"汤禹俨而祗敬兮，周论道而莫差"句眉评)

楼昉曰：此篇反复曲折，言己始以志行之洁、才能之高，见珍爱于怀王。己亦爱慕怀王，纳忠效善，而终困于谗，不能使之开悟。君虽未忍遽忘，卒为所蔽，而己拳拳终不忘君也。(《九歌·山鬼》"若有人兮山之阿，被薜荔兮带女罗"句眉评)

楼昉曰：末章盖言神能驱除邪恶，拥护良善，宜为下民之所取正，则与前篇意合。(《九歌·少司命》章首眉评)

吕延济曰：每篇之目，皆楚之神名。所以列于篇后者，亦犹毛诗题章之趣。(《九歌》卷末总评)

姚宽曰：《九歌章句》名曰九，而载十一篇，何也？曰：九以数名之，如《七启》、《七发》，非以其章名。(《九歌》卷末总评)

王应麟曰：屈原楚人而曰"哀南夷之莫吾知"，是以楚俗为夷也。淫邪之类，谗害君子，变于夷矣。(《九章·涉江》"哀南夷之莫吾知兮，旦余济乎江湘"句眉评)

冯觐曰：记云：狐死正丘，首仁也。屈子之词，前极愤懑，至乱而每以非其罪而自安，其亦仁人之用心也。(《九章·哀郢》"鸟飞反故乡兮，狐死必首丘"句眉评)

(五) 纠正在绍祖看来 《楚辞章句》 的错误释解：

张凤翼曰：以上望舒、飞廉、鸾凤、雷师，但言神灵为之拥护耳，初无善恶之分也。旧注牵合，且以飘风、云霓为小人，然则《卷阿》之言"飘风自南"，《孟子》之言"若大旱之望云霓"，亦皆象小人耶？(冯本《离骚》"飘风屯其相离兮，帅云霓而来御"句眉评)

张凤翼曰：此言"兰"、"椒"，指贤人之改节者。旧注以为指子兰、子椒，然则下文"揭车"、"江离"又谁指哉？(冯本《离骚》"椒专佞以慢慆兮，樧又欲充夫佩帏"句眉评)

杨慎曰：旧注："揭，去也。"又按，《吕氏春秋》："膠鬲见武王于鲔水，曰：西伯揭去，无欺我也。武王曰：不子欺，将伐殷也。膠鬲曰：揭至？武王曰：将以甲子日至。"注："揭，何也。"然则揭之为言盍也。若以解《楚辞》，则谓车既驾矣，盍而归乎？以不得见，而心伤悲也。意尤婉至。(冯本《九辩》"车既驾兮揭而归，不得见兮心伤悲"句眉评)

以上是冯本所载评点的基本情况。其中训解语句、篇章意旨及纠谬与绍祖对于洪、朱二注的择选，颇相一致。绍祖有"校楚辞章句后序"，从中又可见其两种基本倾向：一是《诗》、《骚》相较，绍祖称："读'伤灵修'、'从彭咸'语，见谓庶几《谷风》、《白华》之什，而哀怨过之。"再者是认为屈子以情文，非后世模拟者可比："盖不佞居恒谓屈子生于怨者也，故謦欬不胜其呻吟。宋、景诸人，生于屈子者也，故呻吟不胜其謦欬。要以情文为统纪，岂可过乎！"绍祖之祖父冯觐在批点中，强调屈赋对于儒家诗教传统的继承、屈子情志、屈赋对于后世影响，以及屈赋之艺术特色及感染力。如称《离骚》"婉而切"、"怨诽而不乱"；称屈子"至其才情艳发，则龙矫鸿逸；志意悱恻，则啼猩啸鬼，浓至惨黯，并臻其妙"；评价《国殇》"此篇叙殇鬼交兵挫北之迹甚奇，而辞亦凄楚，固知唐人吊古战场文，为有所本"；认为《九章》"古今之能怨者，莫若屈子。至于《九章》而凄入肝脾，哀感顽艳，又哀怨之深者乎"。而与绍祖交善，并为该本作序之黄汝亨，亦认为屈子之情文，远过后世"雕刻"、"模拟"者："文生于情，……而屈子以其独醒独清之意，沉世之内，殷忧君上，愤懑混浊。六合之大，万类之广，耳目之所览睹，上极苍苍，下极林林，催心裂肠，无之非是。辞之深秋永夜，凄风苦雨，郁结于气，宣畅于声，皆化工殿，岂文人雕刻之末技，词家模拟之艳辞哉！"[30] 持论亦与绍祖颇相近似与一致。因此，绍祖对屈子、屈赋之认识，以及对前世评家之择取，其实并非空穴来风，而是受到其祖父冯觐的深刻影响；黄汝亨、冯绍祖间有无直接影响限于资料不易考证，但由其相近的审美取向，亦可推知二人间的相互认可与默契。[31]

冯本所录评点，实有品评而无圈点，所引诸家，皆以某某曰的形式注明，如"刘知几曰"、"张之象曰"之类。就篇章分布来看，评语主要集中于屈、宋作品，且从全书整体来看，评语数量大致呈逐渐递减的趋势，尤其是至东方朔《七谏》以下几篇拟骚作品，仅有张之象一处眉评。关于该本评点，还有一点值得注意。"兹悉发家乘，

---

30) 汝亨：《楚辞序》，冯绍祖校刊：《楚辞章句》，明万历十四年（1586）年刻本。

31) 于冯绍祖论《骚》及与黄汝亨交游，可详参罗剑波：《早期〈楚辞〉评点校刊者冯绍祖考论》，载《武汉大学学报》（人文科学版）2014年第4期。

若张氏《楚范》、陈氏《楚辞》、洪氏《随笔》、杨氏《丹铅》、王氏《厄言》等集,一一搜载。而先王父小海公间有手泽,随列之。要以佐《章句》及洪、朱二氏所不逮。""佐《章句》及洪、朱二氏所不逮",一"佐"字清晰表明了绍祖关于三家注与评点地位高低的判断,《章句》及洪、朱二氏,是该本的主体部分,诸家评点则是使该本更为完备的补充。如果具体来看,亦可说明这一点。《楚辞章句》作为底本自不必言,《楚辞补注》、《楚辞集注》的相关内容,分别以卷首总评、眉批、旁批及卷末总评的形式存在,数量较多,与绍祖所引评点相较,比例亦较大,尤其是眉批和旁批,旁批则全部都是。虽然洪、朱二注借助于评点形式,且亦以"洪兴祖曰"、"朱熹曰"的面目与诸家评语并列,但依绍祖本意,是将其视为注而非评的,这样冯本之评点形式所承载的也就是"注"、"评"并存的内容,冯本评点中这种"注评合一"的现象,是其作为评点本较为特殊的地方。

三、冯本价值及其对后世评点本的影响

冯觐喜爱《楚辞》并加以批点,这种家学渊源对绍祖有重要影响。绍祖自言"譊譊慕《骚》",对屈子、屈赋当精熟且有深切体认,这从前引其所作"校楚辞章句后序"中亦可见出。故其校刊此本,就格外用心,除了却"慕《骚》"之情愫外,亦有欲使屈子、屈赋能流传千古之心志。绍祖称:"是编也,不佞非以益《骚》,而聊以毕其所慕,繄起穷愁而揄伊郁也。若曰或卬之而或抑之,则不佞乌敢开罪灵均,而为叔师引咎哉!嗟乎!子云《反骚》,至其论《玄》也,则谓千载之下有子云。谓千载之下有子云者而知《玄》,毋乃谓千载之下,有屈子者而知《骚》乎哉!"[32]基于这种情愫,该本择选周切、校刻精审,也即在情理之中了。由此该本之价值,主

---

32) 绍祖:《校楚辞章句后序》,冯绍祖校刊:《楚辞章句》,明万历十四年 (1586) 刻本。

要体现在以下三个方面：其一，给予王逸、洪兴祖、朱熹三家注以客观评价，并将三者融于一本之中，这在《楚辞》传播史上堪称独创，对于促进三家注尤其是《楚辞章句》、《楚辞补注》的传播，以及《楚辞》阐释多元化走向都有重要意义和积极作用；其二，绍祖有浓厚的读者本位意识，其所做努力旨在为读者提供一种校刻精审、注评贴切的《楚辞》读本，这正是其得以成功的原因所在；其三，绍祖对于前世诸评家的择选、汇辑，透露出他已经具有了《楚辞》学史或曰《楚辞》批评史的意识，同时其所辑录作为重要材料基础，对于推进相关研究有着重要价值和意义。也正因此，他得到了好友黄汝亨的称赞："绳武博物能裁，搜自刘、王迄于近代，齿间合文，要于神情，斯不亦符节骚人，而升之风雅之堂哉。"33)

其中有的评家，因其相关著作后来亡佚，幸赖于绍祖的征引，我们才可借以对之有所了解。如张之象《楚范》，今已亡佚，《千顷堂书目》、《四库全书总目》有著录，其中《四库全书总目》云："《楚范》六卷，明张之象撰。之象有《太史史例》已著录。是编割裂《楚词》之文，分标格目，以为拟作之法。分十二编，曰辨体，曰解题，曰发端，曰造句，曰丽词，曰叶韵，曰用韵，曰更韵，曰连文，曰叠字，曰助语，曰余音。屈宋所作，上接风人之遗，而下开百代之词赋。性情所造，音律自生，所谓文成而法立者也。之象乃摘其某章某句，多立门类，限为定法，如词曲家之有工尺，以是拟骚，宁止相去九牛毛乎。"34) 今核绍祖所引，《楚范》多论及《楚辞》诸篇用韵特色。四库馆臣于之虽多所批评，但该书之于《楚辞》欣赏、韵读，当多所助益。兹举数例：

> 长篇长句如《离骚经》，一篇中转换反覆，凡更七十余韵。其间有八句为一韵者五段，十句为一韵者一段，十二句为一韵者二段，余则四句为一韵也。（《离骚》卷末总评）
>
> 短句如《九歌》诸篇，或二三句为一韵，或四五句为一韵，或六七八句为一

---

33) 汝亨：《楚辞序》，冯绍祖校刊：《楚辞章句》，明万历十四年（1586）刻本。
34) 昀等：《四库全书总目》，北京：中华书局，1997年，第2772页。

韵。惟《国殇》更韵最多。《东皇太一》自首至尾不更他韵，全篇十五句为一韵，皆阳韵也。(《九歌》卷末总评)

长篇长句如《九章·惜往日》篇：自"惜往日之曾信兮"至"身幽隐而備之"二十二句为一韵；自"临沅湘之云渊兮"至"因缟素而哭之"二十四句为一韵；自"前世之嫉贤兮"至"惜廱君之不識"二十句为一韵；一篇止更三四韵而已。

中句如《九章·涉江》之"乱"及《橘颂》全篇，率皆四句为一韵，其余损益间亦有之。(《九章》卷末总评)

冯本自问世之后，曾连年刊印，甚为畅销，以至于射利之徒蜂起，版片屡易他手，对此崔富章先生称："绍祖刊《楚辞》，以王逸《章句》为主干，又辑各家评说于一本，连年版行，堪称畅销书。射利之徒蜂起，版片一再易手，招牌换了又换，直至清代，仍在印行。"[35] 更有甚者，为促销路，则随意变换其名目。如金陵益轩唐氏刊"新刻釐正离骚楚辞评林"、金陵王少塘刊"新刻评注离骚楚辞百家评林"、复古斋印"楚辞句解评林"等，皆属此类。如前所言，冯本之所以如此畅销，归根结底还是在于绍祖兼取众长于一书的特有优势，其对后世的影响也是在于此。

由于传播广泛、且历时时间较长，该本对后世产生了较大影响，其中尤其须注意的就是它对后世《楚辞》评点本的影响。这种影响具体体现在评点形态、所选评家及评点内容等方面。如前所述，由于受《史记评林》、《汉书评林》的影响，冯本在评点形态上一问世就较为完备，包括"卷首总评"、"眉批"、"旁批"、"卷末总评"等多种形式，后世评点本刊刻者有所依傍，根据喜好及刻本具体情况，多有借鉴。[36] 而在所选评家及具体的评点内容方面，这种影响则更为明显。如随后的凌毓枏校刊《楚辞》[37]，在所录评家与品评内容上就与冯本大量雷同。如以《离骚》为例，凌本共有眉批42条，其中有33条即来自冯本。在这些评语中，有的全同冯本，有的则通过变换位置、删节等方式作了改动。例如，由于只有眉批一种形式，对于

---

35) 富章：《楚辞书目五种续编》，上海：上海古籍出版社，1993年，第24-25页。

36) 详参罗剑波：《明代〈楚辞〉评点形态及其研究价值》，《文学评论》2015年第1期。

37) 毓枏校刊《楚辞》，明万历二十八年（1600）朱墨套印本。

冯本"卷首总评"及《离骚》卷末总评中的相关内容，该本则调至王逸《离骚》小序眉端。如苏辙语"吾读《楚辞》，以为除书"、李涂语"《楚辞》气悲"、刘凤语"词赋之有屈子，犹观游之有蓬阆，纵适之有溟海也"、宋祁语"《离骚》为词赋之祖，后人为之，如至方不能加矩，至圆不能过规矣"等。

另外，在凌本中，有的因为与冯本所载完全相同，乃至于一错俱错，从而成为该本因袭冯本的有力证据。如《离骚》"众女嫉余之蛾眉兮，谣诼谓余以善淫"句眉上，冯本引洪兴祖曰："《反离骚》云：'知众嫭之嫉妒兮，何必扬累之蛾眉。'此亦班孟坚、颜推之以为'露才扬己'之意。夫冶容诲淫，目挑心与，孟子所谓'不由其道'者。而以污原，何哉？"文中"颜推之"显系"颜之推"之误，而凌本所录与冯本全同。

凌本之后，受冯本影响的评点本较多，如万历间问世的就有《二十九子品汇释评·屈子》[38]、万历间刊《楚辞集注》[39]、《古文奇赏·屈子》[40]、闵齐伋校刊套印本《楚辞》[41]等。再以天启间问世的蒋之翘校刊《楚辞集注》（《七十二家评楚辞》）为例稍作说明。蒋本是明代较为重要的评点本，后世如沈云翔《楚辞集注评林》（崇祯十年，1637）、听雨斋"八十四家评点朱文公楚辞集注"（清初）等，皆由此本而来。该本所载评语，不少都是转录自冯本。如卷首"《楚辞》总评"所列46家中，就有20家来自冯本，而冯本"《楚辞章句》总评"中所载自扬雄至刘凤24家，其中仅有苏辙、葛立方、张时彻、唐枢4人，蒋本未转录。正文中所录评语，大量也都是显系由冯本而来。类似蒋本的这种情况，一直延续至民国六年俞樾辑评《百大家评点王注楚辞》中。

为了更直观地了解冯本对于后世评点本的影响，笔者特举一个较典型的例子。洪兴祖《楚辞补注·离骚》"启《九辩》与《九歌》兮"句下有一段话，文曰："《离骚》、《天问》多用《山海经》，而刘勰《辨骚》以'康回倾地'、'夷羿弊日'为'谲

---

38) 二十九子品汇释评·屈子》，明万历四十四年（1616）刻本
39) 楚辞集注》，明万历间刻本，复旦大学图书馆、北京师范大学图书馆皆有藏。
40) 仁锡选评：《古文奇赏·屈子》，明万历四十六年（1618）刻本。
41) 齐伋校刊：《楚辞》，明万历四十八年（1620）年刻本。

怪之谈'、'异乎经典'。如高宗梦得说, 姜嫄履帝敏之类, 皆见于《诗》、《书》, 岂诬也哉。"[42] 这段话于冯本则见于《天问》"康回凭怒, 地何故以东南倾"句眉端。自绍祖将其位置由《离骚》调至《天问》后, 后世凌毓枬校刊《楚辞》、万历间刻《楚辞集注》、《诸子汇函·玉虚子》皆承袭之, 一直到崇祯十一年 (1638) 刊来钦之《楚辞述注》录此语, 位置亦同于冯本。

总之, 冯绍祖以王逸《楚辞章句》为底本, 又择取洪兴祖《楚辞补注》、朱熹《楚辞集注》之"裨益"处, 再广泛搜集前世评家品评之辞, 精心校刻, 遂成为《楚辞》评点史乃至《楚辞》学史上至为重要的著作之一种。关于它的地位和价值, 尚有待学界同仁作更深入地挖掘和梳理。

---

42) 兴祖:《楚辞补注》, 北京: 中华书局, 1983年, 第21页。

中国厕神研究现状述评

四川师范大学　刘　勤 *

厕神是指与厕所或如厕相关的神灵, 包括住在或者出现在厕所、职司屎尿、粪肥、田产、蚕桑、污秽等的神灵。其神格因不同国家和民族, 不同时间和地域有很大差异, 在发展演变中也存在着相当的模糊性和变动性, 其神格非常复杂, 在崇奉厕神的地方, 他的神格有时广泛到无所不包, 而其形貌、性别也不一而足、变动不居。

随着中国现代化进程的演进, 厕神信仰已越来越不为人所熟知, 再加上中国不少厕神具有 "有神而无话"的特征, 以及中国源远流长的 "礼乐文明"之驱逐, 厕神研究几乎成了 "禁忌", 学术界长期的冷漠致使其概念、性质、分类等存在诸多争议, 基本的问题都还有待讨论, 遑论更深层次的研究了。比如, 有人把他归为掌管卫生系统的神灵, 也有人把他归为女性和儿童的保护神, 或者为产神、家神, 还有的把他视为瘟神、凶神、财神, 甚至有的拒绝称呼他为神, 而视其为鬼和妖怪。作为一名标准的俗神, 厕神的神格不可避免地具有相当的模糊性和变迁性, 这也就更增加了

* 刘勤, 字彦序, 农历1980年12月24日生, 四川成都人。四川师范大学文学院副教授, 文学博士, 主要研究中国古代文学、民俗与神话。本文是国家社科基金项目《中国厕神信仰考论》(14CZW064) 序言初稿。

研究的困难度。

总体而言，目前对厕神的真正研究大多在民俗领域。早期学者利用自己的田野调查资料和跨文化视野来进行研究，取得了不少成就，如黄石、娄子匡等。但受制于时代和资料的局限，无法对厕神进行整体性研究。国外学者对厕神的真正研究同样集中于民俗领域，以日本为例，惯于对某一民俗事项进行细致的考索。除此之外，厕神研究显得零散、片段、不成系统。

一、国内厕神研究状况

1. 厕神·厕所·厕所文化

基于种种原因，国内目前对厕神的研究相当不景气，迄今为止还无专著面世。今天有关农业民俗的书籍都不会提到厕神。有些作品虽有涉及，但篇幅甚短。如徐彻、陈泰云《中国俗神》一书中第59位为厕神，仅用200余字谈了紫姑神，马书田《中国俗神》将厕神归为"生活保护神"类，列举到的厕神也不外乎只有女性厕神紫姑、戚夫人、三宵娘娘，寥寥三四百字。另外，乌丙安在《中国民间信仰》和万建中等在《汉族风俗史》中也有零星提及，故事梗概大多本于《异苑》、《洞览》等所载，并无新材料和新理论的融摄。值得注意的是，丁世良、赵放主编的《中国地方志民俗资料汇编》十分可贵，在资料上基本可以对近世厕神民俗信仰进行一个总结。

尽管还无专论厕神的专著，却出现了几部论"厕所"的专著。如《厕所文化漫谈》(2005)一书内容丰富，涉及中国厕所的技术史、如厕心理与生理、厕所与性别、厕所与文明等。另一作品《雪隐寻踪：厕所的历史、经济、风俗》(2005)的主要着眼点则是：中国厕所的形制、功能、相关物什介绍，其中有一节专门谈到厕神紫姑, 涉及到与紫姑相关的扶乩活动, 文人参与过程中紫姑神格演变, 以及紫姑的众多别名和世俗化特点。尚秉和 《历代社会风俗事物考》(2001年) 专辟 "厕溷便旋", 以考据学方法对中国古代厕所文化进行探讨, 材料征引十分丰富。彭卫、杨振红 《中国风俗通史·秦汉卷》(2002年) 对中国早期厕所形制有讨论。另外, 杨荫深 《事物掌故丛谈》(1945年)、伊家文 《古代中国札记》(1999年) 均设有专章讨论中国古代便器。

此外, 还有不少文章论及厕所文化, 但大多属于趣谈、漫谈性质。如黄文宽、屠思华、李鉴昭、倪振逵、曾凡、李正中、王业有、郑岩、李铧、郑淑霞、李晖等均有文章论及便器。王志轩 《中国古代拭秽风俗流变考》, 对 "擦屁股" 的历史多有研究。郝敬堂、张红樱 《厕所革命》 一文, 漫谈厕所文化的多个侧面, 文笔幽默风趣。陆建德 《便溺的威风》(1997年), 另外还有 《天不生蔡伦——说中国的厕所和厕所用纸》(张尔圧, 2005年)、《杨柳岸晓风残月》(如一, 2005年) 两文, 均属于漫谈性质。而香港学者林行止, 对厕所问题更是情有独钟。其 《英伦采风》(2002年) 中介绍了英国伦敦的厕所文化、《PP古今谈》(2004年) 一文谈论了大量厕所典故。台湾民俗学家庄伯和的 《厕所曼陀罗》(二鱼文化, 2002年) 也是关于厕所的趣谈。此类文章, 行文即兴, 至于草率, 一般了解尚可, 若作为知识性书籍珍藏备查, 信息准确度和思想深刻性明显不足。

由上可知, 研究厕神的专著, 以及从神话学角度来研究厕神的视角和方法基本付诸阙如。相比而言, 研究厕所的专著反倒为我们从深层角度理解厕神信仰提供了社会学和历史学的支撑; 而漫谈性质的诸多论文, 虽然学术价值不大, 但也在整体上反映了中国人对于厕所问题的一般心态, 而这种心态, 在某种程度上决定了中国厕神演变的风格和走向以及中国厕所的文明程度。

2. 有关厕神的研究性论文

研究厕神的论文迄今为止仅有十余篇, 兹列举几篇作一简要述评。

(1) 现代民俗学者黄石、娄子匡等人应是中国厕神研究的开端。前者 ≪"迎紫姑"之史的考察≫(1931年), 后者的 ≪紫姑的姓名≫(1931年), 可做这一时期的代表, 二者均结合自己的田野调查, 对紫姑信仰这一民俗信仰进行了比较细致的考索。但其涉及的资料基本为田野调查, 文学资料和历史资料、考古资料等基本未被纳入。

(2) ≪厕神源流衍变探索≫(龚维英, 1995年) 龚维英秉承狭义神话论, 将厕神划在 "仙话"领域。本文的核心观点认为: 厕神紫姑的前身是殷始祖母简狄, 亦发展为三霄娘娘。(又见其文 ≪简狄姐妹是两人还是三人？≫) 此理由多有牵强之处, 比如他排比的几条理由: 因为 "九曲黄龙镇"等同于黄河流域, 简狄三姊妹等同于三霄(数量上都为三), 玄鸟等同于三霄娘娘的坐骑: 琼霄的鸿鹄, 碧霄的花翎鸟, 云霄的青鸾 (都是鸟), 如此云云, 所以三霄就是简狄。

(3) ≪浊秽厕神与窈窕女仙——紫姑神话文化意蕴发微≫(潘承玉, 2000年) 作者认为中国厕神最初为男性后帝, 其神位在六朝时期转让给侍妾出生的紫姑, 并在此后千余年为民间所广泛信祀, 而真正给予紫姑关怀的, 是少数士大夫文人。此文观点多有可商榷之处。其一, 中国厕神源远流长, 其原生态厕神很明显源自母亲神信仰、地母崇拜, 而非作者所说的 "男性"后帝 (实际上后帝的性别也颇值得考究, 不知是否与韩国、日本称呼 "后间"相关) ; 其二, 士大夫对紫姑的 "知己关怀"的真正原因和内涵还应深究。这种封建士大夫文人相对于封建君权的 "准婢妾"地位与中国政治的早熟和地域形态密切相关, 并规定着中国特色的 "文质彬彬"的男性审美范式。

(4) ≪紫姑传说中的巫术意义≫(柏松, 2003年) 此文认为: 巫术文化以不可抗拒之力在紫姑传说中踵事增华: 拜偶人、穿败衣、请神、扶乩、颂祝辞、念咒语、画符等。同时巫术并不单是紫姑传说中的副产品, 而是紫姑传说中不可小觑的有机组成。的确, 巫术在唐宋以来的紫姑信仰发展中起到了相当大的作用, 且这并非是紫姑信仰才有的特点, 而是中国俗神的一般特征, 是中国宗教的普遍特点。由此入手, 可能还会揭示出中国民俗宗教的本质性要素。

(5) ≪紫姑信仰的形成及其传承流变中的文化思考≫(徐海燕, 2005年) 本文认为紫姑信仰是层累生成的，其滥觞是在六朝前后，是由女性自发兴起的，且早期紫姑的神格也非厕神，厕神的神格仍然是后来层累出来的。其文用相当篇幅讨论了紫姑信仰的仪式和流布，体现出各时期各地紫姑信仰的兴盛和复杂性。其文云："厕神为中国神话系统所独有，是东方农耕文明及中国原始宗教文化的产物"，很明显，厕神并非中国神话系统所独有，但此说的确揭示了厕神之于农业国度的特出价值。

(6)《紫姑信仰流变研究》(林继富，2008年) 这篇长文认为紫姑是诞生在以农耕文明为主的长江流域的一位女神，与农耕文明、巫风紧密相连。本文还总结了紫姑的不同称呼、祭祀时间和占卜内容，内容丰富、引证翔实，是研究厕神不可回避的一篇文章。该文揭示了中国厕神南北分布的总体情况，但实际情况显然更为复杂。从《中国地方志民俗资料汇编》即可看出这种传播的复杂性。也可参阅崔小敬《"紫姑"信仰考》一文。

(7)《鬼神、疾病与环境：唐代厕神传说的另类解读》(胡梧挺，2010年) 一文的着眼点主要为唐代的负面厕所，他从医疗社会史角度讨论了厕所与中国疾病卫生观念和鬼神观念之间的关系，很有启发。此文实际上还可以进一步深入到对中国厕所阴阳五行、地理方位、建筑风水、鬼神场域的探讨。另有一文《唐代的郭登信仰考述》(钱光胜，2014年) 可以说是对此文的发展，本文叙述了唐代郭登信仰在钱方义、李赤故事中的体现，并认为这一时期的厕神信仰的流行与精神疾病之间的关系非常密切，反映出人们对污秽之地的一种心理禁忌，视角和立论都十分新颖。

此外，相关论文还有《"迎紫姑"风俗的流变及其文化思考》(巫瑞书)、《迎紫姑习俗起源新论》(张晓舒)、《紫姑信仰的起源、衍生及特征》(黄景春)、《论紫姑神的原型与类型》(田祖海)、《说 "紫姑"》(郭丽)、《五谷轮回厕神考》(冰之璇玑)、《"迎紫姑"风俗兴衰原因初探》(王乐全等) 等等。

二、国外对中国厕神的研究

国外基本无专论中国厕神的著作，只有些作品零星提及。日本虽在厕神研究上捷足先登，但其研究对象基本上为日本厕神，在论述中国厕神时不过是借以比较而已。

域外厕神研究以日本为首，专著有多部。如李家正文《厕考》(1932)，饭岛吉晴《灶神和厕神》、《厕神的形象》(1986)，大藤时彦《厕所过去的样式》、《厕神考》(1941)，新谷尚纪《有关参拜雪隐厕神之说》(1999)等。其中，《厕考》一书中有一小节着重讨论了"雪隐"的来历，其主要观点与中国本土大致相同，即认为与禅僧雪窦重显和雪峰义存有关。其他诸书也多少论及中国厕神，比如紫姑的故事。在日本紫姑被描述成做了坏事而自杀的女子。

总的来讲，日本厕神神话之丰富，完全淹没了中国的厕神神话。此一信仰经久不衰，日本厕神神格广泛，掌管平安、生育、财富、美貌、健康、转生、时间，甚至可以保佑一切，如今更有人把彩票中奖、股票获利、升迁，甚至病愈都归功于洗厕所，令人惊叹。

另外日本研究厕所及其文化的专著竟有百余部，偶有涉及到厕神。如大原栗《古粪鉴辨之记》(1812)，宫武外骨《小便考》(1980)，岩村透《日本的粪与西洋的粪》(1911)，井上一之《近世厕所考》(1937)，砾川全次《粪尿的民俗学》(1996)、《厕所和排泄的民俗学》(1996)、《厕所排泄的民俗学》(2003)，李家正文《厕史话》(1949)、《厕风土纪》(1953)、《居住与厕所》(1983)、《西洋与中国厕所文化考》(1973)、《粪尿与生活文化》(1987)等书均为此类。日本还有厕所协会、厕所节，甚至把厕所纳入政治学范畴。

日本以外，其他国家专门研究厕所和厕神的作品相对较少。美国茱莉·霍兰《厕神：厕所的文明史》书写了各国厕所的演变史，其间也有一些厕所民俗和神话，但是相当粗浅，只可视为一般通俗读物，对中国厕所历史也有描述，但漫谈性质浓厚。

爱德华·摩尔斯《东方便所》中有一部分专门谈到中国厕所, 也涉及到一些民俗, 但不少材料的真实度待查。韩国郑然鹤《厕所与民俗》主要谈到韩国的厕所民俗和神话, 也提到了中国对韩国的影响。韩国金光彦《东方的厕所》一书很值得注意, 有一章专门讨论了中国厕所的历史、形制 (如猪厕) 以及中国守厕神。此外, 还对比了中日韩三国的异同。此书汇集了作者多年来的采风资料, 对于近现代中日韩的厕所文化研究建树颇深。 这些域外厕所和厕神研究为我们提供了可资比较的全球视野, 为研究中国厕神提供了坐标。

三、前人研究的启示与检讨

(一) 务实的中国人对厕所问题的研究主要集中在厕所建筑 (包括风水) 领域, 其次为民俗领域, 而神话学和其他领域探讨极少。 对有关厕神的古籍资料也因这些观念的束缚 (如将厕神定位于民俗范畴而过度依赖田野调查资料) 而爬梳、整理不够, 对于文学 (比如诗词、小说、戏曲) 中的厕神研究还只是起步, 而对厕神的整体性研究, 或者从神话学视角 (等多角度) 来探讨就更是付诸阙如。

(二) 中国学者对厕神的研究集中在紫姑身上, 其不足主要表现在:

1、就 "紫姑" 而谈 "紫姑"。紫姑不是一个突然冒出、自成一体的孤独神灵, 而是逐渐发展演变而来的。紫姑信仰作为一种民俗存在, 通过其特有的 "本位偏移", 在传承中也吸纳、融合了后帝、胥、刘安、戚夫人、郭登、如愿、三姑、箕姑、阿紫等多种神话传说, 经过长时间的积淀、整合、借取、吸收, 最终形成了自身完整的信仰形态, 并在唐宋成为厕神中的佼佼者。紫姑之名与实、紫姑的内涵和外延的延展性很值得思考。实际上, 南北朝以后, 紫姑很快就成为一名 "名不符实" 的厕神, 其司职基本与厕所无关。

2、紫姑的源头问题。紫姑是产生于六朝，还是渊源自远古地母崇拜、粪肥崇拜？这实际上是"原生态"神话和"次生态"神话所争论的问题。紫姑信仰实际上跨越了这两种形态。其渊源可溯自母系氏族时期，其流变至近现代。但要解决此一问题，必须搞清楚紫姑与众多厕神之间的关联，以及厕神与农神、产神、司命神、土地神、谷神等之间的关联。大多数研究厕神的论文，其文化意蕴的勾勒流于浮泛。文化意蕴的挖掘是社会科学的必然使命，神话也不例外。自然，也可能是局限于单篇文章篇幅之故，致使不少学者对紫姑文化意蕴的勾勒过于粗浅，有时有观点而无实证，有想法而无思想。

3、紫姑研究中有些领域还是空白。紫姑为何为女神？紫姑名字的来源是什么？紫姑的神格为何发生偏移？厕神为何一直被归为"淫祀"而官方从未取缔？中国的"喜庆厌丧"传统、羞耻禁忌风俗与厕神信仰有无关联？紫姑文本的叙事方式有何演变？紫姑信仰在官方和平民中有何不同？以紫姑为代表的厕神体现了怎样的性别文化？这些都是十分关键并亟待解决的问题。另外，对紫姑以外的厕神研究甚少。除了紫姑外，中国厕神还有：茅姑、郭登、阿紫、帝喾女、如愿、紫嫣、后帝、依倚、胥、刘安、雪隐、七姐、箕姑、坑三姑娘、乌枢沙摩明王、笃太君、天姑、月姑、东施娘等不下百种。其中有的有"神"无"话"，有的至今仍活跃于民间，有的转型了，有的正在慢慢消失，这些厕神都亟待被纳入研究。

(三) 国外虽然对中国厕神的直接研究较少，但其研究为我们提供了可资比较的文化视野。同时，由于中日韩三国的文化关联，这三个国家的厕神信仰结构和要素可以相互还原。所以，中国厕神研究的对象将会变为"东亚厕神研究"。另外，国外学者对中国厕神的研究，可能由于资料的误差或者文化的差异，往往在判断上有失偏颇。比如韩国金光彦先生在研究中国厕神时，只提到了紫姑和戚夫人，所以得出结论说中国的厕神都是善良的。实际上，中国负面厕神也不少，比如唐宋时期的郭登便是一例。日本厕神研究捷足先登，主要是以本国厕神为研究对象，大多仍属于民俗研究范畴。但由于中日的文化关联，不少厕神故事是直接从中国传入的，比如紫姑和雪隐。"雪隐"在中国日渐没落，但在日本广为人知，最终发展为厕所的雅称。寺庙中的厕神——乌枢沙摩明王，在日本作为厕所守护神较多，而在中国则很少。所以虽然日本并没有直接讨论中国厕神，但价值很大。由此，不仅可以复原某些中国厕神的资料，还可以钩沉厕神信仰背后的历史文化渊源，确认中国厕神的历史价值和世界地位。

需要注意的是，中国厕神研究现状并非一孤立的案例，它是整个俗神研究现状的缩影。中国俗神研究仍缺乏力度。近年来虽有几部专著，但多是普及性读物、漫谈性质，缺乏理论深度，考证也不详，遑论反应中国文化的特质了。实际上，厕神信仰如同一面多棱镜，能折射出中国根深蒂固的礼乐文明、羞耻道德、性别文化、宗教信仰、疾病卫生观念，这些观念根植于"以农为本"的经济生产方式和以蚕桑、耕作为主的经济增殖方式，而这些观念，又决定了我们的厕所文化观念，规定着中国在这一点上的现代化方向和程式。因此，以厕神为契机，"小题目、大文章"，管窥、揭橥中国俗神的信仰特征和中国文化基元力量应该是较有说服力的。

延世大学 孔子学院 中国研究院 研究丛书 002

한적의 문명과 전파 연구 下
汉籍的文明与传播研究

초판 인쇄 2017년 1월 2일
초판 발행 2017년 1월 10일

주 편 자| 金鉉哲·熊良智
펴 낸 이| 하운근
펴 낸 곳| 學古房

주   소| 경기도 고양시 덕양구 통일로 140 삼송테크노밸리 A동 B224
전   화| (02)353-9908   편집부(02)356-9903
팩   스| (02)6959-8234
홈페이지| http://hakgobang.co.kr
전자우편| hakgobang@naver.com, hakgobang@chol.com
등록번호| 제311-1994-000001호

ISBN 978-89-6071-640-7 94300
ISBN 978-89-6071-638-4 (세트)

값 : 24,000원

이 도서의 국립중앙도서관 출판예정도서목록(CIP)은 서지정보유통지원시스템 홈페이지
(http://seoji.nl.go.kr)와 국가자료공동목록시스템(http://www.nl.go.kr/kolisnet)에서 이용
하실 수 있습니다. (CIP제어번호 : CIP2017000109)